中央财政资金人才培养与创新团队建设项目涉台法律系列丛书

屈广清◎总主编

陆资入台

法律指南

张万明◎主　编

陈明添◎副主编

林丽敏　曾丽凌
于静涛　谢黎伟◎著

九州出版社 JIUZHOUPRESS | 全国百佳图书出版单位

图书在版编目（CIP）数据

陆资入台法律指南／张万明主编；林丽敏等著. --
北京：九州出版社，2014. 12
（中央财政资金人才培养与创新团队建设项目涉台法律系列丛书／屈广清主编）
ISBN 978-7-5108-3450-9

Ⅰ. ①陆… Ⅱ. ①张… ②林… Ⅲ. ①投资-金融法-研究-台湾省 Ⅳ. ①D927. 580. 228

中国版本图书馆 CIP 数据核字（2015）第 000789 号

陆资入台法律指南

作　　者	张万明　主编　陈明添　副主编 林丽敏　曾丽凌　于静涛　谢黎伟　著
出版发行	九州出版社
出 版 人	黄宪华
地　　址	北京市西城区阜外大街甲 35 号（100037）
发行电话	（010）68992190/3/5/6
网　　址	www. jiuzhoupress. com
电子信箱	jiuzhou@ jiuzhoupress. com
印　　刷	北京京华虎彩印刷有限公司
开　　本	710 毫米×1000 毫米　16 开
印　　张	28
字　　数	500 千字
版　　次	2015 年 5 月第 1 版
印　　次	2015 年 5 月第 1 次印刷
书　　号	ISBN 978-7-5108-3450-9
定　　价	84. 00 元

中央财政资金人才培养与创新团队建设项目涉台法律系列丛书编委会

总　序

本丛书的出版得益于2012年中央财政支持我校法学专业的专项资金支持。我校申报中央财政支持涉台法律问题研究源于以下两方面的主要原因：一是涉台法律问题研究具有明显的必要性和重要性。当前，两岸关系发展面临着难得的历史机遇。随着海峡两岸的通航、旅游和贸易等领域交流的正常化，两岸关系不断向纵深方向发展。由于两岸法律制度的差异，两岸的交流必将衍生大量的法律问题，因此，需要开展涉台法律研究以推动两岸关系和平发展，使两岸交流与合作按预期的目标渐进。二是我校法学教师和研究人员长期以来重视涉台法律问题研究并取得一定的成绩：1. 建有专门从事涉台法律问题研究的科研机构——福建省台湾法律研究所（1989年根据司法部（88）司发人函字230号文件精神，经福建省委编制委员会［1989］012号文件批准成立）。2. 主办以涉台法律问题研究栏目为特色的学术刊物——《海峡法学》（ISSN 1674－8557 CN 35－1304/D）。3. 积极参与创立和推进"海峡法学论坛"。"海峡法学论坛"是由两岸四地学术交流机构于2003年联合创办的法学学术交流平台。论坛创办以来，紧紧围绕国家立法的前沿问题和海峡两岸和平发展法律议题，先后在福州举办了以物权法、公司法、反垄断法、现代金融法、侵权责任法、社会保障法及知识产权法等为主题的十一届学术年会。作为一个由两岸四地法学界多年共同举办的法学论坛，"海峡法学论坛"在海内外法学交流和理论探究上已经形成其品牌和特色。4. 形成了一批有质量的涉台法律研究成果。截至2014年6月，我校法学教师及研究人员已获国台办、司法部、福建省社科联、中共福建省委政策研究室等部门的科研立项二十余项；在各类期刊、学术会议上发表二百余篇涉台学术论文。5. 推动两岸法学交流。目前我校法学院聘任曾任海基会副董事长兼秘书长的中国文化大学焦仁和教授为《海峡法学》编委会顾问；曾邀请台湾辅仁大学黄源盛教授，台北大学陈荣传教授、中国文化大学谢棋楠教授、中央警察大学许福生教授等到校讲座交流；法学院也指派陈玉玲教授、段晓彦博士等近十位教师到台湾辅仁大学、政治大学等院校访学交流。6. 我校法学本科人才培养方案体现了涉台法律教学内容。为满足涉台法务人才培养的需要，法学院在法学本科人才培养方案中增设“台湾地区法学概论”等与涉台法律有关的课程，在人才培养的知识结构中满足了涉台法务的需求。

台湾问题最终是法律问题，涉台法律问题研究意义重大，而又任重道远。本丛书将陆续出版我校教师近年来在涉台法律问题研究方面的成果，如《台湾地区继承制度概论》《陆资入台法律指南》《台湾地区婚姻家庭法》《台湾地区刑法总论》《两岸海事国际私法比较研究》等。丛书选题广泛，比较全面地研究了涉台的各种法律问题，这些科研成果的出版，必将有利于大陆对台湾地区法律制度的进一步了解，有利于推进对台湾地区法律制度深入的研究，有利于推进两岸今后的学术交流与合作。

感谢中央财政资金对本项目的资助；感谢福建省财政厅、福建省教育厅对本项目的支持、指导与帮助；感谢国台办法规局张万明局长、湖南省人民检察院游劝荣检察长、福建省人大法工委张大共主任、徐平副主任长期以来对我校法学学科各项工作的大力支持；感谢九州出版社对本丛书出版的大力支持，感谢出版社编辑老师的辛勤劳动。

由于我们水平有限，错误在所难免，敬请广大读者批评指正。

屈广清

2014 年 7 月 4 日

编者说明

陆资入台投资是一个涉及法律规范、资金运作、人力资本、土地房屋等诸多方面的系统工程，尤其以法律与政策为投资者的首要考虑因素。海峡两岸自 2009 年 4 月在南京召开的第三次陈江会，就共同推动陆资来台投资获致共识以来，两岸双向投资贸易已朝正常化与制度化发展，尤以两岸签署经济合作架构协议（ECFA）后，台湾方面逐步消除大陆企业入台的障碍，为大陆企业创造更公平的贸易与投资环境，建立有利于大陆企业在台湾发展的机制，也为陆资企业提供了新的产业投资机会。从法律面上来看，即使陆资企业入台投资或设立分支机构已有相关规定，但是企业跨境投资不比境内，除应事先了解台湾投资环境外，对涉及的投资项目、投资名义、出资种类、公司形态、知识产权、金融会计、外汇劳工、税务等法律事项，也应有所了解，始能执行正确投资决策与控制法律风险，达成投资获利的目标。所以，本书之写作定位在于为有意愿投资台湾的陆资企业家提供法律资讯介绍，为陆资入台法务人员培训提供规范性教材及为法律界同行提供具有一定深度的参考工具书。

全书共分为四篇，第一篇为投资认识篇，主要介绍 ECFA 签订背景、内容及意义，陆资在台经营的现状趋势及挑战，与陆资入台相关之台湾各“部会”，陆资入台配套法规的认识与分析，旨在从投资现实面及产业发展面对陆资入台投资进行整体性及宏观性的概览介绍。第二篇为投资入市篇，重点在于就投资入市的完整过程进行法律剖析，介绍陆资投资人及投资方式，陆资投资业别项目陆资入台投资程序，明确了投资相关的法律体系、准入项目及具体流程。第三篇为投资经营篇，本章主要在于对新入市者在经营过程中可能涉及的法律规范进行介绍，重点围绕初入市经营将遇见的问题及可能的风险防范措施，特别围绕“公司法”、不动产取得制度、“合同法”“侵权行为法”“公平交易法”“劳动法”“知识产权法”“消费者保护法”、投资争端解决机制等方面的问题进行阐述。最后的附录部分，对两岸目前已经签署的各类与投资相关的协议进行了收录整理，以期提供准确而完整的资料信息。

全书作者均为高校教师，具有较好的实务经验，且均具有在台湾地区生活及工作的经历，对台湾地区法律不仅具有深厚的理论认知基础，而且具有可靠的在地经验积累。全书章节撰写分工如下：

曾丽凌：第五章、第六章、第七章、第十六章

林丽敏：第十二章、第十三章、第十五章

于静涛：第一章、第二章、第三章、第四章、第九章

谢黎伟：第八章、第十章、第十一章、第十四章

本书由合著者在认真讨论的基础上拟定了编写提纲及体例，各作者在完稿之后，进行了多次统稿、审订。由于时间有限，水平有限，缺点及错误在所难免，敬请读者指正。

目　　录

第三篇 投资经营篇

附　录

第一篇
投资认识篇

第一章　ECFA 签订背景、内容及意义

2010 年 6 月 29 日，海峡两岸关系协会和财团法人海峡交流基金会领导人第五次会谈在重庆举行，海峡两岸关系协会会长陈云林和财团法人海峡交流基金会董事长江丙坤分别在《海峡两岸经济合作框架协议》和《海峡两岸知识产权保护合作协议》上签字，这标志着两岸经贸关系在两岸人民的长期共同努力下，进入了制度化合作的发展新阶段。

《海峡两岸经济合作框架协议》（英文名为 Economic Cooperation Framework Agreement）简称 ECFA，是中国大陆与台湾地区遵循世界贸易组织规则，结合两岸经济发展的现状和特点，按照平等互惠原则签署的经济合作协议。ECFA 旨在建立两岸经济合作机制，推动两岸经贸关系正常化，内容涵盖货物贸易及服务贸易的市场开放、原产地规则、早期收获计划、贸易救济、争端解决、投资和经济合作等诸多方面，是两岸关系正常化以来经贸合作方面取得的最显著成果。ECFA 之所以使用“框架协议”的名称是用以说明该协议是签署正式协议之前所拟订的纲要，仅先定架构及目标，具体内容待日后时机成熟后再由两岸详细商定。由于协商签署正式协议工程浩大，不可一蹴而就，故先签署纲要式的“架构协议”，并针对攸关生存的关键产业，先进行互免关税或优惠市场开放条件的协商，对协商成熟的事项可先予以执行。

一、ECFA 的签订背景

（一）两岸政治环境回暖是签订 ECFA 的必要前提

20 世纪 70 年代以来，我国开始逐步进入改革开放的发展快车道，而祖国大陆

与宝岛台湾的关系亦开始由隔绝敌对渐向交流互通发展。1979 年，大陆发表《告台湾同胞书》，确立和平统一台湾的大政方针。2005 年 4 月，中共中央总书记胡锦涛与到访大陆的时任中国国民党主席连战在北京举行会谈并达成实现“两岸和平发展共同愿景”的五点共识，提出“促进两岸经济全面交流，建立两岸经济合作机制，促进两岸展开全面的经济合作，建立密切的经贸合作关系”的两岸关系发展目标。2008 年，台湾岛内政局发生了新变化，中国国民党候选人马英九上台执政，接受并支持“九二共识”，此后，两岸关系开始回暖，各项交流合作趋于正常化与常态化，和平发展与反对“台独”成为两岸共识。2008 年 4 月 12 日，中共中央总书记胡锦涛在博鳌会见率团来参加博鳌亚洲论坛的台湾两岸共同市场基金会董事长萧万长时，向其表示两岸经济合作与交流面临重要的历史机遇期。在这一背景下，加强两岸经贸往来已成为历史发展的必然趋势。2008 年 1 月，时任台湾地区领导人的马英九提出两岸应当协商“综合性经济合作协定”（Comprehensive Economic Cooperation Agreement，CECA）。作为回应，2008 年 12 月，胡锦涛总书记在纪念《告台湾同胞书》发表 30 周年座谈会上的讲话中指出，“两岸可以为此签订综合性经济合作协议，建立具有两岸特色的经济合作机制，以最大限度实现优势互补，互惠互利”。[①] 此后不久的 2010 年 6 月 29 日，ECFA 正式签订。

（二）ECFA 的签订是当今世界贸易一体化趋势的必然结果

中国大陆改革开放 30 多年以来，两岸的经贸往来不断加强，经贸联系日趋紧密。特别是近十年以来，大陆连续多年保持台湾地区的最大贸易伙伴及其最大贸易顺差来源地的地位，关于建立两岸间更密切的经贸关系的呼声日益高涨。另一方面，在经济全球化和区域经济一体化趋势不断加强的背景下，两岸都分别同多个国家和地区开展经贸一体化协议谈判，加入区域经济一体化组织。截至 2010 年年底，内地已经与香港、澳门签订实施了《内地与港、澳关于建立更紧密经贸关系的安排》（CEPA），加入了《亚太贸易协定》；与巴基斯坦、新加坡、新西兰、智利、秘鲁、东盟、哥斯达黎加均签订了自由贸易协定。台湾地区也与五个同大陆没有外交关系的国家签订了自由贸易协定，但由于带来的市场效应有限，难以满足岛内经济发展的需求。特别是在中国—东盟自由贸易区（CAFTA）于 2010 年 1 月 1 日正式

---

① 胡锦涛：《携手推动两岸关系和平发展　同心实现中华民族伟大复兴》，《统一论坛》，2009 年第 1 期。

全面启动后，中国与东盟之间的产品绝大多数都以零关税流通，台湾出口到大陆和东盟国家的产品还会被课以较高的关税，大陆和香港占台湾出口比重的四成，东盟占一成多，若是台湾被排除在这个自由贸易区之外，就意味着台湾有五成多的出口要受到影响，若把日本和韩国算进来的话，将影响到台湾地区六成以上的出口。① 在此背景下，台湾也迫切希望同更多的地区，特别是同作为第一大自由贸易伙伴、第一大出口市场及最大顺差来源地的大陆签订经济合作协议。

二、ECFA 的签订过程

2008 年年初两岸政治关系缓和以来，两岸经贸关系发展迅速，为进一步签订经济合作协议打下基础。2008 年 6 月，海协会和海基会在“九二共识”的基础上，重新恢复了因“台独”势力扰乱而中断长达十年之久的两会商谈，两岸自此重启制度性协商。2008 年 12 月 31 日，胡锦涛总书记在纪念《告台湾同胞书》发表 30 周年座谈会上明确提出：“两岸同胞要开展经济大合作，两岸可以签订综合性经济合作协议，建立具有两岸特色的经济合作机制，以最大限度实现优势互补，互惠互利。”2009 年 1 月，马英九在台湾多个工商团体联合呼吁尽快与大陆签订两岸综合性经济合作协议的背景下表示，希望至迟于 2010 年与大陆签订经济合作框架协议。2009 年 5 月，胡锦涛总书记在会见由时任国民党主席吴伯雄率领的国民党大陆参访团时明确表示：“在有利于两岸共同发展，有利于建立具有两岸特色的经济合作机制的前提下，海峡两岸经济合作框架协议（ECFA）可以在 2009 年年底启动商谈。”2009 年 12 月，海协会与海基会在台中市举行第四次“陈江会谈”，同意将签署《海峡两岸经济合作框架协议》纳入第五次两会协商重点推动的议题。2010 年 1 月关于《海峡两岸经济合作框架协议》的两会第一次专家工作协商在北京举行。海峡两岸就《海峡两岸经济合作框架协议》名称、基本结构、建立协商工作机制等问题交换了意见，并取得多项共识。2010 年 2 月至 6 月的 5 个月里，海协会与海基会又分别在桃园和北京举行了两次专家工作协商，逐渐敲定《海峡两岸经济合作框架协议》文本构成、早期收获清单等重要内容。2010 年 6 月 29 日海协会与海基会第五次会谈在重庆举行。海协会会长陈云林和海基会董事长江丙坤分别在《海峡两岸经济合作框架协议》和《海峡两岸知识产权保护合作协议》上签字，互换文本。至

① 智佳佳：《中国东盟自由贸易区对台湾的影响》，《福建社科情报》，2010 年第 2 期，第 18 页。

此，两岸正式完成了经济合作框架协议的初步签订工作。2010 年 8 月 17 日晚间，台湾“立法机构”二读表决通过《海峡两岸经济合作框架协议》。2010 年 9 月 11 日，海协会与海基会完成换文程序，同意《海峡两岸经济合作框架协议》和《海峡两岸知识产权保护合作协议》于 2010 年 9 月 12 日实施。在 ECFA 签订后，两岸又陆续签订了《海峡两岸医药卫生合作协议》《海峡两岸核电安全合作协议》《海峡两岸投资保护和促进协议》与《海峡两岸海关合作协议》。

三、ECFA 的主要内容

（一）框架协议的主要内容

框架协议包括序言、正文和附件 3 个部分。正文部分共有 5 章 16 条。5 章分别是：总则、贸易与投资、经济合作、早期收获、其他。16 条依次为：目标、合作措施、货物贸易、服务贸易、投资、经济合作、货物贸易早期收获、服务贸易早期收获、例外、争端解决、机构安排、文书格式、附件及后续协议、修正、生效、终止。5 个附件依次为：货物贸易早期收获产品清单及降税安排、适用于货物贸易早期收获产品的临时原产地规则、适用于货物贸易早期收获产品的双方保障措施、服务贸易早期收获部门及开放措施、适用于服务贸易早期收获部门及开放措施的服务提供者定义。框架协议内容基本涵盖了两岸间的主要经济活动，是一个综合性的、具有两岸特色的经济协议。

（二）早期收获计划主要内容

根据 ECFA 协议，在货物贸易方面，双方划定早期收获计划。大陆将对 539 项原产于台湾的产品实施降税，包括农产品、化工产品、机械产品、电子产品、汽车零部件、纺织产品、轻工产品、冶金产品、仪器仪表产品及医疗产品等 10 类。台湾将对 267 项原产于大陆的产品实施降税，包括石化产品、机械产品、纺织产品及其他产品等四类。双方约定，将在早期收获计划实施后不超过两年的时间内分 3 步对早期收获产品实现零关税。

在服务贸易方面，大陆方面承诺，对会计、计算机及其相关服务、研究和开发、会议、专业设计、进口电影片配额、医院、民用航空器维修，以及银行、证券、保险等 11 个服务行业对台实施更加开放的政策措施，具体开放措施包含 19 项内容。台湾方面承诺，对研究与发展、会议、展览、特制品设计、进口电影片配额、经纪商、运动及其他娱乐、航空电脑订位系统以及银行等九个服务行业对大陆进一步放开。

（三）框架协议有关贸易规则

1. 临时原产地规则

框架协议规定，被认定为原产于一方的早期收获产品，另一方在进口时将给予优惠关税待遇。框架协议原产地的确定将主要采用税则归类改变标准和区域价值成分标准。对于临时原产地规则所需的操作程序以及产品特定原产地标准，将由双方原产地规则磋商小组另行商定后实施。

2. 临时贸易救济措施

框架协议规定，实施货物贸易早期收获期间适用的临时贸易救济措施，双方保留世界贸易组织《关于实施1994年关税与贸易总协定第六条的协定》《补贴与反补贴措施协定》《保障措施协定》项下的权利与义务，并达成适用于货物贸易早期收获产品的双方保障措施。在实施服务贸易早期收获期间，如对一方的服务部门造成实质性负面影响，受影响的一方可要求与另一方磋商，以寻求解决方案。

3. 服务提供者定义

为防止两岸以外的第三方自然人或法人变相享受框架协议的优惠待遇，框架协议以充分照顾两岸服务提供者利益为原则，以符合世界贸易组织规则为基础，对服务提供者的定义作了明确规定。

4. 争端解决

框架协议规定，双方于框架协议生效后六个月内开始就建立适当的争端解决程序进行磋商，并尽速达成协议，以解决任何关于本协议解释、实施和适用的争端。在前述争端解决协议生效前，任何关于框架协议解释、实施和适用的争端，由双方通过协商解决，或由“两岸经济合作委员会”以适当方式加以解决。

（四）机构安排及早期收获的实施

框架协议规定，两岸成立由指定代表组成的“两岸经济合作委员会”，负责处理与框架协议相关的事宜，主要包括：完成为落实框架协议目标所必需的磋商、监督并评估框架协议的执行；解释框架协议的规定；通报重要经贸信息；在正式的争端解决协议生效前，解决与框架协议解释、实施和适用的争端等等。委员会可根据需要成立工作小组，处理特定领域与框架协议相关的事宜。

实施早期收获计划期间，大陆将对原产于台湾地区的539项产品逐步降低或取消关税，在11个服务贸易领域对台湾地区的服务提供者扩大开放。实施上述开放措施将超出现行开放水平，各有关部门将根据框架协议承诺着手相关配套措施的修订，以确保早期收获尽速实施。

（五）后续商谈安排

框架协议签署后，两岸将陆续推进后续单项协议的协商。货物贸易、服务贸易、投资保障、争端解决等单项协议的商谈将在框架协议生效后6个月内开始，并尽速完成。在经济合作方面，双方商定以知识产权保护与合作、金融合作、贸易促进及贸易便利化、海关合作、电子商务合作，研究双方产业合作布局和重点领域，推动双方重大项目、中小企业合作等为重点，并逐步向其他领域拓展。

四、签订ECFA的意义

ECFA的签订是两岸经济关系的发展进程中的重要里程碑，是两岸经济交往，乃至政治文化交往中的一件大事，是建立具有两岸特色的经济合作机制的关键性一步，具有非同寻常的重大意义。

（一）ECFA的签订，加强了两岸经贸往来的深度及广度，将两岸经贸关系更加紧密地联系在一起。基于地缘、血缘、文缘、商缘、法缘等不可分割的密切关系，海峡两岸的经贸关系理应是日趋密切的。ECFA的签订，势必会促进两岸的经贸关系进一步密切化。在ECFA的早期收获清单中，大陆对原产于台湾的539项产品实施降税，同时，台湾对原产于大陆的267项产品也相应地实施降税，两岸计划在早收清单实施后两年内分三步对早收清单中的产品实现零关税。根据统计，在ECFA刚刚签订后的2011年，台湾自大陆进口总额为433.83亿美元，同比增长21.29%，其中ECFA早收清单内的货物进口额为50.37亿美元，同比增长28.14%，享受优惠关税的货物价值10.36亿美元，减免关税约2276万美元。而大陆自台湾进口总额为1248.95亿美元，同比增长8%，其中涉及ECFA早收清单的货物进口额为198.53亿美元，同比增长9.88%；享受优惠关税的产品货值41.21亿美元，大陆减免关税额达1.2262亿美元。由此可见，ECFA的签订，势必会促进两岸将进一步开放市场，逐步消除贸易壁垒，为两岸经贸的交流与发展提供一个更为自由、更为宽松的环境，从而促进两岸经贸关系走入良性发展的快车道。

（二）ECFA的签订，有助于台湾摆脱被边缘化的危险，也有助于大陆的经济发展，具有双赢的意义。台湾市场相对较为狭小，其经济特点是以外向型为主，对外贸易在台湾的经济中占有举足轻重的地位。近年来，受经济危机的影响，台湾岛内的对外贸易已受到不小的冲击。而周边一些区域性经济共同体的形成，更是对台湾的经济形成了巨大的压力。对台湾而言，一旦其被排除在统一市场的贸易共同体之外，其经济必然会受到重创。而 ECFA 签订之后，台湾就可以借助其形成的经贸一体化优势，逐步摆脱被边缘化的危险，从而促进其利用自己的软实力，加速自身产业转型和升级。同时，对于大陆而言，ECFA 的签订，也有助于大陆资本开拓台湾市场或是更好地促进台商来大陆投资，从而进一步促进两岸经济贸易关系的良性发展，加速两岸经贸资源的整合。

（三）ECFA 的签订，有助于两岸在经贸联系加强的基础上增进各方面的交流与合作，开创两岸和平发展的新时代。ECFA 中大陆列入台湾的早期收获清单中的项目要远远多于台湾列入大陆的早期收获清单中的项目，允许台湾的十几种农产品享受零关税，同时没有将台湾民众最为担心的大陆的农产品和劳工输出列入早期收获清单中，充分地体现了大陆对台湾的友好与善意。诚如胡锦涛总书记在纪念《告台湾同胞书》30 周年座谈会上所说："要体现两岸经济关系正常化，推动经济合作制度化，为两岸关系的和平发展奠定更为扎实的物质基础，提供更为强大的经济动力。"ECFA 的签订，势必会促进两岸经济的长期稳定繁荣发展，并在此基础上促进两岸的人员往来与文化交流，最终为两岸之间进一步消除隔阂，实现共同繁荣与和平发展做出贡献。

第二章　陆资投资台湾的现状、前景及挑战

第一节　陆资投资台湾的现状

一、两岸贸易往来历史概况

两岸经贸关系在1949年至1978年长达三十年之间一直处于几乎完全中断、隔绝的状态。直至1979年大陆发表《告台湾同胞书》，表明“商谈结束两岸军事对峙状态，提出两岸‘三通’，发展贸易、互通有无，扩大经济交流”的主张后，两岸经贸联系才开始破冰。自1979年至ECFA签订前，两岸经贸往来大致经历了以下五个阶段：

（一）第一阶段——两岸经贸恢复阶段（1979年至1987年）

1979年之后，大陆结束了“文革”的混乱状态，调整政策、拨乱反正，开始实施改革开放。1979年5月，为配合《告台湾同胞书》，实现与台湾的经贸互通，外贸部颁布了《关于开展对台湾贸易的暂行规定》，决定采取优惠措施和相关开放政策积极推动两岸贸易发展。在1978年至1987年的近十年间，两岸贸易总额从1978年的0.5亿美元上升到1987年的15.2亿美元，累计贸易总额达到55.6亿美元。但由于受当时的台湾当局“不接触、不谈判、不妥协”“戒急用忍”和“两国论”等政策影响，台湾当局对两岸经贸往来态度消极，不但严格禁止大陆资金进入台湾市场，且明确规定两岸经贸往来只能经香港等第三地间接进行。这一阶段，两岸经贸往来虽有一定程度的恢复发展，但上升态势并不稳定，时常有较大波动。

（二）第二阶段——两岸经贸初步发展阶段（1987年至1991年）

1987年7月15日，台湾当局宣布“解严”，政治环境开始趋于宽松。1987年10月，国务院办公厅公布了《关于台湾同胞来祖国大陆探亲旅游接待办法的通知》，出台相关鼓励台商赴大陆的优惠政策。同年11月，台湾当局正式开放了民众对大陆探亲事项。两岸人员往来的增加，促使了经贸活动的增多。1988年7月，国务院出台了《关于鼓励台湾同胞投资的规定》，以行政法规的形式给予前来大陆投资的台商提供更大的优惠与便利。1989年台湾“法务部”公布“台湾地区与大陆地区人民关系暂行条例草案”，进一步明确了允许台湾民众经第三地向大陆投资的态度。在愈来愈宽松的政策条件的支持下，两岸贸易往来呈现出较快增长态势。两岸贸易总额从1988年的27.2亿美元增长到1991年的57.9亿美元。

（三）第三阶段——投资带动两岸经贸发展阶段（1992年至2001年）

1992年9月18日，台湾当局颁布“台湾地区与大陆地区人民关系条例”作为其进行两岸社会、经贸交流的基本法律规范。同时，大陆分别于1993年颁布《对台湾地区小额贸易管理办法》，于1994年颁布《中华人民共和国台湾同胞投资保护法》作为鼓励和保障台商赴大陆投资的重要法律文件。2001年8月12日台湾“行政院经济发展咨询委员会”在“台湾经济发展会议”上提出对“戒急用忍”政策松绑的建议，此后台湾当局对大陆资本来台限制的政策出现松动的迹象，并继而开始酝酿大陆资本投资台湾的新政策，具体包括开放直接投资，企业无须在第三地成立子公司；取消大陆投资个案累计金额5000万美元的上限规定；放宽个人及中小企业赴大陆投资累计金额上限，由新台币6000万元调整为8000万元；简化大陆投资产业分类，将原“禁止类”“许可类”及“专案审查类”简化为“禁止类”及“一般类”；非属“禁止类”者只要通过个案审查，皆可赴大陆投资；放宽上市、上柜公司资金运用限制；准许国际金融业务分行与大陆金融机构及其海外分支机构、大陆法人、团体、其他机构等进行直接金融业务往来等。这一阶段台湾对大陆的投资总额从1993年的85.87亿美元增长到2001年的298亿美元，两岸的贸易总额也从1991年的57.91亿美元增长到2001年的323.42亿美元。由此可见，这一阶段两岸经贸在政治环境仍然偏冷的背景下，主要呈现投资带动贸易发展的态势。两岸经贸联系进一步加强，台湾对大陆的贸易依存度不断加深。

（四）第四阶段——两岸经贸加速发展阶段（2002年至2008年）

2001年12月11日，中国正式加入世界贸易组织，成为其第143个成员。2002

年 1 月 16 日，台湾加入 WTO，并在其“入世”承诺清单中承诺允许开放 58 个服务行业供大陆资本间接投资。2002 年 2 月，台湾当局又出台了“台湾地区与大陆地区贸易许可办法”，取消两岸贸易必须经第三地间接进行的限制，放开两岸人民直接贸易。2002 年 8 月 8 日，台湾当局发布“大陆地区人民在台湾地区取得设定或转移不动产物权许可办法”，规定自 2002 年 8 月开始有条件地开放陆资来台投资不动产。自此，大陆资本来台投资的禁止状态开始出现改观。尽管这期间台湾当局仍时常以各种理由阻止陆资来台投资，但历史的车轮终究不可逆转，台湾逐步放开陆资投资限制似乎已经成为两岸人民的共同期许与两岸经贸交往的必然趋势。

（五）第五阶段——政治回暖，两岸经贸全面发展阶段（2008 年至 2010 年）

2008 年 3 月，马英九当选为台湾地区领导人之后，两岸的政治环境进一步好转。马英九当局强调在巩固“九二共识，一中各表”的基础上，持续推动两岸和平发展，全面扩大与深化两岸交流。这为两岸经贸关系进一步正常化和持续稳定发展奠定了有力的政治基础。2008 年 6 月 12 日，台湾“立法”机构三读通过了“台湾地区与大陆人民关系条例修正案”，允许人民币在台湾岛内兑换业务分阶段实施。2008 年 7 月 13 日，台湾当局开放大陆合格境内投资者（QDII）投资台湾证券及期货市场，投资上限为基金净值规模的 3%，同时放宽大陆企业到台湾上市的资格限制，取消了台上市公司持大陆企业股权不能超过 20% 以及企业投资大陆不超过其净值 40% 的两项限制。2008 年 7 月，台湾当局宣布开放大陆 13 省居民赴台湾观光。2009 年 1 月 20 日，又新增河北、山西、吉林等 12 个省（区）为第二批大陆居民赴台团队旅游区域。2010 年 7 月 18 日，再新增内蒙古、西藏、新疆等 6 省（区）为第三批大陆居民赴台团队旅游区域。至此，大陆 31 个省（区、市）赴台团队旅游全面开放。2009 年 4 月 26 日，第三次“陈江会”在南京举行。此次会谈就两岸空运、金融合作、打击犯罪等三项议题签署协议，并就陆资赴台达成共识。此后的 2009 年 5 月 1 日，国家发改委、商务部、国台办联合发布《大陆企业赴台投资管理办法》鼓励大陆企业赴台湾地区直接投资。11 月 16 日，大陆方面银行业监督管理机构代表刘明康与台湾方面金融监督管理机构代表陈冲正式签署《海峡两岸银行业监督管理合作谅解备忘录》。两岸银行业监督管理机构将在信息交换、机构设立、危机处置、人员交流等方面开展合作。在政治环境回暖的良性刺激下，两岸经贸关系已经进入了一个前所未有的全速发展时期。

二、EFCA 签订前后陆资在台经营的现状

（一）台湾当局针对大陆资本投资台湾的政策变化

如前所述，2009 年之前，台湾当局对大陆资本直接投资台湾是持禁止态度。依据 2003 年通过的“台湾地区与大陆地区人民关系条例修正案”第 73 条，“大陆地区人民、法人、团体或其他机构，持有股份超过百分之二十之外国公司，得不予认许。经认许者，得撤销之。外国公司主要影响力之股东为大陆地区人民、法人、团体或其他机构者，亦同”。这种状态一直持续至 2009 年 6 月 30 日，而此后台湾对大陆资本直接投资台湾逐步采取放开的政策，大致可分为三个阶段：

第一阶段：2009 年 6 月 30 日，台湾“经济部”公布“大陆地区人民来台投资许可办法”与“大陆地区之营利事业在台设立分公司或办事处许可办法”，宣布首批开放 192 个项目和领域，并开始受理大陆企业赴台湾投资、设立分公司或设立办事处的申请。这标志着台湾对大陆资本直接投资台湾予以有条件的放开。此后的 2010 年 5 月，台湾又开放了银行、证券、期货等 12 项。2011 年 1 月 1 日，又开放陆资来台投资其他运动服务业 1 项。

第二阶段：2011 年 3 月 7 日，台湾行政主管部门批准第二阶段开放 42 项投资类别，其中包括：允许策略性引进陆资投资人参股投资或合资新设集成电路制造、半导体封装及测试业、液晶面板及其零组件制造等产业。

第三阶段：2012 年 3 月 19 日，台湾行政主管部门核定“经济部”提报的“大陆地区人民来台投资业别项目修正案”，其中新增开放部分投资业别，包括制造业 115 项、服务业 23 项及公共建设 23 项，并修正了部分已开放的陆资投资制造业项目的限制条件。至此，除了高污染、核能安全等项目没有开放，岛内制造业高达 97% 对陆资放开。

（二）台湾开放大陆资本直接投资以来陆资入台总体状况

2009 年 7 月台湾开放陆资对台直接投资之后，大陆企业曾经表现出入台投资的较高热情。继首家入台投资的大陆企业——福建新大陆集团向台湾“经济部投审会”申请并获批准之后，又有多家大陆企业包括天津狗不理包子、重庆小天鹅餐饮、全聚德烤鸭等向台湾“经济部投审会”提出了赴台投资的申请。据统计，从 2009 年 6 月 30 日至 12 月 31 日，台湾“经济部投审会”共核准大陆赴台投资项目

23件，涉及投资金额约3700万美元，一时间陆资进驻台湾似乎掀起了一个小小的高潮。但其后，在整体经济形势以及台湾投资政策外松内紧等诸多因素的联合作用下，陆资入台的热潮似乎渐趋平静。2010年，台湾“经济部投审会”共核准大陆赴台投资项目79件，投资金额约9434.5万美元。2011年，“投审会”共核准大陆赴台投资项目102件，投资金额约4373.6万美元。2012年，“投审会”共核准大陆赴台投资项目138件，投资金额约3.28067亿美元。2013年，“投审会”共核准大陆赴台投资项目141件，投资金额约3.6088亿美元。另根据台湾“经济部投审会”2014年4月21日发布的最新数据显示，刚刚过去的2014年第一季度，“投审会”核准陆资赴台投资件数34件，较去年同期增加17.24%；投资金额1275.7万美元，较去年同期减少90.83%。从以上数字可以看出，开放陆资入台后的四年多时间里，大陆资本投资台湾的申请项目数量和投资金额基本处于持续增长之中，但增速不快，其间还出现过停滞不前甚或负增长的情况。这相较于放开后台湾对大陆投资的金额，显示出明显的失衡状态。

第二节　陆资入台的未来趋势及挑战

一、陆资入台所面临的机遇

（一）台湾具有良好的投资环境

台湾地理位置优越，其位于亚太地区重要的交通运输枢纽及物流转运中心，其具有良好的商业区位、较高的经济发展水平、较为健全的市场。台湾拥有综合系统化的高科技产业链与产业族群，且产业分布均衡。此外，完善的基础设施建设也是投资台湾的重要优势之一，台湾在通讯、汽油、工业、民生用水及电力供应方面都非常稳定，且价格与临近国家相比更为低廉。台湾拥有完善的航空、铁路、公路一体化交通网络体系，同时其港口设施也非常完善，符合各种运输需求，其海关程序便利，有利于货物的流通。台湾人力资源丰富且素质上乘，岛内拥有2300万人口，其中劳动人口约1000万，占人口总数约43%，在其劳动人口中有35%具有大专或大学以上学历。

根据《华尔街日报》公布的经济自由度指数报告，在全球183个经济体中，依据各经济体在商业自由、贸易自由、财政自由、政府支出、货币自由、投资自由、金融自由、财产权利、远离贪腐以及劳工自由等10项领域综合评比后，台湾经济自由度排名第十八位，在亚太地区排名第五位，仅次于香港、新加坡、日本和澳门。台湾2011年世界经济论坛（WEF）给予台湾全球竞争力排名第十三；英国经济学人智库（EIU）最新评比台湾创新竞争力高居第六。以上数据都不同程度表明，台湾投资环境优良，而对一衣带水的大陆而言更是一个得天独厚、不可多得的投资区域。

（二）ECFA签订后给陆资投资台湾带来了制度红利

2009年6月30日，台湾对陆资企业到台湾投资的开放，打破了以往两岸投资只有台商赴大陆单向投资的局面。而ECFA的签订更是对两岸经贸关系的制度化、常态化起到了重要的作用。后ECFA时代，为深化两岸产业合作及扩大陆资来台投资效益，台湾方面也做了种种努力，对大陆企业赴台湾投资的限制予以逐步放开，未来还有可能予以更多的制度优惠，这无疑对陆资进军赴台提供了强大的动力。

二、陆资入台的阻碍及挑战

必须认识到，登陆台湾投资的大陆资本在享受更多机遇的同时，也面临着严峻的挑战。台湾开放大陆资本入岛投资以来，陆资入台一直步伐蹒跚，其原因是多方面的。首先，在台湾开放的投资项目中，对陆资吸引力较强的行业仍然较少。历经三个阶段的持续开放，台湾大陆资本开放的项目已不可谓不多，其开放度亦不可谓不大。据统计，台湾前三阶段累计开放陆资入台投资项目计408项，其中制造业204项，占整体制造业212项的97%；服务业161项，占服务业项目总数326项的51%；公共建设（非承揽）43项，占公共建设项目总数83项的51%。然而，在这样相当可观的开放项目中，劳动力密集型、资源消耗型的传统产业，制造业及食品、饮料、纺织等仍然占主要地位，所开放之服务业也以餐饮和批发零售为主。一些真正对陆资有较强吸引力的业别项目，都仍未开放给陆资投资。而且，台湾当局对陆资入台在程序上的限制也颇多。特别是涉及陆资持股比例和对公司控制能力方面的限制更是严苛。台湾当局“犹抱琵琶半遮面”的防备心理甚为明显，从而影响了陆资入台的投资热情。其次，台湾对陆资入台的相关规定原则性强，配套不足，缺乏实际可操作性，亦一定程度上降低了陆资的投资积极性。在ECFA与“大陆地区人民来台投资许可办法”“大陆地区之营利事业在台设立分公司或办事处许可办法”当中对陆资投资台湾的优惠性政策基本都以大纲的形式存在，缺少相应的实施细则和业务流程，也未明确相应的机构和部门负责相关业务。除降税等直观优惠外，大陆企业进入台湾投资仍然存在诸多程序上的困难。一些无可回避的实际问题，如陆资商务人员在台居留的时限问题，大陆技术人员在台工作居留、房屋租赁和往返两岸问题等都缺乏实施细则予以解决。缺乏配套规定及执行细则的结果往往是导致投资事项在实际操作环节步履维艰，踟蹰难行。同时，由于大陆资本进入台湾市场原本就是一个综合性很强的事项，涉及资金运作、职工招聘、土地房屋、人员居留等诸多方面。因此其配套措施也应详细全面，对于陆资企业在台湾期间其工作人员及眷属的停留、就医、就学、金融需求及购买不动产等方面都应当有相应的法律、法规支持。但事实上，由于台湾“立法”周期长等诸多原因，台湾当局的相关法令却未能予以及时地调整，这也给陆资企业投资台湾造成了不便。再次，陆资入台仍面临着不可小觑的政治风险。台湾岛内政治环境复杂，蓝、绿政党交替执政的制度，给陆资入台前景笼罩上了一层未可知的不安因素。虽然 2012 年马英九为首的国民党赢得选举，但民进党也时时积蓄力量，在台湾政坛的影响力不可小视。民进党中反对陆资入台的声音不绝于耳。民进党“立法委员”叶宜津、赖清德就曾公开表示陆资入台会危及到台湾的“国家安全”，使台湾被“经济殖民化”。在民进党于 2011 年 8 月公布的“十年政纲”两岸部分内容中，仍继续顽固否认两岸之间存在“九二共识”。这无疑给两岸经济合作关系的未来发展前景笼罩上了一层挥之不去的阴霾。面对岛内不确定的政治因素，许多大陆企业在对台湾投资或增资问题上，往往选择极为谨慎的态度。第四，陆资入台面临着竞争激烈、运作成本高昂等实际困难。进入台湾投资的陆资企业虽然享受 ECFA 带来的税收优惠，但其在台运行的成本仍然远高于大陆。台湾岛内资源匮乏，但经济发展水平很高。因而土地、房屋租金、物价都高出大陆许多。同时台湾的劳动力价格也远远高出大陆，一般为大陆劳动力价格的 618 倍。且台湾劳工制度严格，遵循朝九晚五制度，禁止违法加班。每天工作时间如超过 8 小时，则超过部分以 3 倍计算工资。面对台湾这种高物价、高成本、高工资的企业运行环境，初到台湾的陆资企业常常“水土不服”，难以维系。这也正是一些大陆知名企业登陆台湾后都纷纷因为效益不佳而放弃投资的原因。

三、陆资入台的未来前景

（一）未来台湾陆资入台相关政策将趋于更加开放

两岸经贸关系恢复以来，双向投资的增加已经成为不可阻挡的历史趋势。经济不振的台湾尤为需要大陆资本的注入以恢复其脆弱的经济。因此，未来台湾当局将在民众的不断呼吁下进一步开放陆资入台的范围和比例、进一步降低对入台投资的大陆资本的诸多限制。随着ECFA项下的各项制度性保障的措施不断完善，台湾当局陆资入台相关政策将逐步成熟、健全，形成持续稳定的格局。

（二）受全球经济无法短期内回暖的影响，未来陆资入台增速不会太快

近年来，受经济危机影响，全球经济步入下行调整期，无法短期内恢复。台湾作为地域狭小资源匮乏的岛屿，受世界经济危机的影响尤为严重。同时，大陆经济也面临着劳动力、原材料成本大幅上涨等因素的影响而增速放缓。在总体欠佳的经济形势之下，两岸相互投资的势头都将受到不同程度的影响，因此未来陆资入台动力不会太强，其增速将保持谨慎增长。

第三章　与陆资入台相关之台湾各“部会”介绍

第一节　台湾当局“中央政体”简介

台湾当局自谓实行所谓偏向“总统制”的“双首长制”。即“总统”为“国家元首”，任期四年，“对外代表台湾，统率陆海空军，依法公布法律，发布命令，宣布戒严，任免文武官员，授予荣典，行使大赦、特赦、减刑及复权之权，以及行使缔结条约及宣战、媾和之权”“总统”依据“宪法”行使职权，设“总统府”，置秘书长1人、副秘书长2人，另有“资政”“国策顾问”及“战略顾问”，对“国家”大计及战略、“国防”等事项，向“总统”提供意见，并备咨询。

根据台湾“宪法”，台湾当局设“行政院”“立法院”“监察院”“考试院”和“司法院”五院。

一、“行政院”

“行政院”是台湾“最高行政机关”，由“院长”1人，“副院长”1人及“政务委员”若干人组成。“政务委员”又分为“部会首长”及不管“部会”之“政务委员”。“行政院院长”由“总统”任命，“院长”辞职或出缺时，在“总统”未任命“行政院院长”前，由“行政院副院长”暂行代理。“行政院副院长”与“政务委员”均由“行政院院长”提请“总统”任命。

“行政院”设“行政院”会议，以“院长”为主席，由“院长”“副院长”“各部会首长”及“不管部会之政务委员”组成。对于应提交“立法院”的法律案、预算案、戒严案、大赦案、宣战案、媾和案、条约案及其他重要事项，或涉及各“部会”共同关系的事项，均由“行政院”会议议决。

“行政院”享有的职权包括：1. 提出法案权。2. 对“总统”公布“法律”、发布命令的副署权。3. 对于“立法院”决议的法律案、预算案、条约案有异议时经“总统”核可移送“立法院”覆议的权力。4. “立法院”开会时由“行政院院长”及各“部会首长”列席陈述意见的权力。5. 提出预算及决算的权力。6. 对行政事项的重要政策决定的权力。

二、“立法院”

“立法院”为台湾“最高立法机关”，由台湾地区人民直接选举之“立法委员”组成，“立法委员”113 人，任期 4 年，代表人民行使“立法权”，得连选连任。“立法院”置“院长”“副院长”各 1 人，由“立法委员”互选产生；同时置“秘书长”“副秘书长”各 1 人，由“院长”遴选，报告“院会”后，由当局任命。

“立法院”设“内政及民族委员会”“外交及侨务委员会”“国防委员会”等 12 个常设委员会,① 并有权在必要时增设其他委员会或特种委员会，例如“修宪”委员会、程序委员会、纪律委员会等。“立法院”享有以下职权：1. 对法律案、预算案、戒严案、大赦案、宣战案、媾和案、条约案及“国家”其他重要事项的议决权。2. 听取“国情”报告及“行政院”施政方针及施政报告的职权。3. 对行政部门的质询权及邀请“政府”人员或社会人士到会备询的职权。4. 调阅权②和调查权。③ 5. 人事同意权。④ 6. 对“行政院长”提出不信任案的职权（即“倒阁”权）。7. 对“总统”“副总统”弹劾、罢免的提案权。8. 在“副总统”缺位时，经“总统”提名，补选“副总统”的职权。9. 提出“宪法修正案”之权力。10. “领

---

① “立法院”的常设委员会包括：“（1）内政及民族委员会（2）外交及侨务委员会（3）国防委员会（4）经济及能源委员会（5）财政委员会（6）预算及决算委员会（7）教育及文化委员会（8）交通委员会（9）科学及资讯委员会（10）卫生环境及社会福利委员会（11）司法委员会（12）法制委员会。”

② 依“大法官释字”第 325 号解释：“立法院得经院会或委员会之决议对有关机关就议案涉及事项提供参考资料，必要时并得经院会同意调文件原本，受要求机关非依法律规定或其他正当理由不得拒绝。”

③ 依“大法官释字”第 585 号解释：“立法院为有效行使宪法所赋予之立法职权，本其固有之权能自得享有一定之调查权，主动获得行使职权所需之相关资讯，俾能充分思辨，审慎决定，以善尽民意机关之职责发挥权力分立与制衡之机能。”

④ 除“立法院”是人民“直选”外，“司法院”“考试院”“监察院”等都是由“总统”提名，“立法院”同意任命的。

土变更”之提案权。11. 解决“中央”与“地方”权限争议的权力。12. 受理人民请愿之职权。

三、“司法院”

“司法院”为台湾“最高司法机关”，掌理民事、刑事、行政诉讼之审判、负有解释“宪法”、统一解释法律命令及公务员惩戒之职权。“司法院”设“大法官”15人，并以其中1人为“院长”、1人为“副院长”，由“总统”提名，经“立法院”同意任命。“司法院”以“大法官会议”方式行使解释“宪法”及统一解释法律、命令之职权，并有权组成“宪法法庭”，审理“总统”“副总统”之弹劾及政党“违宪”之解散事项。“宪法”规定法官须超出党派以外，独立行使职权，并为终身职，非受刑事或惩戒处分，不得免职。“司法院”设各级法院、“行政法院”及“公务员惩戒委员会”。

四、“考试院”

“考试院”为台湾“最高考试机关”，设“院长”“副院长”各1人，“考试委员”19人，均为特任，任期为6年，由“总统”提名，经“立法院”同意任命之。“考试委员”须超出党派以外，依法独立行使职权。“考试院”的职权包括：1. 考试权。2. 公务人员之铨叙、[①] 保障、抚恤、退休事项。3. 公务人员任免、考绩、级俸、升迁、褒奖事项。“考试院”下设考选部、铨叙部、公务人员保障暨培训委员会及公务人员退休抚恤基金监理委员会。

五、“监察院”

“监察院”为台湾“最高监察机关”。设置“监察委员”29人，并以其中1人为“院长”，1人为“副院长”，任期6年，由“总统”提名，经“立法院”同意任命之。“监察委员”须超出党派以外，依据“法律”独立行使职权。“监察院”设“监察院会议”，由“院长”“副院长”“监察委员”组成，按月由“院长”召集开会。“监察院”设“审计长”，由“总统”提名，经“立法院”同意任命，任期6年。“监察院”的职权包括：1. 对“中央”及地方公务人员、“司法院”、“考

---

① “考试院”的铨叙权是指对于被任用人员之资格，予以铨定并铨叙其职位的权力。

试院”人员、“监察院”人员、军人行使弹劾权。2. 对于有违法或失职行为的公务人员行使纠举权。① 3. 纠正权。② 4. 调查权。③ 5. 对于当局及其所属机关财政收入的审计权。

第二节 “行政院”与陆资入台相关各“部会”简介

一、“行政院”概况

依台湾“宪法”第61条规定：“行政院之组织，以法律定之”。“行政院组织法”于1947年3月31日公布，1948年5月25日施行，先后经过7次修正。“行政院组织法”规定“行政院”设14“部”3“会”，1949年3月21日修正为8“部”2“会”1处，其基本架构虽沿用至今，但实际上为因应政务需要，已陆续增设20余个“部会”机关，2010年2月3日修正为14“部”8“会”3独立机关1行1院及2个总处（共29个机关），于2012年1月1日开始施行。

“行政院”下辖“内政部、外交部、国防部、财政部、教育部、法务部、经济部、交通部、文化部、蒙藏委员会、侨务委员会、中央银行、主计总处、人事行政总处、卫生署、环境保护署、海岸防卫署、国立故宫博物院、大陆委员会、经济建设委员会、金融建设管理委员会、国军退除役官兵辅导委员会、青年辅导委员会、原子能委员会、国家科学委员会、研究发展考核委员会、农业委员会劳工委员会、公平交易委员会、原住民族委员会、体育委员会、客家委员会、中央选举委员会、国家通讯传播委员会”。

“行政院”设“院长”“副院长”各1人，“院长”综理院务，并监督所属机

① “监察院”的纠举行为是指“监察委员”对于有违法或失职行为的公务人员，认为应当先停职或是作其他急速处分的，可以提案纠举，在经过其他“监察委员”三人以上的审查及决定后，由“监察院”送交各该主管机关长官处理，而且违法行为如果涉及刑事或军法责任时，同时送请管辖的司法或军法机关，依法办理的监察活动。

② “监察院”的纠正权是指“监察院”对于调查“行政院”及其所属各机关之工作与设施后，经各有关委员会之审查及决议，得由“监察院”提出纠正案，促其注意改善的职权。

③ “监察院”的调查权是指“监察院”为行使监察权，得向“行政院”及其各“部会”调阅其所发布之命令及各种有关文件，并得按“行政院”及其各“部会”之工作，分设若干委员会，调查一切设施，注意其是否违法或失职的权力。

关，“院长”因事故不能行使职权时，由“副院长”代理其职务。设“政务委员”7至9人，为“行政院”会议成员，并负责政策及法案之审查、主持项目工作、联系协调并统合各“部会”意见及办理“院长”交办事项。设“秘书长”1人、“副秘书长”2人，均应列席“行政院会议”。“秘书长”综合处理本“院”幕僚事务，“副秘书长”襄助“秘书长”处理本“院”幕僚事务。设“发言人”1人，处理新闻发布及联系事项，“发言人”可以由政务职务人员兼任之。

二、“行政院”内部运作情形

（一）各业务单位均系“院长”之幕僚，处理下列事项

1. “院长”“副院长”“秘书长”“副秘书长”交办事项。

2. 各机关报“院”案件之研处签办事项。

3. 基于任务，对各级行政机关施政提出建议或意见，奉准后送请主管机关办理或查复事项。

（二）公务处理之流程，各处、室、会视其性质作如下之处理

1. 研拟意见，陈请“院长”或依分层负责规定由“副院长”“秘书长”“副秘书长”核定。

2. 约集有关单位会商后签请核定，或提报“院会”决定。

3. 签请交由有关机关审议后陈请核定，或提报“院会”决定。

4. 签请指定政务委员审查后陈请核定，或提报“院会”决定。

5. 径行签提“院会”决定。

（三）“行政院会议”（简称“院会”）的地位及性质

1. 依“行政院会议议事规则”第2、3、5条规定，“行政院”会议由“行政院院长”“副院长”、各“部会首长”及“政务委员”组织召开，以“院长”为主席，“院长”因事不能出席时，由“副院长”代理之，“院长”“副院长”均因事不能出席时，由出席者公推其中1人代理主席。以过半数之出席为法定人数，议案以出席人过半数之同意来决定，如主管“部会首长”对决议有异议时，由“院长”决定之。

2. 依“行政院会议议事规则”第4条规定，下列事项提出“行政院”会议议决之：

（1）依法须向“行政院”会议提出议决的事项。

（2）依法须向“立法院”提出之事项。

（3）涉及各“部会”共同关系之事项。

（4）其他重要事项。

3. “行政院”会议原则上每周举行一次，必要时可以改期举行，并可以召开临时会议。

4. “行政院”会议之提案，系由“院长”交议，或由各处、室、会签奉核定提出，或由“政务委员”及各“部会首长”陈奉核准后提出。

5. “行政院”会议之列席人员为“秘书长”“副秘书长”“主计长”“人事长”及“院长”指定之机关首长。

三、“行政院”与陆资赴台相关的部门简介

“行政院”中与大陆资本赴台投资可能会发生密切关系的“部会”大致有以下十个：

（一）“行政院大陆委员会”

“行政院大陆委员会”，简称“陆委会”，是台湾地区为专门处理大陆、香港、澳门事务的对口机关。具体负责台湾地区与大陆地区的财税、金融、经贸、交通、农林渔牧、环境保护等交流事项的审议及联系协调事项。与“陆委会”密切相关的另一个民间组织就是财团法人海峡交流基金会。海基会内设秘书处，文化服务处、经贸服务处、旅行服务处及综合服务处等 6 个业务单位，主要功能是接受“陆委会”委托，办理两岸交流所衍生出来的各项事务。具体包括：台湾地区与大陆人民入出境案件的收件、核转及有关证件的签发、补发等事宜；大陆文书的验证、身份关系的证明、协助诉讼文书的送达及两地人犯的遣返等事宜；大陆经贸信息的搜集、发布，间接贸易、投资及其争议之协调处理等事宜。

（二）“经济部”

“经济部”是负责台湾地区工商业发展，规划产业政策制定，国际贸易谈判等事务及经济行政运作的职能机关，同时负有配合各阶段经济发展需要及因应国际经贸情势变化，制定经济政策及措施的职责。目前，“经济部”下辖的与陆资入台关系较为密切的单位有：

1. “投资审议委员会”。该会主要负责外来投资的审核与技术合作事项，以及

台湾对外投资的审核业务。具体职责职能包括，争取外商来台投资，简化外商投资的行政流程、提高行政效率，修正“侨外投资条例”，增订促进投资事项；配合“积极开放、有效管理”政策持续检讨放宽大陆投资负面表列项目；建立并落实对大陆投资案件采取专案审查方式的事后管理机制；建立标准作业流程以提高大陆投资案件审理效率；处理违规赴大陆投资案件；简化大陆人民来台从事商务活动的申请案件之审查流程；建立有效安全管理机制，建立标准作业流程，并提高对外投资申请案件的办理效率；为鼓励台湾企业向全球布局，且分散台湾对外投资风险而研究对外投资法令；定期办理侨外投资、两岸投资、引进大陆产业科技及促进大陆科技及经贸人士交流等的业务说明会等。

2. “经济部商业司”。主管商业事务及公司登记等业务，具体包括商业政策及法规的拟定，公司商业的登记管理及监督事项，商约、商税的研究事项，商业的规划、管理、辅导监督及统筹配合事项等。

（三）“行政院金融监管委员会”

“金融监督管理委员会”是整合了监理金融、证券、期货、保险业的相关行政部门而成立的单一金融监理行政部门机构。“金融监管委员会”主管金融市场及金融服务业的发展和相关业务的检查工作。其中金融市场是指银行市场、票券市场、证券市场、期货及金融衍生产品市场、保险市场及其清算系统等。而金融服务业，包括金融控股公司、金融重建基金、中央存款保险公司、银行业、证券业、期货业、保险业、电子金融交易及其他金融服务业，但其中的金融支付系统由“中央银行”主管。“金融管理委员会”下辖四大业务局：（1）“银行局”，负责规划执行银行市场、票券市场、金融控股公司与银行业的监督及管理。（2）“证券期货局”，负责规划执行证券期货市场与证券期货业的监督与管理。（3）“保险局”，负责规划执行保险市场与保险业的监督与管理。（4）“检查局”，负责规划执行金融机构的监督与检查，并协助“中华邮政公司”“中央银行”及“农业金库”的金融检查工作。

（四）“行政院经济建设委员会”

“行政院经济建设委员会”是“行政院”下属的官方机构，是推动并规划经济发展事业的专门机构，也是规划台湾发展走向的咨询机构。其主要业务职责范围包括：台湾建设规划、经济分析及对策、促进产业发展与推动“公营”事业民营化、人力资源发展规划等。“行政院经济建设委员会”成员包括“特任主任委员”1名、“副主任委员”3名、“行政院政务委员”“中央银行总裁”“财政部部长”“经济部部长”“交通部部长”“农业委员会主委”“公共工程委员会主委”“劳工委员会主委”“金管会主委”“行政院秘书长”“行政院主计处主计长”等人。“行政院经济建设委员会”的资金运用管理项目包括中长期资金运用制度及“国家发展基金”的运用管理制度。中长期资金运用制度针对新台币10亿元以上的官方重大建设项目及1亿元以上的民间投资计划项目。目前为止，中长期资金项目已陆续负担了当局的挑战2008“国家发展”重点计划、新十大建设计划、投资台湾优先具体方案及大投资计划等施政计划项下各重大公共建设，并扶植钢铁、化工、半导体、资讯电子、电源开发及污染防治等产业的民间投资计划，带动投资金额达新台币4946亿元。“国家发展基金”则是以“公营事业”转移民营收入及“国库”拨款为资金来源。“国发基金”目前总资产约新台币2100亿元，主要结合大型法人或业者直接投资或通过创投公司投资与产业创新、高科技、发展能源、再生能源、缘能产业、技术引进、文创产业及其他增加产业效益或改善产业结构有关的重要事业或计划，以及融贷资金与产业永继发展、污染防治、节约能源、降低温室效应及其他增加产业效益或改善产业结构有关的辅导计划等。

（五）“行政院公共工程委员会”

“行政院公共工程委员会”是各级政府工程建设与政府采购的最高“行政机关”。负责统筹公共工程的规划、审议、协调及督导，并主管“政府采购法”“技师法”“促进民间参与公共建设法”“工程技术顾问公司管理条例”等的实施工作。

（六）“交通部”

“交通部”主管交通行政及交通事业。包括通信、运输、气象、观光等四大领域，负责交通政策法令规章的厘定和业务执行的监督。另外，2013年1月1日起，“交通部”整理合并“内政部营造署”“行政院公共工程委员会”为“交通及建设部”，主管各类交通运输、营建产业、公共工程基础建设及技术规范、邮政等事务，而原先管辖的观光事务则交由“文化及观光部”掌管，原属于“交通部”管辖范围的“中央气象局”及“国家风景区”经营管理业务则交由“环境资源部”掌管。

（七）“劳动部”

“劳动部”的前身是“劳工委员会”，负责台湾的劳工行政、工安检查、劳工保险、劳资争议、就业辅导、工会、两性平权、大量解雇等相关事项的统筹管理。有关雇主聘任境外专业人员工作的许可事项，也应经过“劳动部”批准。但聘任境外船员、律师助理或顾问、科学园区的境外专门性技术工作或侨外投资主管则应分别向“交通部”“法务部”“科学园区管理局”提出申请。

（八）“国家通讯传播委员会”

“国家通讯传播委员会”负责台湾的通讯传播监理政策及法令的制定、监督管理通讯传播事业及证照的核发、通讯传播技术及内容规范、资通安全规范的监理等。

（九）“文化部”

“文化部”负责掌管台湾的文化业务，包括研究制定文化政策及法规、兴办文化设施及机构、扶植推动文化创意产业、推广艺术、推动国际及两岸文化交流事务等。

（十）“财政部”

“财政部”负责台湾的财政事务，其具体职权包括：为“国库”制定制度规划并监督执行；负责管理各种类的税制、税务；负责“国有财产”的清理、管理、处分等。

第四章 陆资入台配套法规的认识与分析

第一节 陆资入台配套法规概况

一、大陆陆资入台相关法律、法规

对于拟赴台湾投资的大陆投资者应当了解熟悉的大陆陆资赴台方面的法律、法规主要包括：

（一）《大陆企业赴台湾地区投资管理办法》

该办法于2010年11月19日由国家发改委、商务部、国务院台办联合发布，全文共19条。主要对大陆企业赴台湾投资的项目范围、设立企业或非企业法人的条件、申请、审批、备案程序以及能够享受的政策优惠等进行了规定。另外，该办法还整合了2008年国家发改委和国务院台办发布的《关于大陆企业赴台湾地区投资项目管理有关规定的通知》及2009年商务部和国务院台办发布的《关于大陆企业赴台湾地区投资或设立非企业法人有关事项的通知》（商合发［2009］219号）的相关内容。自该办法颁布之日起，以上两规范同时废止。

（二）《境外投资管理办法》

该办法2009年5月1日由商务部颁布实施，全文共7章，41条。制定该办法的主要目的是规范境外投资。该办法明确规定了需要商务部核准的企业境外投资，包括与我国未建交国家的境外投资、特定国家或地区的境外投资（具体名单由商务部会同外交部等有关部门确定）、中方投资额1亿美元及以上的境外投资、涉及多国

（地区）利益的境外投资、设立境外特殊目的公司，并且在第38条中特别规定，“企业赴香港、澳门及台湾地区投资参照本办法执行”。该办法颁布后，《关于境外投资开办企业核准事项的规定》和《商务部、国务院港澳办关于印发〈关于内地企业赴香港、澳门特别行政区投资开办企业核准事项的规定〉的通知》同时废止。

（三）《境外投资项目核准暂行管理办法》

该办法由国家发展和改革委员会制定，于2004年10月9日颁行。该办法共6章28条，对境外投资项目的核准机关、核准权限、核准程序、项目申请报告、核准条件、核准效力等进行了规定。该办法同样适用投资主体在香港、澳门和台湾的投资项目的核准。

（四）《境外所得计征所得税暂行办法》

该办法颁行于1997年1月1日，共10条。其对境外所得的计算，应纳税额的计算，境外已缴纳所得税税款的折扣方法，境内、境外所得按税法计算所应纳税总额的计算方法，减免所得税处理办法，境外企业遇有自然灾害的处理等问题进行了明确的规定。

（五）《中国公民往来台湾地区管理办法》

该办法1992年5月1日由国务院颁行，全文共44条，其对大陆公民赴台湾或台湾地区人民赴大陆的相关流程及要求做了详细规定。但由于该办法颁行于两岸经贸往来尚不太密切的年代，因而对因个人事务或各种学术活动而赴台的相关规范较多，而对陆资入台投资的相关规定则较少。

（六）《中华人民共和国外汇管理条例》

该条例为国务院于1996年制定的行政法规。2008年8月，国务院对该条例进行了修改。条例共6章、54条，主要对境内机构、境内个人的外汇收支或者外汇经营活动，以及境外机构、境外个人在境内的外汇收支或者外汇经营活动进行规范。陆资入台过程中涉及外汇部分的内容受该条例的规范。

（七）《境内机构境外直接投资外汇管理规定》

该规定由国家外汇管理局于2009年8月1日颁行。该规定共5章、26条，主要对境内机构境外直接投资的条件、方式、审批程序等进行了规定。依据该规定第21条，“境内机构在香港特别行政区、澳门特别行政区和台湾地区进行直接投资的，参照本规定进行管理”。

（八）《关于大陆企业赴台湾地区投资项目管理有关规定的通知》

该通知是国家发展和改革委员会与国务院台办于2008年12月15日颁布的。通知共8条，对大陆投资主体赴台湾投资的条件、申请审批程序、审批时的违法责任等进行了规定。

（九）《关于大陆企业赴台湾地区投资或设立非企业法人有关事项的通知》

该通知由商务部、国务院台办于2009年5月17日共同颁布，通知全文共10条，分别对大陆企业赴台湾地区投资或设立非企业法人的原则、审批主体、核准程序、监督检查主体等进行了规定。

二、台湾相关陆资入台的法令、规定

（一）“台湾地区与大陆地区人民关系条例”

该“条例”颁布于1992年7月31日，是台湾地区用以调整两岸人民关系的纲领性“法律文件”。其基本性表现在，“条例”本身只是原则性、框架性的表述，在“条例”中明确授权各行政部门制定细则。“条例”与其“实施细则”共同构成了台湾地区庞大的“两岸关系法”体系。“两岸人民关系条例”至今已经进行过15次修改，但除了2003年进行的修改触及方面较多外，其他各次修改均以一般技术性修正居多，而对于“条例”中一些落后于时代趋势的“立法”思想、“立法”原则却没有修正。当前，马英九当局致力于继续推进“条例”的整体翻修，但来自民进党、“台联党”等的阻力较大。台湾现行的“两岸人民关系条例”共6章、96条，主要对两岸间的经济、贸易、文化等往来及其衍生出的法律关系予以调整。在“两岸人民关系条例”中涉及陆资赴台湾投资的条文主要有7条，包括第10条、第23条、第25条、第36条、第40条、第69条、第72条。这些条文是大陆资本赴台湾投资的原则性依据，是台湾地区规范陆资入台的顶层设计。

（二）“台湾地区与大陆地区人民关系条例施行细则”

该“施行细则”颁布于1992年9月16日，其间经过多次修改，现行版本共包括73条，主要为配套“两岸人民关系条例”对其主要概念意涵、规定的范围、施行程序等进行具体的规定。该条“施行细则”中第21条、第48条、第49条、第51条等对大陆资本赴台湾投资的相关问题进行了规定。

（三）“大陆地区人民来台投资许可办法”

该“办法”是在两岸关系不断紧密和海协会与海基会之间“陈江会”磋商深入开展的背景下制定的。其“立法”主旨在于秉持优势互补、互利双赢的原则，积极鼓励推动陆资企业来台考察、投资，实现两岸经贸关系正常化和制度化。该“办法”颁布于2008年4月20日，全文共14条，主要对大陆投资人的界定、许可之投资行为、出资的种类、投资申请审核程序等进行了具体的规定。

（四）“大陆地区之营利事业在台设立分公司或办事处许可办法”

该“办法”颁布于2009年6月30日，后经过多次修改，现行版本共19条，分别对大陆地区营利事业的概念、来台湾设立分公司或办事机构的申请条件及限制、申请程序等进行了明确规定，是大陆地区企业到台湾设立公司或办事机构的主要法律依据。

（五）“大陆地区专业人员来台从事专业活动许可办法”

该“办法”制定于2002年6月20日，分别于2008年6月28日、2010年1月15日、2012年10月24日进行了修订。该“办法”共31条，分别对大陆地区专业人员来台从事专业活动的期限、在台期间的活动限制等进行了详细规定。

（六）“大陆地区人民来台从事商务活动许可办法”

该“办法”于2006年由“内政部”制定颁布，后经过2006年11月30日、2009年6月5日、2010年4月2日、2011年5月16日诸次修订。现在施行的“大陆地区人民来台从事商务活动许可办法”，全文共32条，分别就大陆地区专业人员来台从事专业活动的主管机关、申请条件、申报审批程序、停留期限、行为限制等进行了具体规定。

（七）“台湾地区与大陆地区贸易许可办法”

该“办法”根据“两岸人民关系条例”第35条第3项而制定。其颁布于1994年4月26日，后亦经多次修改。现行“台湾地区与大陆地区贸易许可办法”全文共13条，分别对适用范围、主管机关、相关概念、两岸贸易进出口的限制范围等进行了详细的规定。

（八）“台湾地区与大陆地区金融业务往来及投资许可管理办法”

该“办法”根据“两岸人民关系条例”第35条第4项、第36条第3项、第72

条第2项及第73条制定。其颁布于2004年5月28日，后经过多次修订，现行版本共86条，分别对大陆地区金融业务往来的主管机关、审批程序、业务往来规则、来台设立分支机构及参股的大陆商业银行投资规则等进行了规定。

（九）"台湾地区与大陆地区保险业务往来及投资许可管理办法"

该"办法"依据"两岸人民关系条例"第35条第4项、第36条第3项、第72条第2项及第73条制定。其颁布于2004年9月30日，后历经6次修正，现行版本共55条，分别对大陆地区保险业务往来及投资的主管机关、申报审查程序、业务往来规范、大陆地区保险业务来台设立代表人办事处及参股投资的程序、行为规范等进行了规定。

（十）"台湾地区与大陆地区证券期货业务往来及投资许可管理办法"

该"办法"依据"两岸人民关系条例"第35条第4项、第36条第3项、第72条第2项及第73条的规定而制定。"台湾地区与大陆地区证券期货业务往来及投资许可管理办法"制定于2004年9月30日，后历经6次修正，现行版本共50条，分别对台湾地区与大陆地区证券期货业务的主管机关、申报审查程序、业务往来规范、大陆证券期货公司赴台设立分支机构及参股投资的规则进行了规定。

（十一）"大陆地区人民在台湾地区取得设定或移转不动产物权许可办法"

该"办法"制定于2002年8月8日，在2009年6月30日、2010年6月23日分别进行了修正，修正后的"办法"全文共20条，主要对大陆地区人民、法人、团体或其他机构，或其于第三地区投资的公司申请在台湾地区取得、设定或移转不动产物权的条件、申请程序、违法责任等进行了具体规定。

三、两岸达成的有关协议

迄今为止两岸间签订的协议主要有：

1. 1990年9月20日两岸红十字会组织签订的《海峡两岸红十字会组织在金门商谈达成有关海上遣返协议》。

2. 1993年4月29日海协会与海基会第一次"汪辜会谈"达成的《汪辜会谈共同协议》《两会联系与会谈制度协议》《两岸挂号函件查询、补偿事宜协议》《两岸公证书使用查证协议》。

3. 2008年6月13日海协会与海基会在北京签订的《海峡两岸关于大陆居民赴

台湾旅游协议》《海峡两岸包机会谈纪要》。

4. 2008 年 11 月 4 日海协会与海基会在台北签订的《海峡两岸邮政协议》《海峡两岸空运协议》《海峡两岸食品安全协议》《海峡两岸海运协议》。

5. 2009 年 4 月 26 日海协会与海基会共同签订的《海峡两岸共同打击犯罪及司法互助协议》《海峡两岸空运补充协议》《海峡两岸金融合作协议》。

6. 2009 年 12 月 22 日海协会与海基会共同签署的《海峡两岸标准计量检验认证合作协议》《海峡两岸农产品检疫检验合作协议》《海峡两岸渔船船员劳务合作协议》。

7. 2010 年 6 月 29 日海协会与海基会签订的《海峡两岸经济合作框架协议》《海峡两岸知识产权保护合作协议》。

8. 2010 年 12 月 21 日海协会与海基会在台北签署的《海峡两岸医药卫生合作协议》。

9. 2011 年 10 月 20 日海协会与海基会共同签署的《海协会与海基会关于推进两岸投保协议协商的共同意见》《海协会与海基会关于加强两岸产业合作的共同意见》《海峡两岸核电安全合作协议》。

10. 2012 年 8 月 9 日海协会与海基会在台北共同签署的《海峡两岸投资保护和促进协议》《海峡两岸海关合作协议》。

11. 2013 年 6 月 21 日，海协会与海基会共同签订了《海峡两岸服务贸易协议》及其附件一和附件二。

12. 2014 年 2 月 27 日，海协会与海基会共同签署了《海峡两岸地震监测合作协议》和《海峡两岸气象合作协议》。

第二节　陆资入台法律环境评析

一、陆资入台法律环境的总体特点

（一）两岸陆资入台相关法律、法规处于启动加速阶段

继 2009 年 4 月海协会与海基会在南京举行两岸协商谈判，达成有关“陆资入台”的历史性原则共识之后，两岸间推动“陆资入台”的步伐正在不断加快。2008 年 9 月，大陆方面明确表示，愿推动大陆企业参与台湾岛内经济建设项目，将在两

岸协调一致情况下，优先鼓励优质、有实力、能与台湾经济融合的大陆企业，赴台参与“爱台十二项建设”。2008 年 12 月 25 日，国家发改委、国台办又共同发布了《关于大陆企业赴台投资管理通知》。2009 年 5 月 17 日，商务部、国务院台办共同颁布了《关于大陆企业赴台湾地区投资或设立非企业法人有关事项的通知》，《通知》规定由商务部负责赴台投资或设立非企业法人的核准工作。台湾方面，2008 年 4 月 20 日颁布了“大陆地区人民来台投资许可办法”；2009 年 6 月 30 日出台“大陆地区之营利事业在台设立分公司或办事处许可办法”。此外还修改了“台湾地区与大陆地区金融业务往来及投资许可管理办法”“台湾地区与大陆地区保险业务往来及投资许可管理办法”“台湾地区与大陆地区证券期货业务往来及投资许可管理办法”等多项规则。更值得一提的是，在两岸的共同努力下，2012 年 8 月 9 日海协会与海基会在台北正式签署了《海峡两岸投资保护和促进协议》，这标志着两岸间统一协调投资双边关系的规范协议缺失的时代已一去不返。此后，江苏省率先颁布了《江苏省保护和促进台湾同胞投资条例》，这标志着大陆已经开始建立多层级的保障两岸投资的法规规范体系。

（二）两岸陆资入台相关法律、法规都尚不成熟。

大陆开放对台贸易往来及投资较早，但相关法律和法规，特别是直接规范大陆企业赴台湾投资的法律法规较少、出台时间较晚且效力等级较低。大陆直接规范陆资入台的法律法规只有《大陆企业赴台湾地区投资管理办法》《关于大陆企业赴台湾地区投资项目管理有关规定的通知》《关于大陆企业赴台湾地区投资或设立非企业法人有关事项的通知》几部规范性文件。其中《大陆企业赴台湾地区投资管理办法》是国家发改委、商务部、国务院台办联合制定的一个部门规章，而《关于大陆企业赴台湾地区投资项目管理有关规定的通知》《关于大陆企业赴台湾地区投资或设立非企业法人有关事项的通知》则仅仅是国家发改委、国台办、商务部等出台的规范性文件。台湾开放陆资入台时间较晚，加之其“立法”程序运作缓慢，相关陆资入台的规范也不是很完善，特别是在与陆资入台相关的配套规范方面还有所欠缺。由此可见，建立两岸较为健全的陆资入台相关法律规范体系还是一个任重而道远的事业。

二、陆资入台法律环境的不足

（一）大陆方面陆资入台法律环境的缺陷与不足

1. 大陆方面陆资入台的相关法律规范数量少、层级低、系统性不强。从一般性规范层面看，我国并没有统一的《对外投资法》，包括对台湾投资在内的海外投资缺乏统一的上位法支撑。从陆资入台的专门性规范来看，目前颁布实施的几部规范普遍效力等级偏低（其中效力等级最高的《大陆企业赴台湾地区投资管理办法》也仅仅是部门规章），且多是几个部门联合制定颁布的，容易造成主管实施部门之间职权不清、协调困难、相互扯皮的问题。单薄的法律规范之间也未能形成统一协调的法律规范体系，一些实际操作性较强的领域尤显规范供给不足，这在很大程度上影响了赴台陆资的投资积极性。同时，由于相关规范都是行政部门出台的，因而在法律规范的实施上行政色彩较强，易造成权力寻租。

2. 大陆投资法制内容上的局限性。大陆对外投资法律体系的缺漏和不足将直接影响到两岸投资的深度及广度。目前，大陆地区投资法律制度在内容上存在如下几个问题：首先，我国对外投资法律规范对投资主体的规定过于狭隘。根据对外经贸部 1985 颁布的《关于在国外开设非贸易性合资经营企业审批程序和管理办法（试行）》及外经贸部 1997 年颁布的《关于设立境外贸易公司和贸易代表处的暂行规定》，我国对外投资的主体仅限于经有关部门批准具有对外合作经营权的公司、企业及其他组织。这就将自然人投资者和事业单位等其他法人限制在我国海外投资主体的范围之外。这样的规定既不利于与台湾地区的相关规定接轨，也不利于履行我国业已签订的各类国际条约的相关义务。其次，我国关于海外投资的监管制度不健全。我国现行的海外投资监管的制度依据主要是商务部 2009 年 3 月 16 日颁布的《境外投资管理办法》，该办法实施至今已显现出诸多不完善不健全之处，例如，重审批、轻管理，缺乏风险预警、风险处理机制等等。因此，大陆急需在海外投资方面立法予以统一规范。第三，我国海外投资相关的资金、税收、保险配套制度不健全。具体表现在缺乏法律性的税收政策规定，投资保险制度空白等方面。

3. 投资争端解决机制方面的欠缺。我国对于大陆投资者赴台湾投资发生相关争议的解决没有专门法的规定。陆资入台产生的争议主要依靠海协会与海基会在 2012 年签订的《海峡两岸投资保护和促进协议》来解决。该协议在第 13、14 条当中对此也进行了规定。但要使《海峡两岸投资保护和促进协议》的相关制度设计真正落地，还需要在建立完善的司法互助机制、完整的磋商程序、调解程序、送达程序、执行程序等方面进行进一步的协商与约定。

（二）我国台湾地区陆资入台“法律环境”的不足

1. 陆资入台相关法律规范杂乱、效力等级较低，具有较强的行政色彩。“据不完全统计，迄今为止，由‘两岸人民关系条例’引申出来的‘法令、规章’有90多部，这些规章构成了陆资法的主体”。[①] 这些规范从制定到执行都由“行政机关”主控，行政色彩、长官意识、行政机关的解释权、例外条款等因素往往使其不能给投资者以足够的“安全感”。

2. 与陆资入台相关的配套“立法”供给不足。陆资入台是一个全面系统的大工程，其法制环境的支撑，除了需要与其直接相关的法律规范以外，还需要大量与其间接相关的法律规范。而台湾地区对于后者的“立法”供给显然不足。台湾地区现行“立法”中，对于陆资企业在台工作人员及眷属的停留、就医、就学、金融需求及购买不动产等诸多方面的法律规范仍然未能建立健全。

3. 陆资入台法律规范中存在很多歧视性条款，阻碍了陆资入台的步伐。这主要表现在：首先，在投资领域方面的限制。台湾现行“侨外投资条例”对允许侨外投资人进行投资的领域采取的是负面表列方式，即通过规定禁止投资或限制投资事项的方式对不允许投资的事项予以排除。根据“侨外投资条例”，“侨外投资人禁止投资对国家安全、公共秩序、善良风俗或国民健康有不利影响之事业以及法律禁止投资之事业”。而对于“投资于法律或基于法律授权订定之命令而限制投资之事业，则应取得目的事业主管机关许可或同意”。简单地说，也就是侨外投资人投资的项目只要不属于台湾禁止投资或限制投资的项目就可以轻松获得投资之许可。而根据“大陆地区人民来台投资许可法”及“大陆地区人民来台投资业别项目”的规定，台湾对于大陆投资者可以投资的项目却采取的是正面表列方式，即只有属于“大陆地区人民来台投资业别项目”的投资项目才可向大陆投资者开放。这种规定方式相较于负面表列方式而言显然更为严苛。其次，审批程序方面的限制。一般侨外投资者申请投资的手续较为简便，仅需要填写申请书、投资计划书并附相关证明材料，向“经济部投资审查委员会”递交申请即可。对于大陆投资者，则除了需呈报以上材料外，必要时还需在限期内向主管机关申报资金来源或其他相关证明事项，而且，对于肥料制造业、集体电路制造业、半导体封装测试业等液晶面板及其组件制造业、金属切削工具机制造业、电子及半导体生产用机械设备制造业等特殊产业，投资者还应当提供产业合作策略并经专案审查通过。显然，对于大陆投资者在投资审批程序上的限制更多。

---

① 柯莉娟，刘春宝：《促进陆资赴台　勇创两岸和平（上）——台湾地区陆资法述评》，《中国律师》，2011（10）。

第二篇

投资入市篇

第五章　陆资投资人及投资方式

第一节　陆资投资人的认定

依台湾相关法令，陆资赴台投资应先取得主管机关的许可，并规定了相应的审查作业要点和流程。故对投资人而言，首先即应先确认其身份是否属于台湾相关主管机关所认定的“陆资投资人”。依《大陆企业赴台湾地区投资管理办法》，赴台湾投资的大陆企业也要符合相关的条件并遵循规定的程序进行申报审批。

一、相关法令依据

1.《大陆企业赴台湾地区投资管理办法》第 4 条：

“大陆投资主体赴台湾地区投资，应符合以下条件：

（一）在大陆依法注册、经营的企业法人；

（二）具备投资所申报项目的行业背景、资金、技术和管理实力；

（三）有利于两岸关系和平发展，不危害国家安全、统一。”

2.“大陆地区人民来台投资许可办法”第 3 条：

“本办法所称投资人，指大陆地区人民、法人、团体、其他机构或其于第三地区投资之公司，依本办法规定在台湾地区从事投资行为者。

前项所称第三地区投资之公司，指大陆地区人民、法人、团体或其他机构投资第三地区之公司，且有下列情形之一者：一、直接或间接持有该第三地区公司股份或出资总额逾百分之三十。二、对该第三地区公司具有控制能力。

前项第三地区投资之公司在台湾地区之投资，不适用外国人投资条例之规定。”

3.“大陆地区人民来台投资许可办法”（下文简称“来台投资许可办法”）第

5条：

“投资人持有所投资事业之股份或出资额，合计超过该事业之股份总数或资本总额三分之一以上者，称为陆资投资事业，该陆资投资事业之转投资，应适用本办法之规定。”

二、陆资投资人认定标准

（一）直接投资

直接投资是指由大陆地区人民、法人、团体或其他机构作为股东，在台湾地区成立新公司、参股台湾地区现有公司、在台湾地区设立分公司，并以其自己的名义直接于台湾地区进行投资之情形。直接投资情形下，在台湾地区营运主体之获利分配或者汇出时，其所得直接归属于大陆地区投资股东或总公司。在台湾地区缴纳之税赋，通常在一定项目上可以在大陆地区抵扣当地之所得税，某种程度上而言，比较有利。但是如果获利资金汇回大陆后再转投海外，则要涉及外汇管制和投资层级审查，较为不便。

另外，值得注意的是，大陆地区人民不是指具备中华人民共和国国籍的人，而是指在香港、澳门以外的大陆地区设有户籍的人。实践中曾经发生大陆地区人民虽然已经取得香港护照，但因其在大陆地区仍然设有户籍，故依照“两岸人民关系条例”仍然被视为大陆投资人。下文在谈到大陆地区人民的时候均是持同一概念而言。

（二）间接投资①

间接投资是指大陆地区人民、法人、团体或其他机构先投资于第三地区（即台湾与大陆以外的地区，例如香港和英属维尔京群岛等）的公司，然后再由该第三地区公司于台湾进行投资（包括以该第三地区公司名义在台湾地区成立新公司、参股其他现有台湾公司，或由该第三地公司来台成立分公司），且大陆地区人民、法人或其他机构持有该第三地区公司30%以上的股权，或对该第三地区公司有控制力。

由于目前陆资赴台投资营业项目仍然是采用正面列表方式规范（即只有列举的产业项目可以进行投资），而外资赴台投资之营业项目则是采用负面列表方式规范

---

① “‘大陆地区人民来台投资许可办法’第3条规定解释令”，www. moeaic. gov. tw，最后访问日期：2013/5/10。

(即除列举的禁止或限制投资项目外均可投资)。因此，实务操作上，如果有第三地公司申请赴台投资，台湾主管机构就将先审查该第三地公司究竟是属于陆资投资之公司还是外国人投资之公司，如果是属于前者，就适用“大陆地区人民来台投资许可办法”之规定，若否，才适用“外国人投资条例”之相关规定。以图示表示，台湾“经济部投资审议委员会”（下文简称“投审会”）对第三地区赴台投资公司是否为陆资投资人的研究判断流程如下：

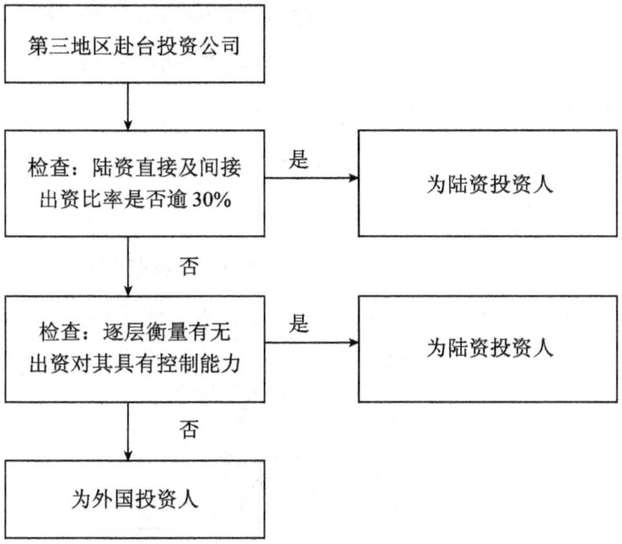

图5－1　第三地区赴台投资公司是否为陆资投资人的判断流程

1. 股权及出资额的计算方法

大陆地区人民、法人、团体或其他机构直接或间接出资股权比例的计算在实务中采用的是综合持股计算方式（如以下参考案例之说明），无论其持股比例的数额，或其辗转透过多少间接投资人，均纳入计算。

股权以第三地公司现有出资总额或已发行流通在外之普通股及特别股来计算，不包含其所持有之认股权、股份买权或可转换为普通股之债权或权益等商品。

第三地区公司及其上层股东架构中的公司，如已于境外证券交易所上市者，以其最近一次停止过户期限后所指定之特定基准日的股东名册列名者所持股权，计算股份或出资总额之比率。投审会于必要时亦得要求提供股东名册。

实践中，由该第三地区公司于台湾进行投资的情形中，关于陆资股权是否超过30%，投审会并不仅仅止于审查书面资料，必要时，会透过海外途径进行海外核查。在南山人寿投资案中，（美商）American General Life Insurance Company of Delaware 及（美商）德拉瓦美国人寿保险公司均系属美国 AIG 集团之全资子公司，原经“经济部”核准投资南山人寿保险股份有限公司（以下称南山人寿公司）经营人身保险事业，持有97.57%股权。1997 年 10 月美国 AIG 集团为改善财务结构，宣布出售南山人寿公司，香港中策集团有限公司及（英属盖曼群岛商）博智控股公司透过境外多层次投资架构以 8:2 资金比例合资成立（英属盖曼群岛商）Primus Nan-Shan Holding Company Ltd. 及全资控股公司（英商）Primus Nan-Shan Holding（UK）Company Ltd.，于 1998 年 10 月 13 日与美国 AIG 集团签订股份买卖契约，合约金额计美金 21.5 亿元，该案因英属盖曼群岛商博智控股公司及香港中策集团公司之背景，是否涉及陆资，受到社会各界关注。根据书面资料初步来看，博智南山并没有陆资，不过，“经济部投审会”为确定博智南山是否为陆资，送请“国安”单位及通过“陆委会香港事务局”进行海外核查，其结果最终表明该案不应适用“大陆地区人民来台投资许可办法”，而是应依外国人投资之相关规定办理。①

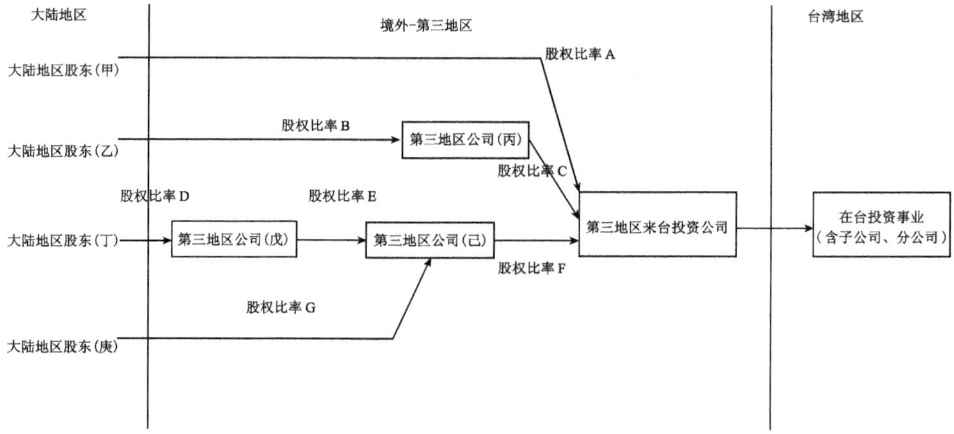

图 5-2　第三地区赴台投资公司有关陆资持股计算参考释例

注：第三地区赴台投资公司为大陆地区人民、法人、团体或其他机构（简称陆资）直接或间接出资比率之计算式为：$\sum = A + (B + C) + (D \times E \times F) + G \times F$

① “台湾当局否决中策团队收购南山人寿”，[EB/OL] http://cn.reuters.com/article/cnMktNews/idCNnCT039058720100831，最后访问日期：2013/5/10。

该案依据“外国人投资条例”第 7 条第 2 项规定：“投资人申请投资于法律或基于法律授权订定之命令而限制投资之事业，应取得目的事业主管机关之许可或同意。”本案人身保险业系属“侨外投资负面表列——限制侨外人投资业别项目”，本案因未取得目的事业主管机关之许可或同意，经出席委员讨论后，未获得通过。

2. “具有控制能力”的定义

依据“经济部”2010年8月18日“经审字第09904605070号解释令”，“具有控制能力”系指有下列情形之一者：

（1）与其他投资人约定下，具超过半数之有表决权股份之能力。

（2）依法令或契约约定，可操控公司之财务、营运及人事方针。

（3）有权任免董事会（或约当组织）超过半数之主要成员，且公司之控制操控于该董事会（或约当组织）。

（4）有权主导董事会（或约当组织）超过半数之投票权，且公司之控制操控于该董事会（或约当组织）。

（5）依据“财团法人中华民国会计研究发展基金会”公布之财务会计准则公报第五号、第七号所规定之其他具有控制能力。①

对于第三地区赴台投资公司（如A公司），应依前述“投审会”对于“具有控制能力”的定义，判断有无大陆地区人民、法人、团体其他机构或其他第三地区公司（包括未持有股权关系之公司亦应一并考量）对其具有控制能力：

（1）如大陆地区人民、法人、团体或其他机构对A公司具有控制能力，则A公司为陆资投资人。

（2）如有其他第三地区公司（C公司）对B公司具有控制能力，应再判断有无大陆地区人民、法人、团体、其他机构或其他第三地区公司对C公司具有控制能力，以此类推。

（三）相关分析

从以上规定可知，“投审会”对于间接投资是依其制定的判断流程详细审查，如第三地区公司之上层股东结构中，有任何资金是源自于大陆地区人民、法人、团体或其他机构时，“投审会”即将其全部纳入陆资对该第三地区公司之持股加以计算，如持股比例超30%，或对该公司具有控制力，该第三地区公司即属陆资。

在一个投资案中，如果是属于合资之投资方式，而陆资拟投资比例低于30%，而且对该公司不具有控制权时，采取直接投资还是间接投资在法规的适用以及可投资的产业项目类别上就有所差异。②

---

① 相关财务会计准则公报可自“财团法人中华民国会计研究发展基金会”的网站获取，网址：http：//www.ardf.org.tw/。

② 何嘉容：《陆资来台投资架构剖析》，载《投资台湾——陆资来台面面观》，台北市：台北并购与私募股权协会出版，2012年7月第1版，第162页。

1. 直接投资。陆资投资人直接与其他投资人在台湾地区新设合资公司，这种情形属于直接投资。因此，依照法律规定，无需考虑陆资投资人的投资比例，可直接将其认定为陆资投资人，其合资公司投资之产业项目应符合正面列表之大陆地区人民赴台投资业别项目之规定，适用“大陆地区人民来台投资许可办法”。

2. 间接投资。陆资投资人与其他投资人在第三地设立合资公司，则该公司可以视为外国投资人，其在台湾成立全资子公司，属于外资投资，在营业项目上，适用较为宽松的负面列表，适用“外国人投资条例”。

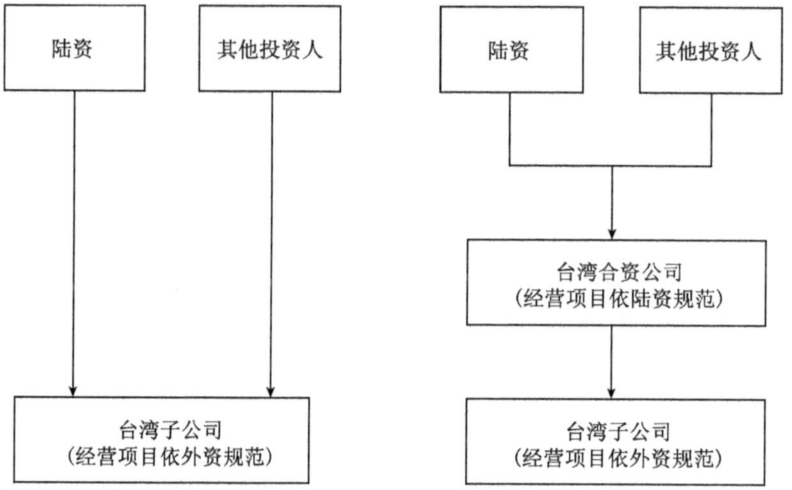

图 5－3　直接投资与间接投资比较图

注：假设陆资比例少于 30% 对公司不具有控制力

第二节　陆资投资方式

一、陆资的出资种类

根据“来台投资许可办法”第 7 条的规定，陆资出资人其出资种类，限于下列各项：

1. 现金。

2. 自用机器设备或原料。

3. 专利权、商标权、著作财产权、专门技术或其他智慧财产权。

4. 其他经主管机关认可投资之财产。

二、应申请许可之投资行为

陆资赴台投资并非将资金简单地汇入台湾而已，期间涉及众多需经台湾投资主管机构许可的行为，“两岸人民关系条例”第73条第1项即规定：“大陆地区人民、法人、团体、其他机构或其于第三地区投资之公司，非经主管机关许可，不得在台湾地区从事投资行为。”根据“来台投资许可办法”的相关规定，需经许可的投资行为包括：

（一）参股

陆资投资人可通过投资台湾地区现有公司或事业，开始在台湾营运。例如参与现有既存公司之增资，或向现有既存公司之股东进行股份收买，以达到投资的目的。

根据“来台投资许可办法”第4条第1项的规定，陆资投资人持有台湾地区公司或事业之股份或出资额，但不包括单次且累计投资均未达10%之上市、上柜及兴柜公司股份,[①] 应经台湾“经济部投审会”许可，但除金融业、保险业及证券期货业外。举例来说：投资累计或当次投资均未达10%以上之上市、上柜及兴柜公司股份之情形，就应依照“行政院金融监督管理委员会”大陆投资人赴台从事证券投资及期货交易管理办法规定办理，无需向“投审会”申请核准。但是，如果第一次购买台湾上市、上柜或兴柜公司股份3%，第二次购买6%，第三次购买5%时，因合计为14%，超过了法定10%的比例限制，那么第三次购买股份时就视为直接投资，需要依照“经济部”颁发的“大陆地区人民来台投资许可办法”的规定办理，并经过“投审会”审核通过。另外，投资未上市、上柜及兴柜公司股份之情形，则不论其投资金额与持有股份比例，均需事先按照“来台投资许可办法”中“直接投资”规定办理，经“投审会”审核通过。

（二）在台湾地区设立分公司、独资或合伙事业

目前大陆地区之公司在台湾从事商业活动，依照“来台投资许可办法”及“大陆地区之营利事业在台设立分公司或办事处许可办法”其设立之主体，主要有子公

---

① 台湾股票的种类按交易方式，可分为上市股票（集中市场交易）、上柜股票（柜台买卖交易）、兴柜股票（即将上市、上柜股票）、未上市、上柜股票。

司（独资、合资）、分公司、办事处、合伙事业。大陆企业在台湾地区设立分公司或者办事处的行为在实质上不同于设立子公司的行为，因为与子公司相比，分公司和办事处在实质上不具有法人资格，不能单独承担法律责任。但是分公司或者办事处的设立对于大陆企业投资台湾又极为重要，基于此，台湾地区颁布了“大陆地区之营利事业在台设立分公司或办事处许可办法”。该许可办法对分公司和办事处的申请、许可以及从事相关业务作了详细的规定。上述多种形态投资主体各自的特点将在下文关于陆资赴台投资架构及组织形态分析中具体论述。

（三）对上述两类所投资事业提供一年期以上贷款

陆资投资人经核准赴台投资，参股、新设分公司、独资或合伙事业后，因业务发展或财务融资上的考虑，提供给其台湾投资设立的上述几类投资事业一年期以上之贷款，将被视为投资行为，也就是股东贷款投资，这种投资也需要经过审查许可程序。

（四）陆资投资事业转投资

投资人持有所投资事业之股份或出资额，合计超过该事业之股份总数或资本总额1/3以上者，称为陆资投资事业，该陆资投资事业之转投资，应适用“来台投资许可办法”之规定，与一般陆资于台湾的投资相同。

对于合营企业这种形式，因大陆投资人所持股权或出资额的比例不同，台湾相关法律对转投资的规定也不一样。如果大陆投资人所持合营企业的股权或出资额的比例低于1/3，这样的合营企业在台湾不被视为“陆资投资事业”，其转投资不适用“来台投资许可办法”，所以其转投资行为也无需台湾主管部门的审查批准。如果比例达到1/3以上，依照台湾地区“来台投资许可办法”第5条的规定，这样的合营企业被视作“大陆投资事业”，并且“该陆资投资事业之转投资，应适用本办法之规定”。也就是说，这样的合营企业在主体资格上被视作陆资企业，其转投资行为就等同于大陆企业投资台湾的行为。

三、陆资赴台投资架构及组织形态分析

目前，大陆地区之公司在台湾从事商业活动，依照“来台投资许可办法”及“大陆地区之营利事业在台设立分公司或办事处许可办法”之规定，其设立之主体，主要形态包括办事处、分公司和子公司。陆资企业在台湾进行投资时，需要从税

务、资金流通、法律责任承担等角度设计投资架构。例如：在当地设立子公司还是分公司？如果设立子公司，是直接投资设立，还是通过中间控股公司间接投资设立？等等。企业在进行选择时，应优先考虑税务效益最高、最适应企业未来全球发展战略的投资架构，提高赴台投资的回报率，增加企业的整体价值。

1. 办事处

依照“大陆地区之营利事业在台设立分公司或办事处许可办法”第 13 条第 2 款的规定：“大陆地区之营利事业在台湾地区设立办事处者，其业务活动范围，以在台湾地区从事签约、报价、议价、投标、采购、市场调查、研究业务活动为限。但目的事业主管机关另有规定者，从其规定。”台湾办事处是中国企业至台湾投资首选初入市形态。它无需注册资金，设立清盘容易；除不能在当地开发票外，可接单、签约、投标、采购、联络、售服、聘任员工等，配合保税仓库整买整卖可达到子公司功能。而且办事处不像分公司和子公司一样要缴纳 25% 的企业所得税，更无子公司课征暂扣缴税 20% 问题。至于办事处是否需要向“国税局”办理营业登记，根据台湾“财政部”台财税 75/09/02 第 7558643 号及台财税 76/05/02 第 7586964 号函释的规定：“外国营利事业在我国境内设立之联络处，为其总机构办理采购业务，如无对外营业，得免予办理营业登记。其国外总机构汇入之采购费用，不属营业税课征范围，并免征营利事业所得税。”“外国营利事业在我国境内设立之联络处，如仅为其国外总机构从事采购、验货及联络通讯等工作，无对外营业者，依本部 75 年 9 月 2 日台财税第 7558643 号函释，可免办理营业登记，免征营业税及营利事业所得税，唯仍应向该管稽征机关报备，收付款项应按规定记账，并依法取得外来凭证或办理扣缴。至有营业外收入者，仍应依法办理结算申报缴纳营利事业所得税。”

因此，如果境外企业无意在台湾从事营业行为，而只想指派代表人于台湾境内进行售后服务或商情信息搜集等功能时，即可采取设置代表人办事处的方式。建议下列公司或个人都可到台湾设立办事处：中国大陆内资生产型企业；中国大陆内资商贸公司；中国大陆内资服务性公司；在中国设立的外商独资公司或工厂；已经在中国大陆设立的台湾工厂或公司，也可申请回台湾设立办事处；欲开拓台湾市场的中国大陆个人投资者等。

2. 分公司

依据台湾“公司法”的规定，境外企业在经过主管机关审批后，也可以设立台湾分公司之方式于台湾地区从事业务。经过认许的境外企业，可以通过分公司的商业组织进行各种营运活动。但是分公司与子公司的主要差异在于，分公司本身并没有有限责任的保障，境外企业对于分公司的债务仍需要负担全部的法律责任。而且分公司之获利，在缴纳了17%之营利事业所得税后，汇回给总公司是无需缴扣任何税款的。

3. 子公司

依照台湾"公司法"规定，共有4种类型之公司，分别为无限公司、两合公司、有限公司及股份有限公司。其中陆资投资人最常设立之公司形态为股份有限公司及有限公司。在台湾，股份有限公司得自由设立，无证券主管机关事先审批的要求，只是必须注意发起人之股份原则上于公司设立登记1年后，方可转让。另外，有限公司设立后，得经全体股东同意变更为股份有限公司。陆资投资人除大陆人民赴台投资业别项目另有规定者外，可为台湾地区唯一的法人股东。从税负角度而言，由于子公司为独立于母公司之法人实体，所以在台湾地区之子公司，在缴纳了17%之营利事业所得税后，在分配股利给股东时，除非有适用租税协定的情形，还需要扣缴20%的所得税。

有关办事处、分公司、子公司（含股份有限公司及有限公司）之主要差异，以及合伙事业与公司之主要差异整理如下：

表5-1 公司与合伙事业之主要差异

组织形态	公司	商业
资本额	无最低资本额要求，唯公司资本额应以经会计师查核签证认定资本额足敷设立成本即可。但如果事业单位所从事之活动需取得特许或核准者，依主管机关规定，得要求较高之资本额。	无最低资本额要求。
责任风险	由股东就出资额承担有限责任。	合伙人需就商业经营上之所有风险及债务负担清偿责任。
业务拓展	公司之登记名称系由"经济部"预审核准，其保护及使用较具"全国性"，有利业务拓展。	登记为所在地之县（市）政府，故其名称之保护及使用受到局限。
法人资格	具有法人资格。	不具法人资格。
账册凭证	需建置完善之账册及会计记录，以反映公司之经营状况。	较无强制要求，且经营盈亏直接反映在个人之所得额。

表 5-2　办事处、分公司、子公司（含股份有限公司及有限公司）之主要差异

组织形态项目	公司组织		分公司	办事处
	股份有限公司	有限公司		
许可之活动	所有营业活动行为。	所有营业活动行为。	所有营业活动行为。	签约、报价、议价、投标、采购、市场调查、研究业务活动。
营利事业所得税	课税所得额在 120000 元以下者，免征营利事业所得税。课税所得额介于 120000 元以上 181818 元以下者，营利事业所得税之计算为（课税所得额 - 120000）× 1/2。课税所得额超过 181818 元者，就其全部课税所得课征 17% 。	同左	同左	不适用
利润汇出之税负	扣缴税率为 20% ，但公司就其未分配盈余所缴纳之 10% 未分配盈余税得扣抵该扣缴税额。	同左	无	不适用
产业创新条例之租税奖励	适用	适用	不适用	不适用
股东/总公司之责任	股东就其出资额为限，对公司负其责任。	同左	外国总公司就分公司未清偿之债务负连带责任。	不适用
法定代理人	1 人陆籍或台籍均可。	同左	同左	同左
股东之条件	须至少有法人股东 1 人或自然人股东 2 人。	1 个以上之自然人或法人股东。	不适用	不适用
董事之条件	须至少有董事 3 人。	应设董事 1—3 人	不适用	不适用
监察人之条件	须至少有监察 1 人。	不适用	不适用	不适用
公司/分公司最低资本额/最低营运资金要求	无最低资本额要求（注一）。	无最低资本额要求（注一）。	无最低资本额要求（注一）。	无须有注册资金。

续表

组织形态项目	公司组织		分公司	办事处
	股份有限公司	有限公司		
最低汇入营运资金	10万人民币	10万人民币	5.5万人民币	5.5万人民币
出资来源	出资得以现金或保留盈余或资本公积为之。	出资得以现金或保留盈余为之。	原始出资须由母公司汇入款项为之；但其后之出资得以母公司汇入款项或分公司保留盈余为之。	不适用
年度之所得税结算申报	必须	必须	必须	无须
薪资、租金、执行业务报酬等扣缴	必须	必须	必须	必须
母公司/总公司行政费用之分配	该等费用之所得税扣缴率为20%，是否可扣除所得额则视子公司是否提供符合税法规定之凭证文据而定。	同左	于符合相关规定之情形下，得将费用分配于分公司，并于所得额计算时进行扣除。	不适用
账簿之保存	必须	必须	必须	法令未要求，但外国总公司因账务处理需要，通常要求设置账簿。
解散时应进行清算	必须	必须	必须	无须
以子公司/分公司/代表人之名义购买不动产及车辆	可	可	可	不可

注一：若事业单位所从事之活动需取得特许或核准者，依主管机关规定，得要求较高之资本额。

第六章　陆资投资产业业别项目

台湾地区“经济部”于2009年6月30日依据“两岸人民关系条例”，订定“大陆地区人民来台投资许可办法”及“大陆地区人民来台投资业别项目”并发布施行，正式受理陆资来台投资申请案件。

开放陆资赴台投资业别项目，依据的是所谓“先紧后宽、循序渐进、有成果再扩大”的原则，并采“正面表列”方式分阶段开放。首先在2009年6月30日第一阶段开放192项；2010年5月20日及2011年1月1日分别配合“行政院金管会”金融“三法”修正及ECFA服务业早收清单，开放陆资来台投资银行业、保险业及证券业等12项，以及其他运动服务业1项；2011年3月7日第二阶段开放42项业别项目核准陆资来台投资，其中包括策略性引进陆资投资人得参股投资或合资新设积体电路制造、半导体封装及测试业、液晶面板及其零组件制造等产业；2013年3月19日经核定“经济部”提报的“大陆地区人民来台投资业别项目”修正案，新增开放部分业别项目核准陆资来台投资，包括制造业115项、服务业23项及公共建设23项，并修正部分已开放陆资投资制造业项目之限制条件。至此，第一、二、三阶段累计开放陆资来台投资项目计408项，其中制造业204项、服务业161项、公共建设43项。其中制造业部分开放204项，包括纺织业、金属制品制造业、塑料橡胶制品制造业、电子零组件制造业、电力设备制造业、计算机及电子产品及光学制品制造业等均有细项在开放之列。部分开放业别之细项如电子零组件制造业中之集成电路制造尚有持股比率等限制条件。而服务业开放的项目共计161项，以批发与零售业为主，主要是配合WTO承诺表开放项目，其中包括观光旅馆、餐馆、游乐园及电信加值服务业之第二类电信事业一般业务等。较受瞩目的（非承揽）公共建设部分，包括航空站与其设施、港埠与其设施，以及观光游憩重大设施，包含航空附加价值作业设施、航空事业营运设施、航空训练设施、过境旅馆、展览馆、国际会议中心等。其中航空站及港埠相关设施之投资案，尚规定外资加计陆资持股比率须低于50%，且不得超过台湾地区最大股东之持股比率。

根据“投审会”公布资料，自2009年6月30日开放陆资来台投资以来，至2013年12月，台湾地区已累计核准陆资赴台投资件数为483件，核准投（增）资金额计86451.8万美元。其中，2009年7—12月核准23件陆资赴台投资案，投资金额3748万美元，2010年核准79件陆资赴台投资案，投资金额9434万美元，2011年核准102件陆资赴台投资案，投资金额4373万美元，2012年核准126件陆资赴台投资案，投资金额17527万美元，2013年核准141件陆资来台投资案，投资金额36088.4万美元,[①] 显示陆资赴台投资有逐渐加温的趋势。

陆资赴台开放投资项目具体如下：

一、制造业

目前制造业共开放204项，约占制造业之97%。

表6-1 陆资赴台开放投资项目（制造业）

中类编号	中类业别	细类编号及业别	限制条件	目的事业主管机关	备注
08	食品制造业	0812 冷冻冷藏肉类制造业	限投资台湾地区现有事业，且陆资持股比率须低于50%。	“经济部”“行政院农业委员会”	
		0813 肉品制造业	限投资台湾地区现有事业，且陆资持股比率须低于50%。	“经济部”“行政院农业委员会”	
		0821 冷冻冷藏水产制造业	限投资台湾地区现有事业，且陆资持股比率须低于50%。	“经济部”“行政院农业委员会”	
		0822 水产品制造业	限投资台湾地区现有事业，且陆资持股比率须低于50%。	“经济部”“行政院农业委员会”	
		0831 冷冻冷藏蔬果制造业	限投资台湾地区现有事业，且陆资持股比率须低于50%。	“经济部”“行政院农业委员会”	
		0832 蔬菜制品制造业	限投资台湾地区现有事业，且陆资持股比率须低于50%。	“经济部”“行政院农业委员会”	
		0840 食用油脂制造业	限投资台湾地区现有事业，且陆资持股比率须低于50%。	“经济部”	

① 根据台湾地区“投审会”之陆资赴台投资统计新闻稿整理。

续表

中类编号	中类业别	细类编号及业别	限制条件	目的事业主管机关	备注
08	食品制造业	0850 乳品制造业	限投资台湾地区现有事业，且陆资持股比率须低于 50%。	“经济部”“行政院农业委员会”	
		0862 磨粉制品制造业	限投资台湾地区现有事业，且陆资持股比率须低于 50%。	“经济部”	
		0863 淀粉及其制品制造业	限投资台湾地区现有事业，且陆资持股比率须低于 50%。	“经济部”	
		0870 动物饲料配制业	限投资台湾地区现有事业，且陆资持股比率须低于 50%。	“经济部”“行政院农业委员会”	
		0891 烘焙炊蒸食品制造业	限投资台湾地区现有事业，且陆资持股比率须低于 50%。	“经济部”	
		0892 面条、粉条类食品制造业	限投资台湾地区现有事业，且陆资持股比率须低于 50%。	“经济部”	
		0893 制糖业		“经济部”	
		0894 糖果制造类型	限投资台湾地区现有事业，且陆资持股比率须低于 50%。	“经济部”	
		0896 调味品制造业	限投资台湾地区现有事业，且陆资持股比率须低于 50%。	“经济部”	
		0897 调理食品制造业	限投资台湾地区现有事业，且陆资持股比率须低于 50%。	“经济部”	
		0899 未分类其他食品制造业	限投资台湾地区现有事业，且陆资持股比率须低于 50%。	“经济部”	
09	饮料制造业	0911 啤酒制造业	依“烟酒管理法”办理	“经济部”“财政部”	
		0919 其他酒精饮料制造业	依“烟酒管理法”办理	“经济部”“财政部”	
		0920 非酒精饮料制造业	限投资台湾地区现有事业，且陆资持股比率须低于 50%。	“经济部”	
11	纺织业	1111 棉、毛纺纱业		“经济部”	
		1112 人造纤维纺织业		“经济部”	
		1113 人造纤维加工丝业		“经济部”	
		1119 其他纺纱业		“经济部”	

续表

中类编号	中类业别	细类编号及业别	限制条件	目的事业主管机关	备注
11	纺织业	1121 棉、毛梭织布业		“经济部”	
		1122 人造纤维梭织布业		“经济部”	
		1123 玻璃纤维梭织布业		“经济部”	
		1124 针织布业		“经济部”	
		1129 其他织布业		“经济部”	
		1130 不织布业		“经济部”	
		1140 印染整理业		“经济部”	
		1151 纺织制成品制造业		“经济部”	
		1152 绳、缆、网制造业		“经济部”	
		1159 其他纺织品制造业		“经济部”	
12	成衣及服饰品制造业	1211 梭织外衣制造业		“经济部”	
		1212 梭织内衣及睡衣制造业		“经济部”	
		1221 针织外衣制造业		“经济部”	
		1222 针织内衣及睡衣制造业		“经济部”	
		1231 袜类制造类		“经济部”	
		1232 纺织手套制造业		“经济部”	
		1233 纺织帽制造业		“经济部”	
		1239 其他服饰品制造业		“经济部”	
13	皮革、毛皮及其制品造业	1301 皮革、毛皮整制业		“经济部”	
		1302 鞋类制造业		“经济部”	
		1303 行李箱及手提袋制造业		“经济部”	
		1309 其他皮革、毛皮制品制造业		“经济部”	
14	木竹制品制造业	1401 制材业		“经济部”	
		1402 合板及组合木材制造业		“经济部”	
		1403 建筑用木制品制造业		“经济部”	
		1404 木质容器制造业		“经济部”	
		1409 其他木竹制品制造业		“经济部”	

续表

中类编号	中类业别	细类编号及业别	限制条件	目的事业主管机关	备注
15	纸浆、纸及纸品制造业	1511 纸浆制造业		“经济部”	
		1512 纸张制造业	限投资台湾地区现有事业，且陆资持股比率须低于50%。	“经济部”	
		1513 纸板制造业	限投资台湾地区现有事业，且陆资持股比率须低于50%。	“经济部”	
		1520 纸容器制造业	限投资台湾地区现有事业，且陆资持股比率须低于50%。	“经济部”	
		1591 家庭及卫生用纸制造业	限投资台湾地区现有事业，且陆资持股比率须低于50%。	“经济部”	
		1599 未分类其他纸制品制造业	限投资台湾地区现有事业，且陆资持股比率须低于50%。	“经济部”	
17	石油及煤制品制造业	1700 石油及煤制品制造业		“经济部”	
18	化学材料制造业	1810 基本化学材料制造业	非属硝化甘油、水银法硷氯、CFC、海龙、三氯乙烷、四氯化碳及联合国禁止化学武器公约列管化学物质甲类化学品者。	“经济部”	
		1820 石油化工原料制造业		“经济部”	
		1830 肥料制造业	1. 投资台湾地区现有事业，陆资持股比率不得超过20%；合资新设事业，陆资持股比率须低于50%。 2. 对投资事业不得具有控制能力。	“经济部”	
		1841 合成树脂及塑胶制造业		“经济部”	
		1842 合成橡胶制造业		“经济部”	
		1850 人造纤维制造业		“经济部”	
19	化学品制造业	1910 农药及环境用药制造业	1. 依“农药管理法”或“环境用药管理法”办理。 2. 限投资台湾地区现有事业，且陆资持股比率须低于50%。	“行政院农业委员会”“行政院环境保护署”“经济部”	

续表

中类编号	中类业别	细类编号及业别	限制条件	目的事业主管机关	备注
19	化学品制造业	1920 涂料、染料及颜料制造业	限染料及颜料之制造者。	“经济部”	
		1930 清洗用品制造业		“经济部”	
		1940 化妆品制造业		“经济部”	
		1990 其他化学制品制造业	非属“毒性化学物质管理法”禁止制造之毒性化学物；非属军用之火药引线、导火剂、雷汞；非属经营事业用之炸药成品、火工制品及前揭2项爆炸物质之火药类与炸药类原料之制造者。	“经济部”	
20	药品及医用化学制品制造业	2001 原料药制造业	1. 非属中药原料药之制造者。 2. 限投资台湾地区现有事业，且陆资持股比率须低于50%。	“经济部”	
		2003 生物药品制造业	限投资台湾地区现有事业，且陆资持股比率须低于50%	“经济部”	
		2005 体外检验试剂制造业		“经济部”	
21	橡胶制品制造业	2101 轮胎制造业		“经济部”	
		2102 工业用橡胶制品制造业		“经济部”	
		2109 其他橡胶制品制造业		“经济部”	
22	塑胶制品制造业	2201 塑胶皮、板、管材制造业		“经济部”	
		2202 塑胶膜袋制造业		“经济部”	
		2203 工业用塑胶制品制造业		“经济部”	
		2209 其他塑胶制品制造业		“经济部”	
23	非金属矿物制品制造业	2311 平板玻璃及其制品制造业		“经济部”	
		2312 玻璃容器制造业		“经济部”	
		2313 玻璃纤维制造业		“经济部”	

续表

中类编号	中类业别	细类编号及业别	限制条件	目的事业主管机关	备注
23	非金属矿物制品制造业	2319 其他玻璃及其制品制造业		"经济部"	
		2321 耐火材料制造业		"经济部"	
		2322 黏土建筑材料制造业		"经济部"	
		2323 陶瓷卫浴设备制造业		"经济部"	
		2329 其他陶瓷制品制造业		"经济部"	
		2331 水泥制造业		"经济部"	
		2332 预伴混凝土制造业		"经济部"	
		2333 水泥制品制造业		"经济部"	
		2340 石材制品制造业		"经济部"	
		2391 研磨材料制造业		"经济部"	
		2392 石灰制造业		"经济部"	
		2393 石膏制品制造业		"经济部"	
		2399 未分类其他非金属矿物质制品制造业		"经济部"	
24	基本金属制造业	2411 钢铁冶炼业	限投资台湾地区现有事业，且陆资持股比率须低于50%。	"经济部"	
		2412 钢铁铸造业		"经济部"	
		2413 钢铁轧延及挤型业		"经济部"	
		2414 钢铁伸线业		"经济部"	
		2421 铁铝业		"经济部"	
		2422 铝铸造业		"经济部"	
		2423 铝材轧延、挤型、伸线业		"经济部"	
		2431 铁铜业		"经济部"	
		2432 铜铸造业		"经济部"	
		2433 铜材轧延、挤型、伸线业		"经济部"	
		2491 其他基本金属铸造业		"经济部"	
		2499 未分类其他基本金属制造业	非属金属镉冶炼工业者。	"经济部"	

续表

中类编号	中类业别	细类编号及业别	限制条件	目的事业主管机关	备注
25	金属制品制造业	2511 金属手工具制造业	1. 刀械制造依“枪炮弹药刀械许可及管理办法”办理。 2. 限投资台湾地区现有事业，且陆资持股比率须低于50%	“经济部”“内政部”	
		2512 金属模具制造业		“经济部”	
		2521 金属结构制造业		“经济部”	
		2522 金属建筑组件制造业		“经济部”	
		2531 锅炉、金属贮槽及压力容器制造业		“经济部”	
		2539 其他金属容器制造业		“经济部”	
		2541 金属锻造业		“经济部”	
		2542 粉末冶金业		“经济部”	
		2543 金属热处理业		“经济部”	
		2544 金属表现处理业		“经济部”	
		2549 其他金属加工处理业		“经济部”	
		2591 螺丝、螺帽及铆钉制造业	限投资台湾地区现有事业，且陆资持股比率须低于50% 。	“经济部”	
		2592 金属弹簧制造业		“经济部”	
		2593 金属线制品制造业		“经济部”	
		2599 未分类其他金属制品制造业		“经济部”	
26	电子零组件制造业	2611 积体电路制造业	1. 应提出产业合作策略，并经专案审查通过。 2. 对投资事业不得具有控制能力。	“经济部”	
		2612 分离式元件制造业		“经济部”	
		2613 半导体封装及测试业	1. 应提出产业合作策略，并经专案审查通过。 2. 对投资事业不得具有控制能力。	“经济部”	

续表

中类编号	中类业别	细类编号及业别	限制条件	目的事业主管机关	备注
26	电子零组件制造业	2620 被动电子元件制造业		“经济部”	
		2630 印刷电路板制造业		“经济部”	
		2641 液晶面板及组件制造业	1. 应提出产业合作策略，并经专案审查通过。 2. 对投资事业不得具有控制能力。	“经济部”	
		2642 发光二极体制造业	1. 应提出产业合作策略，并经专案审查通过。 2. 对投资事业不得具有控制能力。	“经济部”	
		2643 太阳能电池制造业	1. 应提出产业合作策略，并经专案审查通过。 2. 对投资事业不得具有控制能力。	“经济部”	
		2649 其他光电材料及元件制造业		“经济部”	
		2691 印刷电路板组件制造业		“经济部”	
		2699 未分类其他电子零组件制造业		“经济部”	
27	电脑、电子产品及光学制品制造业	2711 电脑制造业		“经济部”	
		2712 显示器及终端机制造业		“经济部”	
		2719 其他电脑周边设备制造业		“经济部”	
		2721 电话及手机制造业		“经济部”	
		2729 其他通讯传播设备制造业		“经济部”	
		2730 视听电子产品制造业		“经济部”	
		2740 资料储存媒体制造业		“经济部”	

续表

中类编号	中类业别	细类编号及业别	限制条件	目的事业主管机关	备注
27	电脑、电子产品及光学制品制造业	2740 资料储存媒体制造业		"经济部"	
		2751 量测、导航及控制设备制造业		"经济部"	
		2752 钟表制造业		"经济部"	
		2760 辐射及电子医学设备制造业		"经济部"	
		2771 照相机制造业		"经济部"	
		2779 其他光学仪器及设备制造业		"经济部"	
28	电力设备制造业	2810 发电、输电、配电机械制造业		"经济部"	
		2820 电池制造业		"经济部"	
		2831 电线及电缆制造业		"经济部"	
		2832 配线器材制造业		"经济部"	
		2841 电灯泡及灯管制造业		"经济部"	
		2842 照明器具制造业		"经济部"	
		2851 家用空调器具制造业		"经济部"	
		2852 家用电冰箱制造业		"经济部"	
		2853 家用洗衣设备制造业		"经济部"	
		2854 家用电扇制造业		"经济部"	
		2859 其他家用电器制造业		"经济部"	
		2890 其他电力设备制造业	限风力发电设备之制造者。	"经济部"	
29	机械设备制造业	2911 冶金机械制造业	1. 投资台湾地区现有事业，陆资持股比率不得超过 20%；合资新设事业，陆资持股比率须低于 50%。 2. 对投资事业不得具有控制能力。	"经济部"	

续表

中类编号	中类业别	细类编号及业别	限制条件	目的事业主管机关	备注
29	机械设备制造业	2912 金属切削工具机制造业	1. 应提出产业合作策略，并经专案审查通过。 2. 对投资事业不得具有控制能力。	“经济部”	
		2919 其他金属加工用机械设备制造业	1. 投资台湾地区现有事业，陆资持股比率不得超过 20%；合资新设事业，陆资持股比率须低于 50%。 2. 对投资事业不得具有控制能力。	“经济部”	
		2921 农用及林用机械设备制造业		“经济部”	
		2922 采矿及营造用机械设备制造业		“经济部”	
		2923 食品、饮料及烟草制作用机械设备制造业		“经济部”	
		2924 纺织、成衣及皮革生产用机械设备制造业		“经济部”	
		2925 木工机械设备制造业		“经济部”	
		2926 化工机械设备制造业	1. 非属“同位素分离机与设备及其零件”。 2. 投资台湾地区现有事业，陆资持股比率不得超过 20%；合资新设事业，陆资持股比率须低于 50%。 3. 对投资事业不得具有控制能力。	“经济部”	
		2927 橡胶及塑胶加工用机械设备制造业	1. 投资台湾地区现有事业，陆资持股比率不得超过 20%；合资新设事业，陆资持股比率须低于 50%。 2. 对投资事业不得具有控制能力。	“经济部”	
		2928 电子及半导体生产用机械设备制造业	1. 应提出产业合作策略，并经专案审查通过。 2. 对投资事业不得具有控制能力。	“经济部”	

续表

中类编号	中类业别	细类编号及业别	限制条件	目的事业主管机关	备注
29	机械设备制造业	2929 未分类其他专用机械设备制造业	1. 投资台湾地区现有事业，陆资持股比率不得超过 20%；合资新设事业，陆资持股比率须低于 50%。 2. 对投资事业不得具有控制能力。	“经济部”	
		2931 原动机制造业	1. 非属“水力涡轮机及水轮，功率超过 10000 千瓦者”“反作用式引擎（涡办喷射引擎除外）”者。 2. 投资台湾地区现有事业，陆资持股比率不得超过 20%；合资新设事业，陆资持股比率须低于 50%。 3. 对投资事业不得具有控制能力。	“经济部”	
		2932 流体传动设备制造业		“经济部”	
		2933 泵、压缩机、活栓及活阀制造业		“经济部”	
		2934 机械传动设备制造业		“经济部”	
		2935 输送机械设备制造业		“经济部”	
		2936 事务机械设备制造业		“经济部”	
		2937 污染防治设备制造业	1. 投资台湾地区现有事业，陆资持股比率不得超过 20%；合资新设事业，陆资持股比率须低于 50%。 2. 对投资事业不得具有控制能力。	“经济部”	
		2938 动力手工具制造业		“经济部”	
		2939 其他通用机械设备制造业	1. 非属火器、武器制造、枪械修理、弹药、射控者。 2. 投资台湾地区现有事业，陆资持股比率不得超过 20%；合资新设事业，陆资持股比率须低于 50% 3. 对投资事业不得具有控制能力。	“经济部”	

续表

中类编号	中类业别	细类编号及业别	限制条件	目的事业主管机关	备注
30	汽车及其零件制造业	3010 汽车制造业		“经济部”	
		3020 车体制造业		“经济部”	
		3030 汽车零件制造业		“经济部”	
31	其他运输工具及其零件制造业	3110 船舶及其零件制造业		“经济部”	
		3121 机车制造业	限投资台湾地区现有事业，且陆资持股比率须低于 50% 。	“经济部”	
		3122 机车零件制造业	限投资台湾地区现有事业，且陆资持股比率须低于 50% 。	“经济部”	
		3131 自行车制造业		“经济部”	
		3132 自行车零件制造业		“经济部”	
		3190 未分类其他运输工具及其零件制造业	非属航空器、军用船舶、军用车辆及其零组件之制造者。	“经济部”	
32	家具制造业	3211 木制家具制造业		“经济部”	
		3219 其他非金属家具制造业		“经济部”	
		3220 金属家具制造业		“经济部”	
33	其他制造业	3311 体育用品制造业		“经济部”	
		3312 玩具制造业		“经济部”	
		3313 乐器制造业		“经济部”	
		3314 文具制造业		“经济部”	
		3321 眼镜制造业		“经济部”	
		3329 其他医疗器材及用品制造业		“经济部”	
		3391 珠宝及金工制品制造业		“经济部”	
		3392 拉链及纽扣制造业		“经济部”	
		3399 其他未分类制造业		“经济部”	
34	产业用机械设备维修及安装业	3400 产业用机械设备维修及安装业		“经济部”	

注 1：本表行业分类方式之依据为“行政院”2011 年 3 月台湾地区“行业标准分类（第 9 次修订）”。

注 2：投资从事经营制造业“2611 积体电路制造业”“2613 半导体封装及测试业”“2641 液晶板及其组件制造业”“2642 发光二级体制造业”“2643 太阳能电池制造业”“2912 金属切削工具机制造业”或“2928 电子及半导体生产用机械设备制造业”等个案，应提出产业合作策略；且陆资投资人于专案审查时应承诺陆资股东不得担任或指派其所投资事业之经理人、担任董事人数不得超过其他股东担任之总人数，及不得于股东大会前征求委托书等。

二、服务业

目前，服务业共开放161项，约占服务业之51%。

表6－2　陆资赴台开放投资项目（服务业）

中类编号	中类业别	细类编号及业别	限制条件	目的事业主管机关	备注
01	农、牧业	0133畜牧服务业	属附带于畜牧业之顾问服务业，且非涉及家禽孵育及家畜禽配种者。	“行政院农业委员会”	服务业承诺表：附带于畜牧业之顾问服务业。
05	石油及天然气矿业	0500石油及天然气矿业	非属采矿者。	“经济部”	服务者承诺表：附带于矿业之服务业。
06	砂、石及黏土采取业	0600砂、石及黏土采取业	非属采矿者。	“经济部”	
07	其他矿业及土石采取业	0700其他矿业及土石采取业	非属采矿者。	“经济部”	
34	产业用机械设备维修及安装业	3400产业用机械设备维修及安装业	民用航空器维修。	“交通部”	服务业承诺表：空运服务业（航空器维修）。
37	废（污）水处理业	3700废（污）水处理业		“行政院环境保护署”	服务业承诺表：污水处理服务业、废弃物处理服务业。
38	废弃物清除、处理及资源回收处理业	3811无害废弃物清除业		“行政院环境保护署”	
		3812有害废弃物清除业		“行政院环境保护署”	
		3821无害废弃物处理业		“行政院环境保护署”	
		3822有害废弃物处理业		“行政院环境保护署”	
		3830资源回收业		“行政院环境保护署”	
45－46	批发业	4510商品经纪业	非属活动物之商品经纪商者。	“经济部”	服务业承诺表：经纪商服务业（活动物除外）、批发交易服务业（武器及军事用品、活动物及农产品市场交易法所称之农产品批发市场除外）。
		4520综合商品批发业	“非属农产品市场交易法”所称之农产品批发市场者。	“经济部”	
		4531谷类及豆类批发业	“非属农产品市场交易法”所称之农产品批发市场者。	“行政院农业委员会”“经济部”	
		4532花卉批发农业	“非属农产品市场交易法”所称之农产品批发市场者。	“行政院农业委员会”“经济部”	

续表

中类编号	中类业别	细类编号及业别	限制条件	目的事业主管机关	备注
45—46	批发业	4539 其他农产原料批发业	“非属农产品市场交易法”所称之农产品批发市场者。	“行政院农业委员会”“经济部”	服务业承诺表：经纪商服务业（活动物除外）、批发交易服务业（武器及军事用品、活动物及“农产品市场交易法”所称之农产品批发市场除外）。
		4541 蔬果批发业	“非属农产品市场交易法”所称之农产品批发市场者。	“行政院农业委员会”“经济部”	
		4542 肉品批发业	“非属农产品市场交易法”所称之农产品批发市场者。	“行政院农业委员会”“经济部”	
		4542 水产品批发业	“非属农产品市场交易法”所称之农产品批发市场者。	“行政院农业委员会”“经济部”	
		4544 冷冻调理食品批发业	“非属农产品市场交易法”所称之农产品批发市场者。	“经济部”	
		4545 乳制品、蛋及食用油脂批发业	“非属农产品市场交易法”所称之农产品批发市场者。	“行政院农业委员会”“经济部”	
		4546 烟酒批发业		“财政部”	
		4547 非酒精饮料批发业		“经济部”	
		4548 咖啡、茶叶及香料批发业		“经济部”	
		4549 其他食品批发业		“经济部”	
		4551 布匹批发业		“经济部”	
		4552 服装及其配件批发业		“经济部”	
		4553 鞋类批发业		“经济部”	
		4559 其他服饰品批发业		“经济部”	
		4561 家庭电器批发业		“经济部”	
		4562 家具批发业		“经济部”	
		4563 家饰品批发业		“经济部”	
		4564 家用摄影器材及光学产品批发业		“经济部”	

续表

中类编号	中类业别	细类编号及业别	限制条件	目的事业主管机关	备注
45—46	批发业	4565 钟表及眼镜批发业		“经济部”“行政院卫生署”	服务业承诺表：经纪商服务业（活动物除外）、批发交易服务业（武器及军事用品、活动物及“农产品市场交易法”所称之农产品批发市场除外）。
		4566 珠宝及贵金属制品批发业		“经济部”	
		4567 清洁用品批发业		“经济部”	
		4569 其他家庭器具及用品批发业		“经济部”	
		4571 药品及医疗用品批发业		“行政院卫生署”	
		4572 化妆品批发业		“行政院卫生署”	
		4581 书籍、文具批发业		“经济部”	
		4582 运动用品、器材批发业		“经济部”	
		4583 玩具、娱乐用品批发业		“经济部”	
		4611 木制建材批发业		“经济部”	
		4612 砖瓦、砂石、水泥及其制品批发业		“经济部”	
		4613 瓷砖、贴面石材、卫浴设备批发业		“经济部”	
		4614 漆料、涂料批发业		“经济部”	
		4615 金属建材批发业		“经济部”	
		4619 其他建材批发业		“经济部”	
		4621 化学材料批发业		“经济部”	

续表

中类编号	中类业别	细类编号及业别	限制条件	目的事业主管机关	备注
45 | 46	批发业	4622 化学制品批发业		“经济部”“行政院环境保护署”“行政院农业委员会”	服务业承诺表：经纪商服务业（活动物除外）、批发交易服务业（武器及军事用品、活动物及“农产品市场交易法”所称之农产品批发市场除外）。
		4631 液体、气体燃料及相关产品批发业		“经济部”	
		4639 其他燃料批发业		“经济部”	
		4641 电脑及其周边设备、软体批发业		“经济部”	
		4642 电子设备及其零组件批发业		“经济部”	
		4643 农用及工业用机械设备批发业		“经济部”	
		4644 办公用机械器具批发业		“经济部”	
		4649 其他机械器具批发业		“经济部”	
		4651 汽车批发业		“经济部”	
		4652 机车批发业		“经济部”	
		4653 汽机车零配件、用品批发业		“经济部”	
		4691 回收物料批发业		“经济部”“行政院环境保护署”	
		4699 未分类其他专卖批发业		“经济部”	
47 | 48	零售业	4711 食品饮料为主之综合商品零售业	非属药局、药房、药妆店或活动物之零售者。	“经济部”	服务业承诺表：零售服务业（武器及军事用品、药局、药房、药妆店及活动除外）。
		4719 其他综合商品零售业	非属药局、药房、药妆店或活动物之零售者。	“经济部”	
		4721 蔬果零售业		“行政院农业委员会”“经济部”	

续表

中类编号	中类业别	细类编号及业别	限制条件	目的事业主管机关	备注
47—48	零售业	4722 肉品零售业		“行政院农业委员会”“经济部”	服务业承诺表：零售服务业（武器及军事用品、药局、药房、药妆店及活动除外）。
		4723 水产品零售业		“行政院农业委员会”“经济部”	
		4729 其他食品及饮料、烟草制品零售业	非属药局、药房、药妆店或活动物之零售者。	“经济部”、“财政部”	
		4731 布匹零售业		“经济部”	
		4732 服装及其配件零售业		“经济部”	
		4733 鞋类零售业		“经济部”	
		4739 其他服饰品零售业		“经济部”	
		4741 家庭电器零售业		“经济部”	
		4742 家具零售业		“经济部”	
		4743 家饰品零售业		“经济部”	
		4744 钟表及眼镜零售业		“经济部”“行政院卫生署”	
		4745 珠宝及贵金属制品零售业		“经济部”	
		4749 其他家庭器具及用品零售业		“经济部”	
		4761 书籍、文具零售业		“经济部”	
		4762 运动用品、器材零售业		“经济部”	
		4763 玩具、娱乐用品零售业		“经济部”	
		4764 音乐带及影片零售业		“经济部”	
		4810 建材零售业		“经济部”	
		4821 加油（气）站业		“经济部”	
		4829 其他燃料零售业		“经济部”	

续表

中类编号	中类业别	细类编号及业别	限制条件	目的事业主管机关	备注
47-48	零售业	4831 电脑及其周边设备、软体零售业		“经济部”	服务业承诺表：零售服务业（武器及军事用品、药局、药房、药妆店及活动除外）。
		4832 通讯设备零售业		“经济部”	
		4833 视听设备零售业		“经济部”	
		4841 汽车零售业		“经济部”	
		4842 机车零售业		“经济部”	
		4843 汽机车零配件、用品零售业		“经济部”	
		4851 花卉零售业		“行政院农业委员会”“经济部”	
		4852 其他全新商品零售业	非属药局、药房、药妆店或活动物之零售者。	“经济部”	
		4853 中古商品零售业	非属药局、药房、药妆店或活动物之零售者。	“经济部”	
		4871 电子购物及邮购业	非属药局、药房、药妆店或活动物之零售者。	“内政部”	
		4872 直销业	1. 非属多层次传销者。 2. 非属药局、药房、药妆店或活动物之零售者。	“经济部”	
		4879 未分类其他无店面零售业	非属药局、药房、药妆店或活动物之零售者。	“经济部”	
49	陆上运输业	4920 大众捷运系统运输业	1. 限依“促进民间参与公共建设法”投资公共建设案之营运区域及业务范围，并经目的事业主管机关专案审查。 2. 限大众捷运系统、轻轨运输系统。 3. 对投资事业不得具有控制能力。	“交通部”	服务业承诺表：公路运输服务业（包括汽车货运业、汽车路线货运业、汽车货柜货运业、小客车租赁业、小货车租赁业）。
		4939 其他汽车客运业	属附驾驶之小客车租赁业者。	“交通部”	
		4940 汽车货运业		“交通部”	
		4990 其他陆上运输业	限空中缆车运输服务者。	“交通部”	

续表

中类编号	中类业别	细类编号及业别	限制条件	目的事业主管机关	备注
50	水上运输业	5010 海洋水运业	属船舶运送业，限于大陆籍业者依《海峡两岸海运协议》来台设立分公司及办事处者	“交通部”	本项为配合两岸海运直航协议。
51	航空运输业	5100 航空运输业	限依条约、协定或海峡两岸相关空运协议规定，或经目的事业主管机关基于平等互惠原则核准来台经营民用航空运输业务者，其在台设立之公司或办事处。	“交通部”	
52	运输辅助业	5241 停车场业			
		5249 其他陆上运输辅助业	1. 限依“促进民间参与公共建设法”投资公共建设案之营运区域及业务范围，并经目的事业主管机关专案审查。 2. 限公路桥梁及隧道管理、公路客运之转运站、车站、调度站。 3. 公路桥梁及隧道管理之外资（含陆资）持股比率须低于50%，且不得超过台湾地区最大股东之持股比率。		
		5251 港埠业	1. 限依“促进民间参与公共建设法”投资公共建设案之营运区域及营业范围，并经目的事业主管机关专案审查。 2. 陆资持股比率须低于50%，且不得超过其他非陆资最大股东之持股比率。 3. 对投资事业不得具有控制能力。		
		5259 其他水上运输辅助业	1. 限依“促进民间参与公共建设法”投资公共建设案之营运区域及业务范围，并经目的事业主管机关专案审查。 2. 陆资持股比率须低于50%，且不得超过其他非陆资最大股东之持股比率。 3. 对投资事业不得具有控制能力。		

续表

中类编号	中类业别	细类编号及业别	限制条件	目的事业主管机关	备注
52	运输辅助业	5290 其他运输辅助业	1. 限依“促进民间参与公共建设法”投资公共建设案之营运区域及营务范围，并经目的事业主管机关专案审查。 2. 陆资持股比率须低于 50%，且不得超过其他非陆资最大股东之持股比率。 3. 对投资事业不得具有控制能力。		
53	仓储业	50301 普通仓储业	1. 非属保税仓库或物流中心者。 2. 限依“促进民间参与公共建设法”投资公共建设案之营运区域及营务范围，并经目的事业主管机关专案审查。 3. 民用航空站之仓储业须位于陆侧且非涉及管制区者；且外资（含陆资）持股比率须低于 50%，并不得超过台湾地区最大股东之持股比率。 4. 港埠之仓储业陆资持股比率须低于 50%，且不得超过其他非陆资最大股东之持股比率。 5. 对投资事业不得具有控制能力。		
		5302 冷冻冷藏仓储业	1. 非属保税仓库或物流中心者。 2. 限依“促进民间参与公共建设法”投资公共建设案之营运区域及业务范围，并经目的事业主管机关专案审查。 3. 民用航空站之仓储业须位于陆侧且非涉及管制区者；外资（含陆资）持股比率须低于 50%，且不得超过台湾地区最大股东之持股比率。 4. 港埠之仓储业陆资持股比率须低于 50%，且不得超过其他非陆资最大股东之持股比率。 5. 对投资事业不得具有控制能力。		

续表

中类编号	中类业别	细类编号及业别	限制条件	目的事业主管机关	备注
55	住宿服务业	5510 短期住宿服务业	属观光旅馆者。	“交通部”	服务业承诺表：旅馆（包括观光旅馆、一般旅馆）及餐厅。
56	餐饮业	5610 餐馆业		“经济部”	
		5621 非酒精饮料店业		“经济部”	
		5622 酒精饮料店业		“经济部”	
61	电信业	6100 电信业	属第二类电信事业之一般业务者，投资人须为在海外或大陆地区上市之电信业者，且总持股比率以不超过50%为限。	“国家通讯传播委员会”“交通部”	服务业承诺表：基本电信服务之转售业务及电信加值服务业，但均不含语音单纯转售服务、E.164用户号码网路电话服务、非E.164用户号码网路电话服务、租用国际电路提供不特定用户国际间之通信服务或其他经主管机关公告之营业项目。
62	电脑系统设计服务业	6201 电脑软件设计业		“经济部”	服务业承诺表：电表及其相关服务业。
		6202 电脑系统整合服务业		“经济部”	
		6209 其他电脑系统设计服务业		“经济部”	
63	资料处理及资讯供应服务业	6311 入口网站经营业		“经济部”	
		6312 资料处理、网站代管及相关服务业		“经济部”	

续表

中类编号	中类业别	细类编号及业别	限制条件	目的事业主管机关	备注
64	金融中介业	6412 银行业	依“台湾地区与大陆地区金融业务往来及投资许可管理办法”办理。	“行政院金融监督管理委员会”	
		6420 金融控股业	依“台湾地区与大陆地区金融业务往来及投资许可管理办法”办理。	“行政院金融监督管理委员会”	
		6499 未分类其他金融中介业	1. 限创业投资公司。 2. 陆资对投资事业及其转投资事业不得具有控制能力。	“经济部”	
65	保险业	6510 人身保险业	依“台湾地区与大陆地区保险业务往来及投资许可管理办法”办理。	“行政院金融监督管理委员会”	
		6520 财产保险费	依“台湾地区与大陆地区保险业务往来及投资许可管理办法”办理。	“行政院金融监督管理委员会”	
		6530 再保险业	依“台湾地区与大陆地区保险业务往来及投资许可管理办法”办理。	“行政院金融监督管理委员会”	
66	证券期货及其他金融业	6611 证券商	依“台湾地区与大陆地区证券期货业务往来及投资许可管理办法”办理。	“行政院金融监督管理委员会”	
		6619 其他证券业	依“台湾地区与大陆地区证券期货业务往来及投资许可管理办法”办理。	“行政院金融监督管理委员会”	
		6621 期货商	依“台湾地区与大陆地区证券期货业务往来及投资许可管理办法”办理。	“行政院金融监督管理委员会”	
		6629 其他期货业	依“台湾地区与大陆地区证券期货业务往来及投资许可管理办法”办理。	“行政院金融监督管理委员会”	

续表

中类编号	中类业别	细类编号及业别	限制条件	目的事业主管机关	备注
66	证券期货及其他金融业	6631 投资顾问业	依“台湾地区与大陆地区证券期货业务往来及投资许可管理办法”办理。	“行政院金融监督管理委员会”	
		6639 其他金融辅助业	1. 限信托服务。 2. 依“台湾地区与大陆地区证券期货业务往来及投资许可管理办法”办理。	“行政院金融监督管理委员会”	
		6640 基金管理业	依“台湾地区与大陆地区证券期货业务往来及投资许可管理办法”办理。	“行政院金融监督管理委员会”	
71	建筑、工程服务及技术检测、分析服务业	7121 环境检测服务业		“行政院环境保护署”	服务业承诺表：技术检定与分析服务业（包括环境检测、车辆检验、技术测试及分析服务业，不包括与医药设备、食物及食品相关之服务）。
		7129 其他技术检测及分析服务业	属车辆、机械、电机、电子产品之技术检测及分析服务者。	“经济部”“交通部”“行政院环境保护署”	
72	研究发展服务业	7210 自然及工程科学研发发展服务业		“经济部”	服务业承诺表：研究发展服务业。
		7220 社会及人文科学研究发展服务业		“经济部”	
		7230 综合研究发展服务业		“经济部”	
73	广告业及市场研究	7310 广告业	非属从事广告代理或报纸、期刊、广播、电视、网路等媒体广告之设计、绘制、模塑、选择场所及装置等。	“经济部”	
74	专门设计服务业	7402 工业设计业	属特制品之设计服务者。	“经济部”	服务业承诺表：其他商业服务业之特制品设计服务业。
		7409 其他专门设计服务业	属特制品之设计服务者。	“经济部”	

续表

中类编号	中类业别	细类编号及业别	限制条件	目的事业主管机关	备注
76	其他专业、科学及技术服务业	7601 摄影业		“经济部”	
		7602 翻译服务业		“经济部”	
		7609 未分类其他专业、科学及技术服务业	限能源技术服务。	“经济部”	
77	租赁业	7711 营造用机械设备租赁业		“经济部”	
		7712 农业及其他工业用机械设备租赁业		“经济部”	
		7713 办公用机械设备租赁业		“经济部”	
		7719 其他机器设备租赁业	非属电信设备、医疗机械设备、电力设备之租赁者。	“经济部”	
		7721 汽车租赁业	属未附驾驶之小客车或小货车租赁者。	“交通部”	
		7729 其他运输工具设备租赁类		“经济部”	
		7731 运动及娱乐用品租赁类		“经济部”	
81	建筑物及绿化服务业	8120 清洁服务业	限建筑物清洁服务。	“经济部”	
82	业务及办公室支援服务业	8202 会议及展览服务业	属会议服务者。	“经济部”	服务业承诺表：会议服务业。
		8203 影印业		“经济部”	
93	运动、娱乐及休闲服务业	9319 其他运动服务业	限于《海峡两岸经济合作架构协议》附件四《服务贸易早期收获部门及开放措施——台湾方面非金融服务业的开放承诺》，在台湾以独资、合资、合伙及设立分公司等形式设立商业据点。	“行政院体育委员会”	
		9321 游乐园及主题乐园	非属森林游乐区者。	“交通部”	

续表

中类编号	中类业别	细类编号及业别	限制条件	目的事业主管机关	备注
95	个人及家庭用品维修业	9511 汽车维修业	1. 限依“促进民间参与公共建设法”投资公共建设案“国道服务区”之营运区域及业务范围。 2. 投资汽车制造业、汽车批发业所附带经营。	“经济部”	
		9512 汽车美容业		“经济部”	
		9521 电脑及其周边设备修理费		“经济部”	
		9522 通讯传播设备修理业		“经济部”	
		9523 视听电子产品及家用电器修理业		“经济部”	
		9599 未分类其他个人及家庭用品维修业		“经济部”	

注 1：本表行业分类方式之依据为“行政院”2011 年 3 月台湾地区“行业标准分类（第 9 次修订）”。

注 2：投资从事经营服务业“5251 港埠业”“5259 其他水上运输辅助业”“5290 其他运输辅助业”“5301 普通仓储业”或“5302 冷冻冷藏仓储业”等个案，目的事业主管机关专案审查时，陆资投资人应承诺陆资股东不得担任或指派其所投资事业之经理人、担任董事之人数不得超过其他股东担任之总人数，以及不得于股东大会前征求委托书等。

三、公共建设（非承揽）部分

目前，公共建设（非承揽）部分共计开放 43 项，开放幅度达 51% 。

表 6－3　陆资赴台开放投资项目［公共建设（非承揽）部分］

项次	项目	限制条件
一	民用航空站与其设施	
1	航空附加价值作业设施，含厂房、仓储、加工、运输等必要设施。	1. 须位于航空站陆侧且非涉及管制区者。 2. 外资（含陆资）持股比率须低于 50% ，且不得超过台湾地区最大股东之持股比率。
2	航空事业营运设施，指投资兴建及营运航空事业办公或具交通系统转运等功能之设施，且申请开发土地面积达 1 公顷以上。	1. 须位于航空站陆侧且非涉及管制区者。 2. 外资（含陆资）持股比率须低于 50% ，且不得超过台湾地区最大股东之持股比率。
3	航空训练设施。	1. 须位于航空站陆侧且非涉及管制区者。 2. 外资（含陆资）持股比率须低于 50% ，且不得超过台湾地区最大股东之持股比率。

续表

项次	项目	限制条件
4	过境旅馆	1. 须位于航空站陆侧且非涉及管制区者。 2. 外资（含陆资）持股比率须低于50%，且不得超过台湾地区最大股东之持股比率。
5	展览馆	1. 须位于航空站陆侧且非涉及管制区者。 2. 外资（含陆资）持股比率须低于50%，且不得超过台湾地区最大股东之持股比率。
6	国际会议中心	1. 须位于航空站陆侧且非涉及管制区者。 2. 外资（含陆资）持股比率须低于50%，且不得超过台湾地区最大股东之持股比率。
7	停车场	1. 须位于航空站陆侧且非涉及管制区者。 2. 外资（含陆资）持股比率须低于50%，且不得超过台湾地区最大股东之持股比率。
8	维修棚厂	1. 军民合用机场之设施不开放。 2. 外资（含陆资）持股比率须低于50%，且不得超过台湾地区最大股东之持股比率。
二	港埠与其设施	陆资持投比率须低于50%，且不得超过其他非陆资最大股东之持股比率。
1	船舶停泊、货物装卸、仓储、驳运作业之水面、陆上、海底设施、游艇码头及其他相关设施。	不含土地之投资总额须连新台币10亿元以上。
2	新商港区开发，含填地、码头及相关设施。	不含土地之投资总额须连新台币10亿元以上。
3	各专业区附加价值作业设施，含厂房、仓储、加工、运输等必要设施。	不含土地之投资总额须连新台币10亿元以上。
三	观光游憩重大设施	
	指在“国家”公园、风景区、风景特定区及其他经目的事业主管机关认定之游憩（乐）区内之游憩（乐）设施、住宿、餐饮、解说等相关设施、区内及联外运输设施、游艇码头及其相关设施。	
四	交通建设	
1	停车场	
2	公路	限“国道”服务区。
3	市区快速道路	外资（含陆资）持股比率须低于50%，且不得超过台湾地区最大股东之持股比率。
4	大众捷运系统	外资（含陆资）持股比率须低于50%，且不得超过台湾地区最大股东之持股比率。
5	轻轨运输系统	外资（含陆资）持股比率须低于50%，且不得超过台湾地区最大股东之持股比率。

续表

项次	项目	限制条件
6	缆车系统	
7	转运站	限公路客运。
8	车站	限公路客运。
9	调度站	限公路客运。
10	桥梁及隧道	1. 限公路桥梁及隧道管理。 2. 外资（含陆资）持股比率须低于50%，且不得超过台湾地区最大股东之持股比率。
五	环境污染防治设施	
1	空气污染防治设施	
2	噪音与振动防治设施	
3	水污染防治设施	
4	土壤污染整治设施	
5	废弃物之贮存、清除、处理或最终处置设施	
六	污水下水道	
七	重大商业设施	
1	国际会议中心	
2	国际展览中心	
3	传统零售市场	
4	大型物流中心	1. 限采合资方式投资。 2. 对投资事业不得具有控制能力。
5	离岛地区大型购物中心	
八	重大工业设施	
1	工业区	
2	深层海水产业园区	
九	社会福利设施	
1	依法核准设置之殡葬设施	限殡仪馆及火化场。
2	其他经“中央目的事业主管机关”认定之社会福利设施	采个案认定。
十	文教设施	
1	公立文化机构及其设施	外资（含陆资）持股比率须低于50%，且不得超过台湾地区最大股东之持股比率。
2	依法指定之古迹、登录之历史建筑及其设施	外资（含陆资）持股比率须低于50%，且不得超过台湾地区最大股东之持股比率。

续表

项次	项目	限制条件
3	其他经目的事业主管机关认定之文化、教育机构及其设施	外资（含陆资）持股比率须低于50%，且不得超过台湾地区最大股东之持股比率。
十一	公园绿地设施	
十二	新市镇开发	

注1：本表分类方式之依据为“促进民间参与公共建设法施行细则”。

注2：大陆地区人民、法人、团体、其他机构或其于第三地区投资之公司在台湾地区投资（非承揽）公共建设，应依“促进民间参与公共建设法”及其相关规定办理。

第七章　陆资入台投资程序

2009 年 6 月 30 日台湾实施“大陆地区人民来台投资许可办法”及“大陆地区之营利事业在台设立分公司或办事处许可办法”两部法令，正式对陆资开放投资。为配合台湾对陆资开放，大陆亦于 2010 年 11 月 9 日公布实施由国家发展和改革委员会、商务部、国务院台办联合发文的《大陆企业赴台湾地区投资管理办法》。[①] 陆资企业赴台投资，将依照上述管理办法、《境外投资管理办法》（商务部 2009 年第 5 号令）以及 2004 年 10 月 9 日颁布实施的《境外投资项目核准暂行管理办法》（国家发展和改革委员会令第 21 号）申请大陆地区相关主管机关审批核准。下文将按照陆资企业赴台投资方式及组织形态，分别对其投资流程及相关的审查复议程序进行介绍。

第一节　陆资企业赴台投资程序

一、大陆地区审批程序

（一）大陆地区企业赴台投资设立企业法人或非企业法人

根据《大陆企业赴台湾地区投资管理办法》及《境外投资管理办法》（商务部 2009 年第 5 号令）的规定，大陆企业赴台湾地区投资设立子公司、分公司、办事处等境外机构的核准将适用以下程序：

---

① 国家发改委和国务院台办发布的《关于大陆企业赴台湾地区投资项目管理有关规定的通知》（发改外资［2008］3503 号）、商务部和国务院台办发布的《关于大陆企业赴台湾地区投资或设立非企业法人有关事项的通知》（商合发［2009］219 号）同时废止。

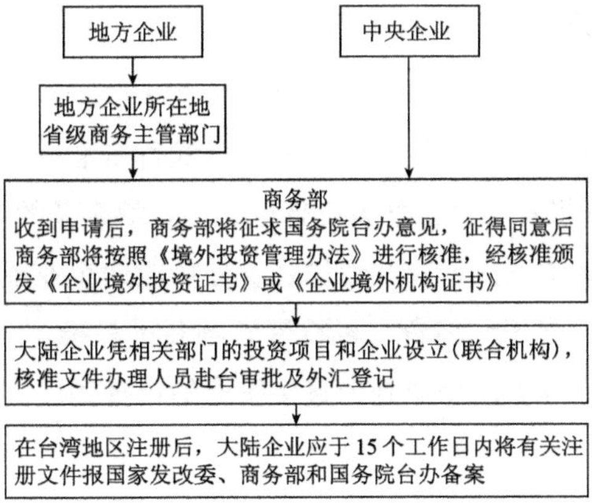

图7－1　大陆企业赴台湾地区投资设立子公司、分公司、办事处等境外机构的核准程序

注：大陆企业在台湾地区的投资如果变更或终止，应按照《境外投资项目核准暂行管理办法》《境外投资管理办法》办理相关手续。

（二）大陆地区企业赴台投资项目

根据《大陆企业赴台湾地区投资管理办法》及《境外投资项目核准暂行管理办法》的规定，中华人民共和国境内各类法人投资主体及其通过在境外控股的企业或机构，在境外进行的投资项目（例如：购并、参股、增资、再投资等）的核准将适用以下程序（见下页图）：

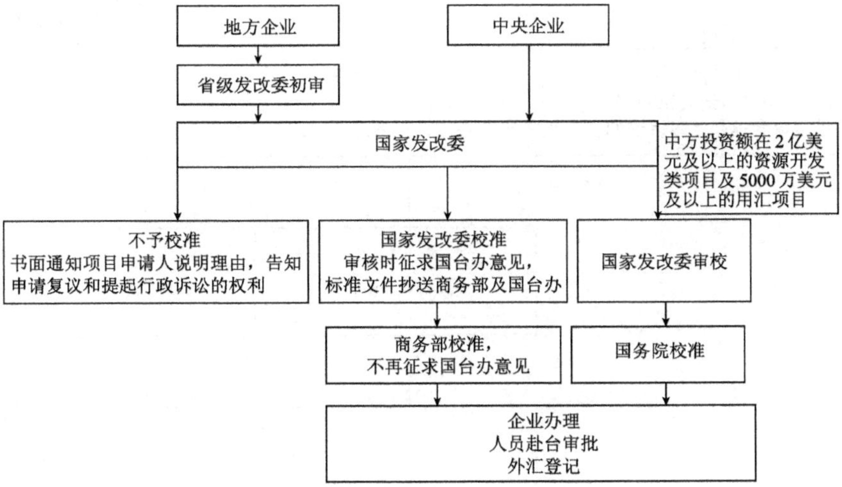

图7－2　中华人民共和国境内各类法人投资主体及其通过境外控股的企业或机构在境外进行的投资项目核准程序

注：大陆企业在台湾地区的投资如果变更或终止，应按照《境外投资项目核准暂行管理办法》《境外投资管理办法》办理相关手续。

（三）大陆企业赴台进行间接投资

根据《大陆企业赴台湾地区投资管理办法》第18条的规定："大陆企业通过境外企业到台湾地区投资，应按规定到国家发改委履行核准手续，到商务部履行备案手续。"又根据《境外投资项目核准暂行管理办法》第2条的规定："本办法适用于中华人民共和国境内各类法人，及其通过在境外控股的企业或机构，在境外进行的投资（含新建、购并、参股、增资、再投资）项目的核准。"大陆企业经由境外企业赴台投资其审批程序与大陆企业赴台直接投资的审批程序有所不同。其审核程序如下图：

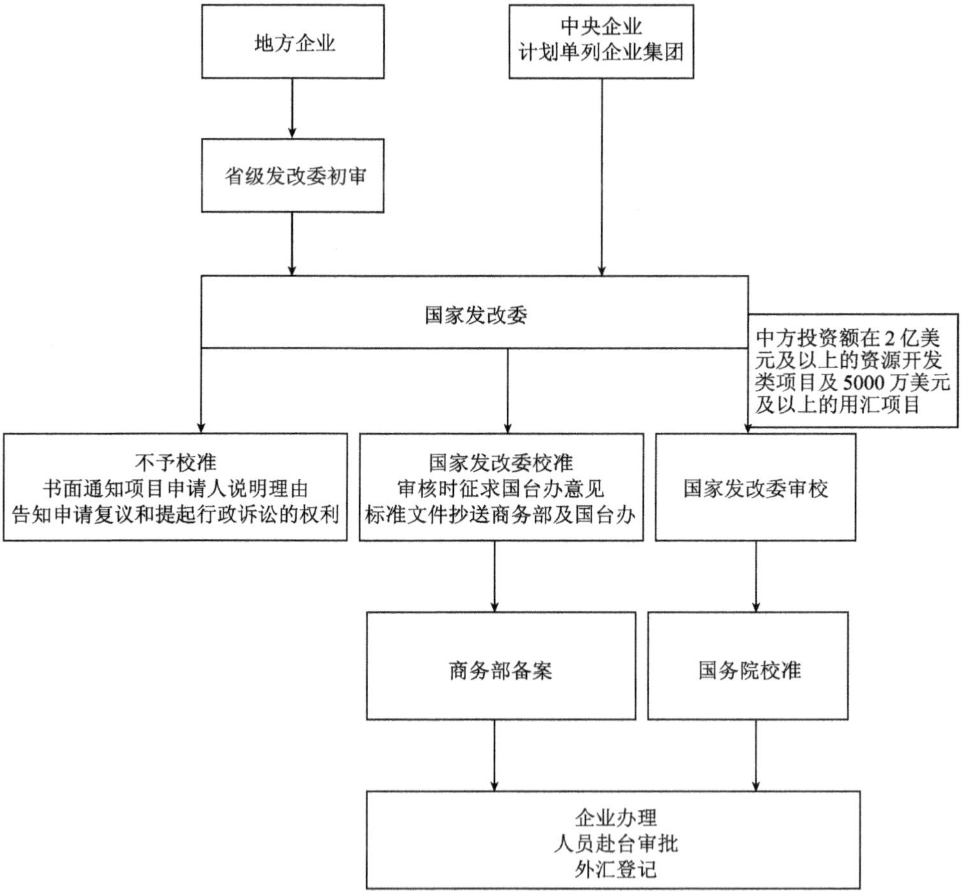

图7－3　大陆企业经由境外企业赴台投资审批程序

注：大陆企业在台湾地区的投资如果变更或终止，应按照《境外投资项目核准暂行管理办法》《境外投资管理办法》办理相关手续。

二、台湾地区审批程序

（一）大陆地区人民赴台投资新设公司申请流程

根据“大陆地区人民来台投资许可办法”的相关规定，大陆企业及第三地区投资人（间接投资）赴台湾地区投资新设公司的核准将适用以下程序：

投资查询及提供相关服务
服务单位：“经济部投资业务处”
⇄
大陆地区人民、法人、团体或其他机构及第三地区公司（间接投资）

↓

国内新设事业之营业项目应为陆资来台投资正面表列许可之营业项目，申请单位将核发名称及营业项目预查表。

申请核发公司（商号）名称及营业项目预查表
申请单位：1. 设立公司组织：“经济部商业司”
2. 设立商号：各县市政府
3. 作业时间：1—2 个工作日

↓

经审查核准“经济部投资审议委员会”将核发投资核准函。

申请大陆地区人民来台投资核准
申请单位：“经济部投资审议委员会”
（检附投资申请书、预查表影本、投资人身份证明文件及代理人授权书正本等）
作业时间：25—60 个工作日

↓

经核准取得投资核准函后，才可由境外汇入投资金额；结售新台币时，应持核准函正本向台湾地区银行办理，汇款性质请注明“310M 侨外股本投资（大陆投资）”

汇入资金
（汇入投资金额至新设事业筹备处银行账户银行）

↓

经查验相关汇款资料无误，“经济部投资审议委员会”将核发投资额审定函。

申请汇入资金审定
申请单位：“经济部投资审议委员会”
（检附审定投资额申请书、汇入汇款通知书、买汇水单正本及投资事业筹备处银行存折复印件等）
作业时间：3 个工作日

↓

办理公司（商号）设立登记
1. 设立实收资本额新台币 5 亿元以上
申请单位：“经济部商业司”
2. 设立实收资本额新台币未逾 5 亿元
申请单位：“经济部中部办公室”、台北市政府、高雄市政府、台北县政府
3. 设立商号之申请单位：商号所在地之县市政府
作业时间：5 个工作日

图 7－4　大陆企业第三地区投资人（间接投资）赴台湾地区投资新投公司的核准程序

（二）大陆地区人民赴台投资设立在台分公司申请流程

根据“大陆地区人民来台投资许可办法”的相关规定，大陆企业及第三地区投资人（间接投资）赴台湾地区投资设立在台分公司的核准将适用以下程序：

投资查询及提供相关服务
服务单位：“经济部投资业务处” ⇄ 大陆地区法人及第三地区公司（间接陆商）

经股东会或董事会决议设立在台公司及委托分公司经理人等事项。

↓

申请核发公司名称及所营事业登记预查表
申请单位：“经济部商业司”
作业时间：1—2个工作日

新设在台分公司之营业项目应全数为陆资来台投资正面表列许可之营业项目，申请单位将核发名称及所营事业登记预查表。

↓

申请大陆地区人民来台投资核准
申请单位：“经济部投资审议委员会”
（检附投资申请书、预表复印件、投资人法人资格证明文件及代理人授权书正本等）
作业时间：25—60个工作日

经审查核准，“经济部投资审议委员会”将核发投资核准函。

↓

汇入资金
汇入投资金额至新设在台分公司银行帐户银行

经核准取得投资许可函后，才可由境外汇入投资金额；结售新台币时，应持许可函正本向台湾地区银行办理，汇款性质请注明［310M侨外股本投资（大陆投资）］。

↓

申请资金审定及总公司许可或认许及分公司设立登记
（含诉讼及非诉讼代理人及分公司经理人之委托）
申请单位：“经济部商业司”
作业时间：20个工作日

分公司营运资金审定，由“经济部商业司”办理 →

图7－5　大陆企业及第三地区投资人（间接投资）赴台湾地区投资设立在台分公司的核准程序

（三）台湾地区审理大陆地区人民赴台投资申请案件作业流程一

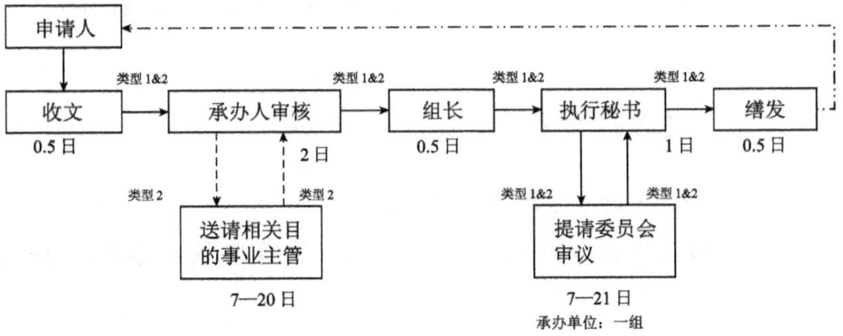

图 7－6　台湾地区审理大陆人民赴台投资申请案件作业流程一

每案平均时程：

类型 1：无需送请其他目的事业主管机关审查者，15—30 日。

类型 2：属下列情形送请其他目的事业主管机关审查之一者，25—40 日。

（1）投资金额达新台币 5 亿元以上者。

（2）台湾地区事业所营业务为正面表列业别项目中涉及目的事业主管机关特许者。

（3）采并购方式投资者。

（4）投资上市、上柜、兴柜公司单次或累积取得投资事业 10% 以上股权者。

（5）属许可办法第 6 条之情事，投资人为大陆地区军方投资或具有军事目的之企业者。

（6）属于涉及许可办法第 8 条第 2 项之情事或异常案件者。

（四）台湾地区审理大陆地区人民赴台投资申请案件作业流程二

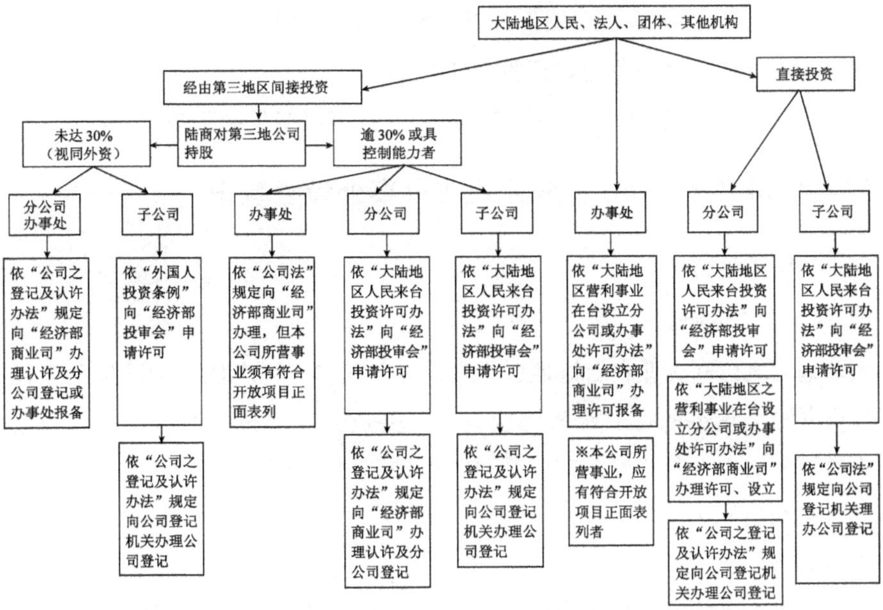

图 7－7　台湾地区审理大陆人民赴台投资申请案件作业流程二

注：如投资或经营之事业依法经目的事业主管机关特许或许可者，应再依相关法规提出申请

第二节　陆资企业赴台投资申请所需数据与文件

一、公司名称及所属行业登记预查申请

1. 公司名称及所属行业登记预查申请表。

2. 规费：一般送件者审查费新台币 300 元；如采在线申办者，审查费新台币 150 元。

二、大陆人士赴台投资核准申请

1. 大陆地区人民来台投资申请书。

2. 投资人身份证明及中文译本。

3. 投资申请代理人授权书正本及中文译本。

4. 投资申请代理人身份证明复印件。

5. 第三地区投资人之海外架构图。

6. 背景及营运范畴说明书。

7. 公司（商号）名称及所属行业登记预查表复印件或公司登记证明书或变更登记表复印件；商号为商业登记证明文件复印件。

8. 其他申请事项应备文件（依“经济部投资审议委员会”规定检附）。

三、公司（子公司）、分公司或办事处设立登记

（一）直接投资

1. 公司（子公司）

大陆地区之营利企业在台湾地区投资设立公司者，应先依“大陆地区人民来台投资许可办法”规定取得“经济部投资审议委员会”之投资许可并完成资金审定后，检具下列文件，向“经济部商业司”申请公司设立登记。

（1）股份有限公司

①申请书。

②其他机关核准函（依规定应先经主管机关许可者，应附上许可文件复印件，无则免送）。

③“经济部投资审议委员会”许可函复印件。

④公司章程复印件。

⑤发起人会议事录复印件。

⑥董事会议事录及其签到簿复印件。

⑦发起人名册复印件。

⑧董监事资格及身份证明文件复印件（依“公司法”第27条第2项规定当选者应加附法人股东指派书）。

⑨董监事愿任同意书复印件（应由董监事亲自签名；董事长应加填一份董事长愿任同意书）。

⑩发起人资格及身份证明文件复印件。

⑪建筑物所有权人同意书复印件或租赁契约复印件，及房屋完税税单复印件或所有权状复印件。

⑫会计师资本额查核报告书及其附件。

⑬委托会计师签证之委托书复印件。

⑭公司设立登记表两份。

⑮登记费：按章程所定资本总额÷4000＝收费金额（登记费金额未达新台币1000元者，以新台币1000元计收）。（货币单位：新台币）

（2）有限公司

①申请书。

②其他机关核准函（依规定应先经主管机关许可者，应检附许可文件复印件，无则免送）。

③“经济部投资审议委员会”许可函复印件。

④公司章程复印件。

⑤股东同意书复印件（股东需亲自签名）。

⑥董事愿任同意书复印件（如担任董事者已于股东同意书亲自签名同意时，免附）。

⑦股东资格及身份证明文件复印件。

⑧股东、董事资格及身份证明档复印件（含指派代表人之指派书）。

⑨建筑物所有权人同意书复印件或租赁契约复印件，及房屋完税税单复印件或所有权状复印件。

⑩会计师资本额查核报告书及其附件。

⑪委托会计师签证之委托书复印件。

⑫设立登记表两份。

⑬登记费：按章程所定资本总额÷4000＝收费金额（登记费金额未达新台币1000元者，以新台币1000元计收）。（货币单位：新台币）

2. 分公司

大陆地区之营利事业在台湾地区设立分公司者，应先依“大陆地区人民来台投资许可办法”规定取得“经济部投资审议委员会”之投资许可后，检具下列文件，向“经济部商业司”申请许可及分公司设立登记：

（1）申请书。

（2）其他机关核准函（依规定应先经主管机关许可者，应检附许可文件复印件，无则免送）。

（3）“经济部投资审议委员会”许可函复印件。

（4）大陆地区公司登记主管机关核发之法人资格证明（须经公证并附繁体中文本）。

（5）公司章程（须经公证并附繁体中文本）。

（6）股东会或董事会之议事录（须经公证并附繁体中文本）。

（7）在台湾地区指定之诉讼及非诉讼代理人授权书（须经公证并附繁体中文本）。

（8）指派分公司经理人授权书（须经公证并附繁体中文本）。

（9）在台湾地区指定诉讼及非诉讼代表人身份证明档（在台湾地区指定诉讼及非诉讼代表人为台湾地区居民者，应检附“国民身份证”复印件；若系大陆地区居民者，应检附身份证复印件或居留证复印件或护照复印件，加载地址及亲自签名、盖章）。

（10）分公司经理人身份证明文件（分公司经理人为台湾地区居民者，应检附“国民身份证”复印件；若系大陆地区居民者，应检附身份证复印件或居留证复印件或护照复印件，加载在台地址及亲自签名、盖章）。

（11）建筑物所有权人同意书正本或租赁契约复印件，及房屋完税税单复印件或所有权状复印件。

（12）在台湾地区营运资金之汇入汇款通知书、买汇水单复印件、会计师查核报告书及其附件。

（13）大陆地区公司设立许可事项表（一式两份）。

（14）大陆地区公司分公司设立登记事项表（一式两份）。

（15）审查费：按专拨在台湾地区营业所用资金 ÷ 4000 = 收费金额（审查费金额未达新台币 1000 元者，以新台币 1000 元计收）。（货币单位：新台币）

（16）登记费：分公司设立登记费新台币 1000 元。

3. 办事处

大陆地区之营利企业在台湾地区设立办事处者，应检具下列文件，向“经济部商业司”申请许可及办事处报备：

（1）申请书。

（2）其他机关核准函（依规定应先经主管机关许可者，应检附许可文件复印件，无则免送）。

（3）大陆地区公司登记主管机关核发之法人资格证明（须经公证并附繁体中文本）。

（4）公司章程（须经公证并附繁体中文本）。

（5）股东会或董事会之议事录（须经公证并附繁体中文本）。

（6）在台湾地区指定之诉讼及非诉讼代理人授权书（须经公证并附繁体中文本）。

（7）在台湾地区指定诉讼及非诉讼代表人身份证明文件（在台湾地区指定诉讼及非诉讼代表人为台湾地区居民者，应检附“国民身份证”复印件；若系大陆地区居民者，应检附身份证复印件或居留证复印件或护照复印件，加注居住所地址及亲自签名、加盖印章）。

（8）建筑物所有权人同意书正本或租赁契约复印件，及房屋完税税单复印件或所有权状复印件。

（9）大陆地区公司许可及在台办事处设立报备表（一式两份）。

（10）审查费：新台币 1000 元。

（二）经由第三地区间接投资：持股逾 30% 或具控制能力者

1. 公司（子公司）

（1）股份有限公司

①申请书。

②其他机关核准函（依法应先经主管机关许可者，应检附许可文件复印件，无则免送）。

③“经济部投资审议委员会”许可函复印件（大陆地区人民、法人、团体、其他机构直接或间接持有外国公司股份或出资额逾百分之三十或对外国公司具有控制能力者于向公司登记主管机关申请公司设立登记前，应先向“经济部投资审议委员会”申请投资许可）。

④公司章程复印件。

⑤发起人会议事录复印件。

⑥董事会议事录及其签到簿复印件。

⑦发起人名册复印件。

⑧董监事资格及身份证明文件复印件（依“公司法”第 27 条第 2 项规定当选者应加附法人股东指派书）。

⑨董监事愿任同意书复印件（应由董监事亲自签名，董事长应加填一份董事长愿任同意书）。

⑩发起人资格及身份证明文件复印件。

⑪建筑物所有权人同意书复印件或租赁契约复印件，及房屋完税税单复印件或所有权状复印件。

⑫会计师资本额查核报告书暨其附件。

⑬委托会计师签证之委托书复印件。

⑭公司设立登记表两份。

⑮登记费：按章程所定资本总额 ÷ 4000 = 收费金额（登记费金额未达新台币 1000 元者，以新台币 1000 元计收）。（货币单位：新台币）

（2）有限公司

①申请书。

②其他机关核准函（依规定应先经主管机关许可者，应检附许可文件复印件，无则免送）。

③“经济部投资审议委员会”许可函复印件（大陆地区人民、法人、团体、其他机构直接或间接持有境外公司股份或出资额逾 30%，或对境外公司具有控制能力者于向公司登记主管机关申请公司设立登记前，应先向“经济部投资审议委员会”申请投资许可。）

④公司章程复印件。

⑤股东同意书复印件（股东需亲自签名）。

⑥董事愿任同意书复印件（如担任董事者已于股东同意书亲自签名同意时，免附）。

⑦股东资格及身份证明文件复印件。

⑧股东、董事资格及身份证明档（含指派代表人之指派书）。

⑨建筑物所有权人同意书复印件或租赁契约复印件，及房屋完税税单复印件或所有权状复印件。

⑩会计师资本额查核报告书及其附件。

⑪委托会计师签证之委托书复印件。

⑫设立登记表两份。

⑬登记费：按章程所定资本总额 ÷ 4000 = 收费金额（登记费金额未达新台币 1000 元者，以新台币 1000 元计收）。（货币单位：新台币）

2. 分公司

（1）申请书。

（2）其他机关核准函（依规定应先经主管机关许可者，应检附许可文件复印件，无则免送）。

（3）“经济部投资审议委员会”投资许可函复印件（大陆地区人民、法人、团体、其他机构直接或间接持有境外公司股份或出资额逾 30% 或对境外公司具有控制能力者于向公司登记主管机关申请认许、分公司设立登记前，应先向“经济部投资审议委员会”申请投资许可）。

（4）法人资格证明文件（须经公证并附中译本）。（若系本公司所在地之行政机关出具之文件，得免经验证）。

（5）公司章程（须经验证并附中译本）。

（6）股东会或董事会请求认许之议事录（须经验证并附中译本）。

（7）在台湾地区境内营运资金之汇入汇款通知书复印件、买汇水单复印件（盈余转增资时免附）。

（8）在台湾地区境内指定之诉讼及非诉讼代表人授权书（须经验证并附中译本）。

（9）在台湾地区境内指定诉讼及非诉讼代表人身份证明文件（在台湾地区境内

指定诉讼及非诉讼代表人为台湾地区居民者应检附“国民身份证”复印件；若系境外人士，应检附居留证复印件或护照复印件，加载地址及签名、盖章）。

（10）指派分公司经理人授权书（须经验证并附繁体中文本）。

（11）分公司经理人身份证明文件（分公司经理人为台湾地区居民者，应检附“国民身份证”复印件；若系境外人士，应检附居留证复印件或护照复印件，加载地址及签名、盖章）。

（12）建筑物所有权人同意书复印件或租赁契约复印件，及房屋完税税单复印件或所有权状复印件。

（13）认许（事项变更）表（一式两份）。

（14）境外公司分公司设立登记表（一式两份）。

（15）登记费：境外公司申请认许登记，应随文缴纳登记费，按其专拨在台湾地区境内营业所用资金 ÷ 4000 = 收费金额（登记费金额未达新台币 1000 元者，以新台币 1000 元计收）。分公司设立登记费新台币 1000 元。（货币单位：新台币）

3. 办事处

（1）申请书。

（2）其他机关核准函（依规定应先经目的事业主管机关许可者，应检附许可文件复印件，无则免送）。

（3）其公司登记主管机关核发之法人资格证明文件（须经验证并附中文译本）。

（4）在台湾地区境内指定之诉讼及非诉讼代理人授权书（须经验证并附中文译本）。

（5）在台湾地区境内指定诉讼及非诉讼代理人身份证明文件。

（6）建筑物所有权人同意书复印件（应载明同意提供使用之公司名称）及最近一期房屋完税税单（或所有权状）复印件。（建筑物为公司所有者或检附租赁契约复印件，免附同意书，仍应附最近一期房屋完税税单复印件或所有权状复印件）。

（7）境外公司指派代表人（变更）报备表（一式两份）。

（8）免缴费用。

第三篇

投资经营篇

第八章 “公司法”

第一节 公司的设立

按照台湾地区“公司法”的规定：“公司，是指以营利为目的，依照本法组织、登记、成立之社团法人。”公司共有四种类型：无限公司、有限公司、两合公司、股份有限公司。其中，无限公司指二人以上股东所组成、对公司债务负连带无限清偿责任之公司。有限公司是由一人以上股东所组成，就其出资额为限，对公司负其责任之公司。两合公司指一人以上无限责任股东，与一人以上有限责任股东所组成，其无限责任股东对公司债务负连带无限清偿责任；有限责任股东就其出资额为限，对公司负其责任之公司。股份有限公司指二人以上股东或政府、法人股东一人所组成，全部资本分为股份；股东就其所认股份，对公司负其责任之公司。在这四类公司中，一般以设立有限公司和股份有限公司为主。本章亦以此两类公司为主展开论述。

公司名称及所营事业采预审制。即在公司设立之前，应先向“经济部”申请预查。公司名称的审查方式，是以特取名称作为判断基准，① 就其特取名称采取通体观察方式审查，且仅审查是否同名而不及是否类似。如果两公司名称中标明不同业务种类或可资区别之文字，纵然特取名称相同，其公司名称也视为不相同。公司不得使用易使人误认其与行政机关、公益团体有关或妨害公共秩序或善良风俗之名称。公司名称经核准后，自核准日起算，保留 6 个月，经申请得延长 1 个月。但银行、保险、期货业务、证券金融、票据金融、有线电视之设立名称预查核准后，其

① 相当于大陆公司法所称之“字号”。

保留期限为 1 年。

一、有限公司的设立

由于有限公司的闭锁特性，其设立方式以发起设立为限，不得采用募集设立。其设立程序如下：

1. 订立章程

股东应以全体之同意订立章程，签名或盖章，置于本公司，每人各执一份。有限公司的章程应记载下列事项：（1）公司名称；（2）所营事业；（3）股东姓名或名称、住所或居所；（4）资本总额及各股东出资额；（5）盈余及亏损分派比例或标准；（6）本公司所在地；设有分公司者，其所在地；（7）董事人数；（8）定有解散事由者，其事由；（9）订立章程之年、月、日。

2. 股东缴纳出资

股东的出资以现金或现金以外的财产为限，不得以劳务或信用出资。公司资本总额，应由各股东全部缴足，不得分期缴款或向外招募。

3. 申请设立登记

有限公司的设立登记，应由代表公司之负责人（公司设有董事长时，指董事长；无董事长时，指董事；董事有数人时，得由其中一人提出申请）备具申请书，连同应备之文件一份，向主管机关申请；由代理人（以会计师、律师为限）申请时，应加具委托书。

二、股份有限公司的设立

股份有限公司的设立方式有两种：发起设立和募集设立。所谓发起设立，指公司设立时第一次所发行的股份全由发起人认足，不再向外募集。所谓募集设立，指公司设立时所发行的股份由发起人认购其中一部分，其余部分向外界募集。

（一）发起设立的程序如下

1. 订立章程

股份有限公司的章程应由发起人全体之同意为之，并由全体发起人签名或盖章。股份有限公司的章程分为绝对必要记载事项和相对必要记载事项。所谓绝对必要记载事项，指公司章程必须记载的事项，如未记载，不仅章程本身无效，且公司的设立亦归于无效。所谓相对必要记载事项，指此类事项，无论其记载与否，与章程本身的效力无关，但若记载于章程，此类事项即发生法律上的效力。股份有限公司章程的绝对必要记载事项有：公司名称；所营事业；股份总数及每股金额；本公司所在地；董事及监察人之人数及任期；订立章程之年、月、日。相对必要记载事项有：分公司之设立；分次发行股份者，定于公司设立时之发行数额；解散之事由；特别股之种类及其权利义务；发起人所得受之特别利益及受益者之姓名。

2. 认足股份，并按所认股数缴足股款

各发起人的认股数无须相同，但须认足全部股份或第一期发行的股份。发起人除缴纳现金外，也可以公司营运所需的其他财产抵缴。若以其他财产抵缴，必须将财产的所有权转移给公司。

3. 选任董事及监察人

发起人于缴足股款后，即应选任董事及监察人。

4. 申请设立登记

公司应由代表公司的负责人备具申请书，连同其他应备文件一份，向主管机关申请设立登记。

（二）募集设立的程序如下

1. 订立章程

其情形一如发起设立。

2. 发起人认股

募集设立时，发起人无须认足第一次发行的股份，但每人至少应认一股以上，发起人所认股份，不得少于第一次发行股份四分之一。

3. 发起人募股

发起人认足第一次发行股份四分之一后，其余的股份数应募足之。募股的对象为不特定的社会公众。招股的程序颇为复杂，分述如下：

（1）发起人订立招股章程

招股章程应记载下列各款事项：公司章程的绝对和相对必要记载事项；各发起人所认之股数；股票超过票面金额发行者，其金额；招募股份总数募足之期限，及逾期未募足时，得由认股人撤回所认股份之声明；发行特别股的总额；发行无记名股的总额。

（2）申请主管机关审核

证券管理机关审核时，如申请事项有违反法令或虚伪者，或者申请事项有变更，经限期补正而未者，证券管理机关得不予核准或撤销核准。

(3) 公告招募

为使一般不特定社会公众对公司未来的营业计划、认股数目、出资种类有所了解，发起人应于证券管理机关通知到达之日起三十日内，将已经主管机关审核的事项，加记核准文号及年、月、日公告招募之。

(4) 认股人认股

认股人认股时，须于发起人所备妥的认股书内填写所认股数、金额及其住所或居所，并签名或盖章。

(5) 发起人催缴股款

认股人认股后，有按照所填写的认股书缴纳股款的义务。如果认股人拖欠应缴纳的股款时，发起人应定一个月以上之期限催告该认股人照缴，并声明逾期不缴失其权利。发起人已为前项的催告，认股人仍不照缴，即失其权利。其所认股份，由发起人另行募集。如公司因而受有损害时，得向该认股人请求赔偿。

(6) 发起人召开创立会

创立会是募股时由发起人召集认股人所组成的设立中的公司的意思决定机关，是公司股东会的前身。设立创立会的目的，在于保护认股人的利益，使其了解筹办公司的详情，并使认股人能够参与公司设立的事宜。倘若认股人认为公司不设立较为适当时，认股人得有废止公司设立的机会。兹将创立会的有关事项说明如下：

创立会的召开。依照“公司法”的规定，发起人应于第一次发行股份的股款募足后的两个月内召开创立会。[①] 若发起人不于两个月内召开创立会，认股人得撤回其所认的股份。至于创立会召集的程序准用股东会的规定。本章将在下文专门讨论股东会。

创立会决议的表决权。召开创立会时，原则上发起人或认股人每股有一表决权。但公司依规定自己持有的股份，无表决权。股东对于会议之事项，有自身利害关系致有害于公司利益之虞时，不得加入表决，并不得代理其他股东行使其表决权。[②] 行政机关或法人为股东时，其代表人不限于1人，但其表决权之行使，仍以其所持有之股份综合计算。当行政机关或法人的代表人有两人以上时，其代表人行

① “公司法”第143条。

② “公司法”第178条。

使表决权时应共同为之。

创立会的决议。创立会的决议有普通决议和特别决议两种。创立会的普通决议，例如，创立会主席的选任，应由代表已发行股份总数过半数的发起人和认股人出席，以出席发起人和认股人股东表决权过半数之同意行之。若出席人数不足法定人数，而有代表已发行股份总数1/3以上股东出席时，得以出席股东表决权过半数之同意，为假决议，并将假决议通知各股东，于1个月内再行召集股东会。再行召开股东会时，对于假决议，如仍有已发行股份总数1/3以上股东出席，并经出席股东表决权过半数之同意，视同与普通决议有同一效力。

创立会的特别决议，例如，修改公司章程的决议，应有代表已发行股份总数2/3以上的发起人和认股人出席，以出席发起人和认股人表决权过半数之同意行之。公司不设立的决议也属于特别决议，应有代表已发行股份总数2/3以上发起人和认股人出席，以出席发起人和认股人表决权过半数之同意行之。

创立会的权限。依照“公司法”的规定，创立会有下列权限：听取设立经过的报告；选任董事、监察人；设立事项的调查；裁减发起人的报酬费用；修改公司章程；为公司不设立的决议。

4. 申请公司设立登记

创立会结束后的15日内，公司的设立登记应由公司的负责人为之。公司的业务如须经行政机关特许者，应在取得许可文件后才可申请公司设立登记。

公司可以设立分公司和子公司。分公司与子公司的最大区别在于，分公司只是总公司的分支机构，在法律上并无独立的人格。分公司无法清偿债务，总公司必须对分公司的全部债务负起清偿责任。子公司在法律上具有独立的人格，就其债务独立承担清偿责任。母公司无须对其债务承担责任。

第二节　公司的经营管理

一、公司的机关

公司是法人实体，需要借助相应的机关方能实现其意思。公司的机关可以分为业务执行机关、意思机关和监督机关。

（一）业务执行机关

有限公司的业务，由董事执行。公司至少设董事1人，最多3人。董事执行业务并代表公司。董事应经2/3以上股东的同意，从有行为能力的股东中选任。公司设有董事数人时，关于业务的执行，取决于董事过半数的同意。至于通常事务，则董事各得单独执行。但其余的董事，有1人提出异议时，应立即停止。董事有数人时，得以章程规定1人为董事长，对外代表公司。但有限公司并无董事会的设置。

股份有限公司的董事至少须有3人，为避免意见纷争，所以董事必须组成董事会，并以董事长为公司的代表。公司业务由董事会执行。董事由股东会就有行为能力的人选任，董事不须为公司的股东，只需有完全行为能力。但董事的任职资格受到一定的限制，有下列情形之一者，不得充任董事，其已充任者，当然解任：曾犯组织犯罪防制条例规定之罪，经有罪判决确定，服刑期满尚未逾5年者；曾犯诈欺、背信、侵占罪经受有期徒刑1年以上宣告，服刑期满尚未逾两年者；曾服公务亏空公款，经判决确定，服刑期满尚未逾两年者；受破产之宣告，尚未复权者；使用票据经拒绝往来尚未期满者；无行为能力或限制行为能力者。

在股份有限公司设立之初，尚无股东会，所以在发起设立时，董事由发起人来选任。在募集设立时，则由创立会选任。公开发行股票之公司董事选举，采候选人提名制度者，应载明于章程，股东应就董事候选人名单中选任之。

董事会是股份有限公司法定、必备、常设的业务执行机关。除了普通董事之外，股份有限公司可以依照章程的规定设置常务董事。常务董事的选任，应由2/3以上董事之出席，及出席董事过半数之同意。常务董事由董事互选之。常务董事于董事会休会时，依法令、章程、股东会决议及董事会决议，以集会方式经常执行董事会职权，由董事长随时召集，以半数以上常务董事之出席，及出席过半数之决议行之。董事长由董事或常务董事互选产生。董事长对内为股东会、董事会及常务董事会主席，对外代表公司。

公司业务的执行，除“公司法”或章程规定应由股东会决议的事项外，其余均得由董事会决议执行。董事会的决议方式，有通常决议和特别决议的区分。通常决议，应由过半数的董事出席，出席董事过半数的同意。特别决议，须有2/3以上的董事出席，出席董事过半数的同意。何种事项属于特别决议的事项，依照“公司法”的规定来确定。董事对于会议之事项，有自身利害关系致有害于公司利益之虞时，不得加入表决，并不得代理其他董事行使其表决权。其不得行使表决权的董事人数，也不算入已出席的董事人数。

董事会决议，违反法令、章程或股东会的决议，致公司受损害时，参与决议之董事，对于公司负赔偿之责。但经表示异议之董事，有记录或书面声明可证者，免其责任。董事会决议，为违反法令或章程之行为时，继续1年以上持有股份之股东，得请求董事会停止其行为。

（二）意思机关

有限公司的意思机关在于全体股东。每一股东不论出资多少，均有一表决权。但公司得以章程订定按照出资比例分配表决权。有限公司没有股东会的设置。

股份有限公司的最高意思机关为股东会。股东会由全体股东组成。董事会在执行公司业务时，须依据和服从股东会的决议。但行政机关或法人股东所组成的股份有限公司，其股东会的职权由董事会行使，而不适用股东会的规定。

股份有限公司的股东会有权查核董事会造具的表册。当公司亏损达到实收资本额1/2时，或是公司决议募集公司债时，董事会应将公司亏损资本、募集公司债的原因及有关事项报告于股东会。

股东会的决议事项有通常事项和特别事项之分，因而表决方式和程序有所不同。在对通常事项决议时，应有代表已发行股份总数过半数股东之出席，以出席股东表决权过半数之同意行之。出席股东不足上述定额，而有代表已发行股份总数1/3以上股东出席时，得以出席股东表决权过半数之同意为假决议，并将假决议通知各股东，于1个月内再行召集股东会，其发有无记名股票者，并应将假决议公告之。对于假决议，如仍有已发行股份总数1/3以上股东出席，并经出席股东表决权过半数之同意，视同正式的股东会决议。

股份有限公司的特别事项有：（1）公司如为他公司有限股东时，其所有投资额若本公司实收股本40%者，除以投资为专业或公司章程另有规定外，须经特别决议；（2）公司申请停止公开发行股票；（3）公司缔结、变更或终止关于出租全部营业、委托经营或与他人经常共同经营的契约，公司让与全部或主要部分的营业或财产，或公司受让他人全部营业或财产，对公司营运有重大影响者；（4）股东会决议解任董事；（5）股东会许可董事为自己或为他人为属于公司营业范围内的行为；（6）股东会决议公司将应分派股息及红利的全部或一部，以发行新股方式为之；（7）股东会决议公司无亏损时，将法定盈余公积及超过票面金额发行股票所得溢额或受领赠与所得的资本公积的全部或一部拨充资本，按股东原有股份的比例发给新股；（8）公开发行股票的公司发行限制员工权利新股者；（9）股东会决议变更公司章程；（10）股东会决议公司解散、合并或分割等。对于特别事项的决议，应有代表已发行股份总数2/3以上之股东出席，以出席股东表决权过半数之同意行之。如为已公开发行股票之公司，出席股东之股份总数不足前项定额者，以有代表已发行股份总数过半数股东之出席，出席股东表决权2/3以上之同意行之。

股东会在计算表决权时，原则上每一股有一表决权。但公司依规定自己持有的股份，则无表决权。被持有已发行有表决权之股份总数或资本总额超过半数之从属公司，所持有控制公司之股份无表决权。另外，控制公司及其从属公司直接或间接持有他公司已发行有表决权之股份总数或资本总额合计超过半数之他公司，所持有控制公司及其从属公司之股份亦无表决权。①

一般而言，股东出席股东会的方式，有亲自出席和委托出席两种。近年来，为鼓励股东参与股东会决议，“公司法”允许股东以书面或依“电子签章法”规定的方式行使表决权。但公司应将书面或电子方式行使表决权之方法，载明于股东会召集通知。“公司法”规定：“公司召开股东会时，得实行以书面或电子方式行使其表决权；其以书面或电子方式行使表决权时，其行使方法应载明于股东会召集通知。但证券主管机关应视公司规模、股东人数与结构及其他必要情况，命其将电子方式列为表决权行使管道之一。前项以书面或电子方式行使表决权之股东，视为亲自出席股东会。但就该次股东会之临时动议及原议案之修正，视为弃权。”②

此外，股东以书面或电子方式行使表决权者，其意思表示应于股东会开会二日前送达公司，意思表示有重复时，以最先送达者为准。但声明撤销前意思表示者，不在此限。股东以书面或电子方式行使表决权后，欲亲自出席股东会者，应于股东会开会二日前，以与行使表决权相同之方式撤销前项行使表决权之意思表示；逾期撤销者，以书面或电子方式行使之表决权为准。股东以书面或电子方式行使表决权，并以委托书委托代理人出席股东会者，以委托代理人出席行使之表决权为准。股东对于会议之事项，有自身利害关系致有害于公司利益之虞时，不得加入表决，并不得代理他股东行使其表决权。

股东可以委托他人代理出席股东会并参加表决。股东得于每次股东会，出具公

① “公司法”第179条。

② “公司法”是177－1条。

司印发之委托书，载明授权范围，委托代理人，出席股东会。除信托事业或经证券主管机关核准之股务代理机构外，一人同时受二人以上股东委托时，其代理之表决权不得超过已发行股份总数表决权之3%，其超过之表决权，不予计算。一股东以出具一委托书，并以委托一人为限，应于股东会开会五日前送达公司，委托书有重复时，以最先送达者为准。但声明撤销前委托者，不在此限。委托书送达公司后，股东欲亲自出席股东会或欲以书面或电子方式行使表决权者，应于股东会开会二日前，以书面向公司为撤销委托之通知；逾期撤销者，以委托代理人出席行使之表决权为准。

股东会之召集程序或其决议方法，违反法令或章程时，股东得自决议之日起30日内，诉请法院撤销其决议。法院对于撤销决议之诉，认为其违反之事实非属重大且于决议无影响者，得驳回其请求。股东会决议之内容，违反法令或章程者无效。

（三）监督机关

有限公司不执行业务的股东，均得行使监察权。行使监察权时，不执行业务的股东得随时向董事质询公司业务的情形、查阅财产文件、账簿表册。

监察人是股份有限公司的监督机关。其主要的权限是对公司业务执行情况的监督和公司会计的审核。监察人不得兼任公司的董事和经理人。监察人由股东会选任，其选任办法和解任事由准用董事的规定。监察人中至少须有一人在台湾地区有住所，但不须具有股东的身份。关于监察人的任职资格，与董事受同样的限制。监察人的人数，视公司的需要于章程中规定，但至少须有一人。公开发行股票之公司依前项选任之监察人则须有二人以上。监察人任期不得逾三年。但得连选连任。

监察人应监督公司业务之执行，并得随时调查公司业务及财务状况，查核簿册文件，并得请求董事会或经理人提出报告。董事会或董事执行业务有违反法令、章程或股东会决议之行为者，监察人应即通知董事会或董事停止其行为。监察人对于董事会编造提出股东会之各种表册，应予查核，并报告意见于股东会。监察人除董事会不为召集或不能召集股东会外，得为公司利益，于必要时，召集股东会。

公司与董事间的诉讼，除法律另有规定或股东会另选有诉讼代表外，由监察人代表公司。持有已发行股份总数百分之三以上之并且继续一年以上的股东，可以书面请求监察人代表公司对董事提起诉讼。在公司清算完结时，清算人应于十五日内，造具清算期内收支表、损益表，连同各项簿册，送经监察人审查，并提请股东会承认。

监察人执行职务违反法令、章程或怠忽职务，致公司受有损害者，对公司负赔偿责任。监察人对公司或第三人负损害赔偿责任，而董事亦负其责任时，该监察人及董事为连带债务人。股份有限公司以监察人为被告时，应经由股东会决议，对监察人向地方法院提起诉讼。或者由继续一年以上持有已发行股份总数百分之三的股东，以书面请求董事会代表公司对监察人提起诉讼。董事会如自请求之日起三十日内不起诉时，前述股东也得为公司的利益，自行提起诉讼。

二、公司的会计

（一）会计表册的编造

股份有限公司每会计年度终了，董事会应编造下列表册，于股东常会开会三十日前交监察人查核，监察人亦得请求董事会提前交付查核：营业报告书；财务报表；盈余分派或亏损拨补之议案。董事会所造具之各项表册与监察人之报告书，应于股东常会开会十日前，备置于本公司，股东得随时查阅，并得偕同其所委托之律师或会计师查阅。

董事会应将其所造具之各项表册，提出于股东常会请求承认，经股东常会承认后，董事会应将财务报表及盈余分派或亏损拨补之决议，分发各股东。公开发行股票之公司，财务报表及盈余分派或亏损拨补决议之分发，得以公告方式为之。上述各项表册及决议，公司债权人得要求给予或抄录。各项表册经股东会决议承认后，视为公司已解除董事及监察人之责任。但董事或监察人有不法行为者，不在此限。董事或监察人对于其职责有疏忽或怠于执行时，“公司法”允许继续一年以上，持有已发行股份总数百分之三以上之股东，得声请法院选派检查人，检查公司业务账目及财产情形。法院对于检查人之报告认为必要时，得命监察人召集股东会。

（二）公积的提取与使用

公积是公司在决算时，提出一部分盈余，由公司保留而不分派于股东，作为弥补损失或其他特定用途之用。公积的种类，有法定公积和任意公积两种。法定公积又称法定盈余公积、强制公积，亦即公司于完纳一切税捐后，分派盈余时，应先提出百分之十为法定盈余公积。但法定盈余公积，已达资本总额时，不在此限。任意公积又称特别盈余公积。因为此项公积提起与否以及提取的比例，皆由公司章程规定，或由股东任意决定，法律上不予限制。“公司法”对法定盈余公积和资本公积的使用，有特别限制的规定。“法定盈余公积及资本公积，除填补公司亏损外，不得使用之”。[①] 在填补公司亏损时，应优先使用法定盈余公积，当法定盈余公积不足以弥补公司亏损时，才得使用资本公积。在例外的情况下，公积可以用于拨充公司的资本。“公司法”第 241 条规定，公司无亏损者，得由代表已发行股份总数三分之二以上股东出席之股东会，以出席股东表决权过半数之决议，将法定盈余公积及资本公积（限于超过票面金额发行股票所得之溢额或受领赠与之所得）之全部或一部，按股东原有股份之比例发给新股或现金。若是发行新股，于决议之股东会终结时，即生效力，董事会应即分别通知各股东，或记载于股东名簿之质权人；其发行无记名股票者，并应公告之。以法定盈余公积发给新股或现金者，以该项公积超过实收资本额百分之二十五之部分为限。

（三）股息及红利的分派

股份有限公司设立的目的在于营利，其营利所得的盈余应分派给各股东。所以，每会计年度终了时，公司如有盈余，经弥补公司的亏损，扣除税额，提取公积，并依章程的规定保留员工的分红数目后，得就其余额，按各股东持有股份的比例，分派股息及红利。

所谓股息，是指资本上计算的利息。股份有限公司可以在章程或股票上载明股息的利率。公司按此利率分派盈余，即为股息。如果是按照规定的股息分配盈余尚有多余时，公司将此多余的盈余分派给各股东，即为红利。公司无盈余时，不得分派股息及红利。股息及红利的分配，以给付现金为原则。公司得由有代表已发行股份总数三分之二以上股东出席之股东会，以出席股东表决权过半数之决议，将应分派股息及红利之全部或一部，以发行新股方式为之；不满一股之金额，以现金分派。公开发行股票之公司，出席股东之股份总数不足前项定额者，得以有代表已发行股份总数过半数股东之出席，出席股东表决权三分之二以上之同意行之。前述出席股东股份总数及表决权数，章程有较高规定者，从其规定。

股份有限公司的股东，在公司未营业前，以不得分派股息为原则。但大公司需要长时间的筹备，方能开始营业。为了吸引投资者的兴趣，以便股票流通，“公司法”特设变通规定，“公司依其业务之性质，自设立登记后，如需二年以上之准备，始能开始营业者，经主管机关之许可，得依章程之规定，于开始营业前分派股息。

---

① “公司法”第 239 条。

前项分派股息之金额，应以预付股息列入资产负债表之股东权益项下，公司开始营业后，每届分派股息及红利超过实收资本额百分之六时，应以其超过之金额扣抵冲销之”。①

有限公司有关会计部分的规定，大多准用股份有限公司的规定。② 每届会计年度终了，董事应将财务报告书、财务报表及盈余分派或亏损拨补之议案等表册，分送各股东，请其承认。前项表册送达后逾一个月未提出异议者，视为承认。有限公司于弥补亏损完纳一切税捐后，分派盈余时，应先提出 10% 为法定盈余公积。但法定盈余公积已达资本总额时，不在此限。除前项法定盈余公积外，公司得以章程订定，或股东全体之同意，另提特别盈余公积。特别盈余公积的提取，不受法定盈余 10% 的限制。公司非弥补亏损及依规定提出法定盈余公积后，不得分派股息及红利。公司无盈余时，不得分派股息及红利。公司违反上述规定分派股息及红利时，公司之债权人，得请求退还，并得请求赔偿因此所受之损害。有限公司股利的分派，除章程另有规定外，以各股东出资额的比例为准。

三、股份有限公司的公司债与发行新股

（一）公司债

所谓公司债，是指股份有限公司为募集资金，以发行债券的方式，向大众负担的债务。公司为债务人，购买公司债券的公众则为债权人。为便于股份有限公司募集营运资金，“公司法”原则上允许股份有限公司有募集公司债的自由。但为保护社会公众投资的安全，“公司法”对公司债的募集设有若干限制和禁止的规定。

依照“公司法”第 247 条的规定，公司债之总额，不得逾公司现有全部资产减去全部负债及无形资产后之余额。无担保公司债之总额，不得逾前项余额 1/2。此为公司债发行总额限制的规定。所谓无形资产是指公司的商业信誉、专利权、商标权、著作权等。公司于发行公司债时，得约定其受偿顺序次于公司其他债权。有下列情形之一者，禁止发行公司债：对于前已发行之公司债或其他债务有违约或迟延支付本息之事实，尚在继续中者；最近三年或开业不及三年之开业年度课税后之平均净利，未达原定发行之公司债应负担年息总额之 100% 者。但发行的公司债如经

① “公司法”第 234 条。
② “公司法”第 110 条。

银行保证，债权人的权益已可获得保障，可不受上述的限制。

公司债的募集依照下列程序进行：

1. 董事会的决议

公司债的募集只需经董事会的决议即可为之。董事会作出募集公司债的决议后，须将募集公司债之原因及有关事项报告股东会。上述决议，应由2/3以上董事之出席，及出席董事过半数之同意行之。

2. 信托契约的订立

公司于募集公司债之前，应与代表全体债权人利益的第三人签订信托契约。受托人为全体债权人的利益，有查核及监督公司履行公司债发行事项的权利。至于受托人的资格，以金融或信托事业为限。受托人得为公司债债权人的共同利害关系事项，召集同次公司债债权人会议。

3. 申请证券管理机构核准

4. 募集的公告

公司发行公司债之申请经核准后，董事会应于核准通知到达之日起30日内，备就公司债应募书，附载证券管理机关核准事项（即第248条第1项各款事项），加记核准之证券管理机关与年、月、日、文号，并同时将其公告，开始募集。超过前述30日的期限未开始募集而仍须募集者，应重行申请。

5. 应募书的备置

公司募集公司债时，董事会应备置应募书，载明前述公告的各事项，加记核准之证券管理机关与年、月、日、文号，由应募人填写所认金额及其住所或居所，签名或盖章，并照所填应募书负缴款之义务。但应募人以现金当场购买无记名公司债券时，则免填应募书。

6. 债款的请求

公司债经应募人认定后，除应募人以现金当场购买无记名公司债券外，董事会应向未交款之各应募人请求缴足其所认金额。

公司发行公司债经核准后，如发现其申请事项，有违反法令或虚伪情形时，证券管理机关得撤销核准。证券管理机关撤销核准时，未发行者，停止募集；已发行者，实时清偿。其因此所发生之损害，公司负责人对公司及应募人负连带赔偿责任。

为鼓励公众应募，使债权人在公司债清偿期限届满前，得随时以迅速简便的方法收回其投资，“公司法”将公司债债券化，使应募人得以背书或交付的方式转让，以促进公司债的流通。公司债券是表彰公司债权利的有价证券，其转让方法，因其为记名式或无记名式债券而有不同。记名式之公司债券，得由持有人以背书转让之。但非将受让人之姓名或名称记载于债券，并将受让人之姓名或名称及住所或居所记载于公司债存根簿，不得以其转让对抗公司。无记名式的公司债券，其转让方法，依照一般有价证券的通例，以交付方式进行，一经交付，即生转让的效力。无记名式公司债券的债权人，得随时请求将其债券改为记名式。

公司债券无论为记名或无记名，如因遗失、被盗或灭失的原因而丧失，持有人得声请法院为公示催告及除权判决，然后请求公司补发新债券。

公司债的债权人为不特定的公众，势单力薄，单凭一己之力，难以保护自己的权利。“公司法”规定了公司债债权人会议制度维护其利益。所谓公司债债权人会议，是法定的临时合议团体。由同次发行的公司债的债权人所组成，就攸关公司债债权人的共同利益关系事项而为决议，其决议对同次发行公司债债权人均能发生效力。

发行公司债之公司，公司债债权人之受托人，或有同次公司债总数百分之五以上之公司债债权人，得为公司债债权人之共同利害关系事项，召集同次公司债债权人会议。公司债债权人会议的决议，应有代表公司债债权总额 3/4 以上债权人之出席，以出席债权人表决权 2/3 以上之同意行之，并按每一公司债券最低票面金额有一表决权。

（二）发行新股

所谓发行新股，指股份有限公司成立后，再次发行新股份。依照公司是否向公众募股，可分为公开发行和不公开发行两种方式。

1. 不公开发行的程序如下：

（1）董事会的决议

公司不公开发行新股，应由董事会以董事 2/3 以上之出席，及出席董事过半数同意之决议行之。

（2）承购或认购

公司发行新股时，除经“目的事业中央主管机关”项目核定者外，应保留发行新股总数 10% —15% 之股份由公司员工承购。公司发行新股时，除依前项保留者外，应公告及通知原有股东，按照原有股份比例尽先分认，并声明逾期不认购者，丧失其权利；原有股东持有股份按比例不足分认一新股者，得合并共同认购或归并一人认购；原有股东未认购者，得公开发行或洽由特定人认购。此项新股认购权利，除保留由员工承购者外，得与原有股份分离而独立转让。公司对员工承购的股份得限制在一定期间内不得转让。但其期间最长不得超过两年。但应注意的是，公司依照重整计划发行新股时，可以排除员工与原有股东的优先承购权。

（3）备置认股书

公司不公开发行新股，仍应比照公开发行新股的规定，备置认股书。如以现金以外之财产抵缴股款者，应于认股书加载其姓名或名称及其财产之种类、数量、价格或估价之标准及公司核给之股数。

（4）催缴股款

公司发行新股，由原有股东认购或由特定人协议认购时，得以公司事业所需的财产为出资，不以现金为限。

2. 公开发行新股的程序如下：

（1）董事会的决议

公司公开发行新股时，应由董事会以董事2/3以上之出席，及出席董事过半数同意之决议行之。

（2）主管机关的核准

公司公开发行新股时，应将下列事项申请证券管理机关核准：公司名称；原定股份总数、已发行数额及金额；发行新股总数、每股金额及其他发行条件；证券管理机关规定之财务报表；增资计划；发行特别股者，其种类、股数、每股金额及第157条各款事项；发行认股权凭证或附认股权特别股者，其可认购股份数额及其认股办法；代收股款之银行或邮局名称及地址；有承销或代销机构者，其名称及约定事项；发行新股决议之议事录；证券管理机关规定之其他事项。

（3）公告发行

公司公开发行新股时，除在前项认股书加记证券管理机关核准文号及年、月、日外，并应将前项各款事项，于证券管理机关核准通知到达后30日内，加记核准文号及年、月、日，公告并发行之。但营业报告、财产目录议事录、承销或代销机构约定事项，得免予公告。

（4）认股书的备置

公司公开发行新股时，董事会应备置认股书，由认股人填写所认股数、种类、金额及其住所或居所，签名或盖章。认股人以现金当场购买无记名股票时，免填认股书。

（5）催缴股款

公司公开发行新股时，应以现金为股款。不得以其他财产抵充。发行股份总数募足时，发起人应即向各认股人催缴股款，以超过票面金额发行股票时，其溢价额应与股款同时缴纳。认股人延欠应缴之股款时，发起人应定1个月以上之期限催告该认股人照缴，并声明逾期不缴失其权利。公司已为前项之催告，认股人不照缴者，即失其权利，所认股份另行募集。如有损害，仍得向认股人请求赔偿。

发行新股超过股款缴纳期限，而仍有未经认购或已认购而撤回或未缴股款者，其已认购而缴款之股东，得定1个月以上之期限，催告公司使认购足额并缴足股款；逾期不能完成时，得撤回认股，由公司返回其股款，并加给法定利息。

（6）新股票的发行

公开发行的新股股款募足后，公司应立即发行新股票，并将新股东记入股东名册。

股份有限公司为保护一般债权人，对于新股的发行有严格的限制，依照“公司法”第270条的规定，公司有下列情形之一者，不得公开发行新股：最近连续两年有亏损者。但依其事业性质，须有较长准备期间或具有健全之营业计划，确能改善营利能力者，不在此限；资产不足抵偿债务者。

第三节　公司的重整

公司重整，是指公开发行股票或公司债的股份有限公司，因财务困难，而暂停营业而有停业之虞，但公司具有重整的可能及经营的价值，经法院裁定予以整顿，以寻求公司事业复兴的制度。

一、重整的原因与申请

公开发行股票或公司债之公司，因财务困难，暂停营业或有停业之虞，而有重建更生之可能者，得由公司或利害关系人之一向法院声请重整。公司为前项声请，应经董事会以董事2/3以上之出席及出席董事过半数同意之决议行之。所谓利害关系人，是指继续6个月以上持有已发行股份总数10%以上股份之股东，或者相当于公司已发行股份总数金额10%以上之公司债权人。声请重整的管辖法院，是指本公司所在地法院。

法院收到重整声请，在决定是否同意公司重整前，可以采取如下措施：

1. 征询主管机关的意见。

法院对于重整之声请，应即将声请书状副本，检送主管机关、“目的事业中央主管机关”“中央金融主管机关”及证券管理机关，并征询其关于应否重整之具体意见。法院对于重整之声请，并得征询本公司所在地之税捐稽征机关及其他有关机关、团体之意见。

2. 通知被声请的公司。

声请人为股东或债权人时，法院应检同声请书状副本，通知被声请的公司。

3. 选任检查人调查。

法院除了向主管机关征询意见外，可以选任一位或数位，对公司业务具有专门学识、经营经验而非利害关系人者，担任检查人。检查人负责调查下列事项：公司业务、财务状况及资产估价；依公司业务、财务、资产及生产设备之分析，是否尚有重建更生之可能；公司以往业务经营之得失及公司负责人执行业务有无怠忽或不当情形；声请书状所记载事项有无虚伪不实情形；声请人为公司者，其所提重整方案之可行性；其他有关重整之方案。检查人应于选任后的30日内向法院报告调查结果。

4. 命令公司编造名册。

法院于裁定重整前，得命公司负责人，于7日内就公司债权人及股东，依其权利之性质，分别造报名册，并注明住所或居所及债权或股份总金额。

5. 可以因利害关系人的声请或依职权，为一定的处分。

法院为公司重整之裁定前，得因公司或利害关系人之声请或依职权，以裁定为下列各项处分：公司财产之保全处分；公司业务之限制；公司履行债务及对公司行使债权之限制；公司破产、和解或强制执行等程序之停止；公司记名式股票转让之禁止；公司负责人，对于公司损害赔偿责任之查定及其财产之保全处分。

法院对于重整的申请，就形式与实质上的审查结果，认为其声请具有重整原因，应作出重整的裁定。法院为重整裁定时，应就对公司业务，具有专门学识及经营经验者或金融机构，选任为重整监督人。此外，法院还就债权人、股东、董事、“目的事业中央主管机关”或证券管理机关推荐之专家中选派重整人。法院为重整裁定后，应进行公告。并应检同裁定书，通知主管机关，为重整开始之登记，并由公司将裁定书复印件粘贴于该公司所在地公告处。

二、重整人与重整监督人

公司重整程序中的重整人相当于重整前的董事。重整人具有下列职权：(1) 对公司业务的经营权及财产管理处分权；(2) 在法院审查重整债权与股东权的期日到场备询；(3) 列席关系人会议备询；(4) 拟定重整计划；(5) 声请法院认可重整计划；(6) 执行重整计划；(7) 召集重整后的股东会；(8) 声请法院为重整完成的裁定。

但是下列行为，重整人需要得到重整监督人的事前许可才能为之：营业行为以外之公司财产之处分；公司业务或经营方法之变更；借款；重要或长期性契约之订立或解除，其范围由重整监督人定之；诉讼或仲裁之进行；公司权利之抛弃或让与；他人行使取回权、解除权或抵消权事件之处理；公司重要人事之任免；其他经法院限制之行为。

重整监督人则有下列职权：(1) 监督重整人执行职务；(2) 声请法院解除重整人的职务；(3) 对重整人为重要行为的许可；(4) 监督及询问公司业务及财务交接；(5) 声请法院为必要的保全处分；(6) 受理债权及股东权的申报；(7) 制做表册；(8) 通知并公告召集关系人会议；(9) 向法院报告重整计划；(10) 声请法院裁定终止重整。

三、重整债权与重整债务

"公司法"第 296 条规定，对公司的债权，在重整裁定前成立者，为重整债权。公司的重整债权有下列三种：依规定享有优先受偿权者，为优先重整债权；以抵押权、质权或留置权为担保者，为有担保重整债权；无担保的一部债权，为无担保重整债权。

重整债权人，应提出足资证明其权利存在之文件，向重整监督人申报，经申报者，其时效中断；未经申报者，不得依重整程序受清偿。但未经申报的重整债权，虽不得依重整程序受清偿，但其债权并非当然消灭，如将来公司经法院裁定终止重整时，仍恢复其权利。但公司如重整完成，其未申报的债权即归于消灭。另外，申报人因不可归责于自己之事由，致未依限申报者，得于事由终止后 15 日内补报之。但重整计划已经关系人会议可决时，不得补报。

在重整程序中，重整人代表公司负担的债务为重整债务。公司的重整债务有下列两种：维持公司业务继续营运所发生的债务；进行重整程序所发生的费用。重整债务的清偿不须依照重整程序，具有优先于一切重整债权而受清偿的效力，其优先受偿的效力，不因裁定终止而受影响。

重整裁定送达公司后，股东会的职权即行停止。其职权由关系人会议行使。关系人会议由重整债权人及股东组成，以重整监督人为召集人和主席，重整人及公司负责人亦应列席会议备询。关系人会议的职权主要有：听取关于公司业务与财务状况之报告及对于公司重整之意见；审议及表决重整计划；决议其他有关重整之事项。

重整人应拟定重整计划，连同公司业务及财务报表，提请第一次关系人会议审查。重整计划，除记载公司重整的必要事项外，如有下列事项，亦应予以记载：全部或一部重整债权人或股东权利之变更；全部或一部营业之变更；财产之处分；债务清偿方法及其资金来源；公司资产之估价标准及方法；章程之变更；员工之调整或裁减；新股或公司债之发行。

关系人会议对于重整计划得为可否的决议，重整计划经关系人会议决议通过后，仍须经法院的许可才能生效。重整计划经法院认可后，对于公司及关系人均有拘束力。

四、重整程序的终止

重整程序开始后，有下列原因之一者，由法院征询主管机关及“目的事业主管机关”意见后，应裁定终止重整程序：(1) 重整计划未得关系人会议通过，经法院再予审查，仍未获关系人会议通过，而公司又显无重整的价值，应裁定终止重整。(2) 因情事变迁或有正当理由致不能或无须执行时，法院得因重整监督人、重整人或关系人之声请，以裁定命关系人会议重行审查，其显无重整之可能或必要者，得裁定终止重整。

五、重整的完成

公司重整人，应于重整计划所定期限内完成重整工作。重整完成时，应声请法院为重整完成之裁定，并于裁定确定后，召集重整后之股东会选任董事、监察人。前述董事、监察人在就任后，应会同重整人向主管机关申请登记或变更登记。

公司重整完成后，已申报之债权未受清偿部分，除依重整计划处理，移转重整后之公司承受者外，其请求权消灭。未申报之债权亦同。股东股权经重整而变更或减除之部分，其权利消灭。未申报之无记名股票之权利亦同。重整裁定前，公司之破产、和解、强制执行及因财产关系所生之诉讼等程序，即行失其效力。

第四节 公司的合并、分割及变更组织

一、公司的合并、分割

有限公司的合并准用无限公司的规定。[①] 按此规定，有限公司的合并，应经全体股东的同意。公司决议合并时，应即编造资产负债表及财产目录，以供债权人查阅，了解公司财产的状况。公司为合并之决议后，应即向各债权人分别通知及公告，并指定30日以上期限，声明债权人得于期限内提出异议。债权人若未在指定期限内提出异议，公司即可合并。若提出异议，公司应即为清偿或提供担保，否则不得以其合并对抗债权人。

股份有限公司合并或分割的决议，应有代表已发行股份总数2/3以上股东之出席，以出席股东表决权过半数之同意行之。公开发行股票之公司，出席股东之股份总数不足前项定额者，得以有代表已发行股份总数过半数股东之出席，出席股东表决权2/3以上之同意行之。但有关出席股东股份总数及表决权数，章程有较高之规定者，从其规定。

股份有限公司分割或与他公司合并时，董事会应就分割、合并有关事项，作成分割计划、合并契约，提出于股东会；股东在集会前或集会中，以书面表示异议，或以口头表示异议经记录者，得放弃表决权，而请求公司按当时公平价格，收买其持有之股份。

合并契约应以书面为之，并记载下列事项：（1）合并之公司名称，合并后存续公司之名称或新设公司之名称；（2）存续公司或新设公司因合并发行股份之总数、种类及数量；（3）存续公司或新设公司因合并对于消灭公司股东配发新股之总数、种类及数量与配发之方法及其他有关事项；（4）对于合并后消灭之公司，其股东配发之股份不满一股应支付现金者，其有关规定；（5）存续公司之章程需变更者或新

---

① “公司法”第113条。

设公司依第129条应订立之章程。上述合并契约书，应于发送合并承认决议股东会之召集通知时，一并发送于股东。

公司决议合并时，应即编造资产负债表及财产目录。公司为合并之决议后，应即向各债权人分别通知及公告，并指定30日以上期限，声明债权人得于期限内提出异议。公司不为前述之通知及公告，或对于在指定期限内提出异议之债权人不为清偿，或不提供相当担保者，不得以其合并对抗债权人。

公司合并后，存续公司之董事会，或新设公司之发起人，于完成催告债权人程序后，其因合并而有股份合并者，应于股份合并生效后；其不适于合并者，应于该股份为处分后，分别遵循下列程序行之：（1）存续公司，应即召集合并后之股东会，为合并事项之报告，其有变更章程必要者，并为变更章程。（2）新设公司，应即召开发起人会议，订立章程。

因合并而消灭之公司，其权利义务，应由合并后存续或另立之公司承受。

公司分割时，其分割计划，应以书面为之，并记载下列事项：（1）承受营业之既存公司章程需变更事项或新设公司章程；（2）被分割公司让与既存公司或新设公司之营业价值、资产、负债、换股比例及计算依据；（3）承受营业之既存公司发行新股或新设公司发行股份之总数、种类及数量；（4）被分割公司或其股东所取得股份之总数、种类及数量；（5）对被分割公司或其股东配发之股份不满一股应支付现金者，其有关规定；（6）既存公司或新设公司承受被分割公司权利义务及其相关事项；（7）被分割公司之资本减少时，其资本减少有关事项；（8）被分割公司之股份销除所需办理事项；（9）与他公司共同为公司分割者，分割决议应记载其共同为公司分割有关事项。上述分割计划书，应于发送分割承认决议股东会之召集通知时，一并发送于股东。

公司决议分割时，应即编造资产负债表及财产目录。公司为分割之决议后，应即向各债权人分别通知及公告，并指定30日以上期限，声明债权人得于期限内提出异议。公司不为前述之通知及公告，或对于在指定期限内提出异议之债权人不为清偿，或不提供相当担保者，不得以其合并对抗债权人。

分割后受让营业之既存公司或新设公司，应就分割前公司所负债务于其受让营业之出资范围负连带清偿责任。但债权人之连带清偿责任请求权，自分割基准日起两年内不行使而消灭。

二、公司变更组织

有限公司得经全体股东同意而变更为股份有限公司。公司为变更组织之决议后，应即向各债权人分别通知及公告。变更组织后之公司，应承担变更组织前公司之债务。

第五节　公司的解散与清算

一、有限公司的解散与清算

有限公司的解散与清算，准用无限公司的规定。① 有限公司有下列情形之一者解散：（1）章程所定解散事由；（2）公司所营事业已成就或不能成就；（3）股东全体之同意；（4）股东经变动而不足本规定所定之最低人数；（5）与他公司合并；（6）破产；（7）解散之命令或裁判。第一和第二种情形得经全体或一部股东之同意继续经营，其不同意者视为退股。第四种情形得加入新股东继续经营。因上述原因而继续经营，应变更公司章程。

有限公司的清算，以全体股东为清算人。由股东全体清算时，股东中有死亡者，清算事务由其继承人行之；继承人有数人时，应由继承人互推一人行之。有限公司的清算人，以全体股东充任为原则，但经股东会的决议，得另选清算人。以全体股东过半数同意决定。选任的清算人不限于股东，股东之外的人员亦可担任清算人。当有限公司无法依照上述方式产生清算人时，法院得因利害关系人之声请，选派清算人。无论是法定清算人、选任清算人还是选派清算人，法院因利害关系人之声请，认为必要时，得将清算人解任。但股东选任之清算人，亦得由股东过半数之同意，将其解任。

依照"公司法"的规定，清算人有下列职权：（1）检查财务。清算人就任后，应即检查公司财产情形，造具资产负债表及财产目录，送交各股东查阅。（2）了结现务。公司解散当时尚未了结的事务，清算人须予以了结。（3）公告催报债权。清算人就任后，应以公告方法，催告债权人报明债权，对于明知之债权人，并应分别

① "公司法"第113条。

通知。（4）收取债权清偿债务。清算人原则上应于6个月的期限内，收取公司所有的债权，清偿公司所有的债务。（5）分派盈余或亏损。收取债权，清偿债务后，有盈余则应分派给各股东。如有亏损，则由各股东按照章程规定的比例分担。（6）分派剩余财产。公司在清偿债务后，如尚有剩余财产，清算人应分派给各股东。剩余财产之分派，除章程另有订定外，依各股东分派盈余或亏损后净余出资之比例定之。（7）声请宣告破产。公司财产不足清偿其债务时，清算人应即声请宣告破产。公司经宣告破产，清算人移交其事务于破产管理人时，其职务终了。清算人应以善良管理人之注意处理职务，倘有怠忽而致公司发生损害时，应对公司负连带赔偿之责任；其有故意或重大过失时，并应对第三人负连带赔偿责任。

清算人应于6个月内完结清算；不能于6个月内完结清算时，清算人得申叙理由，向法院声请展期。清算人应于清算完结后15日内，造具结算表册，送交各股东，请求其承认，如股东不于1个月内提出异议，即视为承认。但清算人有不法行为时，不在此限。清算人应于清算完结，经送请股东承认后15日内，向法院声报。公司之账簿、表册及关于营业与清算事务之文件，应自清算完结向法院声报之日起，保存10年，其保存人，以股东过半数之同意定之。

二、股份有限公司的解散与清算

股份有限公司，有下列情形者，应予解散：（1）章程所定解散事由；（2）公司所营事业已成就或不能成就；（3）股东会为解散之决议；（4）有记名股票之股东不满两人；但政府或法人股东一人者，不在此限；（5）与他公司合并；（6）分割；（7）破产；（8）解散之命令或裁判。第一种情形得经股东会议变更章程后，继续经营。第四种情形得增加有记名股东继续经营。

股东会对于公司解散的决议，应有代表已发行股份总数2/3以上股东之出席，以出席股东表决权过半数之同意行之。公开发行股票之公司，出席股东之股份总数不足前项定额者，得以有代表已发行股份总数过半数股东之出席，出席股东表决权2/3以上之同意行之。前两项出席股东股份总数及表决权数，章程有较高之规定者，从其规定。公司解散时，除破产外，董事会应即将解散之要旨，通知各股东，其有发行无记名股票者，并应公告之。

股份有限公司的清算，分为普通清算和特别清算两种程序。普通清算除选派清算人外，由公司自行依法定程序进行清算，法院与债权人不能予以干涉。在特别清算时，法院及债权人均积极监督清算的进行，特别清算程序事项未规定者，准用普通清算的规定。

（一）普通清算

股份有限公司解散后，董事应退任而由清算人取代其职务。清算人对内执行清算事务，对外代表公司。清算人的种类及产生方式如下：

1. 法定清算人

股份有限公司的清算人，以全体董事充任为原则，此又称为当然清算人。

2. 选任清算人

如果股份有限公司的章程已规定公司解散时的清算人，从其规定。

3. 选派清算人

股份有限公司未在章程中规定清算人，股东会也未选清算人，董事又因故不能担任清算人时，法院得依利害关系人的申请，选派清算人。

至于清算人的解任，除由法院选派者外，得由股东会决议解任。法院应监察人或继续1年以上持有已发行股份总数3%以上股份股东之声请，亦可将清算人解任。

清算人在执行事务的范围内，其权利、义务及责任与董事相同。但清算人是执行清算事务的机关，其性质与董事有别，可以不受竞业禁止的限制。清算人的报酬，在非由法院选派时，由股东会决定。在由法院选派时，由法院决定。此项报酬，由公司现存财产中，优先给付。

依“公司法”规定，清算人具有下列职权：（1）监察公司财产，编报表册；（2）了结现务；（3）召集股东会；（4）公告催报债权；（5）收取债权、清偿债务；（6）分派剩余财产；（7）声请宣告破产。

股份有限公司的清算，原则上应于6个月内完结清算。不能在6个月完结清算时，清算人得申叙理由，声请法院展期。清算完结时，清算人应于15日内，造具清算期内收支表、损益表，连同各项簿册，送经监察人审查，并提请股东会承认。股东会得另选检查人，检查前项簿册是否确当。簿册经股东会承认后，视为公司已解除清算人之责任。但清算人有不法行为者，不在此限。清算期内之收支表及损益表，应于股东会承认后15日内，向法院声报。公司应自清算完结声报法院之日起，将各项簿册及文件，保存10年。其保存人，由清算人及其利害关系人声请法院指定之。

（二）特别清算

1. 特别清算的原因

所谓特别清算，是指解散的股份有限公司，因普通清算的实行发生显著的障碍，或公司负债超过资产有不实的嫌疑时，经法院命令而开始清算的特别程序。所以，特别清算的原因有二：一是清算的实行发生显著的障碍；二是公司负债超过资产有不实的嫌疑。解散的股份有限公司有特别清算的原因时，法院依债权人、清算人、股东之声请或依职权，得命令公司开始特别清算。公司负债超过资产有不实之嫌疑者亦同。但其声请，以清算人为限。法院依前述声请人之声请，或依职权于命令开始特别清算前，得提前为下列处分：（1）对财产的保全处分；（2）记名式股份转让的禁止；（3）基于发起人、董事、监察人、经理人或清算人责任所生的损害赔偿请求权，对于发起人、董事、监察人、经理人或清算人财产的保全处分。

2. 特别清算人

特别清算人的任免，大抵与普通清算相同。但在特别清算程序开始，如有重要事由，法院得解任清算人。清算人缺额或有增加人数的必要时，由法院选派之。

特别清算人在特别清算程序中，除了应自行了结现务、收取债权、清偿债务及分派剩余财产等清算事务外，尚有以下的职权：（1）为清算事务及财产状况之报告；（2）依公司财产之状况，有必要时，声请法院检查公司之业务及财产；（3）召集债权人会议；（4）清算人应造具公司业务及财产状况之调查书、资产负债表及财产目录，提交债权人会议；（5）就清算实行之方针与预定事项，陈述其意见；（6）向债权人会议提出协议之建议；（7）认为作成协定有必要时，请求得行使优先受偿权的债权人及别除权的债权人参加债权人会议。

特别清算人在为下列行为时，应得监理人的同意，不同意时，应召集债权人会议决议之。但其标的在资产总值1‰以下者，不在此限：公司财产之处分；借款；诉之提起；成立和解或仲裁契约；权利之抛弃。应由债权人会议决议之事项，如迫不及待时，清算人经法院之许可，得为前项所列之行为。清算人违反前两项规定时，应与公司对于善意第三人连带负其责任。

3. 债权人会议

债权人会议，是指在特别清算程序中，由已经申报债权及为特别清算人所明知债权的普通债权人所组成的机关，为法定临时的公司债权人的意思决定机关。

特别清算人在清算中，认为有必要时，得召集债权人会议。占有公司明知之债权总额10%以上之债权人，得以书面载明事由，请求清算人召集债权人会议。如债权人请求提出15日后，清算人不为召集时，得报经地方主管机关许可，自行召集。

债权人会议的权限如下：（1）征询优先债权或别除权债权人意见；（2）查阅清算人造具的文书表册并听取清算人就清算实行的方针与指定事项的意见；（3）监理人的选任和解任；（4）清算人所为重要事项的同意；（5）决议协定的可决；（6）决议变更协定条件。

4. 监理人

监理人是为保护公司债权人的共同利益，监督特别清算人执行清算事务的人。监理人并非清算程序的必要机关，其设置与否，由债权人会议自由决定。其选任原则上由债权人中选任，如债权人中无适当人选时，则例外地从债权人以外的人中来选任。监理人有下列的职权：（1）监督清算人执行特别清算事务。（2）清算人为公司财产之处分、借款、诉之提起、成立和解或仲裁契约、权利之抛弃行为，应事先征得监理人的同意。（3）应清算人的征询，提供变更协定条件的意见。（4）列席债权人会议，陈述意见。

5. 法院的监督

在特别清算程序中，法院对于清算事务须加以严格的监督。法院的特别监督事项有二：一是对公司财产及业务的检查。对于公司财产的状况，于必要时，法院得依据特定人的申请或依职权选任检查人检查公司的业务及财产。二是必要的保全处分。法院根据检查人的报告，认为必要时，得为下列处分：公司财产之保全处分；记名式股份转让之禁止；发起人、董事、监察人、经理人或清算人责任解除之禁止；发起人、董事、监察人、经理人或清算人责任解除之撤销。但于特别清算开始起1年前已为解除，而非出于不法之目的者，不在此限；基于发起人、董事、监察人、经理人或清算人责任所生之损害赔偿请求权之查定；因前款之损害赔偿请求权，对于发起人、董事、监察人、经理人或清算人之财产为保全处分。

6. 特别清算中的协定

特别清算中的公司与债权人团体间，以协定的方式，为债务的清偿，使清算程序终了而订立的强制和解契约，称为特别清算的协定。清算人得征询监理人的意见，向债权人会议提出协定的建议。协定应由债权人会议为可决的决议（应有得行使表决权之债权人过半数之出席，及得行使表决权之债权总额3/4以上之同意），并经法院许可后，才发生法律上的效力。协定生效后，对债权人会议的全体组成人员均有拘束力。协定在实行上遇有必要时，得变更其条件。变更协定仍然必须经清算人的建议、债权人会议的同意及法院的许可。

7. 特别清算程序的终结

特别清算程序因下列事由的发生而终结：(1) 特别清算顺利完结。此时公司的法人资格归于消灭。(2) 转为破产程序。特别清算程序开始后，不能达成协定或协定不能实行时，法院应依职权宣告该公司破产，特别清算程序因转为破产程序而终结。

第九章　不动产取得制度

2002年8月，台湾“内政部”通过了“大陆地区人民在台湾地区取得设定或移转不动产物权许可办法”。自此，台湾逐步开放许可大陆地区人民在一定条件下赴台湾购置不动产。2002年9月，台湾当局修正了该办法的部分条文。2009年6月，台湾“内政部”依据“台湾地区与大陆地区人民关系条例”第69条第2项的规定，修正了该办法，进一步放开了大陆地区人民来台购买不动产的各项限制。

一、不动产登记权利主体

根据“大陆地区人民在台湾地区取得设定或移转不动产物权许可办法”第4条的规定，可以在台湾地区进行不动产登记的权利主体包括：1. 大陆地区人民。这里的人民主要指具有中华人民共和国国籍的大陆地区居民。但依据“台湾地区与大陆地区人民关系条例”，现担任大陆地区党务、军事、行政或具政治性机关（构）、团体职务或是其成员的，不得在台湾取得或设定不动产物权。2. 大陆地区法人、团体或其他机构。这里的法人、团体或其他机构是指符合“台湾地区与大陆地区人民关系条例”规定的相关条件，且依据“大陆地区人民来台投资许可办法”之规定，经“经济部”许可后，享有取得、设定或移转不动产物权申请资格的大陆地区法人、团体或者其他机构。3. 经“公司法”认许的陆资公司。指大陆企业依据“大陆地区之营利事业在台设立分公司或办事处许可办法”来台设立的分公司。

二、陆资投资台湾不动产的限制

根据“大陆地区人民在台湾地区取得设定或移转不动产物权许可办法”第2条、第3条的规定，对大陆地区人民投资台湾地区不动产的限制分为绝对禁止和相对禁止两类。其中绝对禁止的事项包括：1. 台湾地区“土地法”第17条第1项所规定的事项。主要包括林地、渔地、狩猎地、盐地、矿地、水源地、军备要塞区域边境的土地。2. 依“国家安全法”及其施行细则所划定公告一定范围的土地。3. 依“要塞堡垒地带法”所划定公告一定范围的土地。4. 各港口地带，由港口主管机关会同“国防部”及所在地地方行政机关所划定一定范围的土地。5. 其他经“中央目的事业主管机关”划定应予禁止取得的土地。对于以上几类，禁止大陆地区人民、法人、团体、其他机构，或其在第三地区投资的公司申请在台湾地区取得、设定或移转相关不动产物权。

相对禁止事项是指大陆地区人民、法人、团体、其他机构，或其在第三地区投资的公司申请在台湾地区取得、设定或移转不动产物权时，可以为台湾地区有关机关不予许可的事项，具体包括：1. 影响“国家”重大建设的。2. 涉及土地垄断投机或炒作的。3. 影响“国土”整体发展的。4. 其他经“中央目的事业主管机关”认为足以危害“国家安全”或社会安定的事项。

三、现阶段可在台取得、设定或移转不动产物权的资格

大陆地区法人、团体、其他机构或陆资公司取得、设定或转移不动产物权，需符合法定的用途。台湾现阶段仅允许针对以下对象来取得、设定、转移不动产物权：1. 自然人的住宅。2. 陆资企业在台工作的业务人员的住宅。3. 从事工商业务的厂房、营业处所或办公场所。4. 其他因业务需要的处所。5. 从事有助于台湾地区整体经济或农牧经营的投资活动，经“中央目的事业主管机关”同意后许可的项目。

上述“从事有助于台湾地区整体经济的投资活动”主要包括：观光旅馆、观光游乐设施及体育场馆之开发或经营；住宅及大楼的开发或经营；工业厂房的开发或经营；工业区及工商综合区的开发或经营；其他经“中央目的事业主管机关”公告投资项目的开发或经营。而“有助于台湾农牧经营的投资”，系指符合台湾当局“行政院农业委员会”公告之农业技术密集与资本密集类目及标准的投资。

四、取得、设定或移转不动产物权的程序

（一）大陆地区自然人取得、设定或移转不动产物权的程序

大陆地区自然人取得、设定或移转不动产物权的程序可以大致分为以下四个步骤：

1. 申请书及相关文件的验证与提交

大陆地区自然人在台湾取得、设定或移转不动产物权应填具申请书，并检附下列文件，向不动产所在“直辖市”或县（市）行政机关申请审核：（1）申请人身份证明文件。通常应提交常住人口登记表或居民身份证，向大陆地区县市公证处办理涉台公证书，再向海基会申请验证。（2）依前条规定验证之证明文件。（3）其他经台湾地区“内政部”规定应提出之文件。以上大陆地区制作的文书须先经“行政院”设立或指定的机构或委托的民间团体予以验证。

2. 审查

“直辖市”或县（市）执政机关对前款文件审核通过后，应连同申请人取得、设定或移转不动产权利案件演示文稿表，一起报请“内政部”许可。

“内政部”对上述申请文件进行审查，必要时可以邀集有关机关审查。“内政部”还可以订定一定金额、一定面积及总量管制作为准驳依据。

3. 办理登记手续

通过审查的申请人可以持检附“内政部”许可文件及“土地登记规则”第34条规定的文件，向不动产所在地地政机关办理登记手续。

4. 副知

“地政机关”在完成登记手续后，应将登记结果副知“内政部”及不动产所在地“直辖市”或县（市）执政机关。

（二）法人、团体、其他机构或陆资公司取得、设定或移转不动产物权的程序

1. 大陆地区法人、团体、其他机构或陆资公司因“大陆地区人民在台湾地区取得设定或移转不动产物权许可办法”第7条第1款之用途而取得、设定、转移不动产物权的，应当填具申请书，并检附下列文件：（1）依“大陆地区人民在台湾地区取得设定或移转不动产物权许可办法”许可的大陆地区法人、团体或其他机构的证明文件，如企业法人营业执照、社会法人登记证书、事业单位法人证书等。（2）对大陆地区制作的文书提交“行政院”设立或指定的机构，或委托的民间团体予以认证的证明文件。（3）其他经“内政部”规定应提出的文件。

台湾地区相关“直辖市”或县（市）行政机关对上述申请书及文件进行审核，审核通过的，应连同取得、设定或移转不动产权利案件简报表，报“内政部”许可。

“内政部”对上述申请文件进行审查，必要时可以邀集有关机关审查。审查通过的，由申请人检附“内政部”许可文件及“土地登记规则”第34条规定的文件，向不动产所在地地政机关办理登记手续。

地政机关在完成登记手续后，应将登记结果副知“内政部”及不动产所在地“直辖市”或县（市）行政机关并副知“中央目的事业主管机关”。

2. 大陆地区法人、团体、其他机构或陆资公司因从事有助于台湾地区整体经济或农牧经营之投资，而取得、设定或移转不动产物权的，应填具申请书，经“中央目的事业主管机关”同意后，并检附下列文件：（1）依“大陆地区人民在台湾地区取得设定或移转不动产物权许可办法”许可的大陆地区法人、团体或其他机构的证明文件，如企业法人营业执照、社会法人登记证书、事业单位法人证书等。（2）对大陆地区制作的文书提交“行政院”设立或指定机构或委托的民间团体予以认证的证明文件。（3）“中央目的事业主管机关”同意的文件。（4）其他经“内政部”规定应提交的文件。

此外，在报“中央目的事业主管机关”同意时，大陆地区法人、团体、其他机构或陆资公司的投资计划涉及两个以上“中央目的事业主管机关”的，申请人应依其投资事业的主要计划案，向该管“中央目的事业主管机关”申请，该管“中央目的事业主管机关”无法判定的，由“行政院”指定。

“中央目的事业主管机关”同意该申请案的，应函复申请人，并函知土地所在地的“直辖市”或县（市）行政机关，对于不予核准的，应当说明理由函复申请人。同意函的内容，应当叙明下列内容：（1）申请案经同意后，应依“大陆地区人民在台湾地区取得设定或移转不动产物权许可办法”第9条第2项规定的程序办理。（2）申请取得的土地，其使用涉及环境影响评估、水土保持、土地使用分区与用地开发的，仍应依照相关法令规定的程序办理。

台湾地区相关“直辖市”或县（市）行政机关对上述申请书及文件进行审核，审核通过的，应连同取得、设定或移转不动产权利案件简报表，报“内政部”许可。

“内政部”对上述申请文件进行审查，必要时可以会同有关机关共同审查。审查通过的，由申请人检附“内政部”许可文件及“土地登记规则”第34条规定的文件，向不动产所在地地政机关办理登记手续。

地政机关在完成登记手续后，应将登记结果副知“内政部”及不动产所在地

“直辖市”或县（市）行政机关并同时副知“中央目的事业主管机关”。

五、不动产转移的限制

对于大陆地区自然人而言，取得供住宅用不动产所有权后，在登记完毕后满3年才允许移转，但因继承、强制执行、征收或法院的判决而导致不动产所有权移转的，不受此限制。

对于经许可的大陆地区法人、团体、其他机构或陆资公司所取得的不动产物权，并没有转让期限的限制，但在转让程序上相比较自然人而言更为繁琐。

2009年“大陆地区人民在台湾地区取得设定或移转不动产物权许可办法”的修改还取消了大陆地区人民来台取得不动产需说明资金来源的规定。放宽向金融机构融资的限制。已取得台湾地区居留资格或登记证照的大陆投资人在台购买房地产的贷款规定，比照台湾本地人相关规定办理。在台没有住所的大陆地区人民办理不动产物权担保放款，核贷成数以担保品鉴估价值50%为上限。修改后的“许可办法”还放宽了取得不动产物权之大陆地区人民来台停留期限。将每年来台总停留期间从不得超过1个月放宽为4个月；对每次停留期限及次数则不作限制。

第十章 “合同法”

第一节 合同的订立

一、缔约能力

合同（又称契约）行为属于法律行为，双方当事人需要具备行为能力。所谓行为能力，指能独立为有效法律行为之能力，其有无原则上以年龄为区分，满 20 岁为成年人，具有完全行为能力，可以成为签约人。

就公司而言，公司非在主管机关登记后，不得成立。因此，公司只有在设立登记后，方能取得法人资格，取得权利能力及行为能力。此外，公司解散后，尚处在清算程序时，为便于了结业务，解散的公司在清算的范围内，视为尚未解散，仍然具有行为能力。在清算完结后，公司的法人人格归于消灭，不再为权利义务主体。

由于公司是组织体，须有自然人代表其行为。代表公司对外活动的自然人，即为公司负责人。公司负责人有当然负责人与职务范围内负责人两种。所谓当然负责人，在无限公司、两合公司为执行业务或代表公司的股东。在有限公司、股份有限公司为董事。所谓职务范围内负责人，包括如公司的经理人或清算人，股份有限公司的发起人、监察人、检查人、重整人或重整监督人。职务范围内的负责人，仅在执行其职务范围内，为公司的负责人。政府或法人也得为公司的负责人。但须指定自然人代表行使其职务。公司负责人有对外代表公司签约的权利。

二、要约和承诺

契约的订立分要约和承诺两个阶段。要约是订立契约的意思表示。承诺是接受他人要约的意思表示。要约不同于要约引诱，要约引诱是使他人向自己发出要约的意思表示。向他人寄送的商品价目表，因为只有价格，商品的内容、样式为何，并不清楚，因此是要约引诱，不视为要约。但如果陈列货物并标定卖价，视为要约。

发出要约的人，在法律上称为要约人。要约人发出要约时，他就受到要约的拘束。也就是要约一旦到达相对人，要约人就不能再反悔。不过，要约人在发出要约时可以作出保留。例如，发出要约时注明“要约人保留决定权”，“交易条件另行约定”时，相对人即使对原要约内容承诺，契约也未成立。另外，依事件的性质可认为当事人不受要约内容拘束者，要约人亦不受拘束。例如，服饰标明“时装最低五折”，其意思是有些时装五折，但有些不是。此时相对人就不能要求所有时装以五折出售。

要约发出后，如果相对人拒绝要约，不仅契约不成立，要约也失其效力。要约可以采用对话的形式，也可以采用非对话的形式。例如信函、传真等方式。如果以对话的方式发出要约，除非相对人立刻对要约作出承诺，否则要约就失去效力。如果是以非对话的方式发出要约，依通常情形可期待承诺到达的时期内，相对人未作出承诺，则要约失去效力。倘若要约中已约定有承诺期限，则无论是以对话还是非对话方式发出要约，相对人都必须在该设定的承诺期限内作出承诺，否则要约失其效力。

相对人发出的承诺通知，依其传达方法，通常在相当时期内可到达要约人，可是却发生障碍，以至于承诺的意思表示迟到，在要约人明知或可得而知承诺人所发出的承诺因障碍而送达迟到时，基于诚信原则，避免承诺人误以为契约已成立，要约人因此负有通知的义务，告知承诺人其承诺已经迟到，契约未成立。如果要约人明知或可得而知承诺通知由于发生障碍而迟到，要约人却不对承诺人发出迟到通知，承诺视为没有迟到，契约就视为意思表示一致而成立。除了上述情形外，迟到的承诺，视为新要约。如果承诺人把要约的内容扩张、限制或作其他的变更而为承诺，由于已非要约人所要约的内容，因此法律上视为承诺人拒绝要约人原来的要约。由于承诺人仍有订约的意思，所以改而发生承诺人发出新要约的效果，一旦要约人承诺，契约即可成立。

在某些情形下，依习惯或事件的性质，承诺不需要以意思表达，只要有可以视为承诺的事实出现，也可以认为契约成立。例如，旅客以信函向旅馆订房间，旅馆一直都没有客满的表示，此时可视为同意订房，契约因此成立。这种成立契约的方式称为“意思实现”。而在另一些情形下，虽然习惯上或依照事件的性质，通常并不能以有无承诺事实的出现作为契约成立与否的依据，但如果双方当事人约定不一定要有承诺，只要某种事实出现亦视为契约成立，此时仍可依“意思实现”的方式成立契约。例如，经常往来的厂商间相互均以“在一定时间内未回复即表示承诺”作为彼此交易的条件，此时若其中一方发出要约并言明十天内须答复，如果另一方在十天内未答复，即视为契约成立。需要注意的是，这种承诺无须通知的情况必须是依习惯或事件的性质或当事人之间的特约，否则不能以此种方式成立契约。

要约可以撤回。如果撤回要约的通知比要约本身先到达或同时到达，则要约不生效。如果撤回要约的通知，其到达在要约到达之后，而按照其传达方法，通常在相当时间内应先时或同时到达，而且其情形为相对人所知晓时，相对人应立即向要约人发出要约迟到的通知。如果相对人怠于发出此项通知，要约人发出的撤回要约的通知，视为未迟到，发生撤回要约的效力。如果相对人立即通知要约人要约已经迟到，由于撤回要约通知确实晚于要约到达，因此要约已经生效，要约人仍然要受要约的拘束。承诺的撤回也同样适用上述规定。

三、悬赏广告和定型化契约的订立

悬赏广告是一种特殊的要约，除了具备要约的一般条件外，还必须具备下列要件：(1) 用广告的方式发出要约；(2) 广告声明中须有给付报酬的表示；(3) 广告声明中须表明对于完成一定行为的人给予报酬。悬赏广告中声明的行为，如果是数人分别先后完成，由最先完成的人取得报酬请求权。数人共同或同时完成悬赏广告的内容，由完成的行为人共同取得报酬请求权。广告人不知道最先通知他完成行为的人并非最先完成广告内容的人，或实际上数人共同或同时完成广告内容，基于善意而将报酬给付给最先通知的人，广告人的给付报酬义务仍然消灭，广告人无须再负责支付报酬。对于不知广告而完成广告所定行为的人，也同样可以请求广告人支付报酬。

完成悬赏广告内容的成果，有的可以取得一定的权利，例如专利权、著作权等。此时权利归属于行为人。但是悬赏广告如有特别声明时，从其声明。在悬赏广告的内容还没有人完成前，且没有定行为期限时，广告人可以将悬赏广告撤回。但一旦有人完成广告的内容时，广告人便不能撤回悬赏广告。在广告人撤回悬赏广告时，除非广告人能证明行为人不能完成其行为，对于行为人因该广告善意所受的损害，应负赔偿责任。但广告人的赔偿责任以不超过预定的报酬为限。

悬赏广告中还有一种特殊的类型：优等悬赏广告。所谓优等悬赏广告，是指广告人在广告声明中明定行为人完成广告内容，须在一定期间内通知广告人，而广告人只就评定为优等的人给付报酬。征文比赛、运动、艺术比赛即属于此类。广告人在评定完成时，对于被评定为优等的行为人，负有给付报酬的义务。优等悬赏广告负有评定的义务，由广告中指定的评定人担任评定工作。如果广告中没有指定评定人，由广告人自行决定方法评定。由于评定是一种主观的价值判断，因此评定的结果对于广告人和应征人均有拘束力，广告人或应征人不得以评定不公提起法律诉讼。按照评定的结果，如果有数人同列同一等级时，除非广告中另有声明，数人共同取得报酬请求权。同样，在优等悬赏广告中，如果行为人因完成一定的行为而取得权利，除非广告人另有声明，其权利属于行为人。

除了悬赏广告，定型化契约也是一种特殊的契约。这类契约往往由当事人一方拟订，另一方对契约条款没有磋商的机会。为了维护双方当事人的利益平衡，依照当事人一方预定用于同类契约之条款而订定之契约，为下列各款之约定，按其情形显失公平者，该部分约定无效：免除或减轻预定契约条款之当事人之责任者；加重他方当事人之责任者；使他方当事人抛弃权利或限制其行使权利者；其他于他方当事人有重大不利者。

当要约和承诺相一致时，双方当事人的意思表示一致，无论为明示或默示，契约成立。在关于契约成立的因素中，有些是该契约内容不可或缺的，即是所谓“必要之点”。其他出现在契约中的内容，如不是该契约不可或缺的因素，即是所谓“非必要之点”。契约当事人只要对必要之点意思相合致，契约就推定为成立。至于非必要之点，如果当事人意思不一致时，由法院依契约的性质来决定。① 例如在买卖契约中，契约当事人如果已经就标的物的交付和价金的数额互相表示一致，即使关于履行期间、交货地点尚未达成合意，该买卖契约仍然成立。至于履行期间、交货地点，如果双方当事人有分歧，则法院会依合同的性质来决定。

四、订立契约的形式

契约有要式契约和不要式契约。要式契约是指依法律的规定，该契约的成立须

① “民法”第153条。

依照特定的方式。不要式契约则无须依照特定的方式即可成立。由于民法奉行契约自由原则，“民法”上的大部分的契约为不要式契约。在不要式契约中，双方当事人仍可约定采取特定的方式。如果当事人约定契约的成立须用一定的方式，则在该方式未完成前，推定契约为未成立。

如前所述，当事人因意思表示一致，契约即告成立。但是如果契约的内容是要使当事人负担不动产物权的移转、设定或变更时，由于标的经济价值通常较高，为了使当事人缔约谨慎，了解双方的权利义务，避免事后争议，要求此类契约采取公证的形式，即要在公证人面前做成公证书。在当事人已合意为不动产物权的移转、设定或变更，并已完成地政登记程序，即使当事人没有做成上述公证契约，为保护当事人的利益和交易安全，法律上也仍然视契约为有效。①

第二节 合同的履行

一、给付的标的

合同的标的物如果是种类物，依照法律行为的性质或者当事人的意思，不能确定该种类物的品质时，债务人应给付中等品质的标的物。原先给付的内容是种类物，债务人在履行种类物的必要行为后，或者经过债权人同意，指定债务人应交付哪一个标的物的时候，种类物就变成特定物，债务人就要给付该标的物，而不能给付其他同种类的标的物。

给付的标的是以特定的通用货币给付，如果给付期届满时，已经失去通用的效力，则应以他种的通用货币为给付。给付额是以外国的通用货币订定时，债务人给付时可以按给付地在给付时的市价，以台湾地区的通用货币给付。但是如果定明一定要以外国通用货币来给付时，仍然要给付该特定的外国货币。债务应给付利息者，若没有约定利率，也没有法律订立计算标准时，以年利率百分之五作为计算标准。双方当事人约定的利率如果超过年利率12%，债务履行一年后，债务人得随时清偿原本，但应在一个月前预先告知债权人。此项期前清偿权利，不得以契约排除或加以限制。当事人约定的利率，如果超过年利率20%，对于超过的部分，债权人

① “民法”第168条之1。

无请求权。

利息不得滚入原本再生利息。但是当事人如果以书面约定，利息迟付超过 1 年之后，经债权人催告仍不偿还时，债权人得将迟付利息计入原本之中，再生利息。但如商业上另有计算的习惯时，从其习惯。

债务给付的标的有数种，只要选择其中之一给付时，其选择权属于债务人。但法律另有规定或当事人另有约定时，不在此限。在选择之债中，债权人行使选择权，应向债务人为选择的意思表示。债务人行使选择权，应向债权人为选择的意思表示。由第三人行使选择权时，应向债权人和债务人为意思表示，才会发生效力。

选择权定有行使期间，有选择权的人在行使期间不行使选择权时，选择权就移转给他方当事人行使。选择权未定行使期间，如果债权已届清偿期，无选择权的当事人，可以定相当的期限催告有选择权的他方当事人行使选择权。如果该当事人不在所定的期限内行使选择权，选择权就移转给催告之当事人。原本由第三人行使选择权，该第三人不能或不愿选择时，选择权移转给债务人。选择之债中，有的给付属于自始不能或嗣后不能时，债的关系仅存在于其余存在的给付。但是给付不能的事由可归责于无选择权的第三人时，不在此限。选择之债，一经选择权人行使选择权后，债的效力溯及于债之发生时。

二、给付不能、不完全给付、履行迟延与受领迟延

债务人的代理人或使用人，对于债的履行有故意或过失时，债务人应与自己之故意或过失负同一责任。但当事人另有约定时，不在此限。因不可归责于债务人的事由，致给付不能时，债务人免除给付义务。债务人因给付不能的事由，对第三人有损害赔偿请求权时，债权人可以向债务人请求让与其损害赔偿请求权，或交付其受领的赔偿物。

因可归责于债务人的事由，致给付不能时，债权人可以请求债务人负担损害赔偿责任。因可归责于债务人的事由，造成一部分给付不能时，债务人仍需给付其余部分。但是若其他部分的履行，对于债权人无利益时，债权人可以拒绝该部分的履行，而请求债务人负担全部不履行的损害赔偿责任。

因可归责于债务人的事由，致为不完全给付时，债权人得依照关于给付不能或给付迟延的规定行使其权利。因债务人的不完全给付发生不履行以外的损害时，债权人还可以请求债务人负担损害赔偿责任。债权人因债务不履行致其财产权受损害

时，可以请求损害赔偿。但是如果同一债务不履行致债权人的人格权受侵害时，例如身体受伤害等，可以请求债务人负损害赔偿责任。

契约成立后，情事发生变更，非契约成立当时所可以预料，如果仍依原契约履行将显失公平，当事人可以声请法院增、减其给付或变更原有的效果。给付有确定期限，债务人于期限届满后，且给付为可能时，债务人却没有履行给付，债务人应负迟延责任。给付没有定确定期限，债务人在债权人得为请求给付时，经债权人催告而未为给付，债务人自受催告时起，负迟延责任。债权人若没用采用催告的方式，而以起诉，或者依督促程序送达支付命令，与催告有同样的效力。催告如果定有履行期限，债务人自期限届满时起负迟延责任。如果不为给付的原因是不可归责于债务人的事由，债务人不负迟延责任。

债务人履行迟延，仍然要负原来的给付责任，若因债务人迟延造成的损害，仍然要负担损害赔偿责任。债务人履行迟延，在迟延当中，对于因不可抗力造成的损害，也要负赔偿责任。但是债务人如果能够证明即使按期履行，损害仍然会发生时，债务人可以不负赔偿之责。债务人履行迟延后的给付，如果已对债权人无利益，债权人可以拒绝其给付，并可以请求因债务不履行而发生的损害赔偿。债务人给付迟延，若给付的内容是支付金钱，债权人得请求支付迟延利息。迟延利息的计算方式是：当事人双方约定的利率较法定利率高时，依约定利率计算。如果没有约定或约定的利率较低时，依照法定利率计算。对于所发生的迟延利息，不须再支付利息。债务人对于金钱债务迟延时，除了负担利息债务外，债权人如能证明因而遭受其他损害时，仍可就此损害请求赔偿。

债权人对于债务人所提出的合于债之本旨的给付，应为受领。若债权人拒绝受领或基于主观事由而不能受领时，债权人自债务人提出给付之时起，负受领迟延责任。债务人非依债之本旨提出给付，不生提出之效力。但是债权人已经预先表示拒绝受领时，或者债务人的给付行为需要债权人受领行为的配合才能完成给付行为时，债务人只要把准备给付的事情通知债权人，以代提出，债权人也会有受领迟延的责任。给付没有确定期限，或债务人要在清偿期限届满前给付时，通常债权人没有做受领的准备，债权人因此一时不能受领，不负迟延责任。但是，债务人提出给付，是由于债权人催告所致，或债务人已于相当期间前预告债权人，则债权人须负受领迟延的责任。在债权人受领迟延后，债务人的责任减轻，仅就故意或者重大过失负其责任。在债权人受领迟延后，若为金钱债务，债务人无须支付利息。通常债务人应返还标的物所生的孳息，但在债权人受领迟延时，债务人的责任减轻，债务人的返还责任仅以已收取的孳息为限。债权人受领迟延时，债务人可以向债权人请求赔偿提出给付以及保管给付物的必要费用。有交付不动产义务的债务人，在债权人受领迟延后，可以抛弃占有而免除给付义务。债务人抛弃占有不动产时，应预先通知债权人，但不能通知者，不在此限。

三、债权人的代位权和撤销权

当债务人怠于行使其权利时，债权人为了保全债权，可以用自己的名义代位行使债务人的权利。并且可以由债权人代为受领。但是专属于债务人的权利，例如，人格权及其损害赔偿请求权，父母对于子女的扶养请求权等，债权人不得代位行使。债权人代位权的行使，必须在债务人已经负迟延责任时，才可以行使。但是专为保存债务人权利的行为，例如，申请登记、中断时效、申报破产债权等，在债务人还未给付迟延时，也可以行使。

债务人所为的无偿行为，有害及债权时，债权人可以申请法院撤销债务人的无偿行为。债务人所为的有偿行为，在行为时明知有损害债权人的权利，且受益人在受益时，也知道债务人的行为损害债权人的利益，债权人可以申请法院撤销债务人的有偿行为。债务人所为的无偿行为、有偿行为，并非以财产为标的，或者债务人的行为仅有害于给付特定物的债权时，债权人没有撤销权。撤销权的行使，自债权人知道有撤销原因时，1 年间不行使，或自行为时起经过 10 年而消灭。

四、双务契约的履行

在双务契约中，在一方没有履行债务的时候，他方可以拒绝自己债务的履行。但是自己若负有先提出给付的义务，就无权行使同时履行抗辩权。双务契约之当事人，若他方已经提出部分给付，依其情形，如果拒绝自己的给付，属于违背诚实信用时，当事人就不得拒绝提出自己的给付。双务契约中，若约定由一方须先提出给付时，先负给付义务的一方，固然不得主张同时履行抗辩权，但是如果订约之后，后给付一方当事人的财产已经显著减少，有难为对待给付之虞时，在后给付一方未为对待给付或提供担保前，先负给付义务的一方，可以拒绝履行。

在双务契约中，因不可归责于双方当事人的事由，致一方的给付全部不能时，他方免除对待给付的义务。如果只有一部分给付不能时，他方当事人应按照其比例，减少对待给付。如果一方已经提出全部或一部分的对待给付，而他方当事人却因不可归责于双方当事人的事由而给付不能时，该已提出的给付，可以依照不当得利的规定，请求返还。当事人之一方因可归责于他方的事由，而致自己无法给付，可以免为给付，但是仍得请求对方为给付。但是其因免给付义务所得到的利益或应得的利益，应由其请求他方当事人给付时扣除，以免造成不当得利。

契约也可以定由契约当事人之外的第三人履行义务，当约定由第三人对他方为给付时，若当事人不为给付，契约当事人仍应对本应受领之人负损害赔偿责任。

五、债权让与和债务承担

债权人原则上可以将债权让与第三人，但下列三种债权除外：（1）依债权的性质不得让与的债权；（2）依当事人之特约不得让与的债权；（3）禁止扣押的债权。依当事人之特约不得让与的债权，仅对于当事人发生效力，不得以之对抗第三人。债权让与时，附属于该债权的担保权及其他从属权利，也随同移转给受让人。但与让与人有不可分离的关系时，不在此限。债权转让时，未支付的利息，推定随同移转给受让人。让与人应将证明债权的文件交付给受让人，并且应该告诉受让人关于主张该债权所必要的一切情形。债权的让与，非经让与人或受让人通知债务人，对于债务人不发生效力。但是法律另有特别规定时，则不需要通知债务人，即可发生效力。受让人将让与人所立之让与字据提示于债务人时，与通知有同一之效力。让与人已将债权的让与通知债务人时，即使事实上并未让与债权，或者让与无效，债务人仍得以其对抗受让人的事由，对抗让与人。此项债权让与的通知，非经受让人的同意，不得撤销。债务人于受债权让与通知时，债务人所得对抗让与人的事由，皆可以对抗受让人。债务人于受通知时，债务人如果也对让与人有债权时，若债务人的债权清偿期先于所让与的债权或同时到期，债务人可以主张抵销。

第三人与债权人订立契约，使债务人脱离债务关系，而由第三人承担债务，其债务于契约成立时，移转于该第三人。第三人与债务人订立债务承担契约，必须经过债权人的承认，对于债权人才会发生效力。上述债务人或承担人，得定相当期限，催告债权人在该期限内，明确回答是否承认债务承担，如果逾期未作答复，视为拒绝承认。第三人承担债务后，债务人因其法律关系所得对抗债权人的事由，第三人亦得以之对抗债权人。但是第三人不得以属于债务人的债权，主张抵销。第三人不得以其与债务人之间法律关系所得对抗债务人的事由，对抗债权人。从属于债权的权利，不因债务承担而妨碍其存在。但与债务人有不可分割的关系时，则承担人无须对该从属权利负责。由第三人就债权所为之担保，除该第三人对于债务承担已为承认外，因债务之承担而消灭。

第三节　合同的解除与终止

一、合同的解除

契约当事人一方迟延给付时，他方当事人得定相当期限，催告当事人履行。如在期限内仍不履行时，他方当事人可以解除契约。依照契约的性质或当事人的意思表示，非于一定时期为给付不能达到契约目的，而契约当事人的一方不按时给付时，他方当事人可以不经过催告，解除其契约。债权人在可归责于债务人的事由而给付不能时，得解除其契约。契约解除权的行使，未定有期限时，他方当事人得定相当期限，催告解除权人在期限内明确答复是否解除，如逾期未为解除之表示，解除权即消灭。解除权之行使，应向他方当事人以意思表示为之。契约当事人之一方有数人者，前项意思表示，应由其全体或向其全体为之。解除契约之意思表示，不得撤销。

契约解除时，当事人双方回复原状之义务，除法律另有规定或契约另有订定外，依下列之规定：(1) 由他方所受领之给付物，应返还之；(2) 受领之给付为金钱者，应附加自受领时起之利息偿还之；(3) 受领之给付为劳务或为物之使用者，应照受领时之价额，以金钱偿还之；(4) 受领之给付物生有孳息者，应返还之；(5) 就返还之物，已支出必要或有益之费用，得于他方受返还时所得利益之限度内，请求其返还；(6) 应返还之物有毁损、灭失或因其他事由，致不能返还者，应偿还其价额。

解除权的行使，不妨碍损害赔偿之请求。有解除权人，因可归责于自己之事由，致其所受领之给付物有毁损、灭失或其他情形不能返还者，解除权消灭；因加工或改造，将所受领之给付物变其种类者，解除权亦消灭。

二、合同的终止

合同的终止，是指合同权利义务的消灭，合同对当事人不再具有法律约束力。

合同终止的原因主要有三类：一是因合同目的的实现而终止合同。清偿、混同都是因合同目的的实现而终止的原因。二是因当事人的意思而终止合同，例如合同的约定解除。三是因法律的直接规定而终止合同。例如，合同的法定解除。可见，合同的解除只是合同终止的原因之一，清偿、提存、混同、抵销等也是导致合同终止的原因。

（一）清偿

当债务人依债的本旨，向债权人或其他有受领权人为清偿，经其受领者，债之关系消灭。持有债权人签名之收据者，视为有受领权人。但债务人已知或因过失而不知其无权受领的话，则不受此保护。债务人向第三人清偿，并经第三人受领，其效力如下：（1）经债权人承认或受领人于受领后取得其债权时，发生清偿的效力；（2）受领人是债权的准占有人，在债务人不知其非债权人的情况下，发生清偿的效力；（3）除前两款情形外，于债权人因而受利益之限度内，发生清偿的效力。清偿债务也可以由第三人为之，但当事人另有约定或依债的性质不可以由第三人清偿时，第三人不得清偿。第三人清偿而债务人有异议时，债权人可以拒绝第三人代为清偿。但第三人就债的清偿有利害关系时，债权人不得拒绝。就债的履行有利害关系的第三人替债务人清偿之后，在其清偿限度内，承受债权人的权利，但不得有害于债权人的利益。

清偿地的认定，除法律另有规定或契约另有约定，或者依习惯、债的性质及其他情形决定外，按照下列规定认定：（1）给付的内容是特定物时，依照订约时物的所在地；（2）其他的债务，在债务人的住所地。

债务的清偿期，除法律另有规定或契约另有约定，或得以债的性质及其他情形决定外，债权人得随时请求清偿，债务人亦得随时清偿。定有清偿期的债务，债权人不得提前要求债务人清偿。如果没有反对的意思表示，债务人可以提前清偿。

清偿债务的费用，除法律另有规定或契约另有订定外，由债务人负担。但因债权人变更住所或其他行为，致增加清偿费用者，其增加之费用，由债权人负担。债务人履行债务，应全部清偿以保护债权人的利益。所以，债务人没有部分清偿的权利。但法院得斟酌债务人之境况，允许其在无甚害于债权人利益之相当期限内，分期给付，或缓期清偿。法院允许为分期给付者，债务人一期迟延给付时，债权人得请求全部清偿。给付不可分者，法院得斟酌债务人之境况，允许其在无甚害于债权人利益之相当期限内，缓期清偿。

债务人如果以他种给付替代清偿，需要获得债权人的同意。在债权人同意受领债务人的替代给付时，债的关系消灭。因清偿债务而对于债权人负担新债务者，除当事人另有意思表示外，若新债务不履行时，其旧债务仍不消灭。

对于一人负担数宗债务而其给付之种类相同者，如清偿人所提出之给付，不足清偿全部债额时，由清偿人于清偿时，指定其应抵充之债务。清偿人不为上述指定时，依下列之规定，确定其应抵充之债务：（1）债务已届清偿期者，尽先抵充；（2）债务均已届清偿期或均未届清偿期者，以债务之担保最少者，尽先抵充；担保相等者，以债务人因清偿而获益最多者，尽先抵充；获益相等者，以先到期之债务，尽先抵充；（3）获益及清偿期均相等者，各按比例，抵充其一部。

清偿人所提出之给付，应先抵充费用，次充利息，次充原本。清偿人清偿时，可以要求受领权人给予受领证书。

（二）提存

债权人受领迟延，或不能确知孰为债权人而难为给付者，清偿人得将其给付物，为债权人提存之。提存应于清偿地之法院提存所为之。提存后，给付物毁损、灭失之危险，由债权人负担，债务人亦无须支付利息，或赔偿其孳息未收取之损害。债权人得随时受取提存物，如债务人之清偿，系对债权人之给付而为之者，在债权人未为对待给付或提出相当担保前，得阻止其受取提存物。债权人关于提存物之权利，应于提存后 10 年内行使之，逾期其提存物归属国库。给付物不适于提存，或有毁损灭失之虞，或提存需费过巨者，清偿人得声请清偿地之法院拍卖，而提存其价金。给付物有市价者，该管法院得许可清偿人按照市价出卖，而提存其价金。提存拍卖及出卖之费用，由债权人负担。

（三）抵销

二人互负债务，而其给付种类相同，并均届清偿期者，各得以其债务，与他方之债务，互为抵销。但依债之性质不能抵销或依当事人之特约不得抵销者，不在此限。但第三人不得抵销的特约，不得对抗善意第三人。

抵销，应以意思表示，向他方为之。其相互间债之关系，溯及最初得为抵销时，按照抵销数额而消灭。抵销的意思表示附有条件或期限时，抵销无效。清偿地不同之债务，亦得为抵销。但为抵销之人，应赔偿他方因抵销而生之损害。债之请求权虽经时效而消灭，但在时效未完成前，其债务已适于抵销者，亦得为抵销。禁止扣押之债，其债务人不得主张抵销。因故意侵权行为而负担之债，其债务人不得主张抵销。受债权扣押命令之第三债务人，于扣押后，始对其债权人取得债权者，不得以其所取得之债权与受扣押之债权为抵销。约定应向第三人为给付之债务人，不得以其债务，与他方当事人对于自己之债务为抵销。

（四）免除

债权人向债务人表示免除其债务之意思者，债之关系消灭。

（五）混同

债权与其债务同归一人时，债之关系消灭。但其债权为他人权利之标的或法律另有规定者，不在此限。

当债务人不履行债务时，如果契约中订有违约金，债务人应向债权人支付违约金。违约金，除当事人另有订定外，视为因不履行而生损害之赔偿总额。如当事人约定，债务人不在适当时期或不依适当方法履行债务时，即须支付违约金者，债权人除得请求履行债务外，违约金视为因不在适当时期或不依适当方法履行债务所生损害之赔偿总额。债务已为一部履行者，法院得比照债权人因一部履行所受之利益，减少违约金。约定之违约金额过高者，法院得减至相当之数额。

当债务人不履行债务，须负损害赔偿责任时，除法律另有规定或契约另有订定外，应回复他方损害发生前之原状。因回复原状而应给付金钱者，自损害发生时起，加给利息。债权人得请求支付回复原状所必要之费用，以代回复原状。应回复原状者，如经债权人定相当期限催告后，逾期不为回复时，债权人得请求以金钱赔偿其损害。不能回复原状或回复显有重大困难者，应以金钱赔偿其损害。

损害赔偿，除法律另有规定或契约另有外，应以填补债权人所受损害及所失利益为限。依通常情形，或依已定之计划、设备或其他特别情事，可得预期之利益，视为所失利益。基于同一原因事实受有损害并受有利益者，其请求之赔偿金额，应扣除所受之利益。损害之发生或扩大，被害人与有过失者，法院得减轻赔偿金额，或免除之。

第四节 典型的有名合同

一、买卖

物之出卖人，负交付其物于买受人，并使其取得该物所有权之义务。权利之出卖人，负使买受人取得其权利之义务，如因其权利而得占有一定之物者，并负交付其物之义务。出卖人应担保第三人就买卖之标的物，对于买受人不得主张任何权利。债权或其他权利之出卖人，应担保其权利确系存在。有价证券之出卖人，应担保其证券未因公示催告而宣示无效。买受人于契约成立时，知有权利之瑕疵者，出卖人不负担保之责。但契约另有订定者，不在此限。

债权之出卖人，对于债务人之支付能力，除契约另有订定外，不负担保责任，出卖人就债务人之支付能力，负担保责任者，推定其担保债权移转时债务人之支付能力。物之出卖人对于买受人，应担保其物依第373条之规定将危险移转于买受人时无灭失或减少其价值之瑕疵，[①] 亦无灭失或减少其通常效用或契约预定效用之瑕疵。但减少之程度，无关紧要者，不得视为瑕疵。

买受人于契约成立时，知其物有瑕疵者，出卖人不负担保之责。买受人因重大过失，而不知有瑕疵者，出卖人如未保证其无瑕疵时，不负担保之责。但故意不告知其瑕疵者，不在此限。

买受人应按物之性质，依通常程序从速检查其所受领之物。如发现有应由出卖人负担保责任之瑕疵时，应即通知出卖人。买受人怠于为前项之通知者，除依通常之检查不能发现之瑕疵外，视为承认其所受领之物。不能即知之瑕疵，至日后发现者，应即通知出卖人，怠于为通知者，视为承认其所受领之物。但上述规定，在出卖人故意不告知瑕疵于买受人时，不适用之。

买受人对于由他地送到之物，主张有瑕疵，而不愿受领时，如出卖人在受领地无代理人，买受人有暂为保管之责。在此情形下，如买受人不即依相当方法证明其瑕疵之存在，推定在受领时为无瑕疵。送到之物易于败坏者，买受人经依相当方法之证明，得照市价变卖之。如为出卖人之利益有必要时，买受人有变卖之义务。买受人依上述规定为变卖者，应即通知出卖人。如怠于通知，应负损害赔偿之责。

买受人主张物有瑕疵者，出卖人得定相当期限，催告买受人于其期限内是否解除契约。买受人于前项期限内不解除契约者，丧失其解除权。因主物有瑕疵而解除契约者，其效力及于从物。从物有瑕疵者，买受人仅得就从物之部分为解除。为买卖标的之数物中，一物有瑕疵者，买受人仅得就有瑕疵之物为解除。其以总价金将

---

① “民法”第373条规定：“买卖标的物之利益及危险，自交付时起，均由买受人承受负担，但契约另有订定者，不在此限。”

数物同时卖出者，买受人并得请求减少与瑕疵物相当之价额。

买卖之物，仅指定种类者，如其物有瑕疵，买受人得不解除契约或请求减少价金，而实时请求另行交付无瑕疵之物。买受人因物有瑕疵，而得解除契约或请求减少价金者，其解除权或请求权，于买受人依第356条为通知后，6个月间不行使或自物之交付时起经过五年而消灭。① 但是上述关于6个月期间之规定，在出卖人故意不告知瑕疵时，不适用之。以特约免除或限制出卖人关于权利或物之瑕疵担保义务者，如出卖人故意不告知其瑕疵，其特约无效。

买受人对于出卖人，有交付约定价金及受领标的物之义务。买受人有正当理由，恐第三人主张权利，致失其因买卖契约所得权利之全部或部分者，得拒绝支付价金之全部或部分。但出卖人已提出相当担保者，不在此限。在此情形下，出卖人得请求买受人提存价金。

买卖标的物与其价金之交付，除法律另有规定或契约另有订定或另有习惯外，应同时为之。标的物交付定有期限者，其期限推定为价金交付之期限。标的物与价金应同时交付者，其价金应于标的物之交付处所交付之。价金依物之重量计算者，应除去其包皮之重量。但契约另有订定或另有习惯者，从其订定或习惯。买卖标的物之利益及危险，自交付时起，均由买受人承受负担，但契约另有订定者，不在此限。买受人请求将标的物送交清偿地以外之处所者，自出卖人交付其标的物于为运送之人或承揽运送人时起，标的物之危险，由买受人负担。标的物之危险，于交付前已应由买受人负担者，出卖人于危险移转后，标的物之交付前，所支出之必要费用，买受人应依关于委任之规定，负偿还责任。前项情形，出卖人所支出之费用，如非必要者，买受人应依关于无因管理之规定，负偿还责任。

买受人关于标的物之送交方法，有特别指示，而出卖人无紧急之原因，违其指示者，对于买受人因此所受之损害，应负赔偿责任。买卖费用之负担，除法律另有规定或契约另有订定或另有习惯外，依下列之规定：（1）买卖契约之费用，由当事人双方平均负担。（2）移转权利之费用，运送标的物至清偿地之费用及交付之费用，由出卖人负担。（3）受领标的物之费用、登记之费用及送交清偿地以外处所之

---

① “民法”第356条规定：“买受人应按物之性质，依通常程序从速检查其所受领之物。如发见有应由出卖人负担保责任之瑕疵时，应即通知出卖人。买受人怠于为前项之通知者，除依通常之检查不能发见之瑕疵外，视为承认其所受领之物。不能即知之瑕疵，至日后发见者，应即通知出卖人，怠于为通知者，视为承认其所受领之物。”

费用，由买受人负担。

二、租赁

不动产之租赁契约，其期限逾1年者，应以字据订立之。未以字据订立者，视为不定期限之租赁。租用基地建筑房屋者，承租人于契约成立后，得请求出租人为地上权之登记。出租人应以合于所约定使用收益之租赁物，交付承租人，并应于租赁关系存续中，保持其合于约定使用、收益之状态。租赁物为房屋或其他供居住之处所者，如有瑕疵，危及承租人或其同居人之安全或健康时，承租人虽于订约时已知其瑕疵，或已抛弃其终止契约之权利，仍得终止契约。

出租人于租赁物交付后，承租人占有中，纵将其所有权让与第三人，其租赁契约，对于受让人仍继续存在。但以上规定，对于未经公证之不动产租赁契约，其期限逾5年或未定期限者，不适用之。

租用基地建筑房屋，承租人房屋所有权移转时，其基地租赁契约，对于房屋受让人，仍继续存在。租用基地建筑房屋，出租人出卖基地时，承租人有依同样条件优先承买之权。承租人出卖房屋时，基地所有人有依同样条件优先承买之权。前项情形，出卖人应将出卖条件以书面通知优先承买权人。优先承买权人于通知达到后十日内未以书面表示承买者，视为放弃。出卖人未以书面通知优先承买权人而为所有权之移转登记者，不得对抗优先承买权人。

就租赁物应纳之一切税捐，由出租人负担。租赁物之修缮，除契约另有订定或另有习惯外，由出租人负担。出租人为保存租赁物所为之必要行为，承租人不得拒绝。租赁关系存续中，租赁物如有修缮之必要，应由出租人负担者，承租人得定相当期限，催告出租人修缮，如出租人于其期限内不为修缮者，承租人得终止契约或自行修缮而请求出租人偿还其费用或于租金中扣除之。

承租人就租赁物支出有益费用，因而增加该物之价值者，如出租人知其情事而不为反对之表示，于租赁关系终止时，应偿还其费用。但以其现存之增价额为限。承租人就租赁物所增设之工作物，得取回之，但应回复租赁物之原状。

承租人应以善良管理人之注意，保管租赁物，租赁物有生产力者，并应保持其生产力。承租人违反前项义务，致租赁物毁损、灭失者，负损害赔偿责任。但依约定之方法或依物之性质而定之方法为使用、收益，致有变更或毁损者，不在此限。

因承租人之同居人或因承租人允许为租赁物之使用、收益之第三人应负责之事由，致租赁物毁损、灭失者，承租人负损害赔偿责任。租赁物因承租人之重大过失，致失火而毁损、灭失者，承租人对于出租人负损害赔偿责任。租赁关系存续中，因不可归责于承租人之事由，致租赁物之一部灭失者，承租人得按灭失之部分，请求减少租金。前项情形，承租人就其存余部分不能达租赁之目的者，得终止契约。

租赁关系存续中，租赁物如有修缮之必要，应由出租人负担者，或因防止危害有设备之必要，或第三人就租赁物主张权利者，承租人应即通知出租人。但为出租人所已知者，不在此限。承租人怠于为前项通知，致出租人不能及时救济者，应赔偿出租人因此所生之损害。

承租人应依约定方法，为租赁物之使用、收益；无约定方法者，应以依租赁物之性质而定之方法为之。承租人违反前项之规定为租赁物之使用、收益，经出租人阻止而仍继续为之者，出租人得终止契约。

承租人应依约定日期，支付租金；无约定者，依习惯；无约定亦无习惯者，应于租赁期满时支付之。如租金分期支付者，于每期届满时支付之。如租赁物之收益有季节者，于收益季节终了时支付之。承租人租金支付有迟延者，出租人得定相当期限，催告承租人支付租金，如承租人于其期限内不为支付，出租人得终止契约。租赁物为房屋者，迟付租金之总额，非达两个月之租额，不得依前项之规定，终止契约。其租金约定于每期开始时支付者，并应于迟延给付逾两个月时，始得终止契约。

承租人因自己之事由，致不能为租赁物全部或一部之使用、收益者，不得免其支付租金之义务。租赁物为不动产者，因其价值之升降，当事人得声请法院增减其租金。但其租赁定有期限者，不在此限。承租人非经出租人承诺，不得将租赁物转租于他人。但租赁物为房屋者，除有反对之约定外，承租人得将其一部分转租于他人。承租人违反前项规定，将租赁物转租于他人者，出租人得终止契约。

租赁契约之期限，不得逾 20 年。逾 20 年者，缩短为 20 年。前项期限，当事人得更新之。租用基地建筑房屋者，不适用上述之规定。租赁定有期限者，其租赁关系，于期限届满时消灭。未定期限者，各当事人得随时终止契约。但有利于承租人之习惯者，从其习惯。租赁期限届满后，承租人仍为租赁物之使用收益，而出租人不即表示反对之意思者，视为以不定期限继续契约。

承租人于租赁关系终止后，应返还租赁物；租赁物有生产力者，并应保持其生产状态，返还出租人。出租人就租赁物所受损害对于承租人之赔偿请求权，承租人之偿还费用请求权及工作物取回权，均因两年间不行使而消灭。前项期间，于出租人，自受租赁物返还时起算。于承租人，自租赁关系终止时起算。

三、雇佣

雇佣，是指当事人约定，一方于一定或不定之期限内为他方服劳务，他方给付报酬之契约。如依情形，非受报酬即不服劳务者，视为允与报酬。未定报酬额者，按照价目表所定给付之；无价目表者，按照习惯给付。

受雇人服劳务，其生命、身体、健康有受危害之虞者，雇用人应按其情形为必要之预防。雇用人非经受雇人同意，不得将其劳务请求权让与第三人，受雇人非经雇用人同意，不得使第三人代服劳务。当事人之一方违反前项规定时，他方得终止契约。受雇人明示或默示保证其有特种技能时，如无此种技能时，雇用人得终止契约。

报酬应依约定之期限给付之；无约定者，依习惯；无约定亦无习惯者，依下列之规定：(1) 报酬分期计算者，应于每期届满时给付之报酬。(2) 非分期计算者，应于劳务完毕时给付之。雇用人受领劳务迟延者，受雇人无补服劳务之义务，仍得请求报酬。但受雇人因不服劳务所减省之费用，或转向他处服劳务所取得，或故意怠于取得之利益，雇用人得由报酬额内扣除之。

受雇人服劳务，因非可归责于自己之事由，致受损害者，得向雇用人请求赔偿。上述损害之发生，如另有应负责任之人时，雇用人对于该应负责者，有求偿权。

雇佣定有期限者，其雇佣关系于期限届满时消灭。雇佣未定期限，亦不能依劳务之性质或目的定其期限者，各当事人得随时终止契约。但有利于受雇人之习惯者，从其习惯。当事人之一方，遇有重大事由，其雇佣契约，纵定有期限，仍得于期限届满前终止之。前项事由，如因当事人一方之过失而生者，他方得向其请求损害赔偿。

四、承揽

承揽，是指当事人约定，一方为他方完成一定之工作，他方俟工作完成，给付报酬之契约。约定由承揽人供给材料者，其材料之价额，推定为报酬之一部。如依情形，非受报酬即不为完成其工作者，视为允与报酬。未定报酬额者，按照价目表所定给付之；无价目表者，按照习惯给付。

承揽人完成工作，应使其具备约定之质量及无减少或灭失价值或不适于通常或约定使用之瑕疵。工作有瑕疵者，定作人得定相当期限，请求承揽人修补之。承揽人不于前项期限内修补者，定作人得自行修补，并得向承揽人请求偿还修补必要之费用。如修补所需费用过巨者，承揽人得拒绝修补，前项规定，不适用之。承揽人不于前述所定期限内修补瑕疵，或拒绝修补或其瑕疵不能修补者，定作人得解除契约或请求减少报酬。但瑕疵非重要，或所承揽之工作为建筑物或其他土地上之工作物者，定作人不得解除契约。

因可归责于承揽人之事由，致工作发生瑕疵者，定作人除可以请求修补或解除契约，或请求减少报酬外，并得请求损害赔偿。前项情形，所承揽之工作为建筑物或其他土地上之工作物，而其瑕疵重大致不能达使用之目的者，定作人得解除契约。

工作之瑕疵，因定作人所供给材料之性质或依定作人之指示而生者，定作人无解除权。但承揽人明知其材料之性质或指示不适当，而不告知定作人者，不在此限。工作进行中，因承揽人之过失，显可预见工作有瑕疵或有其他违反契约之情事者，定作人得定相当期限，请求承揽人改善其工作或依约履行。承揽人不于前项期限内，依照改善或履行者，定作人得使第三人改善或继续其工作，其危险及费用，均由承揽人负担。

以特约免除或限制承揽人关于工作之瑕疵担保义务者，如承揽人故意不告知其瑕疵，其特约为无效。因可归责于承揽人之事由，致工作逾约定期限始完成，或未定期限而逾相当时期始完成者，定作人得请求减少报酬或请求赔偿因迟延而生之损害。前项情形，如以工作于特定期限完成或交付为契约之要素者，定作人得解除契约，并得请求赔偿因不履行而生之损害。

报酬应于工作交付时给付之，无须交付者，应于工作完成时给付之。工作系分部交付，而报酬系就各部分定之者，应于每部分交付时，给付该部分之报酬。订立契约时，仅估计报酬之概数者，如其报酬，因非可归责于定作人之事由，超过概数甚巨者，定作人得于工作进行中或完成后，解除契约。前项情形，工作如为建筑物或其他土地上之工作物或为此等工作物之重大修缮者，定作人仅得请求相应地减少报酬。如工作物尚未完成者，定作人得通知承揽人停止工作，并得解除契约。定作人依前述规定解除契约时，对于承揽人，应赔偿相当之损害。

工作需定作人之行为始能完成者，而定作人不为其行为时，承揽人得定相当期限，催告定作人为之。定作人不于前项期限内为其行为者，承揽人得解除契约，并得请求赔偿因契约解除而生之损害。

工作毁损、灭失之危险，于定作人受领前，由承揽人负担，如定作人受领迟延者，其危险由定作人负担。定作人所供给之材料，因不可抗力而毁损、灭失者，承揽人不负其责。于定作人受领工作前，因其所供给材料之瑕疵或其指示不适当，致工作毁损、灭失或不能完成者，承揽人如及时将材料之瑕疵或指示不适当之情事通知定作人时，得请求其已服劳务之报酬及垫款之偿还，定作人有过失者，并得请求损害赔偿。

工作未完成前，定作人得随时终止契约。但应赔偿承揽人因契约终止而生之损害。承揽之工作，以承揽人个人之技能为契约之要素者，如承揽人死亡或非因其过失致不能完成其约定之工作时，其契约为终止。工作已完成之部分，于定作人为有用者，定作人有受领及给付相当报酬之义务。

承揽之工作为建筑物或其他土地上之工作物，或为此等工作物之重大修缮者，承揽人得就承揽关系报酬额，对于其工作所附之定作人之不动产，请求定作人为抵押权之登记；或对于将来完成之定作人之不动产，请求预为抵押权之登记。前项请求，承揽人于开始工作前亦得为之。上述抵押权登记，如承揽契约已经公证者，承揽人得单独申请之。就修缮报酬所登记之抵押权，于工作物因修缮所增加之价值限度内，优先于成立在先之抵押权。

定作人之瑕疵修补请求权、修补费用偿还请求权、减少报酬请求权、损害赔偿请求权或契约解除权，均因瑕疵发现后 1 年间不行使而消灭。承揽人之损害赔偿请求权或契约解除权，因其原因发生后，1 年间不行使而消灭。

五、居间

居间，是指当事人约定，一方为他方报告订约之机会或为订约之媒介，他方给付报酬之契约。如依情形，非受报酬即不为报告订约机会或媒介者，视为允与报酬。未定报酬额者，按照价目表所定给付之。无价目表者，按照习惯给付。

居间人关于订约事项，应就其所知，据实报告于各当事人。对于显无履行能力之人，或知其无订立该约能力之人，不得为其媒介。以居间为营业者，关于订约事项及当事人之履行能力或订立该约之能力，有调查之义务。居间人，以契约因其报告或媒介而成立者为限，得请求报酬。契约附有停止条件者，于该条件成就前，居间人不得请求报酬。

居间人支出之费用，非经约定，不得请求偿还。前项规定，于居间人已为报告或媒介而契约不成立者适用之。居间人因媒介应得之报酬，除契约另有订定或另有习惯外，由契约当事人双方平均负担。

居间人违反其对于委托人之义务，而为利于委托人之相对人之行为，或违反诚实及信用方法，由相对人收受利益者，不得向委托人请求报酬及偿还费用。约定之报酬，较居间人所任劳务之价值，为数过巨失其公平者，法院得因报酬给付义务人之请求酌减之。但报酬已给付者，不得请求返还。因婚姻居间而约定报酬者，就其报酬无请求权。

居间人就其媒介所成立之契约，无为当事人给付或受领给付之权。当事人之一方，指定居间人不得以其姓名或商号告知相对人者，居间人有不告知之义务。居间人不以当事人一方之姓名或商号告知相对人时，应就该方当事人由契约所生之义务，自己负履行之责，并得为其受领给付。

六、行纪

行纪，是指以自己之名义，为他人之计算，为动产之买卖或其他商业上之交易，而受报酬之营业。行纪人为委托人之计算所为之交易，对于交易之相对人，自得权利并自负义务。

行纪人为委托人之计算所订立之契约，其契约之他方当事人不履行债务时，对于委托人，应由行纪人负直接履行契约之义务。但契约另有订定或另有习惯者，不在此限。

行纪人以低于委托人所指定之价额卖出，或以高于委托人所指定之价额买入者，应补偿其差额。行纪人以高于委托人所指定之价额卖出，或以低于委托人所指定之价额买入者，其利益均归属于委托人。

行纪人得依约定或习惯请求报酬、寄存费及运送费，并得请求偿还其为委托人之利益而支出之费用及其利息。行纪人为委托人之计算所买入或卖出之物，为其占有时，适用寄托之规定。前项占有之物，除委托人另有指示外，行纪人不负付保险之义务。

委托出卖之物，于达到行纪人时有瑕疵，或依其物之性质易于败坏者，行纪人为保护委托人之利益，应与保护自己之利益为同一之处置。委托人拒绝受领行纪人依其指示所买之物时，行纪人得定相当期限，催告委托人受领，逾期不受领者，行纪人得拍卖其物，并得就其对于委托人因委托关系所生债权之数额，于拍卖价金中取偿之，如有剩余，并得提存。如为易于败坏之物，行纪人得不为前项之催告。

委托行纪人出卖之物，不能卖出，或委托人撤回其出卖之委托者，如委托人不于相当期间，取回或处分其物时，行纪人得依前述之规定，行使其权利。行纪人受托出卖或买入货币、股票或其他市场定有市价之物者，除有反对之约定外，行纪人得自为买受人或出卖人，其价值以依委托人指示而为出卖或买入时市场之市价定之。

第十一章 “侵权行为法”

第一节 一般侵权行为

被害人受到加害人的不法侵害，因而在法律上取得请求损害赔偿的权利，以恢复其受损的权利或利益，双方当事人由此产生债权债务关系。因此，侵权行为与契约一样，也是债发生的原因。但侵权行为与契约性质上明显不同，契约是基于双方意思表示一致而产生，是法律所允许的行为，属于适法行为。侵权行为则是基于一方对他方权利或利益的侵害，不为法律所容许，属于违法行为。行为人应负担一定的法律责任，此法律责任称为民事责任。民事责任的目的在于填补被害人的损失，使其恢复到侵害前的状态。

台湾地区“民法”所规范的侵权行为类型，可分为“一般侵权行为”和“特殊侵权行为”。此两种形态的侵权行为，通常是以损害是否出于自己的行为所致，作为区分的标准。因行为人的个人行为导致损害他人权利，依规定须负赔偿责任的行为，即所谓的一般侵权行为。如果侵权行为的成立，必须有第三人的参与，或是出于自己行为以外的事实，则属于特殊侵权行为。一般侵权行为指三种侵权行为类型，即“权利侵害之侵权行为”“背于善良风俗之侵权行为”及“违反保护他人之法律的侵权行为”。[①] 特殊侵权行为则包括“共同侵权行为”“公务员侵权行为”“法定代理人责任”“雇用人责任”“定作人责任”“动物占有人责任”“工作物所有人责任”及“危险责任”。[②] 以下就两类侵权行为分别予以说明。

---

① “民法”第184条。

② “民法”第185至191条。

一、权利的侵害

“民法”第184条第1项前段规定：“因故意或过失不法侵害他人权利者，负损害赔偿之责任。”此规定针对的是被害人权利之侵害的侵权行为类型。该类型侵权行为的成立要件如下：

（一）客观要件

1. 须有加害行为

侵害他人权利的行为，并不以积极的作为为必要，消极的不作为也包括在内，但以法律规定须有积极作为义务为前提。加害行为并不仅指行为人自身的行为，若利用他人或某物为工具，也包括在行为人自己行为的范围内。

2. 行为须不法且无阻却违法的事由

所谓不法亦即违法，无论是何种类型的违法行为，只要有违法的结果，均可成立侵权行为。但如果因某种事由而阻却违法的发生，则该行为虽然侵害他人权利，但无须承担法律责任。阻却违法的事由共有六项：

（1）权利的行使

权利的行使，指权利人为享受权利内容所为的行为。行使权利的行为，无论是“公法”上还是“私法”上的行为，虽然造成他人损害，仍不属于不法行为，行为人无须负损害赔偿责任。然而，如果在行使权利之时，逾越正常的权利行使范围，则构成权利滥用，属于违法的行为。例如，权利的行使以损害他人为主要目的，或其行使违反经济用途或社会目的。

（2）正当防卫

正当防卫属于自力救济，“对于现时不法之侵害，为防卫自己或他人之权利所为之行为，不负损害赔偿之责。但已逾越必要程度者，仍应负相当赔偿之责”。[①] 正当防卫所给予反击的，必须是“现时的不法”，所以侵害须已着手，或正在实施而未完成，才可对之为防卫的行为。如果侵害不再存在，再行防卫便成为报复。如果侵害尚未发生而先发制人，也不是正当防卫。正当防卫所欲防卫的，是“自己或他人之权利”，而防卫他人权利的行为，又称为“紧急救助”。

正当防卫的行为不可毫无限制，防卫的权利与造成他人损害间必须相当，应有

---

① “民法”第149条。

比例原则的适用。否则构成防卫过当，应负损害赔偿责任。认定正当防卫是否适当，法律上无法建立单一的准则，必须依据具体的客观情事，以及各当事人的主观事由来判断。

（3）紧急避难

所谓紧急避难，是指“因避免自己或他人生命、身体、自由或财产上急迫之危险所为之行为，不负损害赔偿之责。但以避免危险所必要，并未逾越危险所能致之损害程度者为限”。[①] 行为人处于刻不容缓的危急下，不免侵害他人的权利以自保或保护第三人，这些行为虽然造成他人损害，却是为了拯救自己或他人重大权利而不得已的行为，因此在法律上不具有可非难性，无须负损害赔偿的责任。但应注意的是，紧急避难所保护的权利，限制在生命、身体、自由和财产四种，其他种类的权利则不包括在内。如此规定与前述正当防卫不同，正当防卫得防卫所有的权利。其目的在于防止紧急避难过分扩张，以免造成第三人的不当损害。

紧急避难以避免危险为必要，以足以脱困为限。如果超出脱离危险的行为，造成他人损害扩大的结果，应负损害赔偿责任。至于避难行为有无必要，必须依据危险程度、避难方法、对避难人与第三人所生损害等因素综合考虑。

（4）自助行为

自助行为是指“为保护自己权利，对于他人之自由或财产施以拘束、押收或毁损者，不负损害赔偿之责。但以不及受法院或其他有关机关援助，并非于其时为之，则请求权不得实行或其实行显有困难者为限”。[②] 通常，以自己的力量保护自己所享有的权利，若造成社会秩序的危害，为法律所不容许。但若遇急迫状况，来不及向公权力机关求援，为保证合法权利不受侵害，法律承认自助行为的适法性。

自助行为仅为暂时性的保全措施，目的在于防止将来无法行使权利或行使困难的情形，并非给予自助人直接强制实现权利内容的权利。为避免过度使用自助行为威胁社会秩序，其保护对象仅限于自己的权利。如果保护的是他人的权利，则不属于自助行为。此要件比上述正当防卫与紧急避难严格，自助人为自助行为之际，如果造成对方的损害，不须承担赔偿责任。自助人虽然可以对他人暂时采取类似于强

---

① “民法”第150条。
② “民法”第151条。

制执行的行为，但应及时向法院声请处理，因为自助行为仅是一种例外的救济途径，必须尽快地回归正当程序。如果自助人的声请遭到法院的驳回，或是自助人拖延声请的时间，则必须赔偿对方所受的损害。

（5）无因管理

无因管理，是指管理人未受委托，但不违反本人明示或可得推知的意思，代为处理本人的事务，而本人因此受有利益的情形。① 无因管理人原无权利或义务为本人处理事务，但出于促进社会合作，增进社会和谐的考虑，法律承认其为适法行为。

在管理过程中，管理人为本人支出必要或有益之费用，或负担债务，或受损害时，得请求本人偿还其费用及自支出时起之利息，或清偿其所负担之债务，或赔偿其损害。然而，无因管理的阻却违法性也有一定的限制，如果在管理过程中，因故意或过失不法侵害本人的权利，仍然成立侵权行为，须承担赔偿责任。

（6）被害人的允诺

侵权行为之前，如果得到被害人的认可而免除行为人的责任，即可发生阻却违法的效果。虽然法律保障个人的权利与利益，不容他人侵害，但如果被害人在意思自由的情况下，自愿与行为人达成免除责任的共识，此时法律应尊重当事人处分其权利的自由。但是，允诺不得违反法律的强制规定和公序良俗。

如果在加害行为发生后，方才允诺他人的侵害，则非被害人允诺，而是损害赔偿请求权的抛弃。此外，并非所有被害人对加害行为的允诺均具有阻却违法的效果，而应以允诺时是否有识别能力，作为有效允诺的标准。

3. 须侵害权利

侵权行为以侵害私法上的权利为限，不包括公法上的权利。私法上的权利包括财产权（物权、准物权、无体财产权、债权）和非财产权（人格权与身份权）。

物权指所有权、典权、地上权、永佃权、地役权、抵押权、质权、留置权。上述权利受到侵害，均可以请求损害赔偿。

准物权是依“特别法”成立的物权，包括渔业权、矿业权、水权。准物权是私权的一种，也可以成为侵权行为的侵害客体，侵害准物权的行为，也可以构成侵权行为。

---

① “民法”第172条。

无体财产权包括著作权、专利权、商标权等。侵害无体财产权同样构成侵权行为。由于“著作权法”“专利法”“商标法”等对侵权救济有特别的规定，依照特别法优于普通法的原则，这些特别规定应优先适用。

第三人侵害债权，是否成立侵权行为，颇有争议。肯定说认为，“民法”第184条第一项前段所规范的“权利”，泛指一切私权而言，债权与其他私权同样受到法律保护，不容第三人侵害，且法律并未明文排除债权作为侵害的客体，所以不应认为债权有别于其他私权，而使得侵害债权的行为，无法成立侵权行为。否定说认为，由于债权的相对性，债权人仅能向债务人请求债务不履行的损害赔偿，第三人对此并无任何义务而言。此外，债权不像物权具有公示性，债权人与债务人的关系，外人难以得知。因此，如果苛求承担侵害债权的责任，势必使侵权责任漫无边际，影响社会经济活动。折中说原则上采否定说的看法，认为在通常的情形下，第三人的行为不足以构成侵害债权的结果，但如果第三人的行为造成债权的消灭，则不妨碍侵权行为的成立。目前通说采肯定说。

非财产权包括人格权和身份权。人格权包括姓名权、生命权、身体权、健康权、名誉权、自由权等。身份权包括亲权、配偶权、扶养请求权等。非财产权受侵害，同样可以请求损害赔偿。

4. 须有损害的发生

“侵权行为法”所规范的民事责任，其目的在于填补被害人的损害，因此，虽有不法的侵害行为，但却没有实际发生损害，被害人即无从向行为人请求损害赔偿。损害依照是否造成财产上的损失，可以分为财产上的损害和非财产上的损害。前者指损害程度可以用金钱加以衡量。如修缮费用、医疗费用等。财产上的损害可以请求回复原状或是金钱赔偿。后者是无法以金钱计算的损害，也就是精神上的损害。非财产上的损害在法律有特别规定的情况下，可以请求精神慰抚金。

5. 加害行为与损害间有因果关系

因果关系不但决定损害赔偿义务的发生，而且也具有适当限制赔偿范围的功能。在因果关系的判断上，以“相当因果关系”为通说。“所谓相当因果关系，指加害行为在一般情况下，依社会通念，皆能发生该等损害之连锁关系。亦即因行为人之行为所造成之客观事实，依吾人日常知识经验，如该等行为均有发生同样损害结果之可能者，该行为与损害后果，即有相当因果关系”。①

相当因果关系是否存在，通常由被害人举证。但是，在特殊侵权行为中，有因果关系推定的规定，此时须由加害人举证无因果关系时，方能免责。例如在共同危险行为中，行为人欲免责须举证无相当因果关系的存在，而非被害人负举证责任。

（二）主观要件

侵害权利的侵权行为的主观要件有二：一是行为必须出于故意或过失；二是行为人于行为时需有责任能力。故意指行为人对侵害他人结果之发生，明知并有意使其发生，或者行为人预见将发生侵害他人之结果，而其发生并不违背其本意。过失是懈怠于注意的一种心理状态，可以分为重大过失、具体轻过失，抽象轻过失。重大过失指欠缺一般人的注意。具体轻过失指欠缺与自己处理事务为同一注意。抽象轻过失之欠缺善良管理人的注意。所谓善良管理人的注意，是指依交易上一般观念，有相当智识、经验和诚意之人应尽之注意。

对于侵害他人权利的侵权行为，通说以抽象轻过失为准，即以善良管理人的注意义务为标准。故违反善良管理人的注意义务，未能注意或防止权利侵害之发生，即为有过失。

责任能力又称为侵权行为能力，是指侵权行为人能负担损害赔偿责任的资格。判定责任能力的标准，取决于识别能力的有无。无民事行为能力人或限制民事行为能力人，不法侵害他人权利时，如果行为时无识别能力，即无责任能力，其赔偿责任由其法定代理人独立负担。完全行为能力人在无意识或精神错乱中所为之行为，此时完全行为能力人因无识别能力，所以不成立侵权行为。但值得注意的是，行为人如果利用无意识或精神错乱的状态作为加害他人的手段时，仍然视为有责任能力，须承担损害赔偿责任。

二、利益的侵害

“侵权行为法”有关侵害利益的部分，规范在“民法”第 184 条第 1 项后段：“故意以背于善良风俗之方法，加损害于他人者亦同。”“民法”第 184 条第 1 项前段以权利的侵害为规范对象，后段则以保护权利以外的一切法益为目的，具有扩大保护客体，补充前段不足的功能。对于利益的保护，是以违反善良风俗为判断标

① 邱聪智：《新订民法债编通则》（上），自刊，2003 年新订 1 版，第 166 页。

准，此项不确定法律概念的运用，是将侵权行为与社会发展及价值观的变迁相结合，使法律与社会同步发展，不致产生法律规范与社会现实脱节的窘境。同时，为防止善良风俗概念的滥用，对利益的侵害以故意为要件。

侵害利益的侵权行为，其构成要件在主观上行为人须有责任能力，行为必须出于故意；客观上须有加害行为，行为须不法且无阻却违法之事由，须发生损害，加害行为与损害间具有因果关系，须侵害他人利益以及行为须背于善良风俗。有关主观与客观要件的前四项，与侵害权利的侵权行为并无不同，不在此赘述。至于客观要件的后两项，说明如下：

1. 须侵害他人利益

利益是指权利以外，法规及公序良俗所保护之一切利益。此利益限于为私人享有，而又私法体系所承认的范围内。公法上的利益，则不包括在内。①

2. 须背于善良风俗

善良风俗是不确定法律概念的一种，不确定法律概念基于法律的要求，由立法者授权法官适用具体个案时，应随同时空变迁的社会伦理及价值观念予以具体化，以使法律与时俱进，达到实质的公平与妥当。

三、违反保护他人法律的侵害

“民法”第 184 条第 2 项规定：“违反保护他人之法律，致发生损害于他人者，负赔偿责任。但能证明其行为无过失者，不在此限。”本项规定的是一种独立形态的侵权行为，有别于同条第一项所规范的权利或利益的侵害。无论是权利或利益的侵害，被害人均有义务举证加害人的故意或过失，甚或须证明加害人所使用的方法有违公序良俗。然而，在违反保护他人法律的侵权行为中，加害人一旦违反了保护他人的相关法令，即负有侵权的责任，除非其可证明行为时无过失，否则被害人有权向其请求赔偿。由于举证责任由被害人转到行为人，所以本项可称为“举证责任倒置”的规定。

成立要件

违反保护他人法律的侵权行为的成立要件有三：一是违反的法律须以保护他人为目的；二是被害人须属于法律所欲保护的范围；三是被害人的损害须为法律所保

① 王泽鉴：《侵权行为法》，自刊，2003 年第 1 版，第 326 页。

护的权益。分析如下：

1. 违反的法律须以保护他人为目的

所谓保护他人的法律，指防止危害他人权益或禁止侵害他人权益的法律。所称的法律，应采广义的解释，除法律（“公法”或“私法”）外，还包括习惯法、命令或规章等。此种法律在保护个人权益之际可同时保障一般公益，两者可并存。保护他人为目的的法律，以特别法居多，包括“道路交通管理处罚条例”“道路交通安全规则”“工厂法”“饲料管理法”“水污染防治法”“医疗法”“劳工保障条例”等。

2. 被害人须属于法律所欲保护的范围

被害人是否属于法律所欲保护的范围，标准不一，但最简便的方法是以该法所保护的人，是否为法律中明确规范的人。① 例如“劳动基准法”中有关女工与童工超时工作与夜间加班的规定，其所欲保护者为女工与童工，所以具有此身份的人才能以违反保护他人的法律为由请求损害赔偿。

3. 被害人的损害须为法律所保护的权益

当被害人确定属于法律所欲保护的个人范围时，应再进一步确认其所遭受的损害，是否为法律所欲保护的权益。换言之，如果被害人受损的法益为所有权，而其欲适用的法律所保护的却是被害人的身体或健康，被害人即无法引用此法。例如，“劳动基准法”有童工超时与夜间工作的规定，如果童工因超时工作操作机器导致身体受伤，该童工可以向雇主请求损害赔偿。但是，如果童工受伤的原因是遭到不明人士攻击，则此并非包含在“劳动基准法”等法律所保护的权益范围，所以被害童工仅能向行凶的加害人请求损害赔偿，而与雇主无涉。

第二节　特殊侵权行为

一、共同侵权行为

所谓共同侵权行为，是指二人以上的行为人共同不法侵害他人权利或利益的行为。共同侵权行为与一般侵权行为相异之处，在于数个行为人对于被害人所受的损

---

① 姚志明：《侵权行为法研究》（一），元照出版公司，2000 年第 1 版，第 50—51 页。

害，负有连带赔偿责任，此与一般侵权行为的行为人单独负责的情况不同。“民法”第185条规定：“数人共同不法侵害他人之权利者，连带负赔偿责任；不能知其中孰为行为人者，亦同。”“造意人及帮助人，视为共同行为人。”由此规定可见，共同侵权行为可细分为三种类型：其一为数人共同不法侵害他人权利，称为“共同加害行为”。其二为被害人不知数个参与加害的人中孰为真正行为人，是为“共同危险行为”，又称“准共同侵权行为”。其三为教唆行为人从事加害行为，或给予相当的助力帮助其完成加害行为的人，视为与行为人成立共同侵权行为。以下对三种类型的侵权行为分别予以说明：

（一）共同加害行为

共同加害行为是共同侵权行为中最典型的形态，其成立要件如下：

1. 行为人为数人

成立共同侵权行为的首要条件，便是行为人须为数人。如果行为人仅有一人，无论被害人有数人，或是造成多项损害，只能成立一般侵权行为，而非共同侵权行为。

2. 共同行为人均须具备侵权行为的要件

行为人须具备侵权行为的要件，才能为其行为负赔偿责任。因此，数人间成立侵权行为，也应以各行为人均具备一般侵权行为的要件为前提。所以，利用无责任能力人侵害他人权益的行为，仅能在有行为能力的行为人间成立共同侵权行为，同样，数个行为人中有一人具有阻却违法的事由，则仅在其余的行为人间成立共同侵权行为。

3. 共同侵权行为人的行为须有共同关系

所谓共同关系即为共同关联性，是指数人的行为共同构成违法行为的原因与条件，因而发生同一损害。如何判断共同关联性，学说和实务有不同的见解。主观说认为，数人对违法行为有通谋或共同认识时，对于各行为所致的损害，应负连带赔偿责任。亦即行为人间不仅需要行为的分担，在主观上更要有意思的联络，才足以构成共同侵权行为。客观说认为，数人的不法行为，对被害人造成同一权益的损害，纵然行为人间并无意思的联络，也不妨碍共同侵权行为的成立。客观说的共同关系存在于数人所为的不法行为上，所以数人的行为结合而发生同一损害，或是各共同行为人个人行为均可发生同一损害的情况，皆可认定为具有共同关系，应负共同侵权行为的责任。早期实务见解采主观说，目前改采客观说。

（二）共同危险行为

数人共同不法侵害他人权利，而不能知其中何人为真正的加害人时，法律要求所有参与侵权行为的人，负连带赔偿责任，此即共同危险行为。共同危险行为并非纯粹的共同侵权行为，因为实际上损害非由全体参与人共同造成，所以又称为“准共同侵权行为”。共同危险行为的设置，在于避免被害人因举证困难而丧失求偿机会。

（三）造意及帮助

所谓造意人，是指劝诱原本无意从事侵权行为的人，使之决意侵害他人权益，导致被害人因而受损的人。造意人须负共同侵权行为责任的前提，必须是被造意人因造意行为的唆使，而实施侵权行为，并造成被害人的损害（损害与造意行为间具有因果关系）。虽有造意行为，但未造成具体的损害，则无共同侵权行为的成立。所谓帮助人，是指在他人为侵权行为之际，给予相当的助力，使其易于实施侵害行为的人。与造意的情况相同，帮助人只有在被帮助人因帮助行为而侵害他人权益时，才构成共同侵权行为。

二、公务员之侵权行为

所谓公务员，台湾地区“刑法”“公务员服务法”“公务员惩戒法”“公务人员任用法”等对公务员均有不同的定义，以往通说以相对广义的“公务员服务法”上的定义为准。在“国家赔偿法”公布实施后，目前无论实务或学术上，均以其对公务员的定义解释“民法”上的公务员。即公务员是“依法令从事公务之人员。受委托行使公权力之机关，其执行职务之人于行使公权力时，视同委托机关之公务员。受委托行使公权力之个人，于执行职务行使公权力时亦同”。此定义囊括公务员的所有可能性，为最广义的解释。

（一）公务员侵权行为的成立要件

1. 须违背应执行的职务

判断公务员所为行为的不“法”性，以其是否违背应执行的职务为准。公务员依规定从事其应尽的职务，尽管造成他人损害，也不构成侵权行为。公务员执行的职务，限于“公法”上的职务。至于违背的方式，包括作为与不作为。前者是指公务员积极利用其行使公权力之便，逾越权限或滥用职权，侵害他人权益。后者是指公务员消极地不执行职务，且公务员依规定并无不作为的裁量余地时，如因而造成他人损害，便构成公务员侵权行为。

2. 须造成第三人的损害

此所谓的第三人，是指与公务员应执行的职务有利害关系的人。所以，此第三人的损害赔偿请求权的发生，必定是损害与公务员违背执行职务的行为之间，具有相当因果关系为前提。而因果关系的有无，则应视公务员执行的职务是否与第三人有相当的利害关系，如果第三人所获得的仅为反射利益，公务员纵有违背职务的行为，也不能认定第三人的权益遭受直接的损害。

3. 公务员违背职务的行为应基于故意或过失

公务员故意违背执行的职务时，导致第三人的权益受损时，公务员应承担损害赔偿责任。被害人也可以向行政机关请求损害赔偿。不过公务员有故意或重大过失时，赔偿义务机关对之有求偿权。

公务员的侵害行为若是基于过失，则依“民法”第 186 条第 1 项但书的规定：“其因过失者，以被害人不能依他项方法受赔偿时为限，负其责任。”因而，因过失违背对第三人应执行职务的公务员，只有在被害人不能依他项方法获得赔偿时，方负侵权行为责任。

（二）公务员责任的免除

对于公务员的故意或过失侵权行为，如果被害人可以依法律上的救济方法除去损害，但被害人因故意或过失怠于为之时，公务员的赔偿责任就此免除。

三、定作人的侵权责任

在加工承揽关系中，依约定为他人完成一定工作的人称为承揽人，而约定他人完成一定工作后给予报酬者，则为定作人。定作人承担侵权责任的成立要件如下：

1. 须是承揽人执行承揽事项所为的侵权行为

首先，承揽人的行为首先须符合一般侵权行为的构成要件；其次，承揽人所为之侵权行为，须发生在执行承揽事项之时，如果承揽人并非执行承揽事项而侵害他人权益，则与承揽人的身份无关，应认定为一般侵权行为，不产生定作人的责任。

2. 定作人于定作或指示有过失

依实务上的见解，所谓定作有过失，指的是“定作之事项具有侵害他人权利的危险性，因承揽人之执行，果然引起损害之情形”指示有过失者，是指“定作并无过失，但指示工作之执行有过失而言”。①

3. 定作人的过失与损害间有因果关系

定作人于定作或指示有过失，但如果承揽人的侵权行为，并非由于定作人错误的定作或指示，则难谓定作人行为与被害人的损害之间具有因果关系，此时应由承揽人自负侵权责任。

四、法定代理人之责任

“民法”第 187 条第 1 项规定：“无行为能力人或限制行为能力人，不法侵害他人之权利者，以行为时有识别能力为限，与其法定代理人连带负损害赔偿责任。行为时无识别能力者，由其法定代理人负损害赔偿责任。”由本规定可知，法定代理人的责任类型有二：一为与欠缺完全行为能力人负连带赔偿责任。二为单独负损害赔偿责任。其成立要件分别说明如下：

（一）法定代理人连带责任之成立要件

1. 须为欠缺行为能力人的法定代理人

是否具有欠缺行为能力人的法定代理人身份，是认定此责任的首要条件。按照规定，父母为未成年子女的法定代理人。监护人为受监护人的法定代理人。

2. 须欠缺行为能力人具备侵权行为的要件

无民事行为能力人或限制行为能力人欠缺侵权行为的要件，其行为不构成侵权行为，自然无须负责，其法定代理人亦无连带责任可言。

3. 须欠缺行为能力人有识别能力

识别能力，是指欠缺完全行为能力人认识其行为在法律上应负责任的能力。所谓认识，指行为人在抽象上认识其行为有违是非评价即可，至于对其行为是否违反法律之强行规定有无具体认识，则在所不论。欠缺行为能力人具有识别能力且有故意或过失时，法定代理人必须负连带赔偿责任。

（二）法定代理人的单独责任

如果欠缺完全行为能力人在行为时无识别能力，但却具备侵权行为的成立要件时，由法定代理人单独负赔偿责任。

---

① 台湾“最高法院 1997 年台上字第 2320 号民事判决”。

（三）法定代理人的免责

法定代理人并非绝对必须为其未成年子女或受监护人代负赔偿之责，如果法定代理人能够证明其监督并未疏懈，或纵加以相当之监督，而仍不免发生损害，即可免除赔偿责任。监督并未疏懈，指的是未因故意或过失违反监督的义务。纵加以相当之监督仍不免发生损害，则是指监督与损害之间不存在因果关系。

（四）法定代理人的衡平责任

当欠缺完全行为能力人行为时无识别能力，而法定代理人虽须负责但有免责事由；或是欠缺完全行为能力人行为时有识别能力，法定代理人理应负连带责任但可合法免责，而欠缺完全行为能力人无资力赔偿时，法院因被害人之声请，得斟酌行为人及其法定代理人与被害人之经济状况，令行为人或其法定代理人为全部或一部之损害赔偿。

五、雇用人之责任

在雇佣关系中，雇用人对受雇人执行职务中所为的侵权行为，原则上应负来带赔偿责任。但在一定情形下，雇用人亦可主张免责。兹说明如下：

（一）雇用人责任的成立要件

1. 行为人须为受雇人

侵权行为人与雇用人之间须存在雇佣关系，为其受雇人，方有本规定的适用。解释受雇人的意义时，不需将雇佣契约作为前提，应以事实上的雇佣关系为标准，雇用人与受雇人间是否成立书面契约，在所不问。

2. 受雇人须负侵权责任

雇用人的责任与受雇人的侵权赔偿责任有从属性，倘若受雇人的行为欠缺一般侵权行为的要件，受雇人不须承担责任，雇用人的责任便不会发生。

3. 须受雇人因执行职务所为的侵权行为

决定雇用人责任的有无，须检验受雇人为侵权行为的时机，若非在执行职务中所为的行为，雇用人无须负责。例如，受雇人下班后饮酒，与邻桌发生争吵，进而以酒瓶打人致伤，此时雇用人就无责任可言。

（二）雇用人的免责

雇用人如果能够证明，其选任受雇人及监督其职务之执行已尽相当之注意或纵加以相当之注意而仍不免发生损害者，雇用人不负赔偿责任。换言之，如果雇用人能举证其选任与监督受雇人并无过失，或是选任监督与损害的发生无因果关系，雇用人即可免责。

（三）雇用人的衡平责任

如果雇用人选任受雇人及监督其职务之执行已尽相当之注意，或纵加以相当之注意而仍不免发生损害而免责时，受雇人应独立承担赔偿责任。但在一般情形下，受雇人资力薄弱，可能发生受害人求偿无门的情况，为保护受害人的利益，法院可因被害人的声请，斟酌雇用人与被害人之经济状况，令雇用人为全部或一部之损害赔偿。

（四）雇用人的求偿权

雇用人虽然与受雇人对被害人负连带赔偿责任，但雇用人的责任性质为代负责任，真正的侵权行为人仍为受雇人，雇用人在内部关系上并无分担的部分，所以雇用人在赔偿损害时，对于为侵权行为之受雇人，有求偿权。

六、动物占有人之责任

（一）成立要件

动物占有人的责任是基于所占有动物的加害行为，并非责任人直接造成，而是由于此特殊的事实而间接负担侵权行为责任。其成立要件如下：

1. 须为动物之加害

责任人必须是动物的占有人，不以所有人为限。只要是以自己的利益长期照料特定动物，即为此动物的占有人。确定动物占有人的地位，是以对动物管领力的有无作为判断标准。

2. 须侵害他人的权益

他人的权益包括所有法律所保障的权利与利益。损害的发生，并不以动物的直接加害为限，只要因动物的动作而受损害，即为动物的加害行为。

（二）动物占有人的免责

动物占有人如果能够举证，依动物之种类及性质已为相当注意之管束，或纵为相当注意之管束而仍不免发生损害者，可以免除赔偿责任。所谓相当的注意，除须以善良管理人的注意为准外，应以动物之种类及性质判断动物占有人的管束，是否已达无过失的程度。纵为相当注意之管束而仍不免发生损害，是观察管束与损害之间有无因果关系，如果两者间欠缺因果关系，纵然动物占有人的管束有过失，仍不须负损害赔偿责任。

（三）动物占有人的求偿权

动物的加害行为，如果是因为第三人或他动物之挑动，而非自动的行为，占有人对于该第三人或该他动物之占有人，有求偿权。

七、工作物所有人之责任

（一）工作物所有人责任之成立要件

1. 须为土地上的工作物

所谓土地上的工作物，除建筑物外，还包括所有土地上人工做成的设施，无论地上物或地下物，动产或不动产均属之。

2. 须为工作物的所有人

此处赔偿义务人必须是工作物所有人，与前述动物占有人的规定不同。因此，无论所有人是否直接占有该工作物，均应负责任。

3. 须侵害他人权利致损害发生

工作物所有人的责任，须因工作物侵害他人权利致生损害，不包括利益。工作物所造成的损害又以身体权侵害为主要类型。

（二）工作物所有人的免责

如果工作物所有人能够证明其对于设置或保管并无欠缺，或损害非因设置或保管有欠缺，或于防止损害之发生，已尽相当之注意，工作物所有人可以免除损害赔偿责任。

（三）工作物所有人的求偿权

工作物的所有人应对工作物的瑕疵所造成的损害负责，但所有人不一定直接占有工作物，如工作物因他人设置或保管上的欠缺而生损害，工作物所有人在承担赔偿责任后，对其有求偿权。

八、商品制造人之责任

（一）商品制造人责任的成立要件

1. 须为商品制造人

商品制造人采用广义的概念，包括生产、制造、加工业者；在商品上附加标章或其他文字、符号，足以表彰商品所生产、制造、加工者，商品输入业者等。但商品的出卖人或经销商，并不包括在商品制造人的范围。

2. 须因商品的正常使用或消费致他人受损

被害人请求商品制造人负其责任，必须证明是在正常的使用或消费时，因商品的瑕疵而受损。所谓正常的使用或消费，是依一般的交易观念认知该物的效能而加以利用。反之，违反商品设计的用途而使用或消费，商品制造人不须承担责任。

（二）商品制造人的免责

如果商品制造人能够证明其对于商品之生产、制造或加工、设计并无欠缺或其损害非因该项欠缺所致或于防止损害之发生，已尽相当之注意，商品制造人可以免除损害赔偿责任。值得注意的是，商品之生产、制造或加工、设计，与其说明书或广告内容不符者，视为有欠缺。此时商品制造人就不可以举证免责。

九、动力车辆驾驶人之责任

（一）动力车辆驾驶人责任的成立要件

1. 须为汽车、机车，或其他非依轨道行驶之动力车辆

加害车辆限于非依轨道行驶的动力车辆。动力车辆是以引擎发动运转的车辆，所以脚踏车、拖车不包括在内；同时，火车、电车等依轨道行驶的动力车辆也被排除在外。

2. 须于动力车辆使用中加损害于他人

动力车辆驾驶人责任的成立，仅限于车辆在使用中造成他人受损的情形。使用的意义并不以车辆在行驶中为限，只需事实上有使用的状态即已足够。例如，车辆停放路边斜坡而未熄火，因刹车不当向下滑动而造成他人损害，仍应认定是车辆在使用中，驾驶人须负赔偿责任。

3. 损害与车辆使用间有因果关系

被害人有义务证明其所受的损害，与驾驶人使用动力车辆之间，具有相当的因果关系，否则驾驶人的侵权责任不成立。

（二）动力车辆驾驶人的免责

如果动力车辆驾驶人能够证明其对于防止损害之发生，已尽相当之注意，动力车辆驾驶人可以免除赔偿责任。

十、危险制造人之责任

（一）危险制造人责任的成立要件

1. 须为经营一定事业或从事其他工作或活动之人

赔偿义务人包括经营一定危险性事业的人、从事危险性工作的人以及从事危险活动的人。所谓工作或活动，并不以常态性的实施为限，偶尔为之的危险性工作和活动也包括在危险制造人责任的范围内。

2. 须工作或活动的性质或使用之工具或方法有生损害于他人之危险

赔偿义务人必须在工作或活动的性质、使用的工具或方法，有发生损害于他人的危险的情况下，才有赔偿义务可言。

3. 须有损害的发生

所谓损害，包括权利与利益的受损。被害人必须证明造成其损害的工作、活动或其使用的方法或工具具有危险性，但此证明仅须依论理法则或经验法则，证明损害的发生具有相当程度的可能性便已足够，不需举证损害与此危险因果关系。

（二）危险制造人的免责

如果危险制造人能够证明损害非由于其工作或活动或其使用之工具或方法所致，或于防止损害之发生已尽相当之注意，危险制造人可以免除赔偿责任。

第三节 侵权行为的法律效果

一、损害赔偿之当事人

（一）赔偿义务人

赔偿义务人即为损害赔偿之债的债务人，也就是侵害他人权利或利益的行为人或加害人。在特殊侵权行为的情形下，赔偿义务人并不一定是行为人，如法定代理人、雇用人、定作人等，也必须负赔偿责任。亦为债务人。

（二）赔偿请求权人

赔偿请求权人是指权利或利益受到侵害的人，在法律上享有损害赔偿的请求权。包括直接被害人和间接被害人。直接被害人指权利或利益直接受侵害的人，通常赔偿请求权人属于这种类型。间接被害人指他人的权利或利益受到侵害，间接导致自己的权益受损的人。包括为被害人支出医疗及增加生活上需要之费用或殡葬费的人，被害人的法定扶养权利人，被害人的父、母、子、女及配偶。

二、损害赔偿的方法与范围

（一）损害赔偿的方法

一般损害赔偿的方法，除法律另有规定或契约另有订定外，应回复他方损害发生前的原状。即以回复原状为原则。不能回复原状或回复原状显有重大困难，债权人可请求金钱赔偿以替代回复原状。就侵权行为的损害赔偿方法，回复原状的请求权和金钱赔偿的请求权可以并存，债权人有权在此二请求权中择一行使以满足债权。

（二）损害赔偿的范围

1. 生命权之侵害

依“民法”第192条的规定，侵害生命权的法定赔偿项目如下：

（1）殡葬费

对死者支出殡葬费的人，对加害人有损害赔偿请求权。其赔偿范围以实际支出费用为准但仍应斟酌当地的习惯订定。此外，被害人生前的身份地位、宗教信仰以及经济状况也必须一并考虑。但对于超出社会上所认知通常范围的费用，并不在请求的范围内。

（2）医疗及增加生活上需要的费用

医疗费之被害人生前为治疗损害所支出的费用。增加生活上需要的费用，是指被害以前生活无此需要，而于受侵害后有此必要，因而产生的费用。例如看护费、轮椅费等。为被害人实际支出上述费用的人，有权向加害人请求损害赔偿。

（3）扶养费

被害人的生命权受侵害时，被害人对之有扶养义务者的权利同时遭到侵害，所以法律赋予受扶养人向加害人请求损害赔偿的权利。所谓的扶养义务，仅针对法定扶养义务而言，不包括约定扶养义务。原则上受扶养权利人如为直系血亲卑亲属时，受扶养期间算至成年前一日，但扶养权利人虽已成年，却因特殊情形而不能维生且无谋生能力时，亦可请求损害赔偿。

2. 身体权或健康权之侵害

对于身体权或健康权的侵害，加害人应负以下的赔偿责任：

（1）丧失或减少劳动能力

所谓丧失或减少劳动能力，是指职业上工作能力全部或一部的丧失，工作能力减少自然影响收入，所以属于财产上的损失。法院在审理过程中，时常参考医院的鉴定报告、被害人原有工作技能、工作性质以及再就业的可能等因素确定。

（2）增加生活上之需要

被害人在遭受侵害后，才开始需要支付的费用，即为增加生活上之需要的费用。例如医疗费用、整形费用、义肢、拐杖等费用。

3. 物之侵害

对于物的侵害，可以分为灭失和毁损两种情况，对于前者的赔偿，应依一般的损害赔偿规定，以回复原状为原则。后者则属于“侵权行为法”中对侵害他人之物的特别规定，被害人得请求加害人赔偿其物因毁损所减少的价额。然而，如果物因毁损所减少的价额，有时难于估计，且被毁损者有回复原状的可能时，被害人有时较愿回复原状。因此，为保护被害人起见，实务上认为被害人除可以主张金钱赔偿外，并不排除请求回复原状的权利。①

4. 非财产的损害赔偿——慰抚金

不法侵害他人致死时，被害人的父、母、子、女及配偶，可以请求赔偿相当之金额，此即所谓的慰抚金。慰抚金请求权的规定，是通过向加害人请求金钱赔偿，以抚慰被害人因至亲死亡所遭受的精神痛苦。此为独立的请求权，是基于身份关系所生，并非继承被害人的权利。

不法侵害他人之身体、健康、名誉、自由、信用、隐私、贞操，或不法侵害其他人格法益而情节重大者，被害人虽非财产上之损害，亦得请求赔偿相当之金额。其名誉被侵害者，并得请求恢复名誉之适当处分。

此外，不法侵害他人基于父、母、子、女或配偶关系之身份法益而情节重大者，亦得请求精神慰抚金。此身份法益大致可以分为亲权、配偶权以及继承权等。

三、损害赔偿的特性

身体、健康、名誉、自由、信用、隐私、贞操或其他人格法益受侵害而情节重

---

① 台湾“最高法院1973年台上字第2693号民事判决”。

大时，被害人非财产上的损害赔偿请求权，不得让与或继承。此外，基于父、母、子、女或配偶关系之身份法益而情节重大时，这些人的非财产上的请求权，也不得让与或继承。然而，如果这些非财产上的金钱赔偿请求权已依契约承诺或起诉时，则此债权被转换为单纯的金钱债权，被害人要求赔偿的意思已决定，专属性随之消失，因此可以让与或继承。

因侵权行为所生之损害赔偿请求权，自请求权人知有损害及赔偿义务人时起，两年间不行使而消灭。自有侵权行为时起，逾十年者亦同。

在因侵权行为而获得不当利益的情况下，此时因为侵权行为与不当得利请求权，均基于同一社会事实所产生，因而发生请求权的竞合。有请求权的债权人因此得就二者选择其一行使，请求权的行使已达目的时，其他请求权即行消灭，如未达到目的，仍得行使其他请求权。因此，损害赔偿之义务人，于诉讼时效完成后，仍应依关于不当得利之规定，返还其所受之利益于被害人。

因侵权行为对于被害人取得债权者，被害人对该债权之废止请求权，虽因时效而消灭，仍得拒绝履行。例如，当事人一方被胁迫和解，该当事人得依规定撤销其和解的意思表示，以阻止和解效力。纵然撤销权因除斥期间届满而不得行使，由于该被胁迫人是侵权行为的被害人，仍然可以拒绝履行和解协议。

第十二章 “公平交易法”

第一节 “公平交易法”概述

20世纪60年代以来，台湾经济急速发展，社会结构也面临快速的转变，原有的经济制度与规范，已无法适应当时经济、社会环境的需要。为配合经济自由化、国际化以及制度化政策，台湾亟需建立一个保障企业自由竞争的环境，并订立一套公平合理的竞争规则。因此，台湾地区自1980年开始研拟“公平交易法”，1991年2月通过“立法”，1992年2月4日开始施行，并历经1999年2月、2000年4月及2002年2月三次修订。“公平交易法”的颁布和实施，不仅标志着台湾经济管制时期的结束，而且对岛内各行各业的事业和产业政策、经济环境及产销习惯等均产生了重大影响。①

制定“公平交易法”的目的，是为了要明确建立公平交易制度，即通过公平、自由竞争秩序的确立，保护、鼓励事业的努力与创新经营。换言之，“公平交易法”是一部规范竞争秩序、维护市场经济活动的“基本法”，“公平交易法”第1条前段即明确揭示“立法”目的：“为维护交易秩序与消费者利益，确保公平竞争，促进经济之安定与繁荣，特制定公平交易法。”期盼事业在法律明确规范下，能从事自由、公平的竞争，使资源利用发挥最大效能，促进经济的安定与繁荣，并达到保护消费者的目的。“公平交易法”以事业的独占、结合、联合等限制竞争行为，以及杯葛、②

① 台湾地区“公平交易法”所称“事业”，是指具有独立性、经常性并从事生产、销售等经济活动的人或团体，亦即我国大陆习惯所称的“经营者”。为准确介绍台湾的“公平交易法”及行文统一，本章均使用“事业”一词。

② “杯葛”译自英语 boycott 一词（台湾地区常用，在大陆并不常用，大陆更常用“抵制”这个词）。杯葛是指联合抵制某个个人或公司，包括拒绝购买、销售或其他形式的与之合作。

差别待遇、限制事业活动、仿冒、不实广告、欺罔或显失公平等不公平竞争行为为规范对象，所以“公平交易法”是以规制个别事业或事业间的行为为目标，至于该行为有无具体损及消费者的权益，则非所问。

一、“公平交易法”内容简介

台湾地区的“公平交易法”将《反垄断法》和《反不正当竞争法》两大类规范统一于一部法律中，即采用单一法典涵盖双重法域的模式，不分门别类地制定两部单行法规，这在很大程度上反映出大陆法系法律的特色。这与大陆地区将《反垄断法》和《反不正当竞争法》分别立法的二元模式不同。与此同时，台湾还制定和颁布了“公平交易法施行细则”（1992 年 6 月 24 日）、“行政院公平交易委员会组织条例”（1992 年 1 月 13 日）、“多层次传销管理办法”（1992 年 2 月 28 日）和“行政院公平交易委员会办事细则、会议规则”等。可见，台湾已构成以“公平交易法”为核心，以“实施细则”为补充，由其他法规相配套的，能够调整限制竞争和不正当竞争各方面关系的法律体系。

综观“公平交易法”条文规范，可分为“限制竞争”与“不公平竞争”两大部分，共计七章：第一章“总则”，规定“立法”目的、相关名词定义及主管机关；第二章“独占、结合、联合行为”规定有关独占、结合、联合等限制竞争行为的管制；第三章“不公平竞争”规定维持转售价格、妨碍公平竞争之虞、仿冒、不实广告、损害营业信誉、多层次传销、欺罔或显失公平等不公平竞争行为的规范；第四章“公平交易委员会”规定主管机关为“行政院公平交易委员会”（以下称“公平会”），并就其职掌及相关程序进行加以规范；第五章“损害赔偿”规定民事责任；第六章“罚则”是有关刑事、行政责任的规定；第七章“附则”，定有除外适用条款、施行细则、施行日期等。整体而言，“公平交易法”的施行保障了事业在公平基础上从事竞争，进而提高经营效率，以促进整体经济资源的合理分配。同时通过公平合理的竞争，使业者能以“货真价实、童叟无欺”的方式，提供商品或服务，间接惠及消费者。

二、“公平交易法”的规范对象

“公平交易法”所规范的主体必须为“事业”，而所谓“事业”，依第 2 条规定，包括下列四种类型：一、公司。二、独资或合伙之工商行号。三、同业公会。

四、其他提供商品或服务从事交易之人或团体。前3款将“事业”概念以例示方式具体化，以求适用上的明确；第4款则以功能描述的“立法”方式，借由事业的一般性特征，即虽不具备前3款所定的组织形式，却具有“独立性”、“经常性”并从事经济交易活动的人或团体（例如农会、渔会、合作社乃至某些社团均属于此款规定的类型），来界定“公平交易法”的规范对象，可以避免挂一漏万。

根据“公平交易委员会”的解释，公会在特定条件下提供服务或商品的行为也被认定为交易行为，如公会举办的劳工教育、托儿所，或设置图书馆、报社及出版物等行为，均被称为“行业活动”，而受“公平交易法”的约束。因此，实际上，“公平交易法”把台湾一切从事提供商品或服务而具有交易行为的自然人和团体均包括在“事业”的范围内。

三、“公平交易法”的除外适用

“公平交易法”的立法目的在于建构公平、合理的竞争秩序，第一条规定：“为维护交易秩序与消费者利益，确保公平竞争，促进经济之安定与繁荣，特制定公平交易法；公平交易法未规定者，适用其他有关法律的规定。”因此，“公平交易委员会”（以下简称公平会）是为落实“公平交易法”执行的独立机关，亦即当“事业”涉及竞争行为时，公平会对于此类事件应具有主导地位，但其他法律另有特别规定时，基于尊重其他“目的事业主管机关”处理权限的立场，在不抵触“公平交易法”立法目的的情形下，例外地可排除该规定的适用，“公平交易法”第45、46条即为除外适用的明文规定。

“公平交易法”第45条规定：“依照著作权法、商标法或专利法行使权利之正当行为，不适用公平交易法之规定。”① 因为智慧财产权是法律赋予权利人享有的排他性地位，受保护者享有法律上的垄断地位，与“竞争法”欲追求的自由竞争，表面上似有所背离，但实则智慧财产权等法律是为保护权利人的权益所设，而“公平交易法”是为保障公平竞争秩序、维护公共利益，二者相辅相成。又因为智慧财产权具有提升产业技术、保护文化资产、鼓励创新发明等公益性质，“公平交易法”遂对行使智慧财产权所造成的经济秩序影响，赋予较大的宽容。

---

① 著作权、商标权和专利权在大陆统称为“知识产权”，在台湾地区则统称之为“智慧财产权”。为准确介绍台湾地区法律，本书采“智慧财产权”这一名称。

“公平交易法”第46条规定：“事业关于竞争之行为，另有其他法律规定者，于不抵触本法立法意旨之范围内，优先适用该其他法律之规定。”因此，该条规定的重点是“于不抵触本法立法意旨之范围内”，方可优先适用其他法律的规定，亦即法条间竞合时，该如何处理的规定。

第二节 “公平交易法”的主要内容

“公平交易法”规范的行为类型有第二章的“独占、结合、联合行为”及第三章的“不公平竞争”“独占、结合、联合行为”属限制竞争范畴，旨在排除妨碍竞争的行为，促进市场的自由竞争；“不公平竞争”则主要指违反诚实信用商业道德的欺罔或显失公平行为，包括了限制转售价格、限制竞争或妨碍公平竞争之虞行为、仿冒行为、虚伪不实或引人错误的广告或表示行为、损害营业信誉行为、多层次传销行为等。其中“限制转售价格”以及“限制竞争或妨碍公平竞争之虞行为”应属于限制竞争的范畴，却置于第三章“不公平竞争”中，学者认为系“立法”技术的瑕疵。

一、限制竞争行为

（一）独占

“公平交易法”第5条第1项及第2项规定：“本法所称独占，谓事业在待定市场处于无竞争状态，或具有压倒性地位，可排除竞争之能力者。二以上事业，实际上不为价格之竞争，而其全体之对外关系，具有前项规定之情形者，视为独占。”经济学上的独占事业是指某市场上唯一的买方或卖方，但由以上定义可知，“公平交易法”上所称的独占还包括两家以上，不为价格竞争且全体对外关系具压倒性地位，可排除其他竞争者的事业，其范围较经济学所称的“独占”更广。

1. 独占事业的认定

依据“公平交易法”对独占事业的定义，在认定独占事业时，应从下列三个角度考量：

（1）“特定市场”范围的界定：“公平交易法”第5条第3项规定，“第1项所称特定市场，系指事业就一定之商品或服务，从事竞争之区域或范围”。因此，在界定“特定市场”时，应考虑相关产品市场、地理市场、时间因素等因素。

（2）“特定市场”界定后，计算市场占有率便是认定独占事业的第二个步骤。市场占有率是指一事业在特定市场上所销售的商品或提供的服务，占该特定市场所有销售的商品或提供的服务的比例。市场占有率的高低，是衡量事业究竟是否“处于无竞争状态或有无压倒性地位”的指标。而由于“公平交易法”所定义的独占，还包括两家以上不为价格竞争，且具压倒性地位、可排除竞争者的事业，因此公平交易委员会在认定特定市场的独占事业时，并不以一家事业为限；“公平交易法”第5条之1规定，事业若未达下列标准，则不列入独占事业认定服务：①一事业在特定市场之占有率达1/2。②二事业全体在特定市场之占有率达2/3。③三事业全体在特定市场之占有率达3/4。此外，基于事业整体规模大小的考虑，个别事业在该特定市场占有率未达1/10或上一会计年度事业总销售金额未达新台币10亿元者，该事业不列入独占事业之认定范围。

（3）排除竞争的能力：事业是否具有独占力量，能否控制市场，应视其是否拥有“排除竞争的能力”而定。“公平交易法施行细则”第3条特别规定，在认定独占事业时，除要考虑商品或服务在特定市场上时间或空间替代的可能性、市场占有率及销售金额的规模外，还应斟酌以下因素：①事业影响特定市场价格的能力；②他事业加入特定市场有无不易克服的困难；③商品或服务的输入、输出情形。

2. 独占事业的禁止行为

“公平交易法”对独占事业的规范，其实并不在于禁止独占事业的存在，而是禁止独占事业滥用市场地位，妨碍公平竞争的行为，这与大陆地区的《反垄断法》规制的“滥用市场支配地位”相同。“公平交易法”第10条规定，独占事业不得为下列行为：

（1）以不公平方法，直接或间接阻碍他事业参与竞争。例如独占事业要求上游的原料供应商，不得供应原料给其他欲生产相同产品的事业，使该事业无法进入市场；或约束下游经销商，只能出售其生产的产品，而不得出售其竞争者生产的产品，断绝其他事业的行销渠道。

（2）对商品价格或服务报酬，为不当之决定、维持或变更。商品的价格或服务的报酬，是依市场供求关系决定的。但独占事业因具有控制市场的力量，所以也能决定市场价格。价格的高低不但影响厂商本身的利润，同时也影响下游事业的生产成本，甚至直接影响消费者购买的价格。因此独占事业对价格的决定应审慎，避免滥用市场地位。如独占事业以低于成本价格倾销商品，使其他事业无力承担亏损而退出市场，即违反本款规定。

（3）无正当理由，使交易相对人给予特别优惠。这种行为通常发生在买方独占的情况下。由于独买者是市场上唯一的买方，因此，可以订定苛刻的交易条件与卖方交易。例如独买者自行决定偏低的购买价格，要求交易相对人按此价格出售商品。

（4）其他滥用市场地位之行为。本款是概括性条款，主要为弥补前 3 款的不足，适用的行为类型视个案而定。

（二）结合

事业结合，即大陆地区《反垄断法》所规定的“经营者集中”。事业结合的发展结果，有导致独占、限制市场竞争的可能，所以“公平交易法”中对事业结合有明文规范。但为兼顾鼓励中小企业合并以达到经济规模的政策，“公平交易法”仅对达到一定规模的事业结合予以规范，规定事前必须向公平会提出申报，即为“事前申报异议”制度。

依“公平交易法”第 6 条第 1 项对事业结合的定义，包括下列五种情形：1. 与他事业合并者。2. 持有或取得他事业之股份或出资额，达到他事业有表决权股份或资本总额 1/3 以上者。（计算股份或出资额时，应将与该事业具有控制与从属关系之事业所持有或取得他事业之股份或出资额一并计入。）3. 受让或承租他事业全部或主要部分之营业或财产者。4. 与他事业经常共同经营或受他事业委托经营者。5. 直接或间接控制他事业之业务经营或人事任免者。

在“公平交易法”施行之初，台湾以中小企业居多。为鼓励中小企业通过资金、人才或管理方面的融合，产生规模经济，提升技术效率，降低生产成本，进而增强在国际市场上的竞争力，所以原则上对于中小企业的结合不予管制。但对于原先在市场上即居于领导地位，或具有某种程度影响力的较大型企业，如果借与其他事业结合而扩充其市场影响力，甚至达到具有垄断市场力量时，则规定需于事前申请许可。直至 21 世纪，台湾经济面临经济全球化的竞争压力，在跨国性大型企业的竞争优势及境内经济环境的生态结构下，企业并购已成为重要的竞争趋势。为因应产业结构调整及当时经济环境的需求，兼顾市场竞争机制的维护，台湾于 2001 年修订“公平交易法”，对于事业结合的管制方式，除由“事前申请许可制”改为“事前申报异议制”外，并授权“公平交易委员会”对于事业结合的销售金额门槛公告，可以就金融机构事业与非金融机构事业分别为之；此外，对于市场竞争机能并无减损的事业结合，增订除外适用的规定，以使“公平交易法”的规范更趋合理。

1. 结合申报

依据修订后的“公平交易法”第 11 条第 1 项规定，事业结合时，有下列情形之一者，应先向公平交易委员会提出申报：（1）事业因结合而使其市场占有率达 1/3 者；（2）参与结合之一事业，其市场占有率达 1/4 者；（3）参与结合之事业，其上一会计年度的销售金额，超过“中央主管机关”所公告的金额者。所谓的“销售金额”根据“公平交易法施行细则”第 6 条规定，是指事业的营业收入总额，其计算可以“中央主管机关”调查所得资料或其他行政机关记载资料为基准。目前公平交易委员会对于销售金额的公告如下：（1）参与结合的事业为非金融机构事业，其上一会计年度的销售金额超过新台币 100 亿元，且与其结合的事业，其上一会计年度的销售金额超过新台币 10 亿元者；（2）参与结合的事业为金融机构事业，其上一会计年度的销售金额超过新台币 200 亿元，且与其结合的事业，其上一会计年度的销售金额超过新台币 10 亿元者。此外，金融控股公司或其他控股公司的上一会计年度销售金额的认定，应合计其全部具控制性持股的子公司上一会计年度销售金额。

2. 结合申报的处理程序

事业结合提出申报，必需按照“公平交易委员会”所规定的申报书格式填妥有关资料，并备齐必要文件，向“公平交易委员会”提出申报。通常公平会收到事业结合申报书后，会先进行形式要件的检查。对于申报资料不齐备者，公平会将发补正通知，限期补正。期满不补正或补正后所提资料仍不齐备者，公平会将不受理其申报；至于申报资料齐备者，公平会将一方面进入实体审查，一方面寄发受理通知书。结合申报案件进入实体审查者，原则上公平会会在 30 日内作出异议与否的决定。而事业在此等待期间不得结合。公平会对于结合申报案件，依据“公平交易法”第 12 条规定，就该结合申报案所可能形成的“整体经济利益”与“限制竞争的不利益”进行衡量，如果前者大于后者，公平会不得禁止其结合，否则即予以异议（即禁止其结合）。

3. 违反结合的处分

依据“公平交易法”第 13 条规定，事业结合如果属于“公平交易法”第 11 条第 1 项所规定的应事前申报而未申报，或违反等待期间而迳行结合，或申报后经主管机关禁止其结合而为结合，或未履行主管机关对于结合所附加的负担者，公平会可视其结合的形态，作下列不同的处分：（1）禁止其结合；（2）限期命其分设事业；（3）处分全部或部分股份；（4）转让部分营业；（5）免除担任职务；（6）其他必要的处分。事业如果违反前述的处分，公平会还可以进一步作下列处分：（1）命令解散；（2）停止营业；（3）勒令歇业。

依据“公平交易法”第40条，事业结合应申报而未申报，或违反等待期间而径行结合，或申报后经主管机关禁止其结合而为结合，或未履行主管机关对于结合所附加的负担者，除上述处分外，并处新台币10万元以上5000万元以下罚锾。

（三）联合

联合，即《中华人民共和国反垄断法》所规制的“协议”行为。依据“公平交易法”第7条规定：“本法所称联合行为，谓事业以契约、协议或其他方式之合意，与有竞争关系之他事业共同决定商品或服务之价格，或限制数量、技术、产品、设备、交易对象、交易地区等，相互约束事业活动之行为而言。前项所称联合行为，以事业在同一产销阶段之水平联合，足以影响生产、商品交易或服务供需之市场功能者为限。”可见，就联合行为的特点，其作用并不在于组织形式上减少竞争主体，而在于经由合作，于实质的运作上限制各竞争主体本来可以采取的竞争手段，从而削弱市场的竞争机能。

实践中，联合行为的产生通常有其特定的背景或诱因。不同的事业间采取联合行为，通常最主要的目的就是使参与联合的事业，其联合利润达到最大。但由于事业的生产成本并不相同，尤其如果事业家数众多时，对协议内容的意见也多，要达到联合则更加困难。因此，事业间的联合行为不一定容易形成且维持长久。但联合行为毕竟限制了市场竞争，妨碍了价格调整功能，危害消费者权益，所以“公平交易法”对联合行为采较严格的原则禁止规定。同时由于联合行为形式甚多，对市场影响效果亦不同，如果有益于整体经济与公共利益时，不宜完全否定其功效而予以禁止。因此，“公平交易法”第14条第1项设有例外许可规定，下列情形如果有益于整体经济或公共利益，并经向公平会申请且或许可者，不在此限：

1. 为降低成本、改良质量或增进效率，而统一商品规格或型式者，一般称为“统一规格或型式的联合”。

2. 为提高技术、改良质量、降低成本或增进效率，而共同研究开发商品或市场者，一般称为“合理化的联合”。

3. 为促进事业合理经营，而分别作专业发展者，一般称为"专业化联合"。

4. 为确保或促进输出，而专就国外市场之竞争予以约定者，一般称为"输出的联合"。

5. 为加强贸易效能，而就国外商品之输入采取共同行为者，一般称为"输入的联合"。

6. 经济不景气期间，商品市场价格低于平均生产成本，致该行业之事业，难以继续维持或生产过剩，为有计划适应需求而限制产销数量、设备或价格之共同行为者，一般称为"不景气联合"。这里的"不景气"，包含整体经济不景气及个别行业不景气。公平会在收到行业不景气的联合申请时，除考量该行业的个别状况，如是否投资过度、缺乏效率或产能过剩外，仍以其联合行为是否有益于整体经济为准驳的依据。

7. 为增进中小企业之经营效率，或加强其竞争能力所为之共同行为者，一般称为"中小企业的联合行为"。

事业如果属于例外许可范围为联合行为时，应由各参与联合行为的事业共同向公平会提出，并依据"公平交易法施行细则"第 14 条规定，备齐相关文件。

上述联合行为尽管有其特殊理由而容许其"合法"存在，但对于市场竞争秩序仍然有一定影响，因此"公平交易法"第 15 条又规定，主管机关为前条之许可时，可以附加条件或负担。许可应附期限，其期限不得逾 3 年；事业如有正当理由，得于期限届满前 3 个月内，以书面向"中央主管机关"申请延展，其延展期限，每次不得逾三年。

此外，联合行为经许可后，如因许可事由消灭、经济情况变更或事业有预约许可范围者，公平会可以撤销许可、变更许可内容、命令停止、改正其行为或采取必要更正措施等处分，以维护市场竞争秩序。

二、不公平竞争行为

（一）限制转售价格

所谓限制转售价格，是属于上、下游厂商间垂直限制竞争行为的一种，指事业对于其交易相对人，就所供给的商品设定转售价格，限制交易相对人遵行的行为。举例来说，若制造商甲在将商品出售给批发商乙时，要求乙必须按照其所规定的价格转售给零售商丙，或甲直接限定其所制造商品零售价格的行为，均属"限制转售价格"行为。

上游厂商与下游厂商本来是各自独立的事业主体，若上游厂商限制转售价格，无形中就剥夺了下游厂商自由决定价格的能力。经销商将无法依据其各自所面临的竞争状况以及成本结构来订定价格，其结果将使同一品牌的不同经销商间的价格竞争为之减弱，其中尤以产品差异化程度高或具有独占、寡占倾向的产品为然。此外，限制转售价格的行为，也可认为是一种间接的联合行为，因为上游供应商对转售价格的限制，将使下游经销商间成立统一的价格，其效果与经销商之间的联合行为无异。虽然有人认为，对于品牌商品的转售价格限制，可以防止下游经销商削价竞争，有助于维持该商品的品牌形象，故不应禁止。但从竞争的角度而言，事业对于品牌形象的维持或提升，本应通过提供优良的品质或服务，倘若仅以高价位作为维持品牌形象的手段，实在不具备竞争的正当性。所以，对于限制转售价格的行为，“公平交易法”予以明文规范。“公平交易法”第 18 条规定：“事业对于其交易相对人，就供给之商品转售与第三人或第三人再转售时，应容许其自由决定价格；有相反之约定者，其约定无效。”“交易相对人”依“公平交易法”第 3 条规定，是指“与事业进行或成立交易之供给者或需求者”。

（二）限制竞争或妨碍公平竞争

在“公平交易法”规范的各种行为中，与事业的经营关系最密切的，应当属“公平交易法”第 19 条所规范的 6 款“有限制竞争或妨碍公平竞争之虞”行为。“公平交易法”第 19 条采列举的方式，明定其所禁止的限制竞争或不公平竞争行为，包括：杯葛（第 1 款）、不当的差别待遇（第 2 款）、不当争取交易相对人（第 3 款）、迫使参与限制竞争行为（第 4 款）、不当取得营业秘密行为（第 5 款），以及不当的垂直非价格交易限制行为（第 6 款）等 6 种。

“公平交易法”第 19 条于 1999 年 2 月第一次修正前，原规定是：“有下列各款行为之一，而有妨碍公平竞争之虞者，事业不得为之……”但是以“公平交易法”条文体系的编排而言，第 19 条虽置于“不公平竞争”章名下，以“有妨碍公平竞争之虞”规范，可是就所列各款规范的本质来看，各国的立法例、学说及实务见解，均认为其应该是“限制竞争”与“不公平竞争”行为规范的混合立法。因此，1999 年 2 月“公平交易法”修正时，为适用明确的考量，遂将该构成要件增修为“有限制竞争或妨碍公平竞争之虞者”。

判断“妨碍公平竞争之虞”，应该就事业采取的竞争手段本身是否具有“不公平性”或其竞争结果是否“减损市场的自由竞争机能”，分别或综合来加以判断。

如果竞争手段本身明显已失公平性，则构成“妨碍公平竞争之虞”的要件，相当于所谓“当然违法”。如果竞争手段的“不公平”未达“当然违法”时，应进一步从其竞争结果是否增加或减损市场的自由竞争机能来认定。若减损者，必须再从“合理原则”斟酌审查有无构成“妨碍公平竞争之虞”。

1. 杯葛

所谓杯葛，是指以损害特定事业为目的，促使他事业对该特定事业断绝供给、购买或其他交易行为而言，亦即“联合抵制交易”。符合本款所称的杯葛，原则上须同时存在三方当事人，即杯葛发起人、杯葛参与人以及受杯葛人。因此，如果事业单方面对某一特定事业从事断绝购买、供给等交易行为，或两事业出于合意共同执行或由一方执行对某一特定事业从事断绝供给或其他不正当交易行为者，则并不属于本款的规范对象。除此之外，事业的行为是否符合本款的规范，还须综合考量当事人的意图、目的、杯葛发起人所处的市场结构及其本身市场地位、杯葛行为所涉及的商品特性、杯葛行为的履行状况，乃至杯葛行为实施后对市场竞争所造成影响程度等因素而定。

2. 差别待遇

所谓差别待遇，是指事业就同一商品或劳务，以不同价格或价格以外的条件，售予同一竞争层次不同的购买者而言。客观而言，差别待遇本身原属商业活动中常见的交易行为，且实施差别待遇的事业也常有其营销上的特定原因，未必都会对市场竞争造成不公平影响。但不可否认的是，事业间的差别待遇，可能会造成被差别对待事业间产生不公平竞争的结果，因此各国竞争法均将这种行为纳入规范。台湾地区“公平交易法”并不完全禁止事业的差别待遇行为，只是在第19条第2款规定：“无正当理由，对他事业给予差别待遇之行为。”也就是说，事业须是从事无正当理由的差别待遇，以致对市场“有限制竞争或妨碍公平竞争之虞”者，才符合本款的禁止规定。还须注意的是，差别待遇的对象必须是在产销体系中，居于同一经济层次的买受人。① 因此，若事业批售给不同规模或类型的贩卖店的折扣，是依据市场供需情况、成本差异、交易数额、信用风险或基于其他合理事由，而对不同销售点给予不同价格折扣的情形者，应当认为属于市场价格机能或商业交易习惯的正

① 所谓“居于同一经济层次”，是指事业处于同一生产或者销售环节，相互之间因生产或者销售同一类产品或者提供同一类服务而具有直接竞争关系。

常现象，而不构成本款所称的差别待遇行为。

3. 不当争取交易相对人

事业在市场上利用各种营销手段从事竞争，本是其行使经营自主权，发挥市场机能的结果，但如果事业并非凭借其商品的优良品质、低廉价格或良好的售后服务以争取顾客，而是违反诚实信用的商业道德，以强迫或利诱等手段方法，促使竞争者的交易相对人与其从事交易者，则属不公平竞争。所以“公平交易法”第 19 条第 3 款禁止“以胁迫、利诱或其他不正当方法，使竞争者的交易相对人与自己交易”的行为。

事业以较有利的价格、数量、品质等条件，争取交易机会的行为，本为“公平交易法”第 4 条规定所允许。[①] 因此，应对事业的竞争行为是否达到第 19 条第 3 款禁止的“利诱”程度进行判断。公平会对“利诱”的解释，是指“事业不以品质、价格或服务争取顾客，而利用顾客的侥幸、暴利心理，以利益影响顾客对商品或服务为正常之选择，从而诱使顾客与自己为交易之行为”。至于所谓不正当方法，应该从行为人的动机、目的及手段等综合研判。因此，目前市场上常见的附赠式有奖销售、抽奖式有奖销售、贵宾卡优待等行为，均可依照前述原则就具体个案来判断是否违法。

4. 迫使参与限制竞争行为

所谓迫使参与限制竞争行为，是指事业以胁迫、利诱或其他不正当的方法，使其他事业不与其进行竞争，或者参与结合或联合行为。迫使他事业参与限制竞争行为的目的，主要希望借由营业竞争活动的限制，而达成共同利益。这种行为目的具有高度伦理非难性，因此实务上将其赋予“当然违法”的评价，亦即只要事业的行为符合本款要件者，即构成违法，而无需再细究其如何符合“有限制竞争或妨碍公平竞争之虞”要件。

5. 不当获取他事业营业秘密

所谓营业秘密，即大陆地区所称的“商业秘密”，是指事业为在经营活动中取得竞争优势，投入劳力与资本所开发出来的各种有形无形的智慧成果，且营业秘密所有人对此未经公开的特定知识或情报，有保密的主观意思。营业秘密包括产销机

---

① 台湾“公平交易法”第 4 条：本法所称竞争，谓二以上事业在市场上以较有利之价格、数量、质量、服务或其他条件，争取交易机会之行为。

密、交易相对人资料、技术秘密、管理诀窍、经营策略等。营业秘密是一种具有经济价值的信息，能够给所有人带来实际或者潜在的经济利益及竞争优势。一旦被人获取，将给所有人造成难以估量的损失。因此，必须严格规制不当获取他人营业秘密的不正当竞争行为。本条款规范的目的，在于认为事业以胁迫、利诱或其他不正当方法获取他事业营业秘密的行为，将损害市场竞争秩序，影响同业竞争者的权益。

6. 不正当限制交易相对人事业活动

本款所谓的“限制”，依据“公平交易法施行细则”第27条第1项规定，指搭售、独家交易、地域、顾客或使用的限制及其他限制事业活动的情形；第27条第2项规定，前项限制是否不正当，应综合当事人的意图、目的、市场地位、所属市场结构、商品特性及履行情况对市场竞争的影响等加以判断。

（1）搭售，指事业在销售商品时强迫交易相对人购买其不需要、不愿购买的其他商品。事业对其产品进行搭售，通常基于其营销上的考量，例如利用主要产品既有的市场地位、协助搭售的商品迅速进入市场与其他厂商竞争，基于成本节省的经济考虑等。但搭售行为不仅直接损害了交易相对人的选择权和公平交易权，还会导致其他竞争对手的交易机会相对减少，妨害了市场的竞争自由。所以，为有效维护市场竞争机制，台湾在实务上一般对搭售所持的态度较严，但如有正当理由则可免予处罚。通常较可能被接受的正当理由有：搭售的产品一起使用可以保持产品的品质及事业的商誉；保护商品创作者的智慧财产权等。

（2）独家交易，也称排他性交易，有独买和独卖两种形态。前者指交易相对人之间，由卖方要求买方只向其购买所需的商品，而不得与其他供给人有类似的交易。例如，汽车经销商只能经销一特定厂牌汽车，而不能涉足经销其他厂牌的汽车。后者则相反，指买方要求卖方只能向其卖出其所生产的产品，而不得与其他的需求者进行类似的交易。独家交易最常见的就是经销商的情形。但事实上，独家交易并不完全为“公平交易法”所禁止，因为有些独家交易不但不会限制竞争反而会促进竞争。这种情形存在于市场上有许多制造商，也有许多经销商，而其中无一人有压倒性的地位的时候。这时，排他性的经销使得经销商能全心全意为一个制造商行销，从而更能发挥竞争力，使得厂牌间的竞争得以加强。因此，判断独家交易行为是否违法时，最重要的考虑因素是该事业是否具有控制市场的力量，并强迫交易对象同意约束其事业行为的条件，而致使其他竞争者的竞争机会受到限制。

（3）地域及顾客限制。地域限制是指划定一定的销售区域，限制交易相对人仅能在特定区域内销售，不能越区销售的限制交易行为；顾客限制则是限制交易相对人仅能将产品售予或不得售予特定第三人的限制交易行为。这两类行为也会产生限制经销商营业自由、阻碍其他竞争者进入市场或使消费者的选择自由受到限制等后果，因此也为“公平交易法”所禁止。

（三）仿冒行为

商标、商品名称、厂商名称、产地名称、外观设计、商品装潢等标识共同组成了商品或服务的商业表征，经过事业的长期投入和宣传，为业界和广大消费者普遍认知，成为区别商品或服务来源的重要因素。因此仿冒商业标识的行为本质上是一种盗用他人的商业信誉或商品信誉的行为，不但严重侵害被侵权事业和消费者的权益，更会影响市场竞争的公平性。“公平交易法”关于仿冒行为的规范在第 20 条，其规范架构是在该条第 1 项各款分别就“商品表征的仿冒行为”、“营业、服务表征的仿冒行为”、“未经注册外国著名商标的仿冒行为”予以规范。

1. 依据“公平交易法”第 20 条第 1 项第 1、2 款有关商品或营业、服务表征仿冒的规定，其行为的认定必须符合以下各基本条件：

（1）表征的概念：文字、图形、记号、商品容器、包装、形状或其联合式“特别显著”，足以使购买人据以认识其为表彰商品或服务的标志，并借以与他人的商品或服务相辨别；或文字、图形、记号、商品容器、包装、形状或其联合式“未特别显著”，但因相当时间的使用，足以使消费者认知并将其与商品或服务来源产生联想的情形，均属“公平交易法”第 20 条所称的表征。

（2）“相关事业或消费者所普遍认知”是指商品或服务的表征具有相当知名度，为相关事业或多数消费者所普遍周知。而相关事业或消费者的判断，是指与该商品有可能发生销售、购买等交易关系的人而言，并非泛指一般大众，所以商品的上下游厂商及消费者均应包括在内。以日用品为例，其相关事业或消费者的范围就很广，可能包含一般社会公众；但若是特定用品，如医疗器材、生产机械等，一般消费者对此类商品并不熟悉，因此其相关事业或消费者则应指销售、购买、特定使用或者维修该类产品的厂商、机构或相关的个人等。

（3）“相同或类似的使用”：本款规定的“相同”，是指文字、图形、商品容器、包装、形状或其联合式的外观、排列完全相同而言；“类似”则指因袭他人商品或服务表征的主要部分，使购买者购买时施以普通注意仍有混淆误认之虞。特别要注意的是，判断是否为类似的使用，应以具有普通知识经验的一般人施以普通的注意，是否足以发生混淆误认的可能性而定，而不能以专家的注意作为衡量的标准。

2. “公平交易法”第20条第1项第3款规定的“未经注册外国著名商标的仿冒行为”，是指“于同一商品或同类商品，使用相同或近似于未经注册之外国著名商标，或贩卖、运送、输出或输入使用该项商标之商品者”。所谓“外国著名商标”，一般认为必须具有悠久历史，使用该商标的商品销售量大、销售区域广、市场占有率较高，为一般消费者所熟知并享有良好商誉。

3. 除外适用

如果事业属于合理使用与他人相同或近似的商业表征，则因其不具有仿冒的恶意，则不应予以处罚。所以“公平交易法”第20条第2项明确规定以下情形，可以排除同条第1项的适用：

（1）以普通使用方法使用商品本身习惯上所通用的名称，或交易上同类商品惯用的表征。例如“可乐”“阿司匹林”等已成为同类商品习惯上的通用名称，所以于商品上使用“可乐”“阿司匹林”，并不属于违法行为。

（2）以普通使用方法，使用交易上同种营业或服务惯用名称或其他表征者。例如“KTV”已成为该娱乐事业的通用名称，则同业使用“KTV”不构成违法行为。

（3）善意使用自己姓名。

（4）善意使用未为相关事业或消费者所普遍认知前他商品或服务的表征。

当然，事业的行为倘若属于“善意使用自己姓名”或“善意使用未为相关事业或消费者所普遍认知前他商品或服务的表征”的情形，其结果仍有可能造成他人的商品、设施或活动受损害或混淆的可能，所以“公平交易法”第20条第3项规定，受有损害或混淆之虞之事业，得请求为善意使用的事业附加适当的表征，以资区别。

（四）虚伪不实或引人错误广告、表示行为

商业宣传是商业活动中十分有效的交易媒介。在激烈的市场竞争中，形形色色的商业宣传不仅能够传递商品或服务的信息，而且可以刺激消费者的好奇心和购买欲望，同时也树立了事业及其商品或服务的良好形象。总之，商业宣传行为是事业开拓市场、促进销售的有力竞争手段。正因为如此，部分事业为达成其销售商品或服务的目的，常利用虚伪不实或引人错误的商业宣传来促销。虚伪不实或引人错误

的宣传，除易造成消费者无法正确选择所需的商品或服务外，同时也对其他守法的竞争者形成不公平竞争，进而影响竞争秩序，因此对于虚伪不实或引人错误的商业宣传有严加取缔的必要。

“公平交易法”第21条规定：“事业不得在商品或其广告上，或以其他使公众得知之方法，对于商品之价格、数量、质量、内容、制造方法、制造日期、有效期限、使用方法、用途、原产地、制造者、制造地、加工者、加工地等，为虚伪不实或引人错误之表示或表征。事业对于载有前项虚伪不实、或引人错误表示之商品，不得贩卖、运送、输出或输入。前二项规定于事业之服务准用之。广告代理业在明知或可得知情形下，仍制作或设计有引人错误之广告，与广告主负连带损害赔偿责任。广告媒体业在明知或可得知其所传播或刊载之广告有引人错误之虞，仍予传播或刊载，亦与广告主负连带损害赔偿责任。”

由上述规定可知，“公平交易法”规范的商业宣传行为不仅包括广告和商品上的表示，还包括以其他使公众得知的方法所为虚伪不实或引人错误的表示或表征，且对商品及服务均适用；而对为贩卖、运送、输出或输入行为者，以及广告代理业与媒体业，也有所规范。

1. 本条规范的核心在于“虚伪不实”和“引人错误”的意义及判断标准。“虚伪不实”，是指表示或表征与事实不符，其差异难以被相当数量的一般或相关大众所接受，而足以引起错误的认知或决定。而“引人错误”，是指表示或表征不论是否与事实相符，足以引起相当数量的一般或相关大众错误的认知或决定。①“公平交易委员会”将处理不实广告案件所累积的案例归纳汇总后，发布“行政院公平交易委员会对于公平交易法第21条案件之处理原则”，作为办理相关案件的依据及标准：

（1）虚伪不实或引人误解的表示或表征的判断原则：表示或表征应以交易相对人的认知来判断有无虚伪不实或引人错误的情况。一般商品（服务）以一般大众施以普通注意力为准；专业性产品则以相关大众的普通注意力为准。

（2）表示或表征隔离观察虽然真实，但合并观察的整体印象及效果，如果足以引起相当数量的一般或相关大众错误的认知或决定，则属引人错误。

（3）表示或表征的内容以对比或特别显著方式为之，而其特别显著的主要部分

---

① 台湾“行政院公平交易委员会”：《认识公平交易法》，自刊，第332页。

易形成消费者决定是否交易的主要因素，因此其是否虚伪不实或引人错误，得就该特别显著的主要部分单独加以观察而判定。

(4) 表示或表征客观上具有多重合理解释时，其中一义为真者，即无不实。但其引人错误的意图明显者，不在此限。

表示或表征是否虚伪不实或引人错误应考量下列因素：

(1) 表示或表征与实际状况的差异程度。

(2) 表示或表征的内容是否足以影响具有普通知识经验的一般大众为合理判断并作出交易决定。

(3) 对处于竞争的事业及交易相对人经济利益的影响。

2. 虚伪不实或引人错误的表示或表征的标的范围。

“公平交易法”第21条所规范虚伪不实或引人错误的表示或表征的标的范围，是指商品或服务的价格、数量、品质、内容、制造方法、制造日期、有效期限、使用方法、用途、原产地、制造者、制造地、加工者、加工地等。

3. 虚伪不实或引人错误的表示或表征的媒介方式。

“公平交易法”第21条所规范表示或表征的“媒介方式”，除了标示于商品（服务）上，以及经由广告的方式外，还包括“其他使公众得知的方法”。所谓“其他使公众得知的方法”，是指能直接或间接使一般或相关大众接触的讯息的传播行为，如名片、产品（服务）说明会、将资料提供媒体以报导方式刊登、散发宣传资料给消费者等。

（五）损害他人营业信誉行为

事业为了创造良好的营业信誉，需要经过长期的市场研究、技术开发、广告宣传、公关活动和售后服务等一系列活动，使得营业信誉的形成过程凝聚了价值；另一方面，良好的营业信誉是事业在市场竞争中赢得优势地位的资本。因此，尽管营业信誉本身无形而且抽象，但良好的营业信誉一旦受损，事业往往前功尽弃，其市场竞争的优势地位丧失，甚至导致严重的经济损失。因此，“公平交易法”第22条规定：“事业不得为竞争之目的，而陈述或散布足以损害他人营业信誉之不实情事。”本条规定，着眼于损害他人营业信誉这种手段足以打击竞争者长期努力所获得的良好信誉，进而影响竞争者争取交易机会，因此将这种竞争手段定为不公平竞争行为的一种，无论事业有无一定市场地位，一律加以禁止。

要注意的是，散布不实资讯的事业必须“为竞争之目的”陈述或散布“不实情事”，即与被损害的事业间应具有竞争关系。另外，“足以损害他人营业信誉”说明构成该不公平竞争行为并不要求事实上已经给他人营业信誉造成了实际损害，而只要存在损害他人营业信誉的可能性即可。至于不实资讯是否已达“足以损害他人营业信誉”的程度，应按一般客观评价予以判断，而不受当事人间的主观认知所限制。

（六）多层次传销

多层次传销，是指事业通过多层次的直销商来销售商品或提供劳务，每一个直销商（即所谓的参加人）在给付一定的经济代价后，即可加入该传销组织，并取得销售商品或劳务以及介绍他人参加的权利。① 因此参加人除了可直接将商品或劳务销售出去以赚取利润外，还可自己招募、训练新的直销商建立销售网，再通过这些销售网来销售商品或服务以获取差额利润，而每一个新进的直销商也可循此模式建立自己的销售网。

多层次传销的经营模式，可以减少经营者与消费者的交易环节，节约行销成本，让消费者享受高品质的服务或价格较低廉的商品，但由于其主要是靠人际关系来扩展其组织，如果被不法商人恶意滥用，则很容易演变成诈财吸金的违法组织，上线获取巨额暴利，下线则往往受骗上当，成为无辜的受害者，因此世界多数国家均通过立法来严格规范多层次传销行为。台湾地区参考先进国家的经验，在“公平交易法”中，除明文禁止事业从事变质多层次传销行为，以及民事损害赔偿、罚则等相关规范外，并授权公平交易委员会订定“多层次传销管理办法”，对多层次传销事业的经营行为加以规范。

依据“公平交易法”第 8 条第 1 项关于多层次传销的定义，判断事业是否为多层次传销，其重点在于“参加人给付一定代价”、“以取得推广、销售商品或劳务及介绍他人参加之权利”、“并因而获得佣金、奖金或其他经济利益”等要件构成与否。“公平交易法”对于变质多层次传销，则规范于第 23 条：“多层次传销，其参加人如取得佣金、奖金或其他经济利益，主要系基于介绍他人加入，而非基于其所推广或销售商品或劳务之合理市价者，不得为之。”可见，判断事业是否为变质多层次传销，最重要者是看参加人的经济利益的主要来源。

“公平交易法”第 23 条之 1 还规定，多层次传销事业与其参加人订约后，参加

---

① 台湾“行政院公平交易委员会”：《认识公平交易法》，自刊，第 332 页。

人有 14 天的犹豫期，该期间内可以不具任何理由以书面通知解除契约。参加人于该解约权期间经过后，仍得随时以书面终止契约，退出多层次传销计划或组织。参加人行使解除权或终止权时，多层次传销事业不得向参加人请求因该契约解除或终止所受的损害赔偿或违约金。为健全多层次传销事业的发展，并防止合法多层次传销事业的变质，“公平交易法”第 23 条之 4 还就有关多层次传销事业的报备、业务检查及对参加人的告知、参加契约内容及与参加人权益保障等相关事项，授权“公平交易委员会”订定管理办法，以使对多层次传销事业的管理内容及范围更为明确化。一般多层次传销事业，虽然没有从事变质多层次传销行为，但有违反多层次传销管理办法的规定者，仍将受到行政处分。

（七）其他欺罔或显失公平行为

“公平交易法”第 24 条规定：“除公平交易法另有规定者外，事业亦不得为其他足以影响交易秩序之欺罔或显失公平之行为。”该条款性质上属于“公平交易法”各条规定的兜底条款。该条的适用范围，应以“足以影响交易秩序”为前提要件，先检视“限制竞争”的规范（独占、结合、联合行为及垂直限制竞争），再检视“不公平竞争”的规范（仿冒、不实广告、损害他人营业信誉等）是否已穷尽某一竞争行为的不法内涵，如果没有，则适用本条款。

1. 足以影响交易秩序

交易秩序，应指符合善良风俗的社会伦理及自由公平的竞争伦理的交易秩序。此外，只要竞争行为在客观上存在足以影响交易秩序的可能性即可，并不以该行为对交易秩序已实际产生影响为限。

2. 欺罔

欺罔是指事业对于交易相对人，以积极欺瞒或消极隐匿重要交易资讯手段，致使交易相对人陷于错误，决定从事交易的行为。就“公平交易委员会”实务处理的案例，其主要行为形式包括：冒用或依附有信赖力的主体（协会或学会）、不实促销手段、隐匿重要交易资讯等。

3. 显失公平

显失公平是指以显失公平的方法从事竞争或商业交易。其具体行为形式包括：攀附他人商誉、高度抄袭、不当比较广告、以胁迫或烦扰方式使交易相对人从事交易等。

三、“公平交易法”的主管机关

依据“公平交易法”第9条规定，“公平交易法”的主管机关在“中央”为“公平交易委员会”（以下简称公平会）；在“直辖市”为“直辖市政府”；在县（市）为县（市）政府。另依“行政院公平交易委员会组织条例”的规定，“公平交易委员会”对“直辖市”、县（市）主管机关执行公平交易所定事项，有指示、监督之责；而“公平交易委员会”就主管事务，得请地方主管机关协助办理或委托其办理。“公平交易法”规定事项，涉及他“部会”之职掌者，由“行政院公平交易委员会”商同各该“部会”办理。

公平会于1992年1月27日正式成立，依据“公平交易法”，享有广泛的职责和权限，包括有关公平交易法规及政策的制定权，有关交易行为违“法”性的审查权，企业竞争行为及商品市场占有率的调查权，对涉嫌违“法”企业的调查和处置权以及对多层次传销企业的规制权等。公平会为独立委员会组织，委员会议采合议制。依据“行政院公平交易委员会组织条例”规定，该会设委员九人，委员为专任，其中主任委员为特任。委员任期3年，可以连任。委员应具备法律、经济、财税、会计或管理等相关学识及经验。

可见，“公平交易委员会”是专司反垄断与反不正当竞争职责的“中央机关”，它与普通的行政机关有所不同，具有准“立法”和准“司法”性质。

四、法律责任

“公平交易法”规定违反该规定的行为应负民事、行政乃至刑事责任，借由民事损害赔偿、行政处罚乃至刑事制裁，使“公平交易法”能具体、完整地实现法的规范功能。

（一）民事责任

“公平交易法”对民事责任部分，特别设“损害赔偿”专章加以规范，具体赋予被害者下列民事请求权：

1. 侵害除去及防止请求权：“公平交易法”第30条规定，事业违反“公平交易法”之规定，致侵害他人权益者，被害人得请求除去之；有侵害之虞者，并得请求防止之。可见，“公平交易法”赋予被害人有积极排除侵害状态的权利——侵害除去请求权和侵害防止请求权，以保护被害人权益。

2. 损害赔偿请求权及最高3倍赔偿额：“公平交易法”第31条规定，事业违反“公平交易法”之规定，致侵害他人权益者，应负损害赔偿责任。第32条规定，如为事业之故意行为，得依侵害情节，酌定损害额以上之赔偿，但不得超过已证明损害额之3倍，即“惩罚性赔偿”。这种较严厉的民事赔偿规定在大陆的《反不正当竞争法》及《反垄断法》中是没有的，应特别注意。

3. 名誉损害恢复请求权：“公平交易法”第34条规定，被害人依“公平交易法”之规定，向法院起诉时，得请求由侵害人负担费用，将判决书内容登载新闻纸。此规定偏重于名誉损害的恢复及社会公众的知情权，除了公正视听，兼具补偿功效。

（二）行政责任

“公平交易法”中订有相关行政制裁规定，包括处以罚锾、命事业停止、改正其行为或采取必要更正措施等手段，均为“公平会”针对事业违反“公平交易法”相关规定时，可以斟酌、衡量的行政制裁手段。

1. 罚锾：罚锾是经济性制裁，是运用最广、最简便的行政制裁手段。事业被处以罚锾的情形包括违法结合、从事变质多层次传销、拒绝公平会的调查等。

2. 停止、改正行为或采取必要更正措施：对事业采取这种行政处罚的情形包括独占事业滥用市场地位、联合行为、仿冒行为、限制竞争或妨碍公平竞争之虞行为、变质多层次传销行为等。

3. 命令解散、停止营业或勒令歇业：事业经行结合或未履行结合所附加条件，从事变质多层次传销行为情节重大的，“公平会”可采取该行政制裁手段。

（三）刑事责任

事业滥用市场地位、未经许可的联合行为、仿冒、从事变质多层次传销、为不公平竞争经公平会命令停止而不停止、损害他事业信誉等行为，依据“公平交易法”第35条至第38条的规定，其刑事责任可达3年以下有期徒刑或并处新台币1亿元以下罚金；法人违反者，并同处罚。

第十三章 “劳动法”

自19世纪末以来，西方工业革命的影响使劳动人口迅速增加，劳工成为最重要的社会构成分子，劳工问题也成了重要的社会问题。世界各国无不依其不同的社会经济发展环境和阶段，制定各种劳动法规，来处理劳工事务，规范或解决劳工相关问题，谋求经济活动的顺利发展。因此，对于劳动法的研究已普遍受到各界的重视。

所谓劳动法，是规范关于劳动关系的法律的统称，换言之，劳动法为规范劳动关系及其附随一切关系的法律制度的全部。而劳动法按其规范性质不同，涵盖了劳动保护、劳动组织、劳动契约、劳动争议、劳动保险等重要部分，分别具有其特殊立法目的和独立法律领域。本章因篇幅所限，将重点介绍台湾的“劳动基准法”。

第一节 “劳动基准法”概述

“劳动基准法”是以确立劳动条件最低标准为目的和范畴，合理保护劳工生存权益的“基本大法”。“劳动基准法”所规定的内容极为广泛，涉及的劳资权利义务事项也极为复杂，对于劳资双方应作为与不作为义务及其法律效果，均有详细规定，因此，“劳动基准法”不仅与劳工的生存权和工作权有密切关系，对雇主的财产权和管理权也有很大的影响。所以，对进入台湾地区投资经营的大陆企业经营者而言，这是一部非常重要的法律。

一、“劳动基准法”的沿革

台湾自20世纪60年代开始，工业、服务业从业人口大幅增长，逐渐超过农业人口。可是在跨国资本以及美国政府的压力下，为了资本利润的考虑，台湾一直无法制定出规范基本劳动条件的“劳动基准法”。但此时，有关保护劳动条件的“立法”，已散见于“工厂法及其施行细则”“矿场法”“工厂检查法”“厂矿工人受雇解雇法”“基本工资暂行办法”“劳工安全卫生法及其施行细则”“台湾省工厂工人退休规则”等法规。尤其是“工厂法”，规定了一般的劳动条件，举凡童工、女工的保护、工时、工资、工作契约、福利、安全卫生、伤病津贴、学徒等都在其规定的范围，可以说是多年来台湾地区最重要的劳动基准“立法”。直到 20 世纪 80 年代，由于美国对台贸易逆差过大，才使美国政府改变施压方向，要求台湾当局保障基本的劳工权益，于是“劳动基准法”才着手研订。由于“劳动基准法”对台湾的劳工福利和企业运营将产生深刻的影响，受到各界的密切注意，所以其“立法”过程极为艰巨，既要针对台湾发展现况，又要顺应社会经济环境的变化，权衡公平与效率。经过相当长久的时间，审慎斟酌损益后，“劳动基准法”方于 1984 年 7 月 30 日通过，并于 8 月 1 日起正式施行，其后从 1996 年起又历经八次修订，逐步修正了有关适用范围和工作时间、主管机关与试用期等的规定。

二、“劳动基准法”的适用

“劳基法”刚订定实施时，只有所谓“七大”行业适用。所谓“七大”行业，根据“劳基法”第 3 条第 1 项的规定，即：（一）农林渔牧业；（二）矿业及土石采取业；（三）制造业；（四）营造业；（五）水电、煤气业；（六）运输、仓储及通信业；（七）大众传播业。第 8 款规定“中央主管机关得指定事业适用本法；指定时，得就事业之部分工作场所或工作者指定适用”。除因经营形态、管理制度及工作特性等因素适用“劳动基准法”确有窒碍难行者，经“中央主管机关”指定公告的行业或工作者可以不适用。但是，因窒碍难行而不适用该规定者，不得超过未纳入“劳动基准法”规范的劳工总数 1/5。这一规定的目的，在于尽量使更多行业的劳工纳入“劳动基准法”保护的范畴。

自 1988 年 4 月 5 日开始，台湾“行政院劳工委员会”陆续指定适用“劳动基准法”的各行业、特定工作者。目前不适用“劳动基准法”的私立特定工作者还有法律服务业的律师、教师、教职员、医疗保健服务业的医师、职业运动业的教练、球员、裁判员、分类其他组织的部分特定工作者。

三、“劳动基准法”内容简介

“劳动基准法”是劳动保护最重要的部分，也是劳动法体系中不可缺少的一环。所谓“劳动基准”，即指关于劳动条件的最低标准；而所谓“劳动条件”，则为劳工受雇从事工作时，劳资双方有关工资、工作时间等种种约定，为劳动者维持正常生活所必需的要件。

台湾“劳动基准法”（下文简称“基准法”）分12章86条，包括有关条文共通性或一般性的规定，劳动契约的确立与终止（含资遣及退休），劳动条件（主要为工资与工时、休假请假，以及工作规则的订定），特殊保护（童工、女工、技术生），职业灾害问题，监督与检查以及罚则等。另有施行细则及相关配套法令（各种办法、规则、准则、要点等等）、解释令。有关资遣、退休、职业灾害补偿的给付期限等，也规定在施行细则中。与“劳基法”一起诞生的是劳工事务的主管机关——“行政院劳工委员会”，在此之前是“内政部”。

“劳动基准法”不只是维护劳工权益的工具，同时也是协调劳资关系、促进劳资合作的重要手段，进而有助于产业发展与经济升级。因此，“劳动基准法”第1条第1项即开宗明义地规定：为规定劳动条件最低标准，保障劳工权益，加强劳雇关系，促进社会与经济发展，特制定本“法”；雇主与劳工所订劳动条件，不得低于本“法”所定之最低标准。意即对劳工权利的部分，可以高于或等于本“法”（例如工资、休假等）；劳工所付出的义务部分（例如工作时间），只能低于或等于本“法”。“劳基法”第2条是用辞定义，对在适用上容易引起争议的法律用辞，先做诠释或说明，包括劳工、雇主、工资、平均工资、事业单位和劳动契约。

劳工，根据第2条第1项规定，是受雇主雇用从工作获致工资者。雇主，是雇用劳工之事业主、事业经营之负责人或代表事业主处理有关劳工事务之人，就是包括老板、董事（长）、总经理、人事主管、各级指挥干部等等。事业单位，即适用本规定各业雇用劳工从事工作之机构。可见，凡“劳动基准法”第3条适用范围内雇用劳工从事工作之机构，不论是营利或非营利事业，其事业主、事业经营之负责人或代表事业主处理有关劳工事务的人，均为雇主，并使其负有“劳动基准法”上有关雇主的责任。至于雇主，其中事业主或事业经营负责人的认定，在实务上有以营利事业登记证或工程登记证所载为认定标准者，也有以法定代理人为负责人者。至于代表雇主处理有关劳工事务之人，则应依事实个案认定。

工资是“劳工因工作而获得之报酬”，各种名目只要是“经常性给予”都包括在内，如果劳工因家中婚丧喜庆而得到公司的抚恤或红包等排除在外（可以排除的项目可参照施行细则第10条）。平均工资指“计算事由发生之当日前六个月内所得工资总额除以该期间之总日数所得之金额”。以上工资和平均工资的定义，对于计算资遣退休、产假、职业灾害补偿等等都会涉及。劳动契约是“约定劳雇关系之契约”，文字、口头、往常习惯或惯例等等都包括在内。

“劳动基准法”第4条规定，主管机关在“中央”为“行政院劳工委员会”，在“直辖市”为“直辖市政府”，在县（市）为县（市）政府，并由“直辖市政府”的劳工局及各县（市）政府的劳工局（科）所承办。

第5条规定，雇主不得以强暴、胁迫、拘禁或其他非法的方法，强迫劳工从事劳动。该规定旨在防止雇主剥夺劳工的自由。为了保障劳动人权，雇主强迫劳动，依“劳动基准法”第75条规定，处五年以下有期徒刑、拘役或科或并科75万元以下罚金，为“劳动基准法”规定处罚中最重者。

为保护劳工权益，避免中间剥削或其他不法行为，“劳动基准法”第6条规定，禁止任何人介入他人的劳动契约而从中抽取不法利益。

“劳动基准法”第7条规定雇主应置备劳工名卡，并对劳工名卡的登记事项作了具体规定。规定雇主应置备劳工名卡，是为了涉及劳工权益问题时，便于主管机关检查或检查机构的监督考查，同时也为事业单位管理所必须。劳工名卡，应保管至劳工离职后5年。

雇主有保护劳工、照顾劳工的义务，“劳动基准法”第8条规定雇主应保障劳工职业上的安全，采取安全措施，防止职业灾害的发生，建立良好的工作环境；为提高劳工生活品质，应采行适当的福利措施；有关安全卫生方面，有“劳工安全卫生法”“职业灾害劳工保护法”等可供遵循，福利方面有“职工福利金条例”等；雇主建立适当的工作环境并有良好的安全与福利措施，也能激励员工士气，提高生产效率。

第二节 “劳动基准法”的主要内容

一、劳动契约

劳动契约是“劳动基准法”的重要内容。劳动契约，顾名思义，是以劳动的给付为约定内容的契约。劳动契约的当事人，一方为雇主，另一方为劳工。雇主可以是自然人或法人，劳工则一定是自然人。且就一般而言，劳动契约的当事人，双方必须皆满20岁的成年人，并且须有行为能力，才能有效签订契约。劳资双方对于雇佣关系达成文字或口头的约定，就算是契约。

劳动契约的内容，主要是约定劳动关系的有关事项，范围极为广泛，例如工作种类、工作时间、工资待遇、奖金津贴、安全卫生、劳工教育、灾害补偿、纪律奖惩等。当然这些事项的约定，应以“劳动基准法”或有关劳动法规作为依据，并应符合公平原则。

（一）定期契约与不定期契约

由于许多劳动法规的基础在于一定的雇佣关系，所以确定契约关系的存在及其内容是很重要的。“劳动基准法”第9条规定了定期契约与不定期契约的种类，实际上是要把定期契约的范围缩小。一般工作场所常常把定期契约工称为“契约工”或“临时工”，不定期契约工则称为“正式工”，而且很多权益或福利（工作权的保障、资遣费与退休金、产假、特休假等等）只有不定期契约工即“正式工”才能享有，所以法律上要限制定期契约工的范围，以免大多数的劳工无法享受到权益与福利。不定期契约工原则上雇主应雇用到退休。

所谓定期劳动契约，指有一定期限的劳动契约。① 依照第9条第1项规定，下列性质的工作可以为定期契约：

1. 临时性工作——指无法预期的非继续性工作，其期间不超过6个月。

2. 短期性工作——指可预期于短期间内完成的非继续性工作，其期间不超过6个月。

3. 季节性工作——指受季节性原料、材料来源或市场销售影响的非继续性工作，其期间不超过9个月。

4. 特定性工作——指可在特定期间完成的非继续性工作，但其期间超过1年者，并应报主管机关核备。

不定期契约，指没有一定期限的劳动契约，即劳动契约的存续期间，不明确约定或不固定。② 依照第9条第1项末段规定，有继续性工作应为不定期契约。因此，

---

① 定期劳动契约，即大陆所称的“有固定期限劳动合同”。

② 不定期劳动契约，即大陆所称的“无固定期限劳动合同”。

“继续性”是不定期劳动契约与定期劳动契约的主要区别所在。但应注意的是，定期契约届满后，有以下情形的视为不定期契约：

1. “劳工继续工作而雇主不即表示反对意思者”——按定期劳动契约，期间届满后，契约关系即已终了，劳雇双方不受拘束。但如果劳工在契约届满后仍继续工作，而雇主明知也不反对，法律推定双方已为默示同意，而将契约关系视为继续存续，借以保护劳工权益。

2. “虽经另订新约，惟其前后劳动契约之工作期间超过九十日，前后契约间断期间未超过三十日者”——即使前后契约内已明文约定各自的存续期间，其约定期间，依规定无效。换言之，劳雇双方当事人前后所签订的两个定期劳动契约，应视为一个不定期劳动契约，以免定期契约长期工作剥夺劳工权益。

但是，前项规定对特定性或季节性的定期工作不适用。

（二）劳动契约的变更

任何契约一经约定，非经双方同意就不能片面更改。劳动契约的内容包括林林总总的劳动条件，举凡工作地点、工作时间、工作内容、薪资、工作场所的环境等等都包括在内。劳动契约要更改时，对劳工有利的改变，雇主可以直接进行，例如加薪或改善工作场所的空气流通；对劳工不利的改变，必须由工会或劳工同意才能进行，否则就是违约，劳工可以依第14条第1项第6款“雇主违反劳动契约或劳工法令，致有损害劳工权益之虞者”来“把雇主开除”并领取资遣费。

劳动契约可以因双方当事人的合意随时解除，也可以由其中一方单方的意思表示而终止。换言之，劳雇双方均有权利单方面终止契约。但是单方面终止契约，不能由一方任意为之，而必须符合法定的特别事由，且其中若干情形并应经预告程序，否则无以保障相对人的权益。以下就劳雇双方终止劳动契约的原因具体加以说明。

（三）雇主终止劳动契约的原因

雇主为契约当事人，因可归责于劳工的事由，或自身经营业务的实际需要，可以依规定要件以单独的意思表示，经预告或不经预告劳工终止劳动契约。但应特别注意，雇主终止劳动契约，除应具备法定特别事由外，还受下列规定的限制：第一，劳工因产假停止工作期间或因职业灾害医疗期间，雇主不得终止劳动契约；第二，劳资争议期间，雇主不得因该争议事件而终止劳动契约；第三，雇主终止权的行使，应依诚实信用原则，并禁止滥用。但雇主因天灾、事变或其他不可抗力致事业不能继续，经报主管机关核定者，不在此限。

1. 雇主应经预告终止契约的情形：（1）歇业或转让时。（2）亏损或业务紧缩时。（3）不可抗力暂停工作在1个月以上时。（4）业务性质变更，有减少劳工的必要，又无适当工作可供安置时。（5）劳工对于所担任的工作确不能胜任时（“劳基法”第11条）。雇主预告终止劳动契约的情形同时适用于定期或不定期劳动契约。

2. 雇主无须预告终止契约的情形：（1）劳工于订立劳动契约时为虚伪意思表示，使雇主误信而有受损害之虞者。（2）劳工对于雇主、雇主家属、雇主代理人或其他共同工作的劳工，实施暴行或有重大侮辱的行为者。（3）劳工受有期徒刑以上刑的宣告确定，而未谕知缓刑或未准易科罚金者。（4）劳工违反劳动契约或工作规则，情节重大者。（5）劳工故意损耗机器、工具、原料、产品，或其他雇主所有的物品，或故意泄漏雇主技术上、营业上的秘密，致雇主受有损害者。（6）劳工无正当理由继续旷工3日，或1个月内旷工达6日者。雇主依前项第1款、第2款及第4款至第6款规定终止契约者，应自知悉其情形之日起，30日内为之。（“劳基法”第12条）

3. 雇主终止劳动契约的预告期间：（1）继续工作3个月以上1年未满者，于10日前预告之。（2）继续工作1年以上3年未满者，于20日前预告之。（3）继续工作3年以上者，于30日前预告之。劳工于接到前项预告后，为另谋工作可以于工作时间请假外出。其请假时数，每星期不得超过2日的工作时间，请假期间的工资照给。雇主未依第1项规定期间预告而终止契约者，应给付预告期间的工资。（“劳基法”第16条）

（四）劳工终止劳动契约的原因

1. 劳工应经预告终止契约的情形：（1）特定性定期契约期限逾3年者，于届满3年后，劳工得终止契约。但应于30日前预告雇主。（2）不定期契约，劳工终止契约时，应准用第16条第1项规定期间预告雇主。（“劳基法”第15条）

2. 劳工无须预告终止契约的情形：（1）雇主于订立劳动契约时为虚伪之意思表示，使劳工误信而有受损害之虞者。（2）雇主、雇主家属、雇主代理人对于劳工，实施暴行或有重大侮辱之行为者。（3）契约所订的工作，对于劳工健康有危害之虞，经通知雇主改善而无效果者。（4）雇主、雇主代理人或其他劳工患有恶性传染病，有传染之虞者。（5）雇主不依劳动契约给付工作报酬，或对于按件计酬的劳工不供给充分的工作者。(6) 雇主违反劳动契约或劳工法令，致有损害劳工权益之虞者。劳工依前项第1款、第6款规定终止契约者，应自知悉其情形之日起，30日内为之。有第1项第2款或第4款情形，雇主已将该代理人解雇或已将患有恶性传染病者送医或解雇，劳工不得终止契约。("劳基法"第14条)

二、劳动条件

(一) 工资

给付工资是雇主应尽的义务，雇主在履行此项义务的同时，为避免损及劳工权益，应遵循"劳动基准法"的强制规范，并确立以下原则：

1. 应以法定通用货币给付工资。基于习惯或业务性质，如工资一部分以实物给付而无损劳工利益时也可行，但应在劳动契约中言明，且其作价及用途应公平合理。("劳基法"第22条)

2. 应全额直接给付劳工。所谓全额，指不能折扣给付；所谓直接，意指劳工亲自受领。("劳基法"第22条)

3. 每月至少定期发给工资两次("劳基法"第23条第1项)。雇主不按期给付工资者，主管机关得限期令其给付("劳基法"第27条)。这两条规定，用意在避免雇主因给付迟延而积欠工资，且其同样适用于按件计酬的工资。雇主一旦积欠工资，劳工如果依照民事诉讼途径要求支付工资则所需费用庞大，且可能旷日持久，难以解决劳工生活迫切所需，将形成严重的社会问题，所以"劳基法"赋予了主管机关限令付清的权限。

4. 雇主应备置劳工工资清册，并保存五年("劳基法"第23条第2项规定)。这是劳工请求权利的重要凭证，也是主管机关处理劳资争议或计算平均工资的依据。

5. 同工同酬的原则。雇主对劳工不得因性别而有差别待遇。工作相同、效率相同者，给付同等工资。("劳基法"第25条)

6. 雇主不得预扣工资抵偿违约金或赔偿费用。("劳基法"第26条)

7. 加班工资的计算标准("劳基法"第24条)：

(1) 延长工作时间在两小时以内者，按平日每小时工资额加给1/3以上。

(2) 延长工作时间在两小时以内者，按平日每小时工资额加给2/3以上。

(3) 依第32条第3项规定，延长工作时间者，按平日每小时工资额加倍发给之。

（二）工作时间、休息、休假

1. 工作时间

劳工正常工作时间，按照“劳动基准法”第30条第1项规定，每日不得超过8小时，每两周工作总时数不得超过84小时。在此正常工作时间以外工作者，依照第32、33条的规定。[①] 这些加班都必须在一定条件下（季节关系、换班、准备或补充性工作），雇主经工会或劳工同意并报当地主管机关（如县政府）核备才可以进行。如果因天灾事变或突发事件必须加班，必须在开始加班24小时内通知工会或报主管机关核备，并且事后要有补休。坑道工作除以监视为主的工作（就是轻体力的工作），则不得加班，这主要是要保护矿工的身体健康与安全。延长的工作时间，男工1日不得超过3小时，1个月工作总时数不得超过46小时；女工1日不得超过2小时，1个月工作总时数不得超过24小时。

2. 休息、休假

“劳基法”第35条规定，劳工继续工作4小时，至少应有30分钟的休息。但实行轮班制或其工作有连续性或紧急性者，雇主得在工作时间内，另行调配其休息时间。“劳基法”第36条规定，每7日至少要有一日的休息作为例假，例假原则上绝对禁止上班（加班）。

第37条规定纪念日、劳动节及其他“中央主管机关”规定应放假的节日应该休假。“劳动基准法施行细则”第23条列出了“劳动基准法”第37条规定的19天假日，包括元旦和1月2日、和平纪念日（2.28）、青年节、教师节、国庆节、蒋公诞辰、孙中山诞辰、“行宪”、春节的除夕至初三、妇幼节、清明、端午、中秋、台湾光复节。必要时“中央主管机关”还可以再指定其他应放假节日。

除了上述休假，劳工在同一雇主或事业单位，继续工作满一定期间者，每年还享有依年资计算的特别休假：1年以上未满3年者7日，3年以上未满5年者10日，5年以上未满10年者14日，10年以上者每1年加1日但最多30日（“劳基法”第38条）。特别休假的休假日由劳资双方协商排定，年度终止或劳动契约终止时未休

---

① “劳动基准法”第32条：“雇主延长劳工之工作时间连同正常工作时间，一日不得超过十二小时。延长之工作时间，一个月不得超过四十六小时。”第33条：“第三条所列事业，除制造业及矿业外，因公众之生活便利或其他特殊原因，有调整第30条、第32条所定之正常工作时间及延长工作时间之必要者，得由当地主管机关会商目的事业主管机关及工会，就必要之限度内以命令调整之。”

完的假应由雇主加发工资（即视同假日加班）。

前述第36、37、38条规定的假日工资由雇主照给，如果事先经工会或劳工同意要上班，还要付加班费。这些假日的加班时数不列入第32条加班时数上限的计算内。雇主因天灾事变突发事件而临时决定假日加班（未事先征得劳工同意）时，应付加班费并于事后给予补休。

（三）工作规则的订定

工作规则，即工作规范，是劳工在工作场所应遵守的事项，是为保障劳工权益、维护劳工安全与健康不可或缺的管理措施。工作规则所载事项，当然对雇主也具有拘束力，雇主也应遵守并执行。

根据“劳基法”第70条及其“施行细则”第37条的规定，雇主于雇用劳工人数满30人时，应依其事业性质，订立工作规则，并于30日内报请当地主管机关核备并公开揭示。工作规则的订定，必须依据劳动法令、劳资协议以及事业单位的管理制度，尤其对于工资、工作时间、休息、休假、退休、资遣、灾害补偿等劳动条件，必须符合最低标准的规定，否则无效。所谓“事业性质”，即指事业的不同类别或性质，例如“劳基法”第3条适用的各业，农、林、渔、牧业、制造业、营造业或其他事业，以及不同的作业环境，例如电气作业、高处作业、铅作业、有机溶剂作业等等。

三、特殊保护

随着社会结构的改变，以及因应经济发展的需要，童工、女工占有全部劳工人数的比例日益增多，对工业发展的进程做出了重要的贡献。由于童工和女工在体能、生理等方面先天上的限制，所以各国在劳工立法上都采取强制手段特别保护。

（一）童工

根据“劳基法”第44条，15岁以上未满16岁之受雇从事工作者，为童工。台湾“国民教育法”规定7岁至15岁儿童应接受“国民教育”，且义务教育期限为9年，儿童6岁入学，15岁毕业。为与台湾地区的教育政策一致并参照有关国际公约，“劳基法”特规定雇主不得雇用未满15岁的儿童从事工作，但部分轻便工作无碍其身心健康及正常教育的则放宽此限制。且未满16岁而受雇从事工作者，雇主应置备其法定代理人同意书及其年龄证明文件。

童工心智发育尚未成熟，体力有限，缺乏工作经验，不能从事长时间的劳动，尤其有碍健康或具危险性的工作，更应避免让童工担任，以免受到意外伤害，所以“劳基法”作了相应规定。对童工的特别保护体现在：

1. 童工不得从事繁重及危险性工作（“劳基法”第44条第2项）。所谓繁重工作，是指非童工智力或体力所能从事的工作；所谓危险性工作，则依劳工安全卫生有关法令的规定。“劳工安全卫生法”第20条列举了雇主不得雇用童工从事的工作，包括坑内工作，处理爆炸性、引火性等物质的工作，散布有毒气体或有害辐射线场所内的工作，有尘埃、粉末散布场所的工作，超过220伏特电力线的衔接等。

2. 对童工工作时数的限制：童工每日工作时间不得超过8小时，例假日不得工作。（“劳基法”第47条）

3. 童工夜间工作的禁止：童工不得于午后8时至翌晨6时的时间内工作。（“劳基法”第48条）

应当注意，上述关于童工特别保护的条款为强制规定，不因其他任何因素而改变，对雇主有绝对的拘束力，即使经童工本人同意，也不例外。

（二）女工

所谓女工，即受雇从事工作的女性劳工。随着时代的进步以及教育的普及化，尤其是职业训练普遍受到重视，女性的专业知识水准大幅提高。加上工业发达的结果，各种行业分工精细，劳动不再是单纯体力的付出，使得女工在就业市场中所占比率逐渐提高。但女工毕竟在体能、生理方面与男性劳工相比有先天的不足，所以各国对女工的工作时间、工作种类以及福利设施方面都有特别规定。这些规定不仅对女工的个人身体健康和特殊生理原因而予以考虑，同时也兼顾家庭和育儿的需要。台湾“劳动基准法”对女工的特别保护体现在：

1. 夜间工作的禁止：女工不得于午后10时至翌晨6时的时间内工作。但雇主经工会同意，如事业单位无工会，则经劳资会议同意后，且符合下列情形的则不在此限：（1）提供必要的安全卫生设施；（2）无大众运输工具可资运用时，提供交通工具或安排女工宿舍。

2. 分娩前后的保护

（1）分娩前后：女工分娩前后，应停止工作，给予产假8星期；妊娠3个月以上流产者，应停止工作，给予产假4星期。依此规定停止工作的，受雇工作在6个月以上者，停止工作期间工资照给；未满6个月者减半发给。（“劳基法”第50条）

（2）妊娠期间：女工在妊娠期间，如有较为轻易的工作，得申请改调，雇主不得拒绝，并不得减少其工资。（“劳基法”第51条）

（3）哺乳期间：子女未满一岁须女工亲自哺乳者，于第35条规定的休息时间外，雇主应每日另给哺乳时间两次，每次以30分钟为度。且哺乳时间，视为工作时间。（“劳基法”第52条）

（三）技术生

技术生，在台湾地区“工厂法”中称为学徒，是以学习职业上的技术为目的，接受职业教育与训练的人，与一般从事工作获取报酬的劳工性质不同。台湾“劳基法”也对技术生作了特别规定。首先，雇主招收技术生时，必须与其签订书面训练契约，订明训练项目、训练期限、膳宿负担、相关教学、劳工保险、结业证明等有关双方的权利、义务事项，并送主管机关备案。其次，雇主不得向技术生收取有关训练费用。第三，雇主留用技术生应与同等工作的劳工享受同等待遇。技术生人数不得超过劳工人数1/4。“劳动基准法”第四章有关工作时间、休息、休假，第5章童工、女工，第7章灾害补偿及其他劳工保险等有关规定，对技术生都准用。技术生灾害补偿所采薪资计算的标准，不得低于基本工资。

四、退休

“劳动基准法”第六章就劳工退休条件、退休金给予标准、退休准备金提拨、工作年资起算、退休金请求实效等作了相应规定。退休，即退职休养的意思；所谓“退休金”，本质上应属养老金，可以说是对长期辛勤工作者所给予的回报或补偿，以照顾其退休后享有安定的生活。劳工退休根据“劳动基准法”的规定，分为“自请退休”与“强制退休”两种。

（一）自请退休

自请退休，也称自愿退休，即劳工虽未届退休年龄但其工作已达最低服务年限，或已满一定年龄且符合法定服务年资而自愿请求退休。根据“劳基法”第53条规定，劳工有下列情形的，得自请退休：1. 工作15年以上年满55岁者。2. 工作25年以上者。3. 工作10年以上年满60岁者。

凡符合上述自请退休条件的，劳工有权随时请求退休。即使雇主依据“劳基法”第11条规定预告劳工终止劳动契约，其已符合退休规定者，也应给予退休并依第 55 条第 1 项规定发给退休金，雇主不得以资遣方式办理，以此保障劳工权益。雇主如有违反，依第 78 条规定处置。

（二）强制退休

强制退休，也称命令退休或届龄退休，是指劳工工作年龄已届最高服务年限，或具特殊事由不堪胜任工作者，雇主可以强制其退休。依照“劳基法”第 54 条第 1 项的规定，劳工非有下列情形之一的，雇主不得强制其退休：1. 年满 65 岁者。2. 心神丧失或身体残废不堪胜任工作者。前项第一款所规定之年龄，对于担任具有危险、坚强体力等特殊性质的工作者，得由事业单位报请“中央主管机关”予以调整。但不得少于 55 岁。从这条表述可推论，即使劳工具有强制退休的条件，但雇主不行使强制退休的权利时，亦无不可。但应注意的是，如果劳工年满 65 岁而工作未满 10 年者，可否自请退休，事关雇主意愿和劳工权益，但劳动基准法没有明文规定，所以劳资双方可以本着相互尊重对方意愿及善意对待原则，自行协商解决。为免争议，最好事先于劳动契约或工作规则中明订。

（三）退休金的给予标准

退休金基数是计算退休金数额的基础，即以点数折算退休金。退休金基数的计算，是以工作年资与平均工资作为依据，三者紧密结合，互相影响。“劳动基准法”第 55 条对于劳工退休金给予的基数标准，按照“核准退休时 1 个月平均工资计给”，即按“劳基法”第 2 条第 4 款的规定，以退休发生当日前 6 个月内所得工资总额除以该期间的总日数所得的金额为平均工资。所定退休金，雇主如无法一次发给时，规定可以报经主管机关核定后，予以分期给付。

第 55 条关于劳工退休金基数的计算规定如下：1. 按其工作年资，每满 1 年给予 2 个基数。但超过 15 年的工作年资，每满 1 年给予 1 个基数，最高总数以 45 个基数为限。未满半年者以半年计；满半年者以 1 年计。2. 依第 54 条第 1 项第 2 款规定，强制退休的劳工，其心神丧失或身体残废系因执行职务所致者，依前款规定加给 20% 。“劳基法”施行前，事业单位原定退休标准优于“劳基法”的，从其规定。

为确保劳工退休金获得完全给付，不因事业单位结束营业、歇业或财务困难而受影响，使雇主真正履行给付义务，避免劳资纠纷、影响社会安定和经济发展，“劳基法”特别设计了劳工退休准备金提拨制度，责成雇主按月依所定提拨率提拨劳工退休准备金，以支付劳工退休金之用。“劳基法”第56条规定，雇主应按月提拨劳工退休准备金，专户存储，并不得作为让与、扣押、抵销或担保之标的；其提拨之比率、程序及管理等事项之办法，由“中央主管机关”拟订，报请“行政院”核定之。为落实劳工退休准备金提拨制度的实施，照顾居于弱势地位的广大劳工，在“劳基法”公布实施后，台湾又相继发布了多项配合法规，包括劳工退休准备金提拨及管理办法、事业单位劳工退休准备金监督委员会组织准则、劳工退休基金收支保管及运用办法、劳工退休金监理委员会组织规程等，用以规范、监督、管理及运用劳工退休准备金。

五、职业灾害补偿

随着各国工业与经济的迅速发展，生产技术不断革新的同时，劳工因工作上的原因所造成的意外伤亡或罹患职业疾病的情况也相对增加。所以，如何防止职业灾害的发生或将职业灾害减少到最低程度，是工业现代化不可忽视的课题，也成为劳工保护立法的重要部分。

所谓职业灾害，是指基于工作上的原因（包括劳工就业场所的建筑物、设备、原料、材料、化学物品、气体、粉尘等或作业活动及其他职业上的原因）引起的劳工疾病、伤害、残疾或死亡。例如：上下班必经之路的途中发生交通事故（非劳工自身违反交通规则者），在厂内上厕所受伤，慢性病因工作而发作，因厂内地上油污而滑倒等等，全部包括在内。

劳工一旦遭受职业灾害，轻者短暂丧失工作能力，重者可能永久丧失工作能力甚至死亡。劳工不但必须负担医疗费用，而且还会因失去工作机会使自己及其家属的生活陷入困境。因此各国对于职业灾害造成的劳工的损害，除了劳工保险的保障外，都会通过立法明确雇主负担赔偿或补偿的责任，给予劳工或其家属救助。台湾“劳基法”第59条规定了雇主应补偿的金额，包括：第一，凡属劳保条例认定的职业病或工作伤害，医疗费用由雇主负担；第二，医疗期间劳工不能工作期间“原领工资”由雇主补偿，这里的“原领工资”是指发生职灾前1日的工资或前1个月的工资再除以30；职业病患的原领工资如果低于其平均工资，则以平均工资为准。第三，前述医疗期间如果满两年而劳工仍未能痊愈，经劳保指定医院诊断丧失原有工作能力，又不符合请领残废给付的标准，雇主可以一次给付40个月的平均工资，终止劳动契约（即双方权利义务就此了结）。第四，治疗终止后如果劳保指定医院诊断为残废，则雇主应给予残废补偿；残废的程度和补偿几日的工资额，要依照劳保条例的等级表（例如断拇指及其他共 3 根手指头则领 360 日工资）。该等级表等于把劳工身体的每一部分都论斤计价，普通事故造成的残废照表给付，职业灾害造成的残废则照表 1.5 倍补偿。第五，职业死亡时雇主应给与家属平均工资 5 个月的丧葬费和 40 个月的死亡补偿。

根据“劳基法”第 13 条规定，劳工因遭遇职业灾害的治疗期间，除非因天灾、事变或其他不可抗力使事业不能继续经营，并经报主管机关核定者，否则雇主不得终止劳动契约。如果因为残废使劳工必须更换工作岗位，雇主不得任意调降工资。因为伤病医疗而请的假称为“公伤假”，不同于一般病假，没有日数的上限，而且请假期间雇主要付全额的工资。

必须指出的是，雇主对职业灾害或职业病的责任是“无过失责任主义”，也就是即使雇主采取了一切安全卫生的措施仍然发生事故时，雇主仍要承担劳基法所规定的责任。而且如果是雇主（“劳基法”所指的雇主还包括了代理雇主行使管理、指挥、调度及人事主管等人员）违规失职，则除了“劳基法”的补偿外，雇主还要根据“民法”或“刑法”的相关侵权或过失赔偿责任另外再行损害赔偿。

六、监督与检查

劳工检查，是指检查机关依据法律授权，运用公权力监督事业单位履行劳动基准，提供必需的安全卫生及福利设施，以贯彻劳工政策、保障劳工合法权益。劳工检查的目的在于促进各种有关保护劳工福利条款的实施，诸如劳工条件、安全卫生及福利设施等，是世界各国所推行的重要制度。由于劳工检查具有专业性、技术性的特点，所以台湾在劳工检查组织和制度的设计上，设置了专门机构主司其事，以减少行政束缚，发挥独立自主作业功能，并将劳动条件、安全卫生及福利设施等并由同一检查机构实施检查。

一般而言，台湾的劳工检查程序分为检查前的全面了解、实施检查以及检查后的处理三个步骤，甚至将每一个步骤的时间分配各占 1/3，因此又有“三三制检查时间”之称。

“劳动基准法”第 72 条到第 74 条规定了“中央”与地方主管机关为检查机关，可以设检查机构派员检查各事业单位有无违规状况。事业单位有配合检查、提供数据等义务。劳工发现事业单位违规可以向行政机关申诉，雇主不得因劳工申诉而予以解雇、调职或其他不利处分（包括减薪、增加工作量、刻意刁难、辱骂、讽刺、嘲笑等等）。

七、罚则

“劳动基准法”规定违反该规定的行为应负行政乃至刑事责任。

（一）行政责任

“劳动基准法”中有关行政制裁的规定，体现为最低2万元，最高45万元的罚锾，适用的行为几乎涉及雇主违反劳动契约、工资、休息休假、特殊保护、职业灾害补偿等所有领域。且根据第82条的规定，该规定所定的罚锾，经主管机关催缴，雇主仍不缴纳时，可以移送法院强制执行。

（二）刑事责任

依据“劳动基准法”第75条至第77条的规定，违反“劳动基准法”应承担刑事责任的形式包括最高5年的有期徒刑、拘役或科或并科最高至75万元新台币的罚金。法人的代表人、法人或自然人的代理人、受雇人或其他从业人员，因执行业务违反该规定，除依规定处罚行为人外，对该法人或自然人并应处以各该条所定的罚金或罚锾。但法人之代表人或自然人对于违反之发生，已尽力为防止行为者，不在此限。法人之代表人或自然人教唆或纵容为违反之行为者，以行为人论。

第十四章 “知识产权法”

第一节 “专利法”

台湾地区专利分为发明、新型和设计三种类型。这三种专利类型的主要区别在于：第一，在专利保护的客体方面，发明保护针对物品和方法的技术创作。新型保护的是产品的形状、构造或其结合的技术创作。但新型要求的技术创作高度较低，故有“小发明”之称。而且，发明的对象可以是物品或方法，而新型专利只涉及物品，不包括方法。设计的保护客体与发明、新型明显不同，它所保护的是对于物品的视觉效果的创作，是一种设计方案而非技术方案。第二，在专利申请的审查方面，新型采用的是形式审查制，而发明及设计则实行实质审查制。第三，在专利的保护期方面，发明专利之保护期自申请日起 20 年届满。在特殊情况下，届满得延长。例如医药品、农药品或其制造方法发明专利权之实施，依其他法律规定，应取得许可证者，其于专利案公告后取得时，专利权人得以第一次许可证申请延长专利权期间，并以一次为限，且该许可证仅得据以申请延长专利权期间一次。① 新型专利权保护期自申请日起 10 年届满。设计专利权保护期自申请日起 12 年届满。衍生设计专利权期限与原设计专利权期限同时届满。

一、发明专利

所谓发明，指利用自然法则之技术思想之创作。若要获得发明专利权，必须具备新颖性、进步性与产业可利用性三个要件。

---

① “专利法”第 53 条第 1 项。

（一）新颖性

若申请之发明专利于申请前已见于刊物、已公开实施或者申请前已为公众所知悉，则丧失新颖性，无法取得发明专利。但是，如果是因实验而公开、发表于刊物、陈列于行政机关主办或认可之展览会或者非出于其本意而泄漏者，于其事实发生后六个月内申请，提出证明文件，则例外地认为不丧失新颖性。此外，倘若申请专利之发明，与申请在先而在其申请后始公开或公告之发明或新型专利申请案所附说明书、申请专利范围或图式载明之内容相同者，不得取得发明专利。但其申请人与申请在先之发明或新型专利申请案之申请人相同者，不在此限。

（二）进步性

进步性，又称非显而易见性，是指其所属技术领域中具有通常知识者依申请前之先前技术所能轻易完成。具有通常知识者，系一虚拟之人，他具有该发明所属技术领域中之通常知识及执行例行工作、实验的普通能力，能够理解利用申请日之前的先前技术。该发明所属技术领域中具有通常知识者，依据一份或多份引证文件中所揭露的先前技术，并参酌申请时的通常知识，能够将该先前技术以简单的转换、改变或推理即可完成申请专利之发明，该发明即属于显而易见，应认定为能轻易完成之发明。

（三）产业可利用性

产业可利用性，指申请专利之发明，必须在产业上可以利用。若申请专利之发明能被制造或使用，即可认定该发明具有产业可利用性。所谓制造或使用，只要依照所申请发明专利的技术内容，能够在产业上制造所发明之物品或使用所发明之方法，并不要求该发明实际上已被制造或使用。

不过，并非所有具备新颖性、进步性和产业可利用性的发明均可以申请专利。以下各项“专利法”明确规定不授予专利权：一是动、植物及生产动、植物之主要生物学方法，但微生物学之生产方法不在此限。二是人类或动物之诊断、治疗或外科手术方法。三是妨害公共秩序或善良风俗者。

二、新型专利

新型，指利用自然法则之技术思想，对物品之形状、构造或组合之创作。新型专利申请若要取得专利权，也必须具备新颖性、进步性和产业可利用性，其要求与发明专利相同，在此不再赘述。

新型专利申请只能针对物品的形状、构造或其结合提出，而不能是方法。因此，新型专利申请文件中必须有图式。此外，新型有妨害公共秩序或善良风俗者，不予新型专利。新型专利采用形式审查制，申请专利之新型，经形式审查认为无不予专利之情事者，应予专利，并应将申请专利范围及图式公告之。

由于新型专利未经实质审查，其权利状态具有较大的不确定性。因此，申请专利之新型经公告后，任何人得向专利专责机关申请新型专利技术报告。新型专利权人行使新型专利权时，应提示新型专利技术报告进行警告。新型专利权人之专利权遭撤销时，就其于撤销前，因行使专利权所致他人之损害，应负赔偿责任；但其系基于新型专利技术报告之内容，且已尽相当之注意者，不在此限。

三、设计专利

设计，指对物品之全部或部分之形状、花纹、色彩或其结合，透过视觉诉求之创作。在2011年“专利法”修正后，应用于物品之计算机图像及图形用户界面，亦得申请设计专利。

设计专利亦须具备新颖性，若申请之设计专利于申请前有相同或近似之设计，已见于刊物；申请前有相同或近似之设计，已公开实施或者申请前已为公众所知悉，则丧失新颖性，无法取得新型专利。但是，如果是因实验而公开、发表于刊物、陈列于行政机关主办或认可之展览会或者非出于其本意而泄漏者，于其事实发生后6个月内申请，提出证明文件，则例外地认为不丧失新颖性。此外，申请专利之设计，与申请在先而在其申请后始公告之设计专利申请案所附说明书或图式之内容相同或近似者，不得取得设计专利。但其申请人与申请在先之设计专利申请案之申请人相同者，不在此限。

在非显而易见性方面，新型专利如果为其所属技艺领域中具有通常知识者依申请前之先前技艺易于思及时，不得取得设计专利。至于产业可利用性方面，其要求与发明、新型相同，须在产业上能够制造或使用。

按照“专利法”的规定，某些设计申请不能取得专利权，包括：纯功能性之物品造型、纯艺术创作、积体电路电路布局及电子电路布局、物品妨害公共秩序或善良风俗者。上述事项有的可以获得著作权或积体电路电路布局权的保护，不必用专利权保护；有的则是出于维护公共秩序的需要而将其排除在设计专利之外。

当同一人有两个以上近似之设计，可以申请设计专利及其衍生设计专利。衍生设计之申请日，不得早于原设计之申请日。申请衍生设计专利，于原设计专利公告后，不得为之。同一人不得就与原设计不近似，仅与衍生设计近似之设计申请为衍生设计专利。

四、专利之申请与审查

（一）专利申请权人

有权提出专利申请之人，称为专利申请权人。当专利申请被批准后，专利申请权人即称为专利权人。按照“专利法”的规定，受雇人于职务上所完成之发明、新型或设计，其专利申请权及专利权属于雇用人，雇用人应支付受雇人适当之报酬。但契约另有约定者，从其约定。所谓职务上之发明、新型或设计，指受雇人于雇佣关系中之工作所完成之发明、新型或设计。受雇人于非职务上所完成之发明、新型或设计，其专利申请权及专利权属于受雇人。但其发明、新型或设计系利用雇用人资源或经验者，雇用人得于支付合理报酬后，于该事业实施其发明、新型或设计。受雇人完成非职务上之发明、新型或设计，应即以书面通知雇用人，如有必要并应告知创作之过程。雇用人于前项书面通知到达后6个月内，未向受雇人为反对之表示者，不得主张该发明、新型或设计为职务上发明、新型或设计。

一方出资聘请他人从事研究开发者，其专利申请权及专利权之归属依双方契约约定；契约未约定者，属于发明人、新型创作人或设计人。但出资人得实施其发明、新型或设计。

专利申请权为共有者，应由全体共有人提出申请。二人以上共同为专利申请以外之专利相关程序时，除撤回或抛弃申请案、申请分割、改请或另有规定者，应共同联署外，其余程序各人皆可单独为之。但约定有代表者，从其约定。上述应共同联署之情形，应指定其中一人为应受送达人。未指定应受送达人者，专利专责机关应以第一顺序申请人为应受送达人，并应将送达事项通知其他人。专利申请权为共有时，非经共有人全体之同意，不得让与或抛弃。

专利申请权共有人非经其他共有人之同意，不得以其应有部分让与他人。专利申请权共有人抛弃其应有部分时，该部分归属其他共有人。

继受专利申请权者，如在申请时非以继受人名义申请专利，或未在申请后向专利专责机关申请变更名义者，不得以之对抗第三人。

（二）专利申请资料

申请发明专利，由专利申请权人备具申请书、说明书、申请专利范围、摘要及必要之图式，向专利专责机关申请之。对于说明书记载的技术内容，要求“说明书应明确且充分揭露，使该发明所属技术领域中具有通常知识者，能了解其内容，并可据以实现”。申请专利范围应界定申请专利之发明，申请专利范围可以包括一项以上之请求项，各请求项应以明确、简洁之方式记载，且必须为说明书所支持。摘要应叙明所揭露发明内容之概要。但是摘要不得用于决定揭露是否充分，以及申请专利之发明是否符合专利要件。

新型专利的申请资料与发明专利相同。

设计专利的申请资料包括申请书、说明书及图式。说明书及图式应明确且充分揭露，使该设计所属技艺领域中具有通常知识者，能了解其内容，并可据以实现。与发明、新型专利申请相比，设计专利申请不需要摘要。

（三）申请原则

台湾地区专利制度采取“先申请原则”，即相同发明或新型有两个以上之专利申请案时，仅得就其最先申请者准予发明专利。相同或近似之设计有两个以上之专利申请案时，仅得就其最先申请者，准予设计专利。

在2011年的修订中，新增了一案两请的规定，其第32条规定：“同一人就相同创作，于同日分别申请发明专利及新型专利，其发明专利核准审定前，已取得新型专利权，专利专责机关应通知申请人限期择一；届期未择一者，不予发明专利。申请人依前项规定选择发明专利者，其新型专利权，视为自始不存在。发明专利审定前，新型专利权已当然消灭或撤销确定者，不予专利。”

专利申请原则上采取“一发明一专利原则”，即“申请发明专利，应就每一发明提出申请”。① 但在特定情形下，也允许在一件专利申请案中提出两项以上的专利申请。“二个以上发明，属于一个广义发明概念者，得于一申请案中提出申请”。② 所谓“二个以上发明，属于一个广义发明概念者”，指两个以上发明，在技术上相互关联。而技术上相互关联，是指请求项中所载之发明应包含一个或多个相同或相对应的技术特征，且该技术特征是使发明在新颖性、进步性等专利要件方面对先前

---

① “专利法”第33条第1项。

② “专利法”第33条第2项。

技术有所贡献之特定技术特征。

（四）申请日之认定

由于专利申请实行先申请原则，只有申请日在先的专利申请才能授予专利权，而且专利权的保护期限也从申请日起算，因此，申请日的认定对专利权的保护具有重要意义。关于申请日的认定包括下列四种情形：

1. 新申请案

“专利法”第25条规定：“申请发明专利，以申请书、说明书、申请专利范围及必要之图式齐备之日为申请日。说明书、申请专利范围及必要之图式未于申请时提出中文本，而以外文本提出，且于专利专责机关指定期间内补正中文本者，以外文本提出之日为申请日。未于前项指定期间内补正中文本者，其申请案不予受理。但在处分前补正者，以补正之日为申请日，外文本视为未提出。”

2. 分割申请案

所谓分割申请案，是指将原来包括在一个专利申请案中的两项以上发明分割出来，分别单独提出专利申请。根据第34条：“申请专利之发明，实质上为二个以上之发明时，经专利专责机关通知，或据申请人申请，得为分割之申请。分割后之申请案，仍以原申请案之申请日为申请日；如有优先权者，仍得主张优先权。”

3. 不同种类专利之改请

专利之改请，包括以下情形：申请发明或设计专利后改请新型专利；申请新型专利后改请发明专利；申请设计专利后改请衍生设计专利；申请发明或新型专利后改请设计专利。不同种类专利之改请，均以原申请案之申请日为改请案之申请日。

4. 申请人援用非申请人之申请日

按照“专利法”的规定，倘若发明为非专利申请权人提出申请，或者专利申请权为共有时，非由全体共有人提出申请，经真正申请权人或其他共有人于专利案公告后两年内提起举发，举发撤销该专利权确定后两个月内，就相同发明申请专利，可以援用原案申请日为其申请日。①

（五）优先权日

优先权分为国际优先权和国内优先权。国际优先权，指申请人在世界贸易组织

① “专利法”第35条。

成员或相互承认优先权的外国第一次提出专利申请，发明和新型专利申请在 12 个月内，设计专利申请在 6 个月内，以该外国的专利申请案为基础，在台湾申请专利，申请人得主张该外国专利申请案之申请日为优先权日。国内优先权，指申请人基于其在国内先申请之发明或新型专利案再提出专利之申请者，得就先申请案申请时说明书、申请专利范围或图式所载之发明或新型，主张优先权。不过，设计专利不适用国内优先权。

主张优先权时，不论国际优先权或国内优先权，新颖性、进步性等专利要件的审查，均以优先权日为准。

（六）审查程序

依据“专利法”的规定，发明专利和设计专利申请采实体审查制，而新型专利采形式审查制。形式审查，指检视各种申请文件是否符合“专利法”的规定，如文件是否齐备、撰写方式是否符合法定形式、是否于法定期间内行为等。实体审查，指审查专利申请的内容是否为专利保护范围及是否具备专利要件。

在发明专利审查程序中，采取早期公开和依申请实体审查制。即专利专责机关接到发明专利申请文件后，经审查认为无不合规定程序，且无应不予公开之情事者，自申请日后经过 18 个月，应将该申请案公开。专利专责机关得因申请人之申请，提早公开其申请案。不予公开之情事有：自申请日后十五个月内撤回者；涉及“国防机密”或其他“国家安全”之机密；妨害公共秩序或善良风俗。请求实体审查制，即发明专利申请日起 3 年内，任何人均得向专利专责机关申请实体审查，经审查符合“专利法”规定，授予发明专利。

在新型专利审查程序中，采用形式审查制。倘若未发现以下情事：新型非属物品形状、构造或结合；违反公共秩序或善良风俗；违反一发明一申请原则；说明书及图式未揭露必要事项或其揭露明显不清楚；修正明显超出申请时说明书、申请专利范围或图式所揭露之范围，即可授予新型专利，并将申请专利范围及图式公告之。

在设计专利审查程序中，采用实体审查制，但无类似发明专利之早期公开制，亦无申请实体审查制。无需申请人申请即直接进入实体审查。

五、专利权之效力及其限制

发明专利权人，除本“法”另有规定外，专有排除他人未经其同意而实施该发明之权。物之发明之实施，指制造、为贩卖之要约、贩卖、使用或为上述目的而进口该物之行为。方法发明之实施，指使用该方法或使用、为贩卖之要约、贩卖或为上述目的而进口该方法直接制成之物。新型专利权人，除本“法”另有规定外，专有排除他人未经其同意而实施该新型之权。设计专利权人，除本“法”另有规定外，专有排除他人未经其同意而实施设计或近似设计之权。

出于公共利益的考虑，专利权通常会受到适当的限制，这些限制包括以下情形：是非出于商业目的之未公开行为；以研究或实验为目的实施发明之必要行为；申请前已在台湾实施，或已完成必须之准备者。但于专利申请人处得知其发明后未满六个月，并经专利申请人声明保留其专利权者，不在此限；仅由台湾边境经过之交通工具或其装置；非专利申请权人所得专利权，因专利权人举发而撤销时，其被授权人在举发前，以善意在台湾实施或已完成必须之准备者；专利权人所制造或经其同意制造之专利物贩卖后，使用或再贩卖该物者。上述制造、贩卖，不以台湾为限；专利权消灭后至回复前，善意实施或已完成必要准备者。①

发明专利权之效力，不及于以取得“药事法”所定药物查验登记许可或国外药物上市许可为目的，而从事之研究、试验及其必要行为；混合两种以上医药品而制造之医药品或方法，其发明专利权效力不及于依医师处方笺调剂之行为及所调剂之医药品。

除了以上限制之外，基于法律规定，专利机关可以强制专利权人将其专利权授权他人实施，这被称为强制授权。根据“专利法”第87条的规定，强制授权的事由有以下四种：（1）为因应“国家”紧急危难或其他重大紧急情况；（2）增进公益之非营利实施；（3）发明或新型专利权之实施，将不可避免侵害在前之发明或新型专利权且较该在前之发明或新型专利权具相当经济意义之重要技术改良；（4）专利权人有限制竞争或不公平竞争之情事，经法院判决或“行政院公平交易委员会”处分。（5）为协助无制药能力或制药能力不足之国家，取得治疗艾滋病、肺结核、疟疾或其他传染病所需医药品，专利专责机关得依申请，强制授权申请人实施专利权，以供应该国家进口所需医药品。

强制授权的审定由专利专责机关以书面形式作出，并载明其授权之理由、范围、期间及应支付之补偿金。强制授权不妨碍原专利权人实施其专利权。

---

① “专利法”第59条。

六、专利权之侵害与救济

2003年台湾地区“专利法”修正时已全面除罪化，“专利法”中已无刑罚之规定，专利权之侵害只能请求民事救济。当专利权受到侵害时，得请求除去之。有侵害之虞者，得请求防止之。专利权人对于因故意或过失侵害其专利权者，得请求损害赔偿。[①] 由此可见，对于正在进行的侵害得主张侵害除去请求权。就将来肯造成之损害得主张防止侵害请求权。就过去已发生之侵害得主张损害赔偿请求权。侵害排除或防止请求权，性质上类似于物上请求权，故客观上以有侵害事实或侵害之虞为已足，无需考虑行为人的主观要件。但损害赔偿请求权的行使则以行为人的故意或过失为必要。

值得注意的是，在请求损害赔偿时尚有特别的规定。第98条规定：“专利物上应标示专利证书号数；不能于专利物上标示者，得于标签包装或以其他足以引起他人认识之显著方式标示之；其未附加标示者，于请求损害赔偿时，应举证证明侵害人明知或可得而知为专利物。”可见，专利权人若未附加专利标示，在请求损害赔偿时，即负有举证证明明知或可得而知为专利物之责任。

在请求权人方面，原则上为专利权人。但在专属授权时，只有专属被授权人实施专利权，因此，专属被授权人亦得在被授权范围内，行使上述请求权。但其另有约定时，从其约定。[②]

在损害赔偿请求权的消灭时效方面，“自请求权人知有损害及赔偿义务人时起二年间不行使而消灭；自行为时起，逾十年者，亦同”。[③] 可见，损害赔偿请求适用的是短期消灭时效。

在举证责任方面，通常由专利权人就他人侵害专利权的事实负举证责任。但在对方法专利而言，物品是否为专利方法所制成往往难以证明。为减轻专利权人的举证责任负担，“专利法”规定了举证责任倒置。“制造方法专利所制成之物在该制造方法申请专利前，为国内外未见者，他人制造相同之物，推定为以该专利方法所制造。前项推定得提出反证推翻之。被告证明其制造该相同物之方法与专利方法不同

① “专利法”第96条。
② “专利法”第96条第4项。
③ “专利法”第96条第6项。

者，为已提出反证。被告举证所揭示制造及营业秘密之合法权益，应予充分保障”。①

在损害赔偿额的计算上，专利权人可以选择下列方式之一计算其损害赔偿额：一是专利权人所受到的损失。但不能提供证据方法以证明其损害时，发明专利权人得就其实施专利权通常所可获得之利益，减除受害后施同一专利权所得之利益，以其差额为所受损害。二是依侵害人因侵害行为所得之利益。三是以相当于授权实施该发明专利所得收取之权利金数额为所受损害。

值得注意的是，“专利法”在2011年修正时删除了关于专利权人业务上信誉因侵权而受损时，得另请求赔偿相当金额的规定。同时还删除了“侵害行为如属故意，法院得依侵害情节，酌定损害额以上之赔偿，但不得超过损害额之三倍”的规定，即废除了惩罚性赔偿的规定。之所以做出上述修正，其理由是：“由于法人无精神上痛苦可言，因此司法实务均认定其名誉遭受损害时，登报道歉以足回复其名誉，不得请求慰藉金。因此，对于发明专利权人之业务上信誉因侵害而致减损时，再于“专利法”中明定得另请求赔偿相当金额，于专利权人为法人时，恐有别于民法损害赔偿体制。爰将本项规定删除，回归民法侵权行为体系规定适用之。”删除惩罚性赔偿的理由是：“惩罚性赔偿金系英美普通法之损害赔偿制度，其特点在于赔偿之数额超过实际损害之程度，与一般民事损害系采损害之填补不同，爰将此规定删除，以符合一般民事损害赔偿之体制。”

第二节 “商标法”

一、商标的类型

商标，是商品或服务的提供者将自己的商品或服务与他人相同或类似的商品或服务相区别的标识。商标一方面有助于帮助消费者从种类繁多的商品和服务中区别其来源，方便迅速地找到自己所需要的商品或服务。另一方面，可以通过规范商标的使用，防止仿冒商标泛滥，维护公平竞争的市场秩序，保护经营者的商业信誉，促进工商业的正常发展。可见，商标在市场经济中具有重要价值，是宝贵的智慧财

---

① “专利法”第99条。

产。按照台湾地区“商标法”的规定，商标共分为商标、证明标章、团体标章、团体商标四种类型：

（一）商标

此为狭义的商标，指业者为表彰其商品或服务，使相关消费者得以与其他业者的商品或服务相区别，而在其商品上或提供服务时所附加之标识。

（二）证明标章

证明标章，指证明标章权人用以证明他人商品或服务之特定质量、精密度、原料、制造方法、产地或其他事项，以与未经证明之商品或服务相区别之标识。证明标章除了可以区别商品或服务的来源外，还可以起到证明商品或服务品质、原料、产地等作用。

（三）团体标章

团体标章，指具有法人资格之公会、协会或其他团体，为表彰其会员之会籍，以与非该团体会员相区别之标识。团体标章的主要目的在于识别成员所属的团体。

（四）团体商标

团体商标，指具有法人资格之公会、协会或其他团体，为指示其会员所提供之商品或服务，以与非该团体会员所提供之商品或服务相区别之标识。

团体商标与团体标章的主要不同之处在于：团体商标的目的在于表彰团体成员所提供的商品或服务。因此，团体商标之使用，团体或其成员必须依照团体商标使用规范书所定的条件，使用该团体商标。而团体标章之使用，则是指团体成员为表彰其成员身份，依照团体标章使用规范书所定的条件，使用该团体标章。

二、商标保护的要件

依照“商标法”第2条规定，欲取得商标权、证明标章权、团体标章权或团体商标权者，应依“商标法”申请注册。故商标必须经注册后才能获得保护。能够获得注册的商标需要满足以下条件：首先，根据“商标法”的定义，商标是指任何具有识别性之标识，得以文字、图形、记号、颜色、立体形状、动态、全像图、声音等，或其联合式所组成。所谓识别性，指足以使商品或服务之相关消费者认识为指示商品或服务来源，并得与他人之商品或服务相区别者。[①] 可见，必须具有识别性的标识方可注册，不具有识别性的标识，无法区别商品或服务的来源，不得注册。其次，出于公共利益或权利冲突的考虑，“商标法”上规定了若干排除注册的事项，在此情形下，即使标识具有识别性，也仍然不得注册。因此，商标保护之要件有二：一是具有识别性；二是不具备不得注册事项。

（一）具备识别性

由于识别性的目的在于指示商品或服务来源，并与他人的商品或服务相区别，故是否具备识别性的判断必须以商标与指定商品或服务间的关系为依据，不能脱离指定商品或服务而单独为之。

商标识别性有先天与后天之分，先天识别性，指商标本身所固有，无须经由使用取得的识别能力。后天识别性，则指标识原不具有识别性，但经由在市场上使用，结果使相关消费者得以依赖该标识识别商品或服务的来源。由于此种识别性是经由使用而取得，并非标识本身所固有，故称为“后天识别性”，又称“第二意义”。不具有先天识别性的标识，如果申请人可以证明该标识在市场上使用后，相关消费者已经将其视为指示商品或服务来源的标识，此时该标识具有商标功能，可以核准注册。

商标是否具备识别性，应考量个案的事实及证据，就商标与指定使用商品或服务的关系、竞争同业使用情形及申请人使用方式与实际交易情况等客观参酌因素，综合判读之。[②]

（二）不具备不得注册之事项

不得注册之事项分为两类：一类是涉及商标本身有关之事项，另一类是涉及与他人权利相冲突之事项。

1. 涉及商标本身有关之事项

“商标法”第 29 条第 1 项规定：“商标有下列不具识别性情形之一，不得注册：仅由描述所指定商品或服务之质量、用途、原料、产地或相关特性之说明所构成者；仅由所指定商品或服务之通用标章或名称所构成者；仅由其他不具识别性之标识所构成者。”第一种情形是指说明性的商标。其目的在于保护市场竞争者的利益，

---

① “商标法”第 18 条。

② 商标识别性审查基准第三点。

使其可以自由使用该类标识，避免被商标权人所垄断。第二种情形所谓商品或服务之通用标章或名称，是指该标章或名称代表某一商品或服务，经业者多年反复使用，已为社会大众所习知习见。该标章或名称因在同业间被普遍使用，已无法表彰商品或服务的识别性。第三种情形是指前两款之外不具有识别性的情形，例如，仅由简单线条、基本几何图形或单一字母所构成等。

值得注意的是，有第一种或第三种规定的情形，如经申请人使用且在交易上已成为申请人商品或服务之识别标识，不适用之。[①] 因为此时已取得后天识别性，仍可准予注册。

又根据“商标法”第29条第3项：“商标图样中包含不具识别性部分，且有致商标权范围产生疑义之虞，申请人应声明该部分不在专用之列。未为不专用之声明者，不得注册。”此即声明不专用的规定。该制度的目的，在于避免申请人在商标注册后，滥行主张权利，造成第三人之困扰。

根据“商标法”第30条第1项第1款，商标“仅为发挥商品或服务之功能所必要者，不得注册”。此为禁止功能性商标注册的规定。是否属于功能性商标应就商标整体进行判断，倘若商标具有识别性，纵使商标某一部分具有功能性之特征，仍可就该部分声明不在专用之列后取得注册。

另外，商标倘若“相同或近似于中华民国国旗、国徽、国玺、军旗、军徽、印信、勋章或外国国旗，或世界贸易组织会员依《巴黎公约》第6条之3第3款所为通知之外国国徽、国玺或国家徽章者；相同于国父或国家元首之肖像或姓名者；相同或近似于中华民国政府机关或其主办展览会之标章，或其所发给之褒奖牌状者；相同或近似于国际跨政府组织或国内外著名且具公益性机构之徽章、旗帜、其他徽记、缩写或名称，有致公众误认误信之虞者；相同或近似于国内外用以表明质量管理或验证之国家标志或印记，且指定使用于同一或类似之商品或服务者；妨害公共秩序或善良风俗者”不得注册。[②]

2. 涉及与他人权利相冲突之事项

此类不得注册的事项包括：（1）使公众误认误信其商品或服务之性质、质量或产地之虞者。（2）相同或近似于“中华民国”或境外之葡萄酒或蒸馏酒地理标示，

---

① “商标法”第29条第2项。

② “商标法”第30条第2、3、4、5、6、7款。

且指定使用于与葡萄酒或蒸馏酒同一或类似商品，而该国家或地区与“中华民国”签订协议或共同参加“国际条约”，或相互承认葡萄酒或蒸馏酒地理标示之保护者。(3) 相同或近似于他人同一或类似商品或服务之注册商标或申请在先之商标，有致相关消费者混淆误认之虞者。但经该注册商标或申请在先之商标所有人同意申请，且非显属不当者，不在此限。(4) 相同或近似于他人著名商标或标章，有致相关公众混淆误认之虞，或有减损著名商标或标章之识别性或信誉之虞者。但得该商标或标章之所有人同意申请注册者，不在此限。(5) 相同或近似于他人先使用于同一或类似商品或服务之商标，而申请人因与该他人间具有契约、地缘、业务往来或其他关系，知悉他人商标存在，意图仿袭而申请注册者。但经其同意申请注册者，不在此限。(6) 有他人之肖像或著名之姓名、艺名、笔名、字号者。但经其同意申请注册者，不在此限。(7) 有著名之法人、商号或其他团体之名称，有致相关公众混淆误认之虞者。但经其同意申请注册者，不在此限。(8) 商标侵害他人之著作权、专利权或其他权利，经判决确定者。但经其同意申请注册者，不在此限。[1]

三、商标注册的申请与审查程序

(一) 商标注册的申请

商标申请注册，原则上采取任意委任制，可以由申请人自行或委任商标代理人为之。但对于在台湾地区无住所或营业所者，则应当委任商标代理人为之。如果两人以上欲共有商标，应由全体具名提出申请，并可以选定其中一人为代表人，代表全体共有人为各项申请程序及收受相关文件。未选定代表人时，商标专责机关以申请书所载第一顺序申请人为受送达人，并将送达事项通知其他共有商标之申请人。

申请商标注册，应备具申请书，载明申请人、商标图样及指定使用之商品或服务，向商标专责机关提出申请。其中商标图样应以清楚、明确、完整、客观、持久及易于理解之方式呈现。

申请商标注册，以提出申请书之日为申请日。如系邮寄者，以邮寄地邮戳所载日期为准。邮戳所载日期不清晰者，除由当事人举证外，以到达商标专责机关之日为准。[2] 二人以上于同日以相同或近似之商标，于同一或类似的商品或服务分别提

① “商标法”第30条第8—15款。

② “商标法”第9条。

出申请，有致相关消费者混淆误认之虞，由各申请人协商确定；不能达成协议时，以抽签方式确定。

当申请人在相互承认优先权的国家或世贸组织成员内，于第一次提出申请日后6个月内，又在台湾地区以同一之部分或全部商品或服务，以相同商标申请注册，可以获得优先权。此外，“商标法”还规定了展览会优先权：“于中华民国政府主办或认可之国际展览会上，展出使用申请注册商标之商品或服务，自该商品或服务展出日后6个月内，提出申请者，其申请日以展出日为准。前条规定，于主张前项展览会优先权者，准用之。”①

申请人主张优先权时，其申请日以优先权日为准；主张数项优先权时，各以其商品或服务所主张之优先权日为申请日。

（二）商标的审查与核准

商标注册申请后，主管机关首先进行程序审查，审查申请是否符合法定形式。在程序审查通过后，将进行实体审查，审查注册申请是否有前述“商标法”规定不予注册的情形。主管机关就商标注册申请案审查后，应作出审定。商标注册申请案经审查有不得注册之情形，应予核驳审定。在作出商核驳审定前，应将核驳理由以书面通知申请人，并限期陈述意见。商标注册申请案经审查无不予注册之情形，应予核准审定。

经核准审定之商标，申请人应于审定书送达后两个月内，缴纳注册费后，始予注册公告，并发给商标注册证；届期未缴费者，不予注册公告。申请人非因故意，未于前项所定期限缴费者，得于缴费期限届满后2个月内，缴纳两倍之注册费后，由商标专责机关公告之。但影响第三人于此期间内申请注册或取得商标权者，不得为之。

四、商标权的效力

商标经注册后，申请人即取得商标权。商标自注册公告当日起，由权利人取得商标权，商标权期间为10年。商标权期间得申请延展，每次延展为10年。

商标权人取得商标权后，下列情形，应经商标权人之同意：于同一商品或服务，使用相同于注册商标之商标者；于类似之商品或服务，使用相同于注册商标之

---

① “商标法”第21条。

商标，有致相关消费者混淆误认之虞者；于同一或类似之商品或服务，使用近似于注册商标之商标，有致相关消费者混淆误认之虞者。① 根据以上规定，商标权包括商标使用权和商标禁止权。商标使用权的范围限于注册的商标图样及注册指定的商品或服务，而商标禁止权的范围不仅及于注册的商标图样及注册指定的商品或服务本身，亦包括近似的商标图样及类似的商品或服务。

商标的使用，指为营销之目的，而有下列情形之一，并足以使相关消费者认识其为商标：将商标用于商品或其包装容器；持有、陈列、贩卖、输出或输入前款之商品；将商标用于与提供服务有关之物品；将商标用于与商品或服务有关之商业文书或广告。前述情形，以数位影音、电子媒体、网络或其他媒介物方式为之，亦同样适用。②

商标权人得就其注册商标指定使用商品或服务之全部或一部指定地区为专属或非专属授权。前项授权，非经商标专责机关登记者，不得对抗第三人。专属被授权人得于被授权范围内，再授权他人使用。但契约另有约定者，从其约定。再授权，非经商标专责机关登记者，不得对抗第三人。

商标权人可以移转其商标权，但未经主管机关登记，不得对抗第三人。商标权人亦可以设定质权，质权的设定及变更、消灭，非经主管机关登记，不得对抗第三人。

五、商标权效力的限制

出于平衡商标权人与社会公众利益的需要，“商标法”对商标权人的权利作出若干限制。根据“商标法”第 36 条，下列情形，不受他人商标权之效力所拘束：(1) 以符合商业交易习惯之诚实信用方法，表示自己之姓名、名称，或其商品或服务之名称、形状、质量、性质、特性、用途、产地或其他有关商品或服务本身之说明，非作为商标使用者。(2) 为发挥商品或服务功能所必要者。(3) 在他人商标注册申请日前，善意使用相同或近似之商标于同一或类似之商品或服务者。但以原使用之商品或服务为限；商标权人并得要求其附加适当之区别标示。(4) 附有注册商标之商品，由商标权人或经其同意之人于台湾地区内外市场上交易流通，商标权人

---

① “商标法”第 33 条。

② “商标法”第 5 条。

不得就该商品主张商标权。但为防止商品流通于市场后，发生变质、受损，或有其他正当事由者，不在此限。

六、商标权的侵害与救济

“商标法”第68条规定，未经商标权人同意，为营销目的而有下列情形之一，为侵害商标权：(1) 于同一商品或服务，使用相同于注册商标之商标者；(2) 于类似之商品或服务，使用相同于注册商标之商标，有致相关消费者混淆误认之虞者；(3) 于同一或类似之商品或服务，使用近似于注册商标之商标，有致相关消费者混淆误认之虞者。以上行为属于一般侵害商标权的行为。

除了一般侵害商标权的行为，“商标法”还规定了拟制商标侵权行为。所谓拟制商标侵权行为，包括以下行为：(1) 明知为他人著名之注册商标，而使用相同或近似之商标，有致减损该商标之识别性或信誉之虞。(2) 明知为他人著名之注册商标，而以该著名商标中之文字作为自己公司商号、团体、网域或其他表彰营业主体之名称，有致相关消费者混淆误认之虞或减损该商标之识别性或信誉之虞。(3) 明知有第68条侵害商标权之虞，而制造、持有、陈列、贩卖、输出或输入尚未与商品或服务结合之标签、吊牌、包装容器或与服务有关之物品。

所谓有减损著名商标或标章识别性之虞，是指用相同或近似于他人著名之商标或标章于不同的商品或服务，导致著名商标使用于特定商品或服务来源之联想减弱或分散，而降低著名商标独特性之可能而言。所谓有减损著名商标或标章信誉之虞，是指使用相同或近似于他人著名商标或标章之行为，使著名商标所表彰之品质或形象发生贬抑或负面之联想，致其信誉受有污损之可能而言。①

当商标权受到侵害时，商标权人对于侵害其商标权者，得请求除去之；有侵害之虞者，得请求防止之。商标权人依前项规定为请求时，得请求销毁侵害商标权之物品及从事侵害行为之原料或器具。但法院审酌侵害之程度及第三人利益后，得为其他必要之处置。商标权人对于因故意或过失侵害其商标权者，得请求损害赔偿。前项之损害赔偿请求权，自请求权人知有损害及赔偿义务人时起，两年间不行使而消灭；自有侵权行为时起，逾10年者亦同。

从上述规定可以看出，商标请求的民事救济方式有两种：一是损害赔偿请求

① 台湾“最高行政法院100年度判字第519号判决”。

权。主观上以行为人有故意或过失为必要。二是侵害排除及防止请求权。客观上以有侵害事实或侵害之虞为已足，无须过问行为人的主观状态。

在计算侵权损害赔偿额时，商标权人可以按照以下方式择一计算其损害：

一是权利人所受损害。但不能提供证据方法以证明其损害时，商标权人得就其使用注册商标通常所可获得之利益，减除受侵害后使用同一商标所得之利益，以其差额为所受损害。

二是依侵害商标权行为所得之利益；于侵害商标权者不能就其成本或必要费用举证时，以销售该项商品全部收入为所得利益。

三是就查获侵害商标权商品之零售单价1500倍以下之金额。但所查获商品超过1500件时，以其总价定赔偿金额。

四是以相当于商标权人授权他人使用所得收取之权利金数额为其损害。前项赔偿金额显不相当者，法院得予酌减之。

第三节 “著作权法”

一、著作的概念及类型

著作，指属于文学、科学、艺术或其他学术范围之创作。按照台湾地区“著作权法”的规定，著作的类型包括语文著作、音乐著作、戏剧舞蹈著作、美术著作、摄影著作、图形著作、视听著作、录音著作、建筑著作、电脑程序著作。

除了上述十大基本著作类型外，“著作权法”还规定了衍生著作、编辑著作和表演著作。这三类著作是在原著作基础上进行创作而形成的著作类型。衍生著作，是指就原著作（可能是上述著作类型中的任何一种）改作而创作的著作。所谓的改作，指以翻译、编曲、改写、拍摄影片或其他方法就原著作另为创作。因改作而产生的衍生著作仍然可能属于上述十大著作类型。编辑著作，是指就数据之选择及编排具有创作性的著作。表演著作，是指表演人对既有著作或民俗创作之表演而形成的著作。上述衍生著作、编辑著作及表演著作，都是对原有的著作进行某种程度的利用而形成。需要注意的是，在将衍生著作、编辑著作、表演著作以独立的著作保护时，原著作的著作权并不受影响。

需要指出的是，并非所有属于上述类型的著作都受到“著作权法”的保护，出于公共利益的考虑，一部分著作被排除在著作权标的之外，这部分著作包括："宪法"、法律、命令或公文，"中央"或地方行政机关就前款著作作成之翻译物或编辑物，标语及通用之符号、名词、公式、数表、表格、簿册或时历，单纯为传达事实之新闻报道所作成之语文著作，依法令举行之各类考试试题及其备用试题。

此外，取得的著作权，其保护仅及于该著作之表达，而不及于其所表达之思想、程序、制程、系统、操作方法、概念、原理、发现。

二、著作权的内容

著作权分为著作人格权和著作财产权。著作人格权具有专属性，只有作者享有，不得让与或继承。即使著作权财产权让与他人，作者仍然保有著作人格权，而且著作人格权不受保护期的限制，具有永久性。著作人格权有三种：公开发表权、姓名表示权以及完整性保持权。

公开发表权，指作者完成著作后，有决定是否公开发表其著作的权利，任何人不得违反作者的意思而公开发表作者未发表的著作。不过，有下列情形之一，推定作者同意发表其著作：著作人将其尚未公开发表著作之著作财产权让与他人或授权他人利用时，因著作财产权之行使或利用而公开发表者；著作人将其尚未公开发表之美术著作或摄影著作之著作原件或其重制物让与他人，受让人以其著作原件或其重制物公开展示者；依"学位授予法"撰写之硕士、博士论文，著作人已取得学位者。

姓名表示权，指作者有权决定以本名、笔名或匿名表示其著作。但是，除非著作人有特别表示或违反社会使用惯例，在著作人同意他人利用其著作时，应忍受利用著作之人，使用自己之封面设计，并加冠设计人或主编之姓名或名称。此外，依著作利用之目的及方法，于著作人之利益无损害之虞，且不违反社会使用惯例者，得省略著作人之姓名或名称。①

完整性保持权，指作者有保持其著作完整性及同一性的权利。有权禁止他人以歪曲、割裂、窜改或其他方法改变其著作之内容、形式或名目，导致损害作者名誉的行为。

著作财产权，指作者通过利用其著作获得经济利益的权利。著作财产权包括以

---

① "著作权法"第16条。

下权利：重制权、公开口述权、公开演出权、公开上映权、公开播送权、公开展示权、改作、编辑权、出租权、公开传输权、散布权。

重制权，指著作人专有重制其著作之权。所谓重制，指以印刷、复印、录音、录像、摄影、笔录或其他方法直接、间接、永久或暂时之重复制作。于剧本、音乐著作或其他类似著作演出或播送时予以录音或录像；或依建筑设计图或建筑模型建造建筑物者，亦属之。

公开口述权，指著作人专有公开口述其语文著作的权利。所谓公开口述，指以言词或其他方法向公众传达著作内容。只有语文著作才享有此权利。

公开演出权，指著作人专有公开演出其语文、音乐或戏剧、舞蹈著作之权利。表演人专有以扩音器或其他器材公开演出其表演之权利。但将表演重制后或公开播送后再以扩音器或其他器材公开演出者，不属于公开演出权。所谓公开演出，指以演技、舞蹈、歌唱、弹奏乐器或其他方法向现场之公众传达著作内容。以扩音器或其他器材，将原播送之声音或影像向公众传达者，亦属之。

公开上映权，指著作人专有公开上映其视听著作之权利。所谓公开上映，指以单一或多数视听机或其他传送影像之方法于同一时间向现场或现场以外一定场所之公众传达著作内容。

公开播送权，指著作人专有公开播送其著作之权利。所谓公开播送，指基于公众直接收听或收视为目的，以有线电、无线电或其他器材之广播系统传送讯息之方法，借助声音或影像，向公众传达著作内容。由原播送人以外之人，以有线电、无线电或其他器材之广播系统传送讯息之方法，将原播送之声音或影像向公众传达者，亦属之。

公开展示权，指著作人专有公开展示其未发行之美术著作或摄影著作之权利。所谓公开展示，指向公众展示著作内容。

改作、编辑权，指著作人专有将其著作改作成衍生著作或编辑成编辑著作之权利。但表演不适用之。所谓改作，指以翻译、编曲、改写、拍摄影片或其他方法就原著作另为创作。

出租权，指著作人专有出租其著作之权利。表演人就其经重制于录音著作之表演，专有出租之权利。著作原件或其合“法”著作重制物之所有人，得出租该原件或重制物，但录音及计算机程序著作的合“法”重制物之所有人，不得出租该原件或重制物。附含于货物、机器或设备之计算机程序著作重制物，且非该项出租之主要标的物者，该计算机程序著作重制物可以随同货物、机器或设备合“法”出租。

公开传输权，指著作人专有公开传输其著作之权利。所谓公开传输，指以有线电、无线电之网络或其他通讯方法，借助声音或影像向公众提供或传达著作内容，包括使公众得于其各自选定之时间或地点，以上述方法接收著作内容。

散布权，指著作人专有以移转所有权之方式，散布其著作之权利。表演人就其经重制于录音著作之表演，专有以移转所有权之方式散布之权利。所谓散布，指不问有偿或无偿，将著作之原件或重制物提供公众交易或流通。

与著作人格权不同，上述各项著作财产权均有保护期的限制。具体而言，第一，自然人为著作人时，存续于著作人之生存期间及其死亡后 50 年。著作于著作人死亡后 40 年至 50 年间首次公开发表者，著作财产权之期间，自公开发表时起存续 10 年。第二，共同著作之著作财产权，存续至最后死亡之著作人死亡后 50 年。第三，别名著作或不具名著作之著作财产权，存续至著作公开发表后 50 年。但可证明其著作人死亡已逾 50 年者，其著作财产权消灭。第四，法人为著作人之著作，其著作财产权存续至其著作公开发表后 50 年。摄影、视听、录音及表演之著作财产权存续至著作公开发表后 50 年。但著作在创作完成时起算五十年内未公开发表者，其著作财产权存续至创作完成时起 50 年。

三、著作权的取得

台湾地区“著作权法”在 1985 年修订之前，采用注册主义，作者必须申请注册登记，才能取得著作权。1985 年修订后改采自动取得主义，著作人于著作完成时，即享有著作权，不需要登记，不需要做类似“版权所有，翻印必究”之类的标示。

但是，著作要取得著作权保护，虽然不需要登记或标示，不过，该完成的著作必须符合“原创性”要件。所谓“原创性”，指著作的表达出于作者自身的创作，并非抄袭他人。原创性的概念在于强调著作由作者独立创作，不在于著作的学术或艺术价值的高低。因此，不论作者是天才艺术家或平庸凡人，也不论作品是不朽巨著还是无聊涂鸦，只要并非抄袭或复制，均受“著作权法”保护。

对于受雇人于职务上完成之著作，“著作权法”第 11 条规定：“受雇人于职务上完成之著作，以该受雇人为著作人。但契约约定以雇用人为著作人者，从其约定。依前项规定，以受雇人为著作人者，其著作财产权归雇用人享有。但契约约定其著作财产权归受雇人享有者，从其约定。”可见，对于雇佣作品，除非另有约定，受雇人原则上只享有著作人格权，不享有著作财产权。

对于出资聘用著作，著作人原则上是受聘人。但当事人得以契约约定以出资人为著作人。“以受聘人为著作人者，其著作财产权依契约约定归受聘人或出资人享有。未约定著作财产权之归属者，其著作财产权归受聘人享有。著作财产权归受聘人享有者，出资人得利用该著作”。①

四、著作权的限制

一般而言，未经著作人同意而使用著作属于侵权行为，但如有合理使用情形，则具有阻却违法的事由，不属于侵权行为。所谓合理使用，指依照“著作权法”的规定，在正常目的及合理范围内，可以不经著作权人授权或同意而使用其作品，并且无须支付报酬。“著作权法”规定了合理使用的一般性原则规范，即判断合理使用，应审酌一切情状，尤应注意下列事项，以为判断之基准：利用之目的及性质，包括系为商业目的或非营利教育目的；著作之性质；所利用之质量及其在整个著作所占之比例；利用结果对著作潜在市场与现在价值之影响。② 除此之外，“著作权法”还具体规定了合理使用的情形，包括：(1)“中央”或地方机关，因“立法”或行政目的所需，认有必要将他人著作列为内部参考数据时，在合理范围内，得重制他人之著作。(2) 专为“司法”程序使用之必要，在合理范围内，得重制他人之著作。(3) 依规定设立之各级学校及其担任教学之人，为学校授课需要，在合理范围内，得重制他人已公开发表之著作。(4) 为编制依规定应经教育行政机关审定之教科用书，或教育行政机关编制教科用书者，在合理范围内，得重制、改作或编辑他人已公开发表之著作。(5) 以广播、摄影、录像、新闻纸、网络或其他方法为时事报道者，在报道之必要范围内，得利用其报道过程中所接触之著作。(6) 为报道、评论、教学、研究或其他正当目的之必要，在合理范围内，得引用已公开发表之著作。(7) 已公开发表之著作，得为视觉障碍者、学习障碍者、听觉机能障碍者或其他视、听觉认知有障碍者以点字、附加手语翻译或文字重制之。(8)“中央”或地方机关、依规定设立之各级学校或教育机构办理之各种考试，得重制已公开发

① “著作权法”第12条。

② “著作权法”第65条。

表之著作，供为试题之用。(9) 非以营利为目的，未对观众或听众直接或间接收取任何费用，且未对表演人支付报酬者，得于活动中公开口述、公开播送、公开上映或公开演出他人已公开发表之著作。(10) 美术著作或摄影著作原件或合法重制物之所有人或经其同意之人，得公开展示该著作原件或合法重制物。(11) 合法计算机程序著作重制物之所有人得因配合其所使用机器之需要，修改其程序，或因备用存盘之需要重制其程序。但限于该所有人自行使用。(12) 揭载于新闻纸、杂志或网络上有关政治、经济或社会上时事问题之论述，得由其他新闻纸、杂志转载或由广播或电视公开播送，或于网络上公开传输。但经注明不许转载、公开播送或公开传输者，不在此限。(13) 政治或宗教上之公开演说、裁判程序及“中央”或地方机关之公开陈述，任何人得利用之。但专就特定人之演说或陈述，编辑成编辑著作者，应经著作财产权人之同意。①

此外，“著作权法”还规定了强制授权制度。即录有音乐著作之销售用录音著作发行满6个月，欲利用该音乐著作录制其他销售用录音著作者，经申请著作权专责机关许可强制授权，并给付使用报酬后，得利用该音乐著作，另行录制。取得强制授权之许可后，发现其申请有虚伪情事者，著作权专责机关应撤销其许可。取得强制授权之许可后，未依著作权专责机关许可之方式利用著作者，著作权专责机关应废止其许可。

五、著作权的侵权与救济

“著作权法”明文规定了著作人格权和著作财产权的内容，是否侵害著作权，本来只要检验侵害行为是否符合“著作权法”明文规定的人格权和财产权内容的要件即可。但是“著作权法”规定了几种样态，本质上虽不是侵害著作权的行为，但是这些情形容易造成非“法”重制物的流通，损害著作权人利益。因此以“视为侵害著作权”的“立法”技术加以规范，遏制非“法”重制物的流通，达到保护著作权人的目的。

“视为侵害著作权”的情形有：以侵害著作人名誉之方法利用其著作者；明知为侵害制版权之物而散布或意图散布而公开陈列或持有者；输入未经著作财产权人或制版权人授权重制之重制物或制版物者；未经著作财产权人同意而输入著作原件

① “著作权法”第44至63条。

或其重制物者；以侵害计算机程序著作财产权之重制物作为营业之使用者；明知为侵害著作财产权之物而以移转所有权或出租以外之方式散布者，或明知为侵害著作财产权之物，意图散布而公开陈列或持有者；未经著作财产权人同意或授权，意图供公众透过网络公开传输或重制他人著作，侵害著作财产权，对公众提供可公开传输或重制著作之计算机程序或其他技术，而受有利益者。①

上述视为侵犯著作权的行为中，其中“输入未经著作财产权人或制版权人授权重制之重制物或制版物者”，简单地说，就是不准真品平行输入。但此条款如严格遵行，必然妨碍著作流通，不利于社会公众利益。因此“著作权法”再对禁止真品平行输入的原则规定，设有例外规定。即认为在以下情形的真品平行输入，不被认为侵害著作权：

（1）为供“中央”或地方机关之利用而输入。但为供学校或其他教育机构之利用而输入或非以保存数据之目的而输入视听著作原件或其重制物者不在此限。（2）为供非营利之学术、教育或宗教机构保存数据之目的而输入视听著作原件或一定数量重制物，或为其图书馆借阅或保存数据之目的而输入视听著作以外之其他著作原件或一定数量重制物。（3）为供输入者个人非散布之利用或属入境人员行李之一部分而输入著作原件或一定数量重制物。（4）附含于货物、机器或设备之著作原件或其重制物，随同货物、机器或设备之合法输入而输入者，该著作原件或其重制物于使用或操作货物、机器或设备时不得重制。（5）附属于货物、机器或设备之说明书或操作手册，随同货物、机器或设备之合法输入而输入者。但以说明书或操作手册为主要输入者，不在此限。②

著作权人对于侵害其权利者，得请求排除之，有侵害之虞者，得请求防止之。侵害著作人格权者，负损害赔偿责任。虽非财产上之损害，被害人亦得请求赔偿相当之金额。被害人并得请求表示著作人之姓名或名称、更正内容或为其他恢复名誉之适当处分。

因故意或过失不法侵害他人之著作财产权者，负损害赔偿责任。数人共同不法侵害者，所有的行为人须负连带赔偿责任。对于损害赔偿额的计算方式，著作权法规定了以下几种，被害人可以选择其一请求：③

---

① “著作权法”第87条。

② “著作权法”第87－1条。

③ “著作权法”第88条。

第一，被害人受到的损害。但被害人不能证明其损害时，得以其行使权利依通常情形可得预期之利益，减除被侵害后行使同一权利所得利益之差额，为其所受损害。

第二，请求侵害人因侵害行为所得之利益。但侵害人不能证明其成本或必要费用时，以其侵害行为所得之全部收入，为其所得利益。

第三，如被害人不易证明其实际损害额，得请求法院依侵害情节，在新台币1万元以上100万元以下酌定赔偿额。如损害行为属故意且情节重大者，赔偿额得增至新台币500万元。

“著作权法”还就网络侵权责任的特殊性，规定了网络服务提供者的免责条款。[①] 所谓网络服务提供者，包括连线服务提供者、快速存取服务提供者、资讯储存服务提供者及搜寻服务提供者。对于连线服务提供者而言，有下列情形者，不负赔偿责任：所传输信息，系由用户所发动或请求；信息传输、发送、联结或储存，系经由自动化技术予以执行，且联机服务提供商未就传输之信息为任何筛选或修改。

对于快速存取服务提供者，有下列情形者，不负赔偿责任：未改变存取之信息；于信息提供者就该自动存取之原始信息为修改、删除或阻断时，透过自动化技术为相同之处理；经著作权人或制版权人通知其使用者涉有侵权行为后，立即移除或使他人无法进入该涉有侵权之内容或相关信息。

对于资讯储存服务提供者，有下列情形者，不负赔偿责任：对使用者涉有侵权行为不知情；未直接自使用者之侵权行为获有财产上利益；经著作权人或制版权人通知其使用者涉有侵权行为后，立即移除或使他人无法进入该涉有侵权之内容或相关信息。

对于搜寻服务提供者，有下列情形者，不负赔偿责任：对所搜寻或链接之信息涉有侵权不知情；未直接自使用者之侵权行为获有财产上利益；经著作权人或制版权人通知其使用者涉有侵权行为后，立即移除或使他人无法进入该涉有侵权之内容或相关信息。

被害人请求赔偿时，对于侵害行为作成之物或主要供侵害所用之物，得请求销毁或为其他必要之处置。被害人得请求由侵害人负担费用，将判决书内容全部或一部登载新闻纸、杂志。

---

① “著作权法”第90条。

被害人的损害赔偿请求权，自请求权人知有损害及赔偿义务人时起，两年间不行使而消灭。自有侵权行为时起，逾十年者亦同。

除了上述侵犯著作权的民事责任，“著作权法”还规定了侵犯著作权的刑事责任，其主要的行为样态有：擅自以重制之方法侵害他人之著作财产权者；意图销售或出租而擅自以重制之方法侵害他人之著作财产权者；擅自以移转所有权之方法散布著作原件或其重制物而侵害他人之著作财产权者；明知系侵害著作财产权之重制物而散布或意图散布而公开陈列或持有者；擅自以公开口述、公开播送、公开上映、公开演出、公开传输、公开展示、改作、编辑、出租之方法侵害他人之著作财产权者；侵害著作人的公开发表权、姓名表示权及完整保持权等著作人格权。

第四节 “营业秘密法”

一、营业秘密的概念和类型

营业秘密古已有之，但长期以来，经营者主要依靠自己的力量维护其营业秘密。直到近代，随着工商业的发展，营业秘密的价值日益重要，营业秘密才被纳入法律的保护范围。尤其是“TRIPS 协定”的签署，使营业秘密作为智慧财产权的一种类型获得世界范围内的承认。保护营业秘密成为“TRIPS”成员的基本义务。台湾地区于 1996 年颁布“营业秘密法”，对营业秘密以单独“立法”的形式予以保护。按照该规定，营业秘密是指方法、技术、制程、配方、程序、设计或其他可用于生产、销售或经营之信息，而符合下列要件者：（1）非一般涉及该类信息之人所知者；（2）因其秘密性而具有实际或潜在之经济价值者；（3）所有人已采取合理之保密措施者。由此定义可知，营业秘密须符合上述三个要件，即秘密性、价值性和保密性。所谓秘密性，主要是指成为营业秘密的方法、技术或其他经营上的资讯，并非为特定专业领域内的人士在一般情况下可以自由接触或知悉。所谓价值性，指营业秘密具有经济价值。即营业秘密所有人可以通过使用其营业秘密而获得利润或节省成本。从而带来经济收益。所谓保密性，是指营业秘密所有人必须采取合理的保密措施。营业秘密所有人需要在客观上已经采取一定的措施，使人了解其有将该资讯当成秘密加以保护的意思。有无采取合理的保密措施，必须就具体的营业秘密种类、企业的规模、一般人的认知等情形进行综合判断。

营业秘密的类型多样，除了“方法、技术、制程、配方、程序、设计”外，其他可用于生产、销售或经营的资讯，只要符合前述三大要件，都可以成为营业秘密。台湾地区近年来发生的营业秘密案例中，以“客户名单”较具争议性。因为客户名单在一般企业中都是必备的，如果某一领域的某个企业，进一步将客户名单处理得方便有效或与众不同，使企业因此可以更好地经营，获得更大的利润时，此时其投入心血制作的客户名单方可能被认为具有价值，是可以受到保护的营业秘密。否则，一般随处可以获得的行业客户名单，则不被认为是营业秘密。

二、营业秘密的归属

由于营业秘密的秘密特性，性质上无须注册登记，只要符合上述三大要件即可主张营业秘密。一般而言，如果当事人单纯自行开发，营业秘密属于开发人所有。当有两个以上的当事人涉及营业秘密的开发时，需要法律明确其归属。对此，“营业秘密法”作了以下规范：

第一，在受雇研发时，“营业秘密法”规定：“受雇人于职务上研究或开发之营业秘密，归雇用人所有。但契约另有约定者，从其约定。受雇人于非职务上研究或开发之营业秘密，归受雇人所有。但其营业秘密系利用雇用人之资源或经验者，雇用人得于支付合理报酬后，于该事业使用其营业秘密。”① 由此可见，受雇人与雇用人的营业秘密归属关系，首先由契约约定。如无约定，职务上研发的成果，应归雇用人所有。非职务上的研发成果归受雇人。如果受雇人利用了雇用人的资源或经验时，雇用人可以支付给受雇人一定报酬后在其事业内使用。

第二，在受聘研发时，“营业秘密法”第 4 条规定：“出资聘请他人从事研究或开发之营业秘密，其营业秘密之归属依契约之约定；契约未约定者，归受聘人所有。但出资人得于业务上使用其营业秘密。”此条规定亦是采用契约约定优先的原则，如无约定，营业秘密归受聘人所有。但出资人得于营业上使用其营业秘密。

第三，在共同研发时，“数人共同研究或开发之营业秘密，其应有部分依契约之约定；无约定者，推定为均等”。②

---

① “营业秘密法”第 3 条。

② “营业秘密法”第 4 条。

此外，对于共有的营业秘密，“营业秘密为共有时，对营业秘密之使用或处分，如契约未有约定者，应得共有人之全体同意。但各共有人无正当理由，不得拒绝同意。各共有人非经其他共有人之同意，不得以其应有部分让与他人。但契约另有约定者，从其约定”。①

三、营业秘密的侵害与救济

对于营业秘密的侵害，会导致营业秘密的秘密性的丧失，使得其对企业的价值荡然无存。因此，“营业秘密法”具体列举了侵害营业秘密的类型，以便实务上适用。概括起来，侵害营业秘密的行为可以分为两大类：

（一）不正当方法取得、使用或泄露

1. 以不正当方法取得营业秘密者。

营业秘密由所有人秘密保有，且已采取了相当的保护措施避免其被他人任意取得。因此，任何人以不正当的方法取得时，即属侵害营业秘密，而不问其之后的行为是否发生实际的损害。而不正当方法，是指“窃盗、诈欺、胁迫、贿赂、擅自重制、违反保密义务、引诱他人违反其保密义务或其他类似方法”。②

2. 知悉或因重大过失而不知其为前款之营业秘密，而取得、使用或泄漏者。

行为人首先必须是“知悉”或者“因重大过失而不知”所接触的营业秘密是别人以不正当的方法取得的，而仍然再加以取得、使用或泄露，此时即属禁止行为。所谓“知悉”，即是明知和故意。至于“因重大过失而不知”，即以一般人的能力稍加注意就可以知晓，但却没有注意到。

3. 取得营业秘密后，知悉或因重大过失而不知其为以不正当方法所取得的营业秘密，而使用或泄漏者。

此规定与前款最大的不同之处在于，行为人取得营业秘密时是合法的，或是经过相当的调查后仍不知道该营业秘密是不正当取得的，但是取得人在事后知悉了，即事后发现该营业秘密是不正当取得的，此时如仍继续使用或泄露即为法律所禁止。

---

① “营业秘密法”第5条。

② “营业秘密法”第10条第2项。

（二）合“法”取得后之不正当使用或泄露行为

1. 因法律行为取得营业秘密，而以不正当方法使用或泄漏者

如果通过授权使用取得营业秘密，但是超出授权契约范围而为使用或泄露。或是在授权契约终止后，仍然继续使用或泄露他人营业秘密，即属于此类禁止行为。

2. 依规定有守营业秘密之义务，而使用或无故泄漏者

依规定有守营业秘密义务之人，包括因承办公务而知悉或持有他人营业秘密之公务员，因“司法”机关侦查或审理而知悉或持有他人营业秘密之当事人、代理人、辩护人、鉴定人、证人或其他相关人员，因仲裁案件中的仲裁人或其他相关人员等。此外，尚包括会计师、医师、建筑师等特定行业的执业者。这些人因执行业务或参与事务之处理而得知他人之营业秘密，法令课以其保守秘密之义务。如无正当理由，不得任意使用或泄露，否则即构成侵害营业秘密。

在营业秘密受到侵害时，被害人可以阻止侵害行为的继续发生，此即法律所赋予的“排除侵害请求权”。在营业秘密有受到侵害的可能或危险时，被害人也可以预先请求防止。此即“防止侵害请求权”。因故意或过失侵害他人之营业秘密时，行为人须负损害赔偿责任。数人共同侵害他人营业秘密时，须负连带赔偿责任。此即“损害赔偿请求权”。此项损害赔偿请求权，自请求权人知有行为及赔偿义务人时起，两年间不行使而消灭；自行为时起，逾 10 年者亦同。

至于请求损害赔偿的计算方式，受害人可以从下列方式中选择其一：

其一，被害人所受的损害。但被害人不能证明其损害时，得以其使用时依通常情形可得预期之利益，减除被侵害后使用同一营业秘密所得利益之差额，为其所受损害。

其二，侵害人因侵害行为所得之利益。但侵害人不能证明其成本或必要费用时，以其侵害行为所得之全部收入，为其所得利益。

此外，“营业秘密法”还规定了惩罚性赔偿。规定“侵害行为如属故意，法院得因被害人之请求，依侵害情节，酌定损害额以上之赔偿。但不得超过已证明损害额之三倍”。

虽然在“营业秘密法”中并未规定侵害营业秘密的刑事责任，但侵害行为如符合“刑法”有关的罪刑，例如，妨害秘密（“刑法”第 317 条及 318 条）、窃盗（“刑法”第 320 条）、侵占（“刑法”第 335 条）、背信（“刑法”第 342 条）等，仍然可以依照各法条，请求法院课以相当之刑责。

此外，“公平交易法”也规定，对于“以胁迫、利诱或其他不正当之方法，获取他事业之产销机密、交易相对人资料或其他有关技术秘密之行为”，经主管机关命令停止而不停止时，法院也可以处行为人两年以下有期徒刑、拘役或科或并科新台币50万元以下罚金。① 不过，此时的行为人限于“事业”。即“公司、独资或合伙之工商行号；同业公会及其他提供商品或服务从事交易之人或团体”。

① “公平交易法”第36条。

第十五章 “消费者保护法”

第一节 “消费者保护法”概述

“消费者保护法”是在市场经济条件下，基于对消费者的弱者地位的充分认识，给予消费者特殊保护而进行的立法。消费者是市场经济运行中不可或缺的市场主体，然而随着社会分工的专业化、科学技术的高速发展和企业组织的不断演进，消费者逐渐处于一种弱势地位，使得消费者的权益难以得到保障。为了维护消费的需求和经济的健康发展，在大多数市场经济国家，“消费者保护法”已经成为社会生活及经济政策的重要组成部分和制度保障。从内容上看，“消费者保护法”涉及消费生活的各个领域；从保护的利益看，不仅涉及消费者的人身安全与健康，还涉及消费交易的公平、消费环境的改善以及消费者的社会角色等各个方面。

台湾“消费者保护法”（下文简称“消保法”）“立法”之目的，于第 1 条即开宗明义表示：“为保护消费者权益，促进国民消费生活安全，提升国民消费生活质量，特制定本法。”“消保法”的立法目的固然是为了保护消费者权益，但事实上也是有关社会生活与经济政策的立法，不但对消费关系加以合理的调整规范，更对企业经营者的市场活动与责任范围加以规制。因此“消保法”不仅是消费者的根本大法，对于进入台湾市场的经营者而言，更是一部在市场活动中应当足够重视并严格遵守的法律。

一、“消费者保护法”内容简介

台湾“消保法”共有 64 条，分为 7 章，即总则、消费者权益、消费者保护团体、行政监督、消费争议之处理、罚则、附则。

第一章总则，规定“立法”目的及其与其他有关保护消费者法律的关系（第1条）、名词定义（第2条）、明示行政机关及企业经营者为达该规定目的所应为的各项措施或行为（第3条至第5条）、该规定所称的主管机关（第6条）。

第二章消费者权益，就商品及服务责任（第7条至第10条之一）、定型化契约（第11条至第17条）、特种买卖（第18条至第21条）、消费资讯（第22条至第26条）等分设条文，赋予消费者可以对企业经营者主张具体权利的依据，是该法最重要的实体规定。

第三章消费者保护团体，规定消费者保护团体的资格、宗旨、任务等事项（第27条至第32条），就消费者保护团体的地位、功能及职权等，给予法律上的依据。

第四章行政监督，规定行政机关的调查权、紧急处置权，并创设消费者保护委员会、消费者保护官及消费者服务中心（第33条至42条）。

第五章消费争议处理，规定消费者争议的申诉、调解及消费诉讼等事项（第43条至第54条）。

第六章罚则，规定企业经营者有违反该“法”规定的行为，而应予处罚时，主管机关得依其情形，分别课以行政罚锾或命停止营业或勒令歇业（第56条至62条）。

第七章附则，规定“行政院”应订定施行细则（第63条）及自公布日施行（第64条）。

二、“消费者保护法”的立法特色

依据台湾地区“消费者保护法”的相关条文规定，其“立法”特色可以归纳为：

（一）明示行政机关与企业经营者的责任以及消费者的合理消费行为

在行政机关方面，“消费者保护法”明定行政机关为达保障消费公平的目的，应对法规的内容与执行情形作定期检讨、协调与改进，并且在适当的时候予以制定与修改相关法令（“消保法”第3条）。而在企业经营者方面，为重视消费者的健康与安全，同时维护交易的公平性，企业经营者对其提供的商品与服务，务必提供充分与正确的资讯，及实施其他必要的消费者保护措施（“消保法”第4条）。

（二）明定保护消费者健康与安全措施，并采用无过失责任

“消保法”为落实对消费者的保护，特采美国立法例的无过失责任立法，以消除“民法”采过失责任原则，造成消费者因无法举证而不能够获得赔偿的情况（“消保法”第7、8、9条），此外“消保法”还规定了企业经营者对危险商品的回收或服务的停止义务（即所谓的“良心条款”）、警告标示与紧急处理危险方法的标示义务（“消保法”第10条）。“消保法”还赋予当局主管机关行政监督、调查、改善、销毁以及通过大众媒介公告相关信息等必要措施（“消保法”第33、36、37条），以更全面地保护消费者的健康与安全。

（三）确保交易公平，对新兴交易形态加以规范

为保障交易公平，并限制企业经营者滥用定型化契约，“消保法”特别对定型化契约的使用进行规范，规定定型化契约条款如发生疑义，应采对消费者有利的解释（“消保法”第11条），若定型化契约中之条款违反诚信原则，对消费者显失公平者，则该条款无效（“消保法”第12条）。此外，对于影响消费者权益较大的新型买卖类型，例如邮购买卖、访问买卖等，亦加以规范。例如，邮购或访问买卖的消费者，对所受的商品不愿买受时，得于收受商品后七日内，退回商品或以书面通知企业经营者解除买卖契约，无须说明理由及负担任何费用或价款（“消保法”第19条）。

（四）确保消费者获得的信息的正确性

为使消费者获得充分与正确的资讯，并避免夸大不实的广告误导消费者，“消保法”将广告属“要约引诱”的性质，变更为“要约”的性质。只要消费者根据广告为承诺（例如看广告后到店中购买）契约就成立。因此“消保法”除规定企业经营者应确保广告内容的真实，其对消费者所负的义务不得低于广告的内容（“消保法”第23条），并规定刊登或报道不实广告若明知或应知其不实的媒体负连带责任。另外，“消保法”还要求所有商品都应有中文标示与中文说明书，而且输入商品如果在原产地附有警告标示时，该商品也要有中文警告标示，且其内容不得较原标示简略（“消保法”第24条）。如果企业经营者对消费者保证商品或服务的品质时，还应主动出具书面保证书（“消保法”第25条）。

（五）明定消费者保护机关与保护团体的设立与分工

在行政方面，“消保法”规定设立“行政院消费者保护委员会”，以负责研拟及审议消费者保护之基本政策与监督（“消保法”第40条），地方“直辖市”、县市政府应设立消费者服务中心，办理消费者的咨询、教育倡导与接受申诉等服务（“消保法”第42条）；在民间方面，为保护消费者权益与推行消费者教育，则可成立消费者保护团体（“消保法”第27条）。对于最富争议的检验问题，“消保法”明确赋予消费者保护团体享有商品或服务检验的权利（“消保法”第29条）。

（六）消费争议处理制度的建立

为了解决消费者与企业经营者所发生的争议，“消费者保护法”设计了申诉调解与诉讼两种途径，在申诉方面，消费者因商品与服务发生争议时，可向企业经营者、消费者团体与消费者服务中心及其分部中心申诉，若未获适当处理者，可直接向“直辖市”、县市政府消保官申诉（“消保法”第43、44条）；消费者不愿采用申诉，还可以通过诉讼途径，由消费者自行，或结合20位以上消费者将损害赔偿请求权让与消费者保护团体，以其名义提起集体诉讼（“消保法”第50条），此外为避免消费团体集体诉讼的滥用，对消费者保护团体亦有相当条件的限制（“消保法”第49条）。

（七）对违反“消保法”规定的行为采行政罚方式，不采刑事制裁

“消保法”对违反该规定的行为，采行政处罚方式，不采刑事制裁。对违反“消保法”规定情节重大的企业经营者，规定报经“中央主管机关”或“消费者保护委员会”核准后，得命该企业经营者停止营业或勒令歇业（“消保法”第60条），这种行政处分对于企业经营者而言，可能比其他任何处分都要重。此外，虽然“消保法”并不直接规定刑事责任，但也规定，依“消保法”应予处罚者，其他法律有较重处罚的规定时，从其规定；涉及刑事责任者，并应即移送侦查（“消保法”第61条）。所以，企业经营者在面对“消保法”之余，还应当注意台湾的其他相关法律，如“药事法”“食品卫生管理法”“化妆品管理条例”“农药管理法”“商品标示法”等与“消保法”密切相关的法律。

（八）增列惩罚性损害赔偿与不作为诉讼，以强化保护效果

台湾“消保法”的另一重要特色，就是设定了惩罚性损害赔偿与不作为诉讼，打破了传统民事损害赔偿制度“填补损失”的原则，强化了对消费者的保护。消费者如果要获得损害赔偿，必须证明自己遭受损害、商品或服务的瑕疵，以及二者间

的因果关系。若企业经营者有过错，消费者除了可以请求自己所证明的损害额之外，还可对企业经营者的故意所致损害请求损害额3倍以下之惩罚性赔偿金；对企业经营者的过失所致损害请求损害额1倍以下之惩罚性赔偿金（“消保法”第51条）。同时为落实企业经营者对“消保法”的遵行，“消保法”特别采用不作为诉讼，规定消费者保护官或消费者保护团体，就企业经营者重大违反本规定有关保护消费者规定之行为，得向法院诉请停止或禁止之（“消保法”第53条）。由于这种不作为诉讼涉及公共权益，具有公益性，所以“消保法”也特别规定免缴民事诉讼的裁判费。

由此可知，“消费者保护法”的“立法”目的是以保护消费者之权益为首，并进一步对企业经营者的经济活动与责任范围加以适当限制，因此“消费者保护法”是一部规范消费者与企业经营者间的关系与国民消费生活安全的“根本大法”，并且日常生活发生的消费纷争大多可通过该规定获得解决。

三、“消费者保护法”的主管机关

由于保护消费者权益的事项涉及各种法规，无法由某一机关单独负责，所以依事项性质，由各个该目的事业的主管机关负责执行保护消费者的工作。目前，涉及消费者保护目的的主管机关有台湾“内政部、经济部、财政部、教育部、交通部、卫生署、环保署、农委会、公平交易委员会”及“行政院新闻局”等机关。

倘若发生与消费者权益有关事项的主管机关不明确或有争议时，则“行政院消保会”得协调由特定的“部”“会”“局”或“署”主办之（“消保法”第41条第1项第6款）。

另外，依“消保法”第40条而成立的“行政院消费者保护委员会”，并非“消保法”第6条所称的主管机关，因为该委员会是以研拟及审议消费者保护基本政策与监督其实施为主要职责（“消保法”第40条第1项、第41条），并不担任实际执行工作。

第二节 “消费者保护法”的主要内容

一、企业经营者责任

依据“消保法”第2条第2款的定义，企业经营者就是指“以设计、生产、制造、输入、经销商品或提供服务为营业者”。根据这项定义可知，企业经营者可以分为两大类，第一类就是因其所设计、生产、制造、输入或是经销的商品，对消费者负责的商品制造人；另一类则是因其所提供的服务对消费者负责的服务提供人。由于“消保法”对于企业经营者，并未特别区分公营或民营，也不分是否以营利为目的，因此不论公营或是民营，不论营利或是非营利机构，只要与消费者发生消费关系，都属于“消保法”所称的企业经营者。

台湾“消保法”对企业经营者因其提供的商品或服务造成消费者损害应承担的责任，采无过失责任制度。“消保法”所采的无过失责任制度的重心，就是在于企业经营者究竟应该对哪些“消保法”所称的“未符合安全性”（又称为瑕疵）负责，以及企业经营者的责任范围、责任程度的问题。

（一）采无过失责任的原因

企业经营者对其提供的商品或服务造成消费者的损害负无过失责任，这种认识有深刻的历史和社会经济背景。在19世纪，法律的保护重心倾向经营者的利益，以促使经营者大力发展商品生产和商品交换。到了20世纪，随着生产的高度发展和保护消费者权益运动的日益高涨，推动“立法”者和法官们逐渐改变看法，转而把保护消费者的利益放在更重要的地位。此外，在工业高度发达的今天，一件商品从设计、生产、包装、运输、批发到销售，其间要经过一系列复杂的环节，而这些都由企业经营者控制着，一旦商品发生损害事故，却要消费者证明企业经营者在设计、生产、制造过程中有故意或过失，在“司法”实践中有着不可克服的法律技术问题。因此，无过失原则由美国首开其端，然后逐渐为各国所接受，并成为国际的共同趋势，台湾地区自然也不例外。

（二）商品瑕疵的种类

一般而言，大多数国家和地区的产品责任制度都将“消保法”上的瑕疵分为下列四种：

1. 设计上的瑕疵

所谓设计上的瑕疵是指造成损害的商品与其他同类商品在实质上完全一致，并非因生产制造而发生差异存在，之所以造成损害是因为设计上的欠缺或不良。例如汽车油箱设计不当，撞击就会导致油箱失火而造成消费者的伤害或死亡，或机械设备未安装自动断电装置以防止意外发生等。

2. 制造上的瑕疵

制造上的瑕疵，是与设计上的瑕疵相对立的概念，也就是造成损害的商品并无设计上的欠缺，而是因为制造与生产过程中的因素，导致该商品与其他同类商品有别。例如发生爆炸的汽水瓶、掺杂了有害化学物质的食品等。由于商品制造上的瑕疵对消费者造成的损害比较容易判断，因此，只要消费者能证明其所受的损害是由某特定的商品造成，而且其损害与该商品的瑕疵有相当的因果关系，根据“消保法”第 7 条的规定，原则上企业经营者就必须承担无过失责任。

3. 指示上的瑕疵

指示上的瑕疵又称为缺乏警示标示，即商品虽然并无设计上或制造上的瑕疵，但是商品却具有特殊性质或特别的使用方法，若不按照特定方式加以使用，则易造成伤害，但是制造者却并未附有警告或适当的使用指示或说明，导致消费者遭受损害。例如未在药品上说明适用人群，导致孕妇服用后有不良反应。企业经营者的警告标示义务，规定在“消保法”第 7 条第 2 项，即“商品或服务具有危害消费者生命、身体、健康、财产之可能者，应于明显处为警告标示及紧急处理危险之方法”。若违反该义务，企业经营者也必须承担无过失责任。

4. 发展上的瑕疵

发展上的瑕疵又称为科学上尚不能发现的瑕疵，即商品具有生产或制造时的科技所无法发现或预见的危险。这类瑕疵最典型的例子就是疫苗或药品等。由于台湾“消保法”第 7 条第 1 项明文将对产品或服务安全性的认定，以“商品流通进入市场，或提供服务时”的科技或专业水准为标准，说明台湾“消保法”排除了企业经营者的此种责任。

（三）企业经营者的“消保法”责任类型

根据“消保法”采取的无过失责任制度，应对消费者负无过失责任者，限于“企业经营者”。不过，由于在整个消费体系中，每个企业经营者所处的地位与所承担的责任风险不同，因此，“消保法”也特别针对企业经营者在整个行销体系中的不同，在第二章中有不同规定。根据“消保法”的规定，企业经营者在“消保法”体系下，可以分为下列三种类型：（1）应负无过失责任的企业经营者（第 7 条的企业经营者）；（2）应负中间责任的企业经营者（第 8 条第 1 项的经销商）；（3）拟制为商品制造人而应负无过失责任的企业经营者（包括第 8 条第 2 项从事改装或分装商品或服务的经销商，以及第 9 条输入商品或服务的企业经营者）这三类。

1. 应负无过失责任的企业经营者

鉴于从事设计、生产、制造商品或提供服务的企业经营者所从事的活动，对于消费者的健康与安全息息相关，“消保法”于第7条明确规定这些企业经营者“于提供商品流通进入市场，或提供服务时，应确保该商品或服务，符合当时科技或专业水准可合理期待之安全性”。如果商品或服务具有危害消费者生命、身体、健康财产之可能者，这些企业经营者还必须于明显处为警告标示及紧急处理危险的方法。如果企业经营者违反这些规定，而对消费者或第三人造成损害时，就应该负连带赔偿责任。而对于此类型经营者，受损害的消费者除了本身所遭受的损害外，并得另行请求1倍至3倍的惩罚性损害赔偿，除非企业经营者能证明其无过失，法院才可以减轻其赔偿责任。惩罚性损害赔偿突破了传统民事赔偿责任的“补偿性”原则，加重了不法经营者的责任，具有惩罚和遏制不法行为等多重功能。应当注意的是，大陆地区《消费者权益保护法》的第49条也有类似规定：“经营者提供商品或者服务有欺诈行为的，应当按照消费者的要求增加赔偿其受到损失，增加赔偿的金额为消费者购买商品价款或接受服务费用的1倍”，即“双倍赔偿”。

2. 原则负中间责任、例外负无过失责任的企业经营者

“消保法”则针对从事经销之众多企业经营者加以规定。依据“消保法”第8条，从事经销之企业经营者，例如量贩店、超级市场、百货公司、便利店等大、中、小经销商，原则上必须就商品或服务所产生的损害，与设计、生产、制造商品或提供服务的企业经营者连带负赔偿责任，除非经销商能证明其对于损害之防免已尽相当注意，或纵加以相当注意而仍不免发生损害者，才不需要与第7条之企业经营者共同对消费者负无过失责任。由于经销业者所负责任介于无过失责任与过失责任之间，因此有法律学者又将此种责任称为“中间责任”。

此外，考虑到经销商在从事经销行为时，有时不免会将原设计者、生产者、制作者或服务提供者的商品或服务加以变更的情况，此时，若要商品或服务的原厂商对经销商的变更行为加以负责，也有违情理，因此，“消保法”又在第8条第2项另外规定了一种独立的企业经营者，也就是改装或分装他人商品或变更他人服务的企业经营者。若经销商一旦有改装、分装商品或变更服务内容的情事，就会被“视

为”（即法律拟制为）“消保法”第7条的企业经营者，而必须和第7条负无过失责任的企业经营者共同对消费者的损害承担连带责任。

3. 拟制负无过失责任的企业经营者

随着国际经贸交往的日渐繁荣，国外商品输入台湾的情况日渐增加，消费者对某些舶来品，如家电、汽车、化妆品等更加青睐。若台湾的企业经营者都必须要对其所提供的商品或服务负责，国外的商品制造者或服务提供者却可不受法律的规制，这不仅对台湾的企业经营者不公平，也不利于保护消费者的权益。由于国外商品制作者或服务提供者并不一定会亲自到台湾从事销售推广的业务，多半仍由台湾的进口商、代理商或在台湾成立的子公司代为负责或处理在台湾的业务。因此，“消保法”在第9条，对输入商品或服务的企业经营者的责任加以规定。根据“消保法”的规定：“输入商品或服务之企业经营者，视为该商品之设计、生产、制造商或服务之提供者，负本法第7条之制作者责任。”也就是说，输入商品或服务的企业经营者也应根据“消保法”对消费者负无过失责任，一如台湾的商品设计、生产、制造者与服务提供者。

二、消费者权益

“消保法”为保护消费者，特别在第二章“消费者权益”中，就有关消费者权益的重大问题加以规定，以使消费者与企业经营者能够明确彼此间的权利与义务关系。这些特殊权益规定，包括企业经营者的无过失责任、定型化契约、特种买卖（邮购买卖与访问买卖、分期付款、非要约寄送）、消费资讯的规范以及保证、包装等。虽然相关内容“民法”大部分已经有所规定，但是“消保法”则做了某些特别规定，使得消费者能够得到更周延的保护。第二章第一节“健康与安全保障”的内容即为企业经营者就其商品或服务承担责任的具体规定，因此下文不再赘述。

（一）定型化契约

鉴于消费者权益保护的必要，“消保法”于第11条至第17条规制定型化契约。根据“消保法”的定义，定型化契约是指企业经营者为与不特定多数人订立同类契约之用，单方预先拟订契约条款，并将这些条款作为契约内容的全部或一部分而订立的契约。由于消费者与企业经营者之间地位上的差异，使得消费者对企业经营者单方面决定的契约条款，只有接受与拒绝两种选择，而不能对契约条款作任何的变更。这种情况引发了许多的消费争议。“消保法”为解决企业经营者滥用定型化契约的问题，在第11条规定，企业经营者在定型化契约中使用之条款，应本平等互惠之原则，如有疑义时，应为有利于消费者之解释。消费者还有30日以内的合理期间对定性化契约的全部条款内容进行审阅（“消保法”第11条之一）。对定型化契约的效力问题则采取强行规定的立法，规定“定型化契约中之条款违反诚信原则，对消费者显失公平者，无效”，并具体规定了推定定型化契约属于显失公平的情形：1. 违反平等互惠原则者；2. 条款与其所排除不予适用之任意规定之立法意旨显相矛盾者；3. 契约之主要权利或义务，因受条款之限制，致契约之目的难以达成者。

（二）特种买卖

特种买卖就是指特殊的买卖类型。“消保法”有关特种买卖的规定，可分为下列四种不同类型。

1. 邮购买卖

“消保法”为规范不断更新的行销手法，不采取个别规范的方式，而对邮购买卖采用广义的“立法”方式，只要企业经营者以广播、电视、电话、传真、目录的寄送或其他类似的方法，使消费者未能先检视商品而为要约，就以邮寄或其他递送方式，而为商品买卖的交易形态，都属于“消保法”的邮购买卖，受到“消保法”的规范。依据“消保法”第19条，邮购买卖的消费者，若对所受之商品不愿买受时，得于收受商品后7日内，退回商品或以书面通知企业经营者解除买卖契约，无须说明理由及负担任何费用或价款，即消费者取得了在7天内任意解除契约的法定解除权。

2. 访问买卖

根据“消保法”，访问买卖就是指企业经营者未经邀约而在消费者的居所或其他场所从事销售，而发生的买卖行为。与邮购买卖相同，“消保法”也对访问买卖采取广义的定义规定，只要是不请自来（未经消费者邀约）的销售行为，不论是发生在消费者的居所，或是办公室、餐厅，或是骑楼下、红砖道上，也不论所销售的是商品或是服务，都属于访问买卖。消费者依据“消保法”第19条，都有在7天内任意解除契约的法定解除权。①

3. 无要约寄送

无要约寄送，就是“消保法”第 20 条所称的“未经消费者要约而对之邮寄或投递商品”。“消保法”明确规定，消费者对无要约寄送之商品不负保管义务，并进一步规定，如果物品的寄送人经消费者定相当期限通知取回而逾期未取回或无法通知者，视为抛弃其寄投之商品。纵使消费者并未通知寄送人，但在寄送后逾 1 个月未经消费者表示承诺，而仍不取回其商品者，也视为寄送人抛弃其寄投的商品，可以由消费者取得该物品的所有权。而且，如果寄送人要取回寄送物品时，消费者还可以请求偿还因寄送物所受的损害，及处理寄送物所支出的必要费用。

4. 分期付款买卖

“消保法”所称的分期付款买卖，是指买卖契约约定消费者支付头期款，余额分期支付，而企业经营者于收受头期款时，交付标的物予消费者的交易形态。根据“消保法”第 21 条，只要是分期付款买卖，就应该要有书面的分期付款买卖契约书，应载明：（1）头期款。（2）各期价款与其他附加费用合计之总价款与现金交易价格之差额。（3）利率。企业经营者未依规定记载利率者，其利率按现金交易价格周年利率 5% 计算。企业经营者若未载明（1）或（2）的应记载事项，消费者则可不负现金交易价格以外价款的给付义务。

（三）消费资讯的规范

在激烈的市场竞争中，形形色色的商业宣传不仅能够传递商品或服务的基本信息，树立经营者的良好形象，还可以刺激消费者的好奇心和购买欲望。因此，商业宣传是企业经营者吸引消费者的有力手段，在市场营销中被广泛运用。但是为了在竞争中取得优势，难免会有企业经营者直接在商品上，或者以广告及其他方法，对商品或服务作夸大不实或引人误解的虚假宣传。为了引导经营者之间的良性竞争，提供给消费者比较与判断商品或服务的真实信息，“消保法”特别针对一般常用的消费信息，如广告、商品或服务的标示、保证与包装加以规范。

为了防止夸大不实广告侵害消费者权益，“消保法”特别于第 22 条规定，企业

---

① 冯震宇、姜志俊、谢颖青、姜炳俊著：《消费者保护法解读》，元照出版公司，1995 年版，第 49 页。

经营者应确保广告内容之真实，其对消费者所负之义务不得低于广告之内容。广告为“要约引诱”的法律性质其实并不因“消保法”第22条的规定而改变，但如果消费者与企业经营者订立契约以后，则广告的内容即成为契约的内容。这种规定的法律效力，将原来只是属于“要约引诱”的广告，变成“要约”。也就是说，广告的内容就是契约的内容，如果刊登广告的厂商不能依据广告内容给付，就要负债务不履行的损害赔偿责任。因此企业经营者必须特别注意广告的内容，以免因广告内容不实承担赔偿责任，甚至损害自己的企业形象。

另外，“消保法”第23条还采用“公平交易法”的连坐规定，要求“刊登或报导广告之媒体经营者明知或可得而知广告内容与事实不符者，就消费者因信赖该广告所受之损害与企业经营者负连带责任。前项损害赔偿责任，不得预先约定限制或抛弃”。这条规定，将刊登或报导不实广告的媒体经营者也纳入了对消费者的赔偿主体，加重了媒体经营者的责任，以促成媒体经营者刊登真实广告，使消费者的知情权得到了更有力的保障。此外，“消保法施行细则”还规定，若“主管机关认为企业经营者之广告内容夸大不实，有影响消费者权益之虞时，得令企业经营者证明该广告之真实性”，也更进一步加重了企业经营者确保广告内容真实的责任。

“消保法”所称的保证，包括了商品与服务的品质保证。“消保法”第25条规定，企业经营者对消费者保证商品或服务之品质时，应主动出具书面保证书，企业经营者若违反该条规定并未出具书面保证书，其品质之保证效力仍不受影响。

有关商品或服务的标示与包装，也是消费者获得资讯的重要来源，因此“消保法”第24条规定：企业经营者应依“商品标示法”等法令为商品或服务之标示。输入之商品或服务，应附中文标示及说明书，其内容不得较原产地之标示及说明书简略。输入之商品或服务在原产地附有警告标示者，准用前项之规定。此外，企业经营者对于商品也应有适当包装的义务，“消保法”第26条规定，企业经营者对于所提供之商品应按其性质及交易习惯，为防震、防潮、防尘或其他保存商品所必要之包装，以确保商品之品质与消费者之安全。但不得夸张其内容或为过大之包装，即企业经营者不得对商品“过度包装”。

过度包装一是浪费大量资源；二是产生垃圾，加重对环境的污染；三是传递给消费者的资讯往往夸大不实，误导欺诈消费者；四是使消费者不仅得支付必要的商品价值，还被经营者转嫁了额外甚至是喧宾夺主的高额包装费，严重侵害了消费者利益。但目前在我国大陆，商品进行过度包装的现象仍很严重，主要原因就是相关立法仍不完善，已有的法规执行起来也不严格，在舆论宣传和教育引导方面也没有把过度包装视为一个严重问题。因此，台湾“消保法”第26条的规定尤其应引起大陆地区经营者的重视，也值得大陆消费者权益保护法修订时加以借鉴。

三、消费者保护团体

根据“消保法”第2条第6款规定，消费者保护团体指以保护消费者为目的，而依“法”设立登记之法人。消费者保护团体以社团法人或财团法人为限，应以保护消费者权益、推行消费者教育为宗旨（“消保法”第27条）。

“消保法”第28条规定了消费者保护团体的任务，其中第8款为“处理消费争议，提起消费诉讼”，即授予消费者保护团体以诉讼权。诉讼权是我国大陆地区的消费者保护团体（中国消费者协会和地方各级消费者协会）并不享有的，因此也应引起企业经营者的特别注意。消费者团体的诉讼权在“消保法”中具体体现在第49条“消费者保护团体许可设立3年以上，申请消费者保护委员会评定优良，置有消费者保护专门人员，且合于下列要件之一，并经消费者保护官同意者，得以自己之名义，提起第50条消费者损害赔偿诉讼或第53条不作为诉讼”；第50条“消费者保护团体对于同一之原因事件，致使众多消费者受害时，得受让20人以上消费者损害赔偿请求权后，以自己名义，提起诉讼”；第53条“消费者保护官或消费者保护团体，就企业经营者重大违反本法有关保护消费者规定之行为，得向法院诉请停止或禁止之”。

“消保法”授予消费者保护团体的另一项重要权利是对商品及服务的检验权（“消保法”第28条第1、2、3款），即消费者保护团体可以调查、检验并发表商品或服务的价格、品质或标示内容。消费者保护团体于调查、检验商品或服务时，如因人力、财力、设备或其他因素，得请求行政机关给予必要协助，行政机关非有正当理由，不得拒绝（“消保法”第31条、“消保法”施行细则第29条）。

四、消费者保护的行政监督

为落实对消费者权益的保护，“消保法”特设行政监督专章，规定各级行政机关的调查权、紧急处置权、消费者保护委员会、消费者保护官及消费者服务中心等事项。

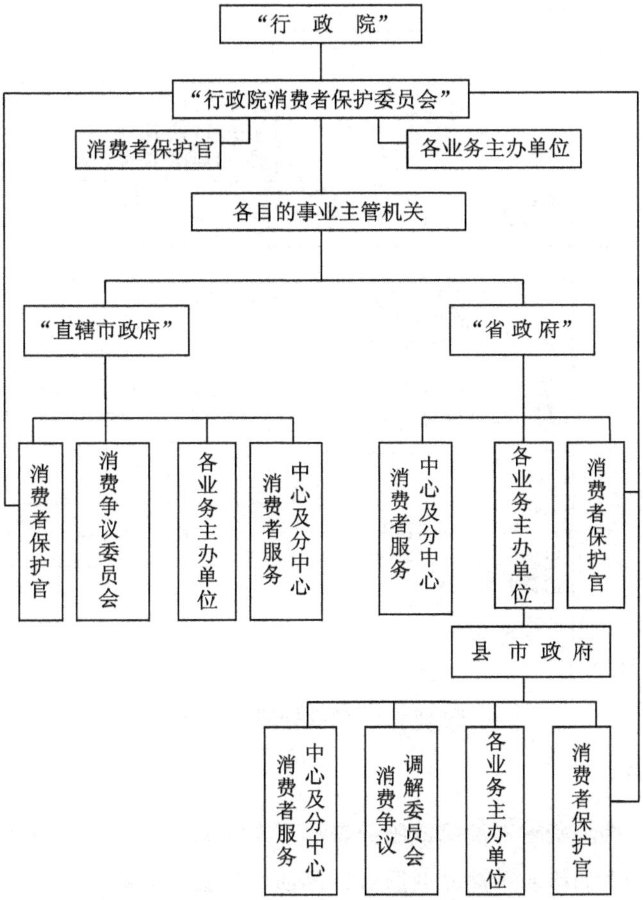

图 15－1 消费者保护行政机关体系表

五、消费争议的处理

根据“消保法”第 2 条第 4 款规定，消费争议是指消费者与企业经营者间因商品或服务所生的争议。“消保法”特别于第五章详细规定消费争议的处理程序，提供申诉、调解及诉讼等多重救济途径，供消费者选择。但要注意，“消保法”关于申诉、调解的规定，在于提供消费者迅速、经济的解决途径，并非限制消费者起诉的条件。因此，消费者可以不经申诉或调解程序，直接提起消费诉讼。

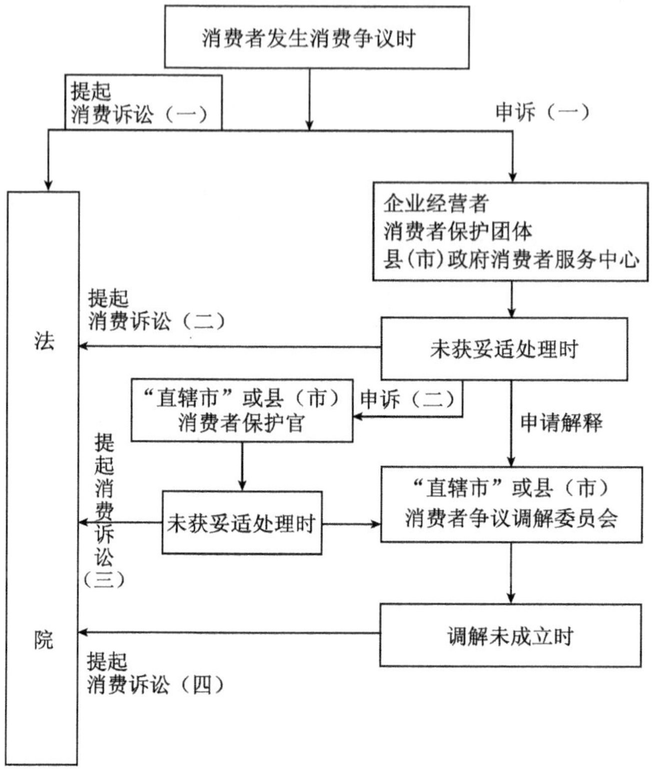

图 15－2　争议处理流程图

（一）申诉

所谓申诉，即消费者对商品或服务表示不满意见。消费者不以受到实际损害者为限，任何消费者如果对某商品或服务的品质、价格、包装、广告、标示、售后服务等事项不满意时，均可以申诉。消费者先后有两次申诉机会。

1. 第一次申诉

消费者可以向企业经营者、消费者保护团体或“直辖市”、县（市）政府的消费者服务中心或分中心申诉（“消保法”第 43 条第 1 项）。

2. 第二次申诉

消费者于第一次申诉未获妥善处理后，可以向“直辖市”或县（市）政府消费者保护官进行第二次申诉（“消保法”第 43 条第 3 项）。

（二）调解

所谓调解，即消费者将消费争议诉诸社会一般人士（调解委员）处理，由其居间协调，以协助消费者与企业经营者达成解决争议的合意。依据“消保法”第44条规定，消费者依该“法”第43条申诉而未获妥适处理时，可以向“直辖市”或县（市）消费争议调解委员会申请调解。可见申请调解须具备以下要件：第一，仅消费者可以申请调解，企业经营者及消费者保护团体无此权利；第二，须为消费争议案件；第三，须先经申诉程序；第四，须向“直辖市”或县（市）消费争议调解委员会申请调解。调解成立，应作成调解书。调解不成立，当事人可以申请调解委员会发给调解不成立证明书。

（三）消费诉讼

所谓消费诉讼，依据“消保法”第2条第5款规定，指因消费关系而向法院提起的诉讼。而所谓消费关系，则指消费者与企业经营者间就商品或服务所产生的法律关系（“消保法”第2条第3款）。

消费者因消费关系而与企业经营者发生争议，可以直接向法院依“民事诉讼法”提起一般民事诉讼，为何“消保法”还要另设消费诉讼制度呢？这在于为特别保护消费者，消费诉讼制度设定了一些异于民事诉讼制度的特别规定。

1. 当事人与律师代理诉讼不同

消费者提起一般民事诉讼时，应以自己名义提起。消费诉讼，除仍可以由消费者自行提起外，还可以由消费者保护团体或消费者保护官提起（“消保法”第50条、第53条）。由消费者保护团体提起时，并应委任律师代理诉讼。

2. 费用负担不同。

消费者提起一般民事诉讼，应依“民事诉讼法”的相关规定缴纳裁判费，若有委任律师代理诉讼，还应给付律师报酬。提起消费诉讼，“消保法”特设消费者保护团体及消费者保护官为原告时，免付律师报酬及减免诉讼费用的规定（“消保法”第49条、第52条、第53条）。

3. 惩罚性赔偿金

为加强企业经营者对消费者权益的重视，“消保法”第51条特别规定：“依本法所提之诉讼，因企业经营者之故意所致之损害，消费者得请求损害额3倍以下之惩罚性赔偿金；但因过失所致之损害，得请求损害额一倍以下之惩罚性赔偿金。”这项惩罚性赔偿金制度，只有在消费者或消费者保护团体提起消费诉讼时才可以请求，如果是一般民事诉讼，则不得请求。

六、罚则

（一）行政罚

1. 罚锾

企业经营者违反“消保法”第24、25、26、33、36、37、38条规定，均可以处以罚锾，罚锾金额自新台币2万元至150万元不等。其中依第56条处罚锾前应先通知改正，其期间由主管机关依据个案性质决定，但最长不得超过60日。（“消保法”第56、57、58、59条及“消保法”施行细则第41条）

2. 停（歇）业处分

企业经营者违反“消保法”规定情节重大，报经“中央主管机关”或“消费者保护委员会”核准者，可以命其停止营业或勒令歇业。（“消保法”第60条）

（二）其他规定

1. 从重处罚与刑事责任

“消保法”第61条规定：“依本法应予处罚者，其他法律有较重处罚之规定时，从其规定；涉及刑事责任者，并应即移送侦查。”可见，台湾“消保法”为加强行政机关监督企业经营者维护消费者权益的实效，原则上采从重处罚的方式。举一例说明：台湾“商品检验法”第34条规定：“对于有妨害公共安全或其他毒害情形，应施检验之商品，经检验属实，受停止生产、制造、陈列或销售之命令，而违反该命令者，处负责人三年以下有期徒刑、拘役或一万元以下罚金。”同一情形依“消保法”第58条规定，则可以连续处企业经营者新台币6万元以上，150万元以下之罚金，至其改正为止。因此，一方面可以依据“消保法”对违法经营者课以罚金，另一方面因涉及刑事责任，还应将其移送侦办，追究其刑事责任。如此双管齐下，对不法经营者将起到足够的威慑作用。

2. 强制执行

“消保法”第62条规定，本“法”所定之罚锾，由主管机关处罚，经限期缴纳后，届期仍未缴纳者，依法移送强制执行。

第十六章　投资争端解决机制

第一节　《两岸投保协议》核心条款解读

2010 年 6 月 29 日，海基会与海协会分别代表两岸，签署了《海峡两岸经济合作框架协议》（Economic Cooperation Framework Agreement，ECFA），其中第 5 条第 1 项明确规定：双方同意，在协议生效后 6 个月内，针对建立投资保障机制、提高投资相关规定的透明度、逐步减少双方相互投资的限制、促进投资便利化事项展开磋商，并尽速达成协议。在 ECFA 协议签署的两年之后，《海峡两岸投资保护和促进协议》（下文简称《两岸投保协议》《协议》）终于 2012 年 8 月 9 日完成签署。至此，两岸经济合作框架协议确定的重要领域合作已全面启动。

协议签署后，按照《两岸投保协议》的相关约定，双方即着手推动该协议在各自法律框架下的相关生效准备程序。大陆相关部分在落实《两岸投保协议》中步伐相对较快。国务院台湾事务办公室通过联合相关部委召开联席会议，协调推动各地各有关部门准确有效地落实协议，同时，向在大陆的台商宣传投保协议，宣传和鼓励他们主动用好这项协议。投资争端协处、调解、仲裁机制、投资咨询机制正相继推动落实。为积极落实投保协议中的投资认定规定，2013 年 2 月 20 日，商务部与国台办联合公布了《台湾投资者经第三地转投资认定暂行办法》，将台商经第三地转投资纳入法律保护范围，是切实保护台湾投资者投资权益，促进两岸经济合作的又一重要举措。至于台湾方面，其大陆事务主管部门在协议签署后即将该协议送台当局民意机构审议，台当局民意机构于 2012 年 10 月 5 日将备查案改为审查案，并交付委员会审议。根据《两岸投保协议》第 18 条第 1 项约定：“本协议签署后，双方应各自完成相关程序并以书面通知另一方。本协议自双方均收到对方通知后次日起生效。”海协会与海基会于2013年1月31日换函通报，双方已完成《两岸投保协议》实施的相关准备，根据协议生效条款的相关规定，协议于2013年2月1日正式生效。至此，两岸经济合作框架协议确定的重要领域合作已全面启动。

《两岸投保协议》是ECFA生效后第一个完成商谈并成功签署的后续协议，对两岸经贸领域常规化及制度化合作具有承前启后的重要作用。对两岸经贸布局而言，协议的顺利签署，有利于推进ECFA后续谈判，加速迈向两岸自由贸易的既定目标。对大陆企业或个人赴台投资而言，投保协议可去除投资人担心台湾政党轮替可能影响投资权益的心理障碍，有助于促进陆资赴台投资的正常化。可以说，该协议的实施将有助于更强有力地保护两岸投资者权益，逐步减少投资限制，创造公平的投资环境，促进两岸双向投资，增进两岸经济繁荣。

从内容上看，《两岸投保协议》由正文和附件组成，正文共18条，内容包括：定义、适用范围和例外、投资待遇、透明度、逐步减少投资限制、投资便利化、征收、损失补偿、代位、转移、拒绝授予利益、本协议双方的争端解决、投资者与投资所在地一方争端解决、投资商事争议、联系机制、文书格式、修正、生效。附件为投资补偿争端调解程式，内容包括：调解原则及程式、调解成立、补偿方式、调解请求权的消灭、调解资讯的使用限制、调解规则的通报。

一、投资及投资人的定义

《协议》第1条规定：投资指一方投资者依照另一方的规定，在该另一方所投入的具有投资特性的各种资产，包括但不限于：动产、不动产及其他财产权利；企业的股份或出资额及其他形式的参股；金钱请求权或其他具有经济价值的履行请求权；知识产权、企业名称及商号、商誉；交钥匙、工程建造、管理、生产、收益分配及其他类似合同权利；经营特许权，包括培育、耕作的特许权利，以及勘探、开采、提炼或开发自然资源的特许权利；各种担保债券、信用债券、贷款及其他形式的债。投资特性指资本或其他资源的投入、对收益或利润的期待和对风险的承担。作为投资的资产发生任何符合投资所在地相关规定的形式上的变化，不影响其作为投资的特性。上述投资之定义，参考国际通行惯例，采取广义资产型定义，即大陆投资人依照台湾地区法律的规定，投入的具有投资特性的各种资产，包括：动产、不动产、企业股份、金钱请求权、智慧财产权、企业名称、商誉、担保债券、特许权、承揽及工程建造契约等均可认定为投资。此种定义方式亦为目前国际间常使用、保护程度最高的规范方式。

“投资者”指在另一方从事投资的一方自然人或一方企业：一方自然人指持有一方身份证明文件的自然人；一方企业指根据一方规定在该方设立的实体，包括公司、信托、商行、合伙或其他组织；根据第三方规定设立，但由本款第1项或第2项的投资者所有或控制的任何实体，亦属一方企业。投资人定义方面，包括自然人与企业，并参考一般国际间投保协定除纳入直接投资人外，还将经第三地投资人纳入法律保障范围。为落实细化该条规定，2013年2月20日，商务部与国台办联合公布了《台湾投资者经第三地转投资认定暂行办法》。台湾方面也规定了关于大陆经第三地赴台投资人的认定。台湾方面，按照台湾“两岸人民关系条例”，不管是内地民众设立的内地企业，或包括台商在内的外商依内地法律成立的内地外资企业，统称“陆资公司”。按照其拟定的“许可办法”，除来自内地的企业外，经第三地赴台投资的外国公司，只要含陆资比率达30%，或陆资对公司具有实质控制力者，都视为陆资进行管理，必要时主管机关可以要求陆资企业申报资金来源。依目前规定，所谓“具有实质控制力”，是指陆资股权即使未达30%，但在该企业董事会具有董监事过半人事权、经营权及财务掌控能力的外资，也视为陆资。

二、适用范围和例外

从时效来看，协议适用所有进行中及未来的投资，但不适用于本协议生效前已解决的投资者与投资所在地一方争端解决，即P－G投资争端。至于协议生效前已进入司法程序，但尚未解决的P－G投资争议，原则上除调解程序外，仍可循本协议规定的其他争端解决途径加以解决。

从适用范围看，协议适用于各级政府部门及该部门授权行使公权力的机构所采取或维持的措施，以确保协议的执行。但涉及国家安全、金融服务、政府采购、补贴或补助措施及租税措施等事项，则不适用。

三、投资待遇

投资人及其投资享有公平与公正待遇及充分保障与安全，并给予有条件的国民待遇及最惠国待遇。

“公正与公平待遇”指一方的措施应符合正当程序原则，且不得对另一方投资者拒绝公正与公平审理，或实行明显的歧视性或专断性措施。“充分保护与安全”

指一方应采取合理、必要的措施，保护另一方投资者及其投资的安全。

人身自由与保障，指加强投资者及相关人员在投资中的人身自由与安全保障，依各自规定的时限履行与人身自由相关的通知义务，完善既有通报机制。该条款还进一步以《海基会与海协会有关〈海峡两岸投资保障和促进协议〉人身自由与安全保障共识》文件，阐明具体作法。

“国民待遇”指一方对另一方投资人就其投资的营运、管理、维持、享有、使用、出售或其他处置所给予的待遇，不得低于在相似情形下给予该一方投资人及其投资的待遇。

“最惠国待遇”指一方对另一方投资人就其投资的设立、扩大、营运、管理、维持、享有、使用、出售或其他处置所给予的待遇，不得低于在相似情形下给予任何第三方投资人及其投资的待遇。

四、透明度

要求一方应依其规定及时公布或用其他方式使公众知悉普遍适用的或针对另一方与投资有关的规定、措施、程序，以及应另一方请求，一方依其规定，就已公布并影响另一方投资者的规定、措施、程序的变化提供讯息。

五、逐步减少投资限制及投资便利化

从谈判过程来看，如果说投资者权益保护主要是台湾方面的诉求，那么促进投资自由化对于陆资赴台更有意义。《两岸投保协议》第5、6条的内容，就确定了促进两岸投资自由化的若干原则。第5条规定双方应本着互利互惠的原则接受并保护相互投资。逐步减少或消除对相互投资的限制，创造公平的投资环境，努力促进相互投资。第六条要求双方应逐步简化投资申请文件和审核程序，相互提供投资便利。不过，这两条的具体实施细则仍有待两岸进一步磋商。从台湾方面的实际来看，该条是一种宣示性规范，不涉及实质市场开放，台湾地区当局在陆资开放政策上，仍然是依循既定之政策原则，采取循序渐进开放陆资赴台投资的方式。

六、征收

协议对征收的定义、条件、补偿等做了详细的约定。

首先，征收涵盖土地及其他投资资产的直接与间接征收。间接征收指效果等同于直接征收的措施。确定一项或一系列措施是否构成间接征收应以事实为依据逐案评估，并应考虑以下因素：该措施对投资的经济影响，但仅对投资的经济价值有负面影响，不足以推断构成间接征收；该措施在范围或适用上对另一方投资人及其投资的歧视程度；该措施对另一方投资人明显、合理的投资期待的干预程度；该措施的采取是否出于善意并以公共利益为目的，且措施和目的之间是否符合比例原则。双方为保护公众健康与安全、环境等正当公共福利所采取的非歧视性管制措施，不构成间接征收。

合法征收要件应包括：基于公共目的；依照一方规定及正当程序；非歧视性且非任意的；给予补偿。

补偿的标准将是按照公平市场价值，即时、充分、有效地补偿。即补偿以征收时或征收为公众所知时（以较早者为准）被征收投资或收益的公平市场价值为基准，并加计征收之日起至补偿支付之日止，按合理商业利率计算的利息。补偿的支付不应迟延，并应可有效实现、兑换及自由转移。

七、损失补偿

一方投资人在另一方的投资或收益，如因发生在该另一方的武装冲突、紧急状态或其他类似事件而遭受损失，另一方给予其恢复原状、补偿或其他解决方式的待遇，应不低于相似条件下给予该另一方投资人或任何第三方投资人的待遇中最优者。

八、代位

一方指定的投资保险或保证机构根据其与投资有关的货币汇兑、征收等非商业风险的担保、保证或保险合同给付给投资人补偿后，取得与投资人相同权利及待遇，可以在与投资者同等的范围内代位行使该投资者的权利和请求权，向地主国请求投资损害赔偿。

九、转移

除部分例外情况外（如：破产、无力偿还或保护债权人利益；刑事犯罪侦查或行政处罚调查中的必要保全措施；确保司法裁判或行政处罚决定的执行等），投资人资金移转应不被限制或延迟，并依当时市场汇率，以可自由兑换的货币，或双方同意且按当时规定可汇兑的货币，自由移转其投资及收益。

十、拒绝授予利益

协议规定，第三方自然人或企业所拥有或控制的公司，若在两岸投资但未从事实质性的商业经营，则地主国可依规定拒绝该企业享有《两岸投保协议》项下之利益。

十一、争端解决

《两岸投保协议》之争端解决机制涵盖了三种类型的投资争端：1. 协议双方争端的解决；2. 一方投资者与另一方相关部门或机构的投资争端；3. 一方投资者与另一方自然人、法人、其他组织的投资商事争议。

协议双方的争端解决（G－G）：双方关于协议相关的解释、实施和适用产生的争端，将依 ECFA 第 10 条规定，由海峡两岸通过协商解决，或由根据《海峡两岸经济合作框架协议》第 11 条设立的海峡两岸经济合作委员会以适当方式加以解决。

投资人与投资所在地一方的争端解决（P－G），提供了多元化救济渠道：包括协商、协调、协处、调解、行政及司法救济等五种解决方式。其中，协调、协处、调解是两岸之间特殊的争端解决途径。《两岸投保协议》还以附件专门规定了投资补偿争端调解程序。

投资人间商务纠纷（P－P）：在大多数的双边投资保护协定中，一般未规定缔约一方投资者与缔约另一方自然人、法人、其他组织、经济实体的商事争议解决，而《两岸投保协议》第 14 条则创设性规定了商事合同当事人关于投资商事争议的解决机制，明确规定投资人可采取仲裁方式解决商务纠纷。

第二节　投资者与投资所在地一方争端解决

《两岸投保协议》为投资者与投资所在地一方争端之解决提供了五种解决方式，包括协商、协调、协处、调解与行政及司法救济等五种解决方式，较投资人目前可寻求之既有途径而言更加多元化。五种解决方式从文字安排来看，并无先后次序之分别。投资人可在考虑各种因素后（包括：投资争端的类型与特性、争端解决机制的优势与局限、可能的成本、法律适用、文书承认与执行力等），进行综合判断，在多样化的方式中选择对其最有利、有效的方式来解决投资争端。特别需要关注的是，针对投资补偿争端，一旦投资者选择了依据投资所在地一方之行政复议或司法程序解决，则不能再就同一争端提交两岸投资争端解决机构调解，除非提交两岸投资争端解决机构调解符合投资所在地一方的相关规定。

一、协商解决

由发生争议的一方投资者与投资所在地一方的相关部门或机构通过友好协商的方式进行解决，此亦为一般投资保护协定之惯常规定。当双方关系尚保持友好且争议不大时，这种争议解决方式最为直接、有效。

二、协调解决

由投资所在地或其上级的协调机制协调解决。这种方式因第三方单位居中介入，相比协商而言会相对中立客观。

三、协处

根据《两岸投保协议》第13条第1款第3项以及第15条的规定，投资争端协处机制下设于两岸经济合作委员会投资工作小组，由双方业务主管部门各自指定的联络人负责联络，并相互通报处理情况。台湾地区方面，其“经济部”设有台商联合服务中心作为受理台商提出协处要求的窗口。大陆地区方面，则由国务院台湾事务办公室投诉协调局负责大陆赴台投资者的协处请求。自《两岸投保协议》签署以来，双方已针对投资争端协处机制举行工作会议，研讨协处机制的运行、文书格式及定期追踪机制，以确保协处机制运行顺畅及协处效率。协处机制是《两岸投保协议》新创设的救济途径，是官方对官方的平台，可借由较高层级的官方联系平台与机制的介入，更好地获取资讯，促使争端加速解决，有助于保障大陆投资者在台权益的实现。

四、调解

投资者与投资者所在地一方因投资补偿而发生的争端系一般投资保护协定的核心内容。《两岸投保协议》在考虑两岸投资现状后，创设了两岸投资争端解决机构，专门负责处理投资补偿争端，并以附件专门规定了投资补偿争端调解程序。其相关机制灵活而富有弹性，是投保协议所提供的5种P-G争端解决机制中最具有创意的部分。

1. 两岸投资争端解决机构，系指《两岸投保协议》生效后，经两岸确认并书面通知的仲裁机构、调解中心及其他调解机构。双方将交换并公布两岸投资争端解决机构名单，双方经协商可以调整该机构的名单。目前，台湾地区已由“经济部”订定“指定两岸投资争端解决机构审查要点”，并于2013年2月1日生效。根据其公告，申请成为台湾地区投资争端解决机构，应符合下列条件：声誉良好之法人、团体或机构；承办业务应包含调解业务，并具有相当之实务经验；置公立或经行政机关立案之私立专科以上学校，或经“教育部”承认之境外专科以上学校法律系所毕业，或经公务人员或专门技术人员法律相关类科考试及格之专职人员；具备办理业务需要之办公处所或场地；订有执行《海峡两岸投资保护和促进协议》第13条第1款第4目两岸投资补偿争端调解业务之调解规则。大陆则是由中国国际经济贸易仲裁委员会筹建两岸投资争端解决中心，以调解方式受理特定类型的两岸投资争端。该机构未来除了在北京设总会外，还将在南京、山东、深圳、上海、武汉等地设立办事处受理相关争端，为两岸投资者提供及时、有效和便利的服务。

2. 投资补偿争端调解程序的特征：

（1）调解的成立。传统上，调解能否顺利进行以及是否能解决双方的争端，取决于争端双方的同意和自愿选择配合。依照《两岸投保协议》规定，一方投资者提出调解申请后，两岸投资争端解决机构应依其规则受理申请，启动调解程序。争端双方应积极、诚信参与调解，不得无故拖延。就投资地行政机关而言，该条使之承担了遵循协议的义务，参与调解并积极回应。这就是一种突破传统的创新思维。

争端双方经调解达成合意，调解员应根据合意内容制作调解协议，由争端双方及调解员在调解协议上签字或盖章，并加盖两岸投资争端解决机构印章。两岸应确保建立、完善与调解协议执行相关的制度。投资者可依据执行地一方相关规定申请调解协议的执行。就这一点而言，由于调解解决机制为协议签署前所没有的渠道，具体规定尚付诸阙如，调解协议是否可以适用司法强制执行，《两岸投保协议》均语焉不详，尚有待进一步规范。大陆法律规定涉及行政相关事务为不可调解事项，台湾“中华仲裁协会”的调解中心也尚未处理过涉及行政机关案件之前例，其“仲裁法”关于这部分可否调解，似尚有争议。目前，两岸对于他方一般民间调解机构出具或认可的调解书也尚无承认与可执行的配套机制。所以，两岸应从细部规则上，对相关立法进行相应调整，以确保调解所达成之协议之可执行力。

（2）除争端双方约定公开之外，调解过程均不公开，同时，除争端双方同意公开的事项之外，两岸投资争端解决机构及其工作人员、调解员均应当保守秘密。

（3）投资补偿争端的补偿方式包括金钱补偿及适当利息，返还财产或以补偿金和相应利息代替财产返还，以及争端双方同意的其他合法补偿方式。

（4）调解请求权的消灭。自投资者知道或应当知道另一方违反协议义务之日起，如超过3年未行使调解请求权，则该请求权消灭。但因不可抗力导致的延误，不计入前述3年期间内。

（5）调解信息的使用限制。若调解失败，则除争端双方另有约定外，任何一方均不得在其后就同一争端进行的行政或司法程序中，援引对方当事人和调解员在前述程序中所做出的任何陈述、承认和让步，作为不利于对方当事人的资料或证据。

五、依据投资所在地一方行政复议或司法程序解决

行政救济或司法程序是两岸签订投保协议之前已有的争端解决机制，相对而言，是最花时间、成本最高、也最影响投资人与当地行政机关之间友好关系的方法。而且，一旦当事人就同一争端提出行政救济或进行司法程序，则会影响其他单位介入协调或协处的意愿，从而产生对其他争端解决机制的排他效应。特别是《两岸投保协议》第13条第4项明确规定：如投资者已选择依行政复议或司法程序解决，除非符合投资所在地一方相关规定，投资者不得再就同一争端提交两岸投资争端解决机构调解。

在台湾地区，当大陆投资者与行政机关间发生争议，首先必须厘清该争议的性质是公法性质还是私法性质，因为前者应提起行政诉讼，后者应提起民事诉讼。就公法性质而言的P－G争议，又具体可以分为对行政机关特定行政处分行为的争议、对行政契约履行的争议、请求“国家”损害赔偿，以及对财产之征收补偿等。

1. 以行政处分为诉讼标的的行政诉讼。

所谓“行政处分”，根据台湾“行政程序法”第92条，是指“行政机关就公法上具体事件所为之决定或其他公权力措施而对外直接发生法律效果之单方行政行为”。

以行政机关是否作成行政处分，可分为“撤销诉讼”与“课予义务诉讼”。对行政机关积极作成之行政处分（积极处分），诉请废弃之诉讼，谓之撤销诉讼。其“行政诉讼法”第4条规定：“人民因中央或地方机关之违法行政处分，认为损害其

权利或法律上之利益，经依诉愿法提起诉愿而不服其决定，或提起诉愿逾三个月不为决定，或延长诉愿决定期间逾二个月不为决定者，得向行政法院提起撤销诉讼。逾越权限或滥用权力之行政处分，以违法论。诉愿人以外之利害关系人，认为第一项诉愿决定，损害其权利或法律上之利益者，得向行政法院提起撤销诉讼。”对于行政机关应作为而不作为，导致人民权利或法律上利益受损害，而诉请行政法院命行政机关作成该行政处分者，谓之课予义务诉讼。其“行政诉讼法”第5条规定：“人民因中央或地方机关对其依法申请之案件，于法令所定期间内应作为而不作为，认为其权利或法律上利益受损害者，经依诉愿程序后，得向行政法院提起请求该机关应为行政处分或应为特定内容之行政处分之诉讼。人民因中央或地方机关对其依法申请之案件，予以驳回，认为其权利或法律上利益受违法损害者，经依诉愿程序后，得向行政法院提起请求该机关应为行政处分或应为特定内容之行政处分之诉讼。”撤销之诉与课予义务之诉于提起行政诉讼之前，需向原处分机关之上级机构提起诉愿，经由诉愿审议委员会审查而获得不利结果后，申请人对诉愿决定不服，才能提起撤销之诉以及课予义务之诉。此即所谓诉愿前置制度。

以行政处分为诉讼标的的诉讼类型，又因行政处分之效力是否发生或存在而有不同。行政处分如果有无效之事由，因无效当然自始无效，故当然不发生效力，无从予以撤销，仅能确认其为无效，故有“行政处分无效确认诉讼”。若行政处分已发生效力，但事后因一定之事由而效力消灭，亦无从撤销之，因而“行政诉讼法”又设有“行政处分违法确认诉讼”。

2. 非以行政处分为诉讼标的的行政诉讼。这种诉讼涵盖了所有非行政处分性质之行政行为。例如：因公法上原因发生财产上之给付、事实上的行为等。根据“行政诉讼法”第8条规定：“人民与中央或地方机关间，因公法上原因发生财产上之给付或请求作成行政处分以外之其他非财产上之给付，得提起给付诉讼。因公法上契约发生之给付，亦同。前项给付诉讼之裁判，以行政处分应否撤销为据者，应于依第4条第1项或第3项提起撤销诉讼时，并为请求。原告未为请求者，审判长应告以得为请求。”这类诉讼并无先行程序之要求，可直接向行政法院提起诉请。

3. “国家”赔偿

根据台湾地区“国家赔偿法”的相关规定，当公务员于执行职务行使公权力时，因故意或过失不法侵害人民自由或权利者，或公务员怠于执行职务，致人民自由或权利遭受损害者，或公有公共设施因设置或管理有欠缺，致人民生命、身体或财产受损害者，“国家”应负损害赔偿责任。从赔偿责任来看，关于公务员执行公权力之人的“国家”赔偿采过失责任主义，至于公共设施之物的赔偿责任则采无过失责任主义。

“国家”赔偿请求程序，法律上采双轨制，即可依民事诉讼途径，或行政诉讼途径请求，以往实务人民多利用民事诉讼请求，因为较便捷而直接。依行政诉讼途径则可依“行政诉讼法”第7条合并请求损害赔偿诉讼或第8条提起一般给付诉讼。依民事诉讼程序请求者，应先以书面向赔偿义务机关请求，此称为“协议先行主义”，赔偿义务机关对于前项请求，应即与请求权人协议。协议之结果有下列四种可能（“国赔法”第11条第1项）：协议成立应作成协议书，协议书得为执行名义（第10条第2项）；拒绝赔偿；自请求之日起逾30日不开始协议；自协议开始之日起逾60日协议不成立。后3种情形，请求人均得提起诉讼。

“国家”承担赔偿责任之形式以金钱赔偿为主，以恢复原状为辅。至于“国家”赔偿请求权之时效，依照“国家赔偿法”第8条第1项之规定，自请求权人知有损害时起，请求权因两年不行使而消灭，自损害发生时起，逾5年者亦消灭。

4. 土地征收与补偿

所谓土地征收，是指“国家”基于公共利益之需要依法定程序以强制手段取得人民之财产权，并给予相当补偿行为。土地征收是“国家”为取得兴办公共事业所需私有土地之重要方式，凡涉及“国防”、交通、水利、公共卫生环境保护、社会福利等，所需用地如果不能以协议价购得或以其他方式取得时，都需以土地征收方式取得。

根据台湾“宪法”第143条规定：“……土地属于国民全体；人民依法取得之土地所有权，应受法律之保障与限制；私有土地应照价纳税，政府并得照价收买。”指明不动产为财产权之一种，国家因公共利益之必要得征收人民之财产，应给予合理补偿。由于土地征收牵涉面甚广，台湾地区其他一些重要的法律法规，如“土地法”“实施都市平均地权条例”“都市计划法”“奖励投资条例”及“实施耕者有其田条例”等均将其作为专门内容予以规范。由于相关法律对土地征收的办理程序与补偿项目标准不一、纷争不断，为此，台湾地区早在2002年专门制定并实施“土地征收条例”，以此作为土地征收的“基本法”。

从征收要件上看，应具备公益目的，符合比例原则，遵循正当程序，并进行合理补偿。土地征收程序除了保有通用的征收申请、核准、执行等，还设置了土地征收的前置和后续程序。补偿标准问题上，“土地征收条例”第 30 条修订后将补偿标准修正为“市价”，“内政部”相应修订“土地征收补偿市价查估办法（草案）”作为查估市价之方法。“司法院大法官释字第 516 号解释”：“国家因公用或其他公益目的之必要，虽得依法征收人民财产但应给予‘合理之补偿’。此项乃因财产之征收，对被征收财产之所有人而言，系为公共利益所受之特别牺牲，国家自应予以补偿，以填补其财产权被剥夺或其权能受限制之损失。故补偿不仅需‘相当’，更应尽速发给，方符宪法第 15 条规定，人民财产权应予保障之意旨。”

有关人民因征收受有损失补偿之救济程序，除诉愿、诉讼外，还另设计了一套“异议、复议”先行程序。（见图 16－1）

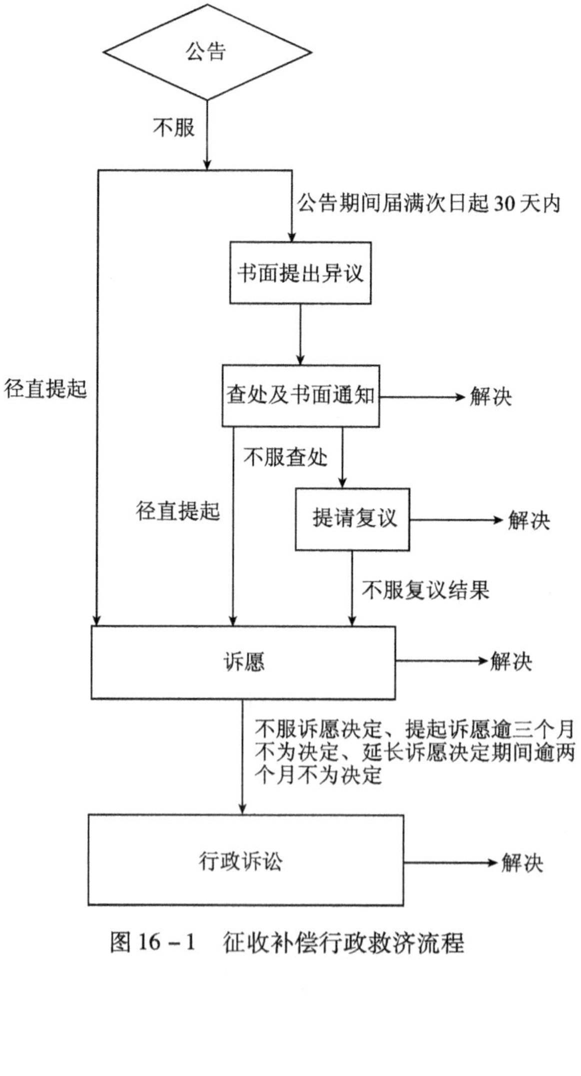

图 16－1　征收补偿行政救济流程

第三节　投资人间商事争议解决

长期以来，海峡两岸民事争端主要是私人之间的民商事纠纷，主要通过当事人协商、仲裁机构仲裁与法院诉讼等方式处理。随着ECFA的签订，未来两岸民间经贸往来日渐增多，两岸经贸争端的形态必将更加复杂化。为此，《两岸投保协议》将投资人间商事争议解决方法写入，为两岸民间投资人间纠纷解决机制建立了一个完整的框架结构，其目的就在于建立起以规则为导向的两岸民商事纠纷解决的规范化机制，以确保两岸经贸活动关系在合法化、常规化的轨道上运行。

一般而言，两岸民间投资人因投资经贸往来而可能发生的争议，包括因签订契约、合同所产生的契约纠纷，因合资产生的股东权利及经营权纠纷，因知识产权而产生的权属、合同、侵权、不正当竞争纠纷、因商业往来产生的账款纠纷、产品质量纠纷，因劳动、雇佣合同而产生的劳动争议等等，类型和形态不一而足。不同的争议，其争端解决途径可能因此而不同。究竟选择哪种程序进行救济，原则上应视当事人约定而定。《两岸投保协议》第14条第1项即约定："……一方投资者与另一方自然人、法人、其他组织依相关规定及当事人意思自治原则签订商事合同时，可约定商事争议的解决方式和途径。"该条遵循民商法的意思自治原则，赋予签订商事合同时当事人约定商事争议解决方式的权利。而且，《两岸投保协议》在肯定两岸投资争端可合意适用商务仲裁机制的同时，并未否定和排除两岸固有司法机制之运用。因此，对陆资入台投资者而言，除了了解《两岸投保协议》所规划的特殊的投资争端解决机制外，认识台湾地区解决民商事纠纷之固有司法机制及相关规定，也是非常必要的。下面，将结合《两岸投保协议》的相关规定以及台湾法律的相关内容，对赴台投资者可能运用的民商事纠纷解决的司法机制进行简要的综述。

一、民事诉讼

（一）台湾民事诉讼制度简介

台湾地区"民事诉讼法"（以下简称台湾"民诉法"）可分为实质意义上的"民诉法"和形式意义上的"民诉法"两种。从形式意义上而言，专指现行"民事诉讼法典"；从实质意义上而言，泛指包括"民事诉讼法典"在内的其他有关民事诉讼程序的一切法规。其他有关民事诉讼的法规包括"民事诉讼法施行法"、"民事诉讼费用法”“民事诉讼须知”“办理民事诉讼案件应行注意事项”“各级法院办案期限规则”“民事保全程序事件处理要点”“强制执行法”“破产法”“非讼事件法”“乡镇市调解条例”等。这些法规与“民诉法”共同构成一个完备的法律体系，保障民事诉讼的有序、协调运行。

台湾民事诉讼实行三审终审制，将对判决的声明不服称为上诉，对裁定的声明不服称为抗告，分别适用上诉审程序和抗告程序。上诉审程序包括第二审程序和第三审程序。“立法”上强调“发挥第一审的事实审功能；健全第二审的事后审功能；完善第三审的法律审功能”，并辅之以飞跃上诉等柔性机制。台湾民事案件审判系统见下表格。

表 16－1　台湾民事案件审判系统

法院		审判程序		
		通常程序（一般民事事件）	简易程序	小额诉讼程序
“最高法院”		第三审（法律审）	第三审（法律审）	
		合议制（五人）	合议制（五人）	
高等法院		第二审（事实审）		
		合议制（三人）		
地方法院	民事庭	第一审（事实审）	第二审（事实审）	第二审（法律审）
		独任制合议制（三人）	合议制（三人）	合议制（三人）
	简易庭		第一审（事实审）	第一审（事实审）
			独任制	独任制

除了上述一般诉讼程序外，台湾民事诉讼制度还包括：1. 督促程序，如债权人请求以给付金钱或其他代替物或有价证券之一定数量为标的者，得声请法院依督促程序发支付命令。除非债权人提出异议，否则一般可直接裁定。2. 调解程序，请求法院为双方协调，力谋双方和谐的程序。3. 小额诉讼程序，适用于其标的金额低于新台币 10 万元以下之诉讼事件，庭期通常于傍晚或周末举行，且仅能单方为法人。4. 简易诉讼程序，适用于标的金额或价额低于新台币 50 万元之财产权诉讼。

（二）当事人能力与诉讼能力

大陆投资者如果要在台湾通过民事诉讼程序解决投资争议时，首先要解决的问题即是投资人，尤其是大陆地区之公司（法人），在台湾地区是否有民事诉讼之当事人能力，其中尤以未经许可之大陆地区公司（法人）在台湾地区之民事诉讼当事人能力之争议尤受注意。

台湾“民事诉讼法”第40条是关于当事人能力的规定：“有权利能力者，有当事人能力。胎儿，关于其可享受之利益，有当事人能力。非法人之团体，设有代表人或管理人者，有当事人能力。中央或地方机关，有当事人能力。”第45条是关于诉讼能力的规定：“能独立以法律行为负义务者，有诉讼能力。”又依照“两岸人民关系条例”第46条规定：“大陆地区人民之行为能力，依该地区之规定。但未成年人已结婚者，就其在台湾地区之法律行为，视为有行为能力。”故大陆地区之自然人，只要依照大陆地区法律享有权利能力与行为能力，即具有在台湾提起诉讼之能力与资格。至于大陆地区之法人是否有民事诉讼当事人能力，应视其是否经许可而可能有不同结果，依“两岸人民关系条例”第46条的规定：“大陆地区之法人、团体或其他机构，其权利能力及行为能力，依该地区之规定。”又第70条之规定：“未经许可之大陆地区法人、团体或其他机构，不得在台湾地区为法律行为。”故如果该大陆地区法人已经许可者，应可在台湾地区为法律行为，其有民事诉讼当事人能力固无问题，但如果该大陆地区法人未经许可，在台湾地区是否就没有当事人能力？就此问题，台湾地区“最高法院八十九年度台上字第四六一号民事判决”采肯定见解，认为未经许可之大陆地区法人，以其名义在台湾地区与他人为法律行为时，应例外承认具有当事人能力。“最高法院”如此之见解是比较客观公允的，否则在台湾地区投资之大陆地区法人权利将无法获得保障。

（三）法律适用

对于涉大陆案件，如何选择法律，适用大陆或台湾地区法律？“两岸人民关系条例”做出了相关规定：台湾地区人民与大陆地区人民间之民事事件，除条例另有规定外，适用台湾地区之法律；大陆地区人民相互间及其与外国人间之民事事件，除条例另有规定外，适用大陆地区之规定；依条例规定应适用大陆地区之规定时，如大陆地区就该法律关系无明文规定或依其规定应适用台湾地区之法律者，适用台湾地区之法律；依条例规定应适用大陆地区之规定时，如其规定有悖于台湾地区之公共秩序或善良风俗者，适用台湾地区之法律；民事法律关系之行为地或事实发生地跨连台湾地区与大陆地区者，以台湾地区为行为地或事实发生地；权利能力、行为能力、法律行为、法定之债、物权、身份及继承事件等分别应适用相应的选“法”规则以确定准据“法”。

（四）保全程序

债权人进行民事诉讼通常是请求法院判令债务人履行一定的义务，如金钱的给付、物的给付以及行为的给付等等。但债权人获得法院的确定终局判决通常旷日持久，在诉讼期间，如果债务人发现诉讼的进展对其不利，或其财务状况恶化，就有可能在诉讼开始以前或趁诉讼尚未终结时转移、隐匿或出卖其财产或争议标的物。将来债权人即使获得胜诉判决，其权利也会因为难以执行而落空。为确保将来生效判决的有效执行，台湾“民事诉讼法”中规定了保全程序，其目的就是为保全债务人财产，以避免债务人脱产或使财产消失之行为。保全程序在法律上可分为：

1. 假扣押

依“民事诉讼法”第 522 条的规定，是指“债权人就金钱请求或得易为金钱请求之请求，欲保全强制执行者，得声请假扣押。……就未到履行期之请求，亦得为之”。该条规定相当于大陆法院的诉前或诉讼财产保全。由法条所定的要件来看，假扣押的请求标的，就是金钱债务。至于“得易为金钱之请求”，是指这种标的原非金钱债务，但是可以变更为金钱的请求。所以，请求对方给付的标的也是金钱。债权人在提出假扣押的声请时，依“民事诉讼法”第 526 条第 1 项规定：“请求及假扣押之原因，应释明之。”也就是说在声请的时候，要提出一些事证，让法院看了以后相信债务人对债权人负有金钱上给付义务。另外，假扣押依同“法”第 523 条规定：“非有日后不能强制执行或甚难执行之虞者，不得为之。”这是对债权人声请假扣押的限制，避免滥行声请损及债务人权益。

程序上，假扣押之声请，由案件管辖法院或假扣押标的所在地之地方法院管辖。假扣押之标的如系债权，以债务人住所或担保之标的所在地，为假扣押标的所在地。关于假扣押声请之裁定，得为抗告。债权人不于规定的期间内起诉者，债务人得声请命假扣押之法院撤销假扣押裁定。假扣押之原因消灭或其他命假扣押之情事变更者，债务人得声请撤销假扣押裁定。债务人得陈明可供法院所定之担保或将请求之标的物提存，声请撤销假扣押裁定。假扣押之裁定，债权人得声请撤销之。假扣押裁定因自始不当而撤销，或债权人不于规定期间内起诉者，或债权人声请撤销的，债权人应赔偿债务人因假扣押或供担保所受之损害。

2. 假处分

依“民事诉讼法”第 532 条，指的是“债权人就金钱请求以外之请求，欲保全强制执行者，得声请假处分。假处分，非因请求标的之现状变更，有日后不能强制执行，或甚难执行之虞者，不得为之”。相当于大陆称之为查封、扣押、冻结等强制措施。

假处分与假扣押虽然都是在尚未取得判决前先为之保全行为，但二者所针对的债权种类有所区分：“假扣押”是保全金钱请求或得易为金钱请求之强制执行，而“假处分”则是对金钱以外之请求先为保全之强制执行。试举例说明：假设甲欠乙300万元台币不还，乙于是声请假扣押，扣押甲的财产以保全其300万债权，这就是典型的假扣押。假设甲欠乙1个古董佛像木雕不还，乙为防止甲将此古董佛像木雕卖掉，于是声请“假处分”，禁止甲将木雕卖出，这就是常见的假处分。

程序上，关于假扣押之规定，于假处分准用之，包括原因说明，不当赔偿等，但法律有不同规定者，不在此限。假处分之声请，由本案的管辖法院管辖。但有急迫情形时，得由请求标的所在地之地方法院管辖。假处分所必要之方法，由法院酌量定之。假处分，得选任管理人及命令或禁止债务人为一定行为。非有特别情事，法院不得许债务人提供担保而撤销假处分。由请求标的所在地之地方法院为假处分之裁定者，同时应定期间，命债权人向本案管辖法院声请就假处分之当否为裁定。债权人不于期间内为前项声请者，命假处分之法院，应依声请撤销假处分之裁定，前项本案管辖法院之裁定，不得抗告。

二、调解

调解是指投资商事争议的双方或多方当事人就争议的实体权利、义务，在法院、仲裁机构及有关组织主持下，通过自愿协商，达成协议、解决纠纷的办法。在台湾地区，调解是一种极为重要的诉讼外纠纷解决机制，在解决纠纷方面发挥了重要的作用，在调解的类型上，主要包括以下几类：

（一）诉讼调解

起诉前的调解，根据台湾“民事诉讼法”的规定可以分为三种情形：强制适用、任意适用和除外适用。首先，强制适用指的是依照案件性质、专业程度、标的额等因素，共有11种案件在诉讼前必须经法院先行调解：“一、不动产所有人或地上权人或其他利用不动产之人相互间因相邻关系发生争执者。二、因定不动产之界线或设置界标发生争执者。三、不动产共有人间因共有物之管理、处分或分割发生争执者。四、建筑物区分所有人或利用人相互间因建筑物或其共同部分之管理发生争执者。五、因增加或减免不动产之租金或地租发生争执者。六、因定地上权之期间、范围、地租发生争执者。七、因道路交通事故或医疗纠纷发生争执者。八、雇用人与受雇人间因雇佣契约发生争执者。九、合伙人间或隐名合伙人与出名营业人间因合伙发生争执者。十、配偶、直系亲属、四亲等内之旁系血亲、三亲等内之旁系姻亲、家长或家属相互间因财产权发生争执者。十一、其他因财产权发生争执，其标的之金额或价额在新台币 50 万元以下者。前项第 11 款所定数额，司法院得因情势需要，以命令减至新台币 25 万元或增至 75 万元。”其次，调解的任意适用指的是除了强制适用的案件，当事人也可以于起诉前声请调解。最后，调解的除外适用指的是在特定的情形下法院可以直接驳回当事人的调解申请：“一、依法律关系之性质，当事人之状况或其他情事可认为不能调解或显无调解必要或调解显无成立之望者。二、经其他法定调解机关调解未成立者。三、因票据发生争执者。四、系提起反诉者。五、送达于他告知通知书，应为公示送达或于外国为送达者。六、金融机构因消费借贷契约或信用卡契约有所请求者。”关于这项裁定，当事人不得声明不服。

关于调解程序，一般由简易庭法官行之，诉讼中移付调解事件，则由原法院、受命法官或受托法官行之。调解由法官选任调解委员 1 人至 3 人先行调解，等调解已在相当程度有成立之希望或其他必要情形时，再报请法官到场。但双方当事人合意或法官认为适当时，亦可由法官直接调解。

关于调解的效力，法律规定：调解经当事人合意而成立；调解成立者，与诉讼上和解有同一之效力。调解有无效或得撤销之原因者，当事人得向原法院提起宣告调解无效或撤销调解之诉。调解委员或法官所为之劝导及当事人所为之陈述或让步，于调解不成立后之本案诉讼，不得采为裁判之基础。

（二）乡镇市调解

台湾乡镇市调解即为台湾的民间调解，是在调解委员主持下，借由其威望、信誉和专业知识，劝导争议当事人达成合理解决方案以解决纠纷。其法律依据是台湾地区 1955 年颁布、2009 年最新修订的“乡镇市调解条例”。

调解委员会由委员 7 人至 15 人组织之，最多不得超过 25 人，并互选 1 人为主席。调解委员会委员，由乡、镇、市长遴选乡、镇、市内具有法律或其他专业知识及信望素孚之公正人士担任，调解委员会调解时，应有调解委员 3 人以上出席。但经双方当事人之同意，也可由调解委员 1 人径行调解。在具备该条例第 12 条规定的情形下，第一审法院也可将相关事件，裁定移付调解委员会调解。

调解如果成立，乡、镇、市公所应于调解成立之日起 10 日内，将调解书及卷证送请移付或管辖之法院审核。法院认其应予核定者，应由法官签名并盖法院印信。法院移付调解者，乡、镇、市公所应将送达证书影本函送移付之法院。法院因调解内容抵触法令、违背公共秩序或善良风俗或不能强制执行而未予核定者，应将其理由通知乡、镇、市公所。法院移付调解者，并应续行诉讼程序。调解文书之送达，准用“民事诉讼法”关于送达之规定。

调解经法院核定后，当事人就该事件不得再行起诉、告诉或自诉。经法院核定之民事调解，与民事确定判决有同一之效力；调解不成立者，当事人得声请调解委员会给予调解不成立之证明书。

（三）仲裁机构调解

根据台湾“仲裁法”第44条及第45条的规定，仲裁事件，于仲裁判断前，得为和解。和解成立者，由仲裁人作成和解书。和解与仲裁判断有同一效力。但须声请法院为执行裁定后，方得为强制执行。未依本“法”订立仲裁协议者，仲裁机构得依当事人之声请，经他方同意后，由双方选定仲裁人进行调解。调解成立者，由仲裁人作成调解书。前项调解成立者，其调解与仲裁和解有同一效力。但须声请法院为执行裁定后，方得为强制执行。

“中华仲裁协会”即订立有“中华民国仲裁协会争议调解中心调解规则”，也同时就调解约定给出了一条示范条款：“任何由本合约所生或与本合约有关之争议，得提交中华民国仲裁协会争议调解中心，依该中心之调解规则于台北/台中/高雄（请选一地）以调解解决之。”

（四）其他法定调解

除上述调解机制外，台湾尚有许多针对特定争议而设立的调解制度，例如：消费调解机制、租佃争议调解机制、劳资争议调解机制、版权争议调解机制、公共工程履约争议调解程序等，这些争议解决机制都是根据不同领域的法律规定而建立起来的相对专业的调解机制。

三、仲裁

在海峡两岸政治阻隔、司法体制相对独立的状态下，民间仲裁乃是解决两岸之间经贸纠纷较好的途径之一。仲裁理应为处理两岸私人之间的经贸纠纷发挥重要作用。陆资赴台投资后，无论是投资、生产、交易、税赋、劳工关系、房产购置，甚至消费等所涉权利义务法律关系都将“在地化”，尤其是在涉及事实的调查取证、仲裁裁决的执行等，在两岸之间尚未建立商务仲裁联合调解机制或两岸联合商事仲裁机构前，将争议约定交付台湾地区仲裁机构处理，不失为合理而富有效率的选择。

（一）台湾仲裁制度简介

台湾地区早在1961年即制定了“商务仲裁条例”，分别于1982年及1986年间进行两度修正，后为符合国际立法趋势及因应台湾未来社会经济发展之需要，在参考欧美德日等国仲裁立法后，全面修正，并在1998年6月24日颁布现行“仲裁法”，于1998年12月24日正式施行，2002年7月10日修正。

台湾“仲裁法”并没有区分“内国”仲裁与“国际”仲裁（涉外仲裁）。[①] 但对“内国”仲裁裁决和“外国”仲裁裁决则作了区分。根据台湾“仲裁”法第47条，“在台湾领域之外作成之仲裁判断或在中华民国领域内依外国法律作成之仲裁判断，为外国仲裁判断”。区分“内国”仲裁裁决和“外国”仲裁裁决的法律意义在于：“国内的仲裁判断在作成后，就有一如法院终局确定判决的效力，经法院为执行裁定，就可以强制执行。故在我国现行法制，外国或内国仲裁判断的效力及其执行力是有区别的。”[②] 因此，如果仲裁裁决是在台湾地区作成，则可直接经法院为执行裁定，就可以强制执行。但如果仲裁裁决虽在台湾地区作成，但裁判适用的法律经法律选择后适用的是大陆地区法律，则有可能被类推视为与“外国”仲裁判断类似的第三种类型的仲裁判断，进而需要经过特别的承认与执行程序后方可具有强制执行力。

关于仲裁协议的有效要件，依照台湾“仲裁法”的规定，应具备三项要件：可交付仲裁的争议，应为依法可以和解的现在或将来之争议；仲裁协议必须是书面的，当事人间之文书、证券、信函、电传、电报或其他类似方式之通讯，足以认为有仲裁合意者，视为仲裁协议成立；仲裁的标的须是“关于一定之法律关系，及由该法律关系所生之争议”。

关于仲裁庭的组成，按照台湾“仲裁法”的规定，在临时仲裁的情况下，仲裁协议中如果没有约定仲裁人及其选定方法者，应由双方当事人各选一仲裁人，再由

---

① 陈焕文著：《仲裁法逐条释义（增订再版）》，台北岗华传播事业有限公司，2002年版，第566页。

② 杨崇森等著：《仲裁法新论》，台北“中华仲裁协会”，2009年版，第362页。

双方选定之仲裁人共推第三仲裁人为主任仲裁人，并由仲裁庭以书面通知当事人。如果仲裁人于选定后 30 日内未共推主任仲裁人者，当事人得声请法院为之选定。在机构仲裁的情况下，也就是当事人约定仲裁事件由仲裁机构办理的，就由该仲裁机构选定仲裁人。至于仲裁人的户籍所在，即仲裁人是大陆籍还是台湾籍则在所不问，并没有特别的设定限制。台湾“中华仲裁协会”在该会仲裁人名册中也有推荐了一些陆籍仲裁员，不过人数尚偏少。同时，该法还对仲裁人选任过程中的回避事由及回避程序作出了相应的规定。

关于仲裁程序，依照“仲裁法”之规定，当事人如果就仲裁程序未约定者，适用“仲裁法”的规定。仲裁地，当事人未约定者，由仲裁庭决定。当事人未约定者，仲裁庭应于接获被选为仲裁人之通知日起 10 日内，决定仲裁处所及询问期日，通知双方当事人，并于 6 个月内作成判断书，必要时得延长 3 个月。仲裁程序，除当事人另有约定，不公开为之。仲裁庭办理仲裁事件，有关文书之送达，准用“民事诉讼法”有关送达之规定。

关于仲裁裁决的效力，依照“仲裁法”的规定，与法院之确定判决，有同一效力，可在声请法院为执行裁定后强制执行。如果是以给付金钱或其他代替物或有价证券之一定数量为标的者，或以给付特定之动产为标的者，经当事人双方以书面约定仲裁判断无须法院裁定即得为强制执行者，可以直接强制执行。但如果有符合“仲裁法”第 40 条所列举的撤销仲裁裁决的事由，则可在判断书交付或送达之日起，30 日之不变期间内，向仲裁地之地方法院提起撤销仲裁判断之诉。

（二）台湾仲裁机构简介

台湾仲裁机构，由各种类职业团体、社会团体设立或联合设立，负责仲裁人登记、办理仲裁案件。其组织设立虽须经主管机关许可，但涉及仲裁案件之处理，则具有完全的独立性，不受执政机关之干预，以确保仲裁之公正性。目前台湾有三家仲裁机构，分别为“中华仲裁协会”、台湾营建仲裁协会以及“中华工程仲裁协会”。

“中华仲裁协会”（CHINESE ARBITRATION ASSOCIATION，TAIPEI《CAA》）于 1955 年成立，1966 年向法院登记为社团法人，以仲裁台湾境内外依法得和解之争议及调解有关之争议为宗旨，为一具有准司法功能之民间机构。目前该会与中国国际经济贸易仲裁委员会已达成下列合作与共识：每年共同举办“两岸经贸仲裁研讨会”与“机构联合会议”；互相推荐适格仲裁人；建立两岸标准经贸仲裁条款与协助台商处理经贸投资纠纷仲裁事宜。该会目前受理工程、技术合作、海事、证券、保险、国际贸易、智慧财产权、房地产等相关仲裁事件。该会还提供有关仲裁协议订定、仲裁声请、仲裁程序进行及仲裁判断之执行等相关问题之咨询，并由资深律师到会于北、中、南三地提供免费法律服务。该会还下设有争议调解中心提供居间调解服务。

台湾营建仲裁协会，是由学术界、律师界、工程界及营造业界等共有79家公益团体共同筹组发起，于2001年成立，由营建专家组成，专办台湾境内外之工程争议、仲裁事务之具有准“司法”功能的仲裁机构。

“中华工程仲裁协会”发起人代表为“财团法人中华营建基金会”，共有四十五个专业领域之公益团体联合发起申请设立，于2002年奉“内政部台内社字第〇九一〇〇二三六三二号函”准予立案，正式展开会务运作。

（三）《两岸投保协议》有关仲裁之条款解读

《两岸投保协议》第14条第2至第5款内容均涉及两岸商务仲裁：“……二、一方投资者与另一方自然人订立商事合同时，可就有关投资所产生的商事争议订立仲裁条款。如未订立仲裁条款，可于争议发生后协商提交仲裁解决。三、一方投资者与另一方法人或其他组织订立商事合同时，可就有关投资所产生的商事争议订立仲裁条款。如未订立仲裁条款，可于争议发生后协商提交仲裁解决。四、商事争议的当事双方可选择两岸的仲裁机构及当事双方同意的仲裁地点。如商事合同中未约定仲裁条款，可于争议发生后协商提交两岸的仲裁机构，在当事双方同意的仲裁地点解决争议。五、双方确认，商事合同当事人可依据相关规定申请仲裁裁决的认可与执行。”

首先，该条第2款及第3款均对投资双方选择仲裁解决争端的权利进行了进一步的明示，即一方投资人与另一方自然人、法人或其他组织在订立商事合同时，可订立仲裁条款约定仲裁，或于争议发生后协商交付仲裁。

其次，该条第4款对现行两岸的仲裁实践有一定的突破意义。在仲裁机构的选择上，大陆投资人在台湾设立的“子公司”为台湾地区法人，其与台湾一方当事人所产生的争议从法律上来讲并无涉外因素，但仍可提交两岸的仲裁机构裁决。在仲裁地点的选择上，可以由当事人合意选择仲裁地点，就意味着尽管当事人约定将仲裁案件交付台湾地区仲裁机构仲裁，但仲裁地点可以选择在大陆或者任何第三地进行，这就意味着台湾地区仲裁机构可以至大陆仲裁。

最后，协议对两岸间仲裁裁决的承认与执行并未做出实质性约定，该条第五款明确规定仲裁裁决的认可与执行仍然必须遵循现有的“相关规定”。

四、文书验证与送达

文书验证与送达是法律程序中的一个重要环节。在两岸的区际司法互助中，送达都发挥着十分重要的传递作用。目前台湾一方的送达书类主要有不起诉处分书、言词辩论通知书、判决书等，大陆一方送达书类有传票、判决书正本、应诉通知书、民事起诉状副本等。

台湾地区在进行域外民事司法协助时，并非以双边协定作为基础，而是以互惠原则作为主要依据。在相关法规方面，“两岸人民关系条例”第 7 条规定：“在大陆地区制作之文书，经行政院设立或指定之机构或委托之民间团体验证者，推定为真正。”其第 8 条亦规定，“应于大陆地区送达司法文书或为必要之调查者，司法机关得嘱咐或选择第 4 条之机构或民间团体为之”。在实践中，目前台湾“司法院”及相关机构已经委托海基会处理有关向大陆送达文书等事项。其具体做法是台湾地区各级法院直接函请海基会代为送达司法文书，而以副本送“司法院民事厅”，待送达完成后，再由海基会将送达证书寄还特定之法院，且以副本送“司法院民事厅”。

随着两岸关系的亲密发展，两岸“三通”及经贸合作的深入开展，特别是 2009 年 4 月 26 日，海协会与海基会于南京签署《海峡两岸共同打击犯罪及司法互助协议》（以下简称《司法互助协议》）后，两岸司法协助走上了飞速发展的道路。在该协议中，两岸同意依己方规定，尽最大努力，相互协助送达司法文书。受请求方应于将执行请求之结果通知请求方，并及时寄回证明送达与否的证明资料；无法完成请求事项者，应说明理由并送还相关资料。该协议还将两岸司法互助的内容扩展至调查取证。两岸同意依己方规定相互协助调查取证，包括取得证言及陈述；提供书证、物证及视听资料；确定关系人所在或确认其身份；勘验、鉴定、检查、访视、调查、搜集及扣押等。受请求方在不违反己方规定前提下，应尽量依请求方要求之形式提供协助。受请求方协助取得相关证据资料，应及时移交请求方。但受请求方已进行侦查、起诉或审判程序者，不在此限。

附　录

《海峡两岸服务贸易协议》

为加强海峡两岸经贸关系，促进服务贸易自由化，依据《海峡两岸经济合作框架协议》及世界贸易组织《服务贸易总协定》，海峡两岸关系协会与财团法人海峡交流基金会经平等协商，达成协议如下：

第一章　总　则

第一条　目标

本协议致力于：

一、逐步减少或消除双方之间涵盖众多部门的服务贸易限制性措施，促进双方服务贸易进一步自由化及便利化；

二、继续扩展服务贸易的广度和深度；

三、增进双方在服务贸易领域的合作。

第二条　定义

就本协议而言：

一、“服务贸易”指：

（一）自一方内向另一方内提供服务；

（二）在一方内向另一方的服务消费者提供服务；

（三）一方服务提供者通过在另一方内的商业存在提供服务；

（四）一方服务提供者通过在另一方内的自然人存在提供服务。

二、“服务部门”指：

（一）对于一具体承诺，指一方承诺表中列明的该项服务的一个、多个或所有次部门；

（二）在其他情况下，指该服务部门的全部，包括其所有的次部门。

三、“人”指自然人或法人。

四、“法人”指根据两岸任一方相关规定在该方设立的实体。

五、“服务提供者”指两岸任一方提供服务的任何人。如该服务不是由法人直接提供，而是通过分支机构或代表处等其他形式的商业存在提供，则该服务提供者（即该法人）仍应通过该商业存在享有本协议所给予的待遇。此类待遇应扩大至提供该服务的存在方式，但不需扩大至该服务提供者位于提供服务的一方之外的任何其他部分。

六、“服务消费者”指接受或使用服务的任何人。

七、“措施”指两岸任一方的规定、规则、程序、决定或任何其他形式的措施。

八、“一方影响服务贸易的措施”包括关于下列事项的措施：

（一）服务的购买、支付或使用；

（二）与服务提供有关，且该方要求向公众普遍提供的服务的获得和使用；

（三）另一方的人为在该方内提供服务的存在，包括商业存在。

九、“商业存在”指任何类型的商业或专业机构，包括以下列方式在一方内提供服务：

（一）设立、收购或维持一法人。

（二）设立或维持一分支机构或代表处。

第三条 范围

一、本协议适用于双方影响服务贸易的措施。

二、本协议不适用于：

（一）公共采购；

（二）在一方内为行使公共部门职权时提供的服务；

（三）一方提供的补贴或补助，或者附加于接受或持续接受这类补贴的任何条件。但如果前述补贴显著影响一方在本协议下所作具体承诺，另一方可请求磋商，以友好解决该问题。应另一方请求，一方应尽可能提供与本协议下所作具体承诺有关的补贴讯息；

（四）两岸间航空运输安排，即《海峡两岸空运协议》与《海峡两岸空运补充协议》及其后续修正文件所涵盖的措施及内容；

（五）与两岸间航空运输安排的行使直接有关的服务，但不包括《海峡两岸经济合作框架协议》及其后续协议项下的服务贸易市场开放承诺表所列措施；

（六）双方有关海运协议的相关措施，但不包括《海峡两岸经济合作框架协议》及其后续协议项下的服务贸易市场开放承诺表所列措施；

（七）双方同意的其他服务或措施。

三、世界贸易组织《服务贸易总协定》关于自然人流动的附件经必要调整后适用于本协议。

四、双方各级业务主管部门及其授权的机构应履行本协议项下的义务和承诺。

第二章　义务与规范

第四条　公平待遇

一、一方对于列入其在世界贸易组织中所作服务贸易具体承诺减让表、《海峡两岸经济合作框架协议》附件四“服务贸易早期收获部门及开放措施”及本协议附件一“服务贸易具体承诺表”的服务部门，在遵守前述减让表、开放措施或承诺表所列任何条件和资格的前提下，就影响服务提供的所有措施而言，对另一方的服务和服务提供者所给予的待遇，不得低于其给予该一方同类服务和服务提供者的待遇。

二、本条第一款不适用于一方现有的不符措施及其修改，但该一方应逐步减少或消除该等不符措施，且对该等不符措施的任何修改或变更，不得增加对另一方服务和服务提供者的限制。

三、根据本条第一款所作的具体承诺不得解释为要求任一方对于因相关的服务或服务提供者的非当地特性而产生的任何固有的竞争劣势作出补偿。

四、一方可对另一方的服务和服务提供者给予与该一方同类服务和服务提供者形式上相同或不同的待遇，以满足本条第一款要求。如此类形式上相同或不同的待遇改变竞争条件，且与另一方的同类服务或服务提供者相比有利于该一方的服务或服务提供者，则应被视为较为不利的待遇。

五、关于一方影响服务贸易的措施，除符合世界贸易组织《服务贸易总协定》第二条第二款规定的豁免外，该一方对另一方的服务和服务提供者所给予的待遇，不得低于该一方给予的普遍适用于其他任何世界贸易组织成员的同类服务和服务提供者的待遇。

六、本条第五款不适用于一方现有的不符措施及其修改，但该一方应逐步减少直至消除该等不符措施，且对该等不符措施的任何修改或变更，不得增加对另一方服务和服务提供者的限制。

第五条 讯息公开与提供

一、一方应依其规定，及时公布或用其他方式使公众知悉普遍适用的或针对另一方与服务贸易有关的措施。

二、应另一方请求，一方应依其规定，及时就已公布并影响另一方服务提供者的措施的变化提供讯息。

三、一方不得要求另一方提供一经披露即妨碍执行相关规定或有违公共利益，或损害特定企业正当商业利益的机密讯息。

第六条 管理规范

一、一方对已作出具体承诺的部门，应确保所有影响服务贸易的普遍适用措施以合理、客观且公正的方式实施。

二、双方应依其规定赋予受影响的服务提供者对业务主管部门作出的决定申请行政救济的权利，并确保该行政救济程序提供客观和公正的审查。

三、对已作出具体承诺的服务，如提供此种服务需要取得许可，则一方业务主管部门应依其规定在申请人提出完整的申请资料后的一定期间内，将申请的审核结果通知申请人。应申请人请求，该一方业务主管部门应提供有关申请的讯息，不得有不当迟延。

四、为确保有关资格要求、资格程序、技术标准和许可要求的各项措施不构成不必要的服务贸易壁垒，对于一方已作出具体承诺的部门，该方应致力于确保上述措施：

（一）依据客观及透明的标准，例如提供服务的能力；

（二）不得比为确保服务品质所必需的限度更难以负担；

（三）如属许可程序，则该程序本身不成为对服务提供的限制。

五、一方可依其规定或其他经双方同意的方式，承认另一方服务提供者在该另一方已获得的实绩、经历、许可、证明或已满足的资格要求。

六、在已就专业服务作出具体承诺的部门，一方应提供适当程序，以验证另一方专业人员的能力。

第七条 商业行为

一、一方应确保该方内的任何垄断服务提供者在相关市场提供垄断服务时，并未采取违反其在本协议附件一及《海峡两岸经济合作框架协议》附件四中所作承诺的行为。

二、一方的垄断服务提供者直接或经关联企业，参与其垄断权范围外且属该方具体承诺表中服务的竞争时，该方应确保该服务提供者不滥用其垄断地位在该方内采取违反此类承诺的行为。

三、一方有理由认为另一方的垄断服务提供者的行为违反本条第一款或第二款规定时，在该方请求下，经双方协商，可由另一方提供有关经营的讯息。

四、一方在形式上或事实上授权或设立且实质性阻止少数几个服务提供者在该方内相互竞争时，本条第一款及第二款规定应适用于此类服务提供者。

五、除本条第一款至第四款所指的商业行为外，服务提供者的相关商业行为可能会抑制竞争，从而限制服务贸易。在此情形下，一方应就另一方请求进行磋商，以期消除此类商业行为。被请求方对此类请求应给予充分和积极的考虑，并尽可能提供与所涉事项有关且可公开获得的非机密讯息。被请求方依其规定，在与请求方就保障机密性达成一致的前提下，应向请求方提供其他可获得的讯息。

第八条 紧急情况的磋商

若因实施本协议对一方的服务部门造成实质性负面影响，受影响的一方可要求与另一方磋商，积极寻求解决方案。

第九条 支付和转移

除本协议第十条规定的情况外，一方不得对与其具体承诺有关的经常项目交易的对外资金转移和支付实施限制。

第十条 确保对外收支平衡的限制

一方对外收支出现或可能出现严重失衡时，可依规定或惯例暂时限制与服务贸易相关的资金转移和支付，但实施该等限制应遵循公平、非歧视和善意的原则。

第十一条 例外

本协议的任何规定不得解释为妨碍一方采取或维持与世界贸易组织《服务贸易总协定》规则相一致的例外措施。

第十二条 合作

双方应本着互惠互利的原则，加强各个服务部门的合作，以进一步提升双方服务部门的能力、效率与竞争力。

第三章 具体承诺

第十三条 市场开放

对于本协议第二条第一款所指的服务提供模式的市场开放，一方对另一方的服务和符合本协议附件二及本协议其他所列条件的服务提供者给予的待遇，不得低于该方在本协议附件一及《海峡两岸经济合作框架协议》附件四中列明的内容和条件。对以本协议第二条第一款第一项、第三项所指模式提供的服务，如一方就其作出市场开放承诺，则该方应允许相关的资本移动。

第十四条　其他承诺

双方可就影响服务贸易，但不属于依本协议第十三条列入具体承诺表的措施，包括资格、标准、许可事项或其他措施，展开磋商，并将磋商结果列入具体承诺表。

第十五条　具体承诺表

一、双方经过磋商达成的具体承诺表，作为本协议附件一。

二、具体承诺表应列明：

（一）作出承诺的部门或次部门；

（二）市场开放承诺；

（三）本协议第十四条所述其他承诺；

（四）双方同意列入的其他内容。

三、本协议附件一所列金融服务部门的开放承诺方式不受本条第二款规定的限制。

四、本协议附件一及《海峡两岸经济合作框架协议》附件四所列服务部门及市场开放承诺适用本协议附件二关于服务提供者的具体规定。

第十六条　逐步减少服务贸易限制

一、为逐步减少或消除双方之间涵盖众多部门的服务贸易限制性措施，促进服务贸易自由化，经双方同意，可在互惠互利的基础上，就服务贸易的进一步市场开放展开磋商。

二、依据本条第一款展开磋商形成的结果，构成本协议的一部分。

三、任一方均可在本协议规定的开放承诺的基础上自主加速开放或消除限制性措施。

第十七条　承诺表的修改

一、在承诺表中任何承诺实施之日起三年期满后的任何时间，一方可依照本条规定修改或撤销该承诺。如该承诺不超出其在世界贸易组织承诺水平，则对该承诺的修改不得比修改前更具限制性。

二、修改一方应将本条第一款所述修改或撤销承诺的意向，在不迟于实施修改或撤销的预定日期前三个月通知另一方。

三、应受影响一方的请求，修改一方应与其进行磋商，以期就必要的补偿性调整达成一致，调整后结果不得低于磋商前具体承诺的总体开放水平。

四、如双方无法就补偿性调整达成一致，可根据本协议第二十条规定解决。修改一方根据争端解决结果完成补偿性调整前，不得修改或撤销其承诺。

第四章　其他条款

第十八条　联系机制

一、双方同意由两岸经济合作委员会服务贸易工作小组负责处理本协议及与服务贸易相关事宜，由双方业务主管部门各自指定的联络人负责联系，必要时，经双方同意，可指定其他单位负责联络。

二、服务贸易工作小组可视需要设立工作机制，处理本协议及与服务贸易相关的特定事项。

第十九条　审议

自本协议生效之日起十二个月后，双方可每年召开会议审议本协议，以及双方同意的其他与服务贸易相关的议题。

第二十条　争端解决

双方关于本协议解释、实施和适用的争端，应依《海峡两岸经济合作框架协议》第十条规定处理。

第二十一条　文书格式

基于本协议所进行的业务联系，应使用双方商定的文书格式。

第二十二条　附件

本协议的附件构成本协议的一部分。

第二十三条　修正

本协议修正，应经双方协商同意，并以书面形式确认。

第二十四条　生效

一、本协议签署后，双方应各自完成相关程序并以书面通知另一方。本协议自双方均收到对方通知后次日起生效。

二、本协议附件一所列内容应于本协议生效后尽速实施。

本协议于六月二十一日签署，一式四份，双方各执两份。四份文本中对应表述的不同用语所含意义相同，四份文本具有同等效力。

附件一　服务贸易具体承诺

附件二　关于服务提供者的具体规定

附件一

服务贸易具体承诺表

大陆方面非金融服务部门的开放承诺①

服务提供模式：（1）跨境交付（2）境外消费（3）商业存在（4）自然人流动

部门或次部门	市场开放承诺	其他承诺
1. 商业服务		
A. 专业服务 b. 会计、审计和簿记服务 （CPC862）	（1）没有限制。 （2）没有限制。 （3）允许台湾会计师在大陆设立的符合大陆《代理记账管理办法》规定的中介机构从事代理记账业务。从事代理记账业务的台湾会计师应取得大陆会计从业资格，主管代理记账业务的负责人应当具有大陆会计师以上（含会计师）专业技术资格。 （4）除加入世界贸易组织水平承诺中内容外，不作承诺。	①对已持有大陆注册会计师执业资格并在大陆执业的台湾会计师（包括合伙人）每年在大陆的工作时间要求比照大陆注册会计师实行。 ②台湾会计师事务所在大陆临时开展审计业务时申请的《临时执行审计业务许可证》有效期为2年；适当简化对台湾会计师事务所在大陆临时执业的申报材料要求。

① 部门分类使用世界贸易组织《服务贸易总协定》服务部门分类（GNS/W/120），部门的内容参考相应的联合国临时中央产品分类（CPC，United Nations Provisional Central Product Classification，ST/ESA/STAT/SER. M/77）。

续表

部门或次部门	市场开放承诺	其他承诺
A. 专业服务 d. 建筑设计服务（CPC8671） e. 工程服务（CPC8672） f. 集中工程服务（CPC8673）	(1) 对于方案设计没有限制要求与大陆专业机构进行合作，方案设计除外。 (2) 没有限制。 (3) ①台湾服务提供者在大陆设立建设工程设计企业，对于个人业绩，其在台湾和大陆的业绩可共同作为评定依据，但在台湾完成的业绩规模标准应符合大陆建设项目规模划分标准。 ②允许台湾服务提供者在大陆设立的建设工程设计企业聘用台湾注册建筑师、注册工程师，并将其作为本企业申请建设工程设计资质的主要专业技术人员，在资质审查时不考核其专业技术职称条件，只考核其学历、从事工程设计实践年限、在台湾的注册资格、工程设计业绩及信誉。 ③台湾服务提供者在大陆设立的建设工程设计企业中，出任主要技术人员且持有台湾方面身份证明文件的自然人，不受每人每年在大陆累计居住时间应当不少于6个月的限制。 ④台湾服务提供者在大陆以合资、合作形式设立建设工程设计企业时，其大陆合营者出资额占注册资本的比例不受限制。 (4) 除加入世界贸易组织水平承诺中内容和下列内容外，不作承诺： 合同服务提供者——为履行雇主从大陆获取的服务合同，进入大陆提供临时性服务的持有台湾方面身份证明文件的自然人。其雇主为在大陆无商业存在的台湾的公司/合伙人/企业。合同服务提供者在外期间报酬由雇主支付。合同服务提供者应具备与所提供服务相关的学历和技术（职业）资格。在大陆停留期间每次可申请不超过两年多次有效来往大陆签注；如有需要可申请延期。在大陆停留期间不得从事与合同无关的服务活动。	①注册建筑师继续教育中选修课部分台湾服务提供者可以在台湾完成或由大陆派师资授课，选修课继续教育方案须经大陆认可。 ②允许符合相关规定的持有台湾方面身份证明文件的自然人参加大陆监理工程师资格考试，成绩合格者，发给资格证书。 ③允许取得大陆监理工程师资格的台湾专业人士在福建省注册执业，不受在台湾注册执业与否的限制。
B. 计算机及其相关服务 b. 软件实施服务（CPC842）	(1) 没有限制。 (2) 没有限制。 (3) 允许台湾服务提供者在大陆设立独资、合资企业，提供软件实施服务。 (4) 除加入世界贸易组织水平承诺中内容和下列内容外，不作承诺： 合同服务提供者——为履行雇主从大陆获取的服务合同，进入大陆提供临时性服务的持有台湾方面身份证明文件的自然人。其雇主为在大陆无商业存在的台湾的公司/合伙人/企业。合同服务提供者在外期间报酬由雇主支付。合同服务提供者应具备与所提供服务相关的学历和技术（职业）资格。在大陆停留期间每次可申请不超过两年多次有效来往大陆签注；如有需要可申请延期。在大陆停留期间不得从事与合同无关的服务活动。	允许在台湾注册的企业法人按照大陆有关规定参加大陆计算机信息系统集成企业资质认定。申请大陆计算机信息系统集成企业资质，按照下列条件进行评定： a. 不考核职称要求，但应考核相关学历及从业经历； b. 系统集成的业绩包括在大陆和台湾从事的项目； c. 应在大陆设立相应的分支机构。 其他评定条件按照大陆有关规定执行。

续表

部门或次部门	市场开放承诺	其他承诺
D. 房地产服务 b. 以收费或合同为基础的房地产服务（CPC822）	（1）没有限制。 （2）没有限制。 （3）台湾服务提供者在大陆设立的独资物业服务企业，在申请企业资质时，可以将在台湾和大陆承接的物业建筑面积共同作为评定依据，但在大陆承接的面积不得低于50%，在台湾承接的面积不得用于其在大陆设立的多家企业申请资质时重复计算。 （4）除加入世界贸易组织水平承诺中内容和下列内容外，不作承诺： 合同服务提供者——为履行雇主从大陆获取的服务合同，进入大陆提供临时性服务的持有台湾方面身份证明文件的自然人。其雇主为在大陆无商业存在的台湾的公司/合伙人/企业。合同服务提供者在外期间报酬由雇主支付。合同服务提供者应具备与所提供服务相关的学历和技术（职业）资格。在大陆停留期间每次可申请不超过两年多次有效来往大陆签注；如有需要可申请延期。在大陆停留期间不得从事与合同无关的服务活动。	
F. 其他商业服务 b. 市场调研服务（CPC86401＊＊，限于市场分析、消费者态度和偏好的分析）	（1）不作承诺。 （2）不作承诺。 （3）允许台湾服务提供者在大陆设立合资、合作企业，提供市场调研服务。 （4）除加入世界贸易组织水平承诺中内容外，不作承诺，且须设立商业存在。	
F. 其他商业服务 e. 技术测试和分析服务（CPC8676）及CPC749涵盖的货物检验服务，不包括货物检验服务中的法定检验服务	（1）没有限制。 （2）没有限制。 （3）①允许台湾服务提供者在大陆设立合资与独资认证机构、检查机构和实验室，并提供内外销和当地检测服务。 ②在参与认证检测活动中比照大陆认证机构、检查机构和实验室给予台湾服务提供者在大陆设立的合资与独资认证机构、检查机构和实验室同等待遇。 ③在互信互利的基础上，允许在台湾的认证检测机构与大陆认证检测机构开展检测数据（结果）的接受合作。具体合作安排另行商定。 （4）除加入世界贸易组织水平承诺中内容和下列内容外，不作承诺： 合同服务提供者——为履行雇主从大陆获取的服务合同，进入大陆提供临时性服务的持有台湾方面身份证明文件的自然人。其雇主为在大陆无商业存在的台湾的公司/合伙人/企业。合同服务提供者在外期间报酬由雇主支付。合同服务提供者应具备与所提供服务相关的学历和技术（职业）资格。在大陆停留期间每次可申请不超过两年多次有效来往大陆签注；如有需要可申请延期。在大陆停留期间不得从事与合同无关的服务活动。	

续表

部门或次部门	市场开放承诺	其他承诺
F. 其他商业服务 o. 建筑物清洁服务（CPC874）	（1）不作承诺。[①] （2）没有限制。 （3）允许台湾服务提供者在大陆设立合资、合作或独资企业，提供建筑物清洁服务。 （4）除加入世界贸易组织水平承诺中内容和下列内容外，不作承诺： 合同服务提供者——为履行雇主从大陆获取的服务合同，进入大陆提供临时性服务的持有台湾方面身份证明文件的自然人。其雇主为在大陆无商业存在的台湾的公司/合伙人/企业。合同服务提供者在外期间报酬由雇主支付。合同服务提供者应具备与所提供服务相关的学历和技术（职业）资格。在大陆停留期间每次可申请不超过两年多次有效来往大陆签注；如有需要可申请延期。在大陆停留期间不得从事与合同无关的服务活动。	
F. 其他商业服务 p. 摄影服务（CPC875）	（1）没有限制。 （2）没有限制。 （3）允许台湾服务提供者在大陆设立合资、合作或独资企业，提供摄影服务。 （4）除加入世界贸易组织水平承诺中内容和下列内容外，不作承诺： 合同服务提供者——为履行雇主从大陆获取的服务合同，进入大陆提供临时性服务的持有台湾方面身份证明文件的自然人。其雇主为在大陆无商业存在的台湾的公司/合伙人/企业。合同服务提供者在外期间报酬由雇主支付。合同服务提供者应具备与所提供服务相关的学历和技术（职业）资格。在大陆停留期间每次可申请不超过两年多次有效来往大陆签注；如有需要可申请延期。在大陆停留期间不得从事与合同无关的服务活动。	
F. 其他商业服务 r. 印刷及其辅助服务（CPC88442**）	（1）不作承诺。 （2）不作承诺。 （3）①允许台湾服务提供者在大陆设立合资、合作企业，从事出版物和其他印刷品的印刷业务，大陆方投资者应当控股或占主导地位。 ②允许台湾服务提供者在大陆设立合资、合作或独资企业，从事包装装潢印刷品的印刷业务。 ③台湾服务提供者在大陆设立包装装潢印刷品印刷企业的最低注册资本要求，比照大陆企业实行。 ④允许台湾服务提供者在大陆设立合资、合作或独资企业，从事图书的校对、设计、排版等印前工作。 （4）除加入世界贸易组织水平承诺中内容和下列内容外，不作承诺： 合同服务提供者——为履行雇主从大陆获取的服务合同，进入大陆提供临时性服务的持有台湾方面身份证明文件的自然人。其雇主为在大陆无商业存在的台湾的公司/合伙人/企业。合同服务提供者在外期间报酬由雇主支付。合同服务提供者应具备与所提供服务相关的学历和技术（职业）资格。在大陆停留期间每次可申请不超过两年多次有效来往大陆签注；如有需要可申请延期。在大陆停留期间不得从事与合同无关的服务活动。	简化台湾图书进口审批程序，建立台湾图书进口绿色通道。

① 由于缺乏技术可行性，因此不作承诺。

续表

部门或次部门	市场开放承诺	其他承诺
F. 其他商业服务 s. 会议服务和展览服务 （CPC87909＊＊）	（1）会议服务没有限制。 展览服务除与本部门“其他承诺”有关者外，不作承诺。 （2）没有限制。 （3）允许台湾服务提供者在大陆以合资、合作或独资形式设立会议展览公司，依规定提供会议服务和展览服务。 （4）除加入世界贸易组织水平承诺中内容和下列内容外，不作承诺： 合同服务提供者——为履行雇主从大陆获取的服务合同，进入大陆提供临时性服务的持有台湾方面身份证明文件的自然人。其雇主为在大陆无商业存在的台湾的公司/合伙人/企业。合同服务提供者在外期间报酬由雇主支付。合同服务提供者应具备与所提供服务相关的学历和技术（职业）资格。在大陆停留期间每次可申请不超过两年多次有效来往大陆签注；如有需要可申请延期。在大陆停留期间不得从事与合同无关的服务活动。	①允许台湾服务提供者以跨境交付方式，在上海市、福建省、广东省试点举办展览。 ②委托江苏省、浙江省、福建省、山东省、广东省、重庆市、四川省商务主管部门审批在当地举办的涉台经济技术展览会，但须符合相关规定。
F. 其他商业服务 t. 其他 —复制服务 （CPC87904）	（1）不作承诺。 （2）没有限制。 （3）允许台湾服务提供者在大陆设立合资、合作或独资企业，提供复制服务。 （4）除加入世界贸易组织水平承诺中内容和下列内容外，不作承诺： 合同服务提供者——为履行雇主从大陆获取的服务合同，进入大陆提供临时性服务的持有台湾方面身份证明文件的自然人。其雇主为在大陆无商业存在的台湾的公司/合伙人/企业。合同服务提供者在外期间报酬由雇主支付。合同服务提供者应具备与所提供服务相关的学历和技术（职业）资格。在大陆停留期间每次可申请不超过两年多次有效来往大陆签注；如有需要可申请延期。在大陆停留期间不得从事与合同无关的服务活动。	
F. 其他商业服务 t. 其他 —笔译和口译服务（CPC87905）	（1）没有限制。 （2）没有限制。 （3）允许台湾服务提供者在大陆设立合资、合作或独资企业，提供笔译和口译服务。 （4）除加入世界贸易组织水平承诺中内容和下列内容外，不作承诺： 合同服务提供者——为履行雇主从大陆获取的服务合同，进入大陆提供临时性服务的持有台湾方面身份证明文件的自然人。其雇主为在大陆无商业存在的台湾的公司/合伙人/企业。合同服务提供者在外期间报酬由雇主支付。合同服务提供者应具备与所提供服务相关的学历和技术（职业）资格。在大陆停留期间每次可申请不超过两年多次有效来往大陆签注；如有需要可申请延期。在大陆停留期间不得从事与合同无关的服务活动。	

续表

部门或次部门	市场开放承诺	其他承诺
2. 通讯服务		
C. 电信服务增值电信服务，包括： —因特网接入服务 —呼叫中心 —离岸呼叫中心	（1）见模式（3）。 （2）没有限制。 （3）①允许台湾服务提供者在大陆设立合资企业，提供因特网接入服务业务、呼叫中心业务，无地域限制，台资股权比例不超过50%。 ②新增福州市作为试点城市，允许台湾服务提供者设立独资或合资企业，经营离岸呼叫中心业务，台资股权比例不设限制。 （4）除加入世界贸易组织水平承诺中内容和下列内容外，不作承诺： 合同服务提供者——为履行雇主从大陆获取的服务合同，进入大陆提供临时性服务的持有台湾方面身份证明文件的自然人。其雇主为在大陆无商业存在的台湾的公司/合伙人/企业。合同服务提供者在外期间报酬由雇主支付。合同服务提供者应具备与所提供服务相关的学历和技术（职业）资格。在大陆停留期间每次可申请不超过两年多次有效来往大陆签注；如有需要可申请延期。在大陆停留期间不得从事与合同无关的服务活动。	
C. 电信服务增值电信服务 —在线数据处理与交易处理（仅限于经营性电子商务网站）	（1）见模式（3）。 （2）没有限制。 （3）允许台湾服务提供者在福建省设立合资企业，提供在线数据处理与交易处理业务，台资股权比例不超过55%。 （4）除加入世界贸易组织水平承诺中内容和下列内容外，不作承诺： 合同服务提供者——为履行雇主从大陆获取的服务合同，进入大陆提供临时性服务的持有台湾方面身份证明文件的自然人。其雇主为在大陆无商业存在的台湾的公司/合伙人/企业。合同服务提供者在外期间报酬由雇主支付。合同服务提供者应具备与所提供服务相关的学历和技术（职业）资格。在大陆停留期间每次可申请不超过两年多次有效来往大陆签注；如有需要可申请延期。在大陆停留期间不得从事与合同无关的服务活动。	
D. 视听服务 —电影或录像带制作服务（CPC96112）	（1）不作承诺。 （2）除下列内容外，不作承诺： 允许大陆电影片及合拍片在台湾进行后期制作及冲印作业。 （3）不作承诺 （4）除加入世界贸易组织水平承诺中内容和下列内容外，不作承诺： 合同服务提供者——为履行雇主从大陆获取的服务合同，进入大陆提供临时性服务的持有台湾方面身份证明文件的自然人。其雇主为在大陆无商业存在的台湾的公司/合伙人/企业。合同服务提供者在外期间报酬由雇主支付。合同服务提供者应具备与所提供服务相关的学历和技术（职业）资格。在大陆停留期间每次可申请不超过两年多次有效来往大陆签注；如有需要可申请延期。在大陆停留期间不得从事与合同无关的服务活动。	允许台湾影片因剧情需要，在影片中如有方言，可以原音呈现，但须加注标准汉语字幕。

续表

部门或次部门	市场开放承诺	其他承诺
D. 视听服务 —录像的分销服务，包括娱乐软件及（CPC83202） —录音制品分销服务	（1）没有限制。 （2）没有限制。 （3）允许台湾服务提供者在大陆设立合资、合作或独资企业，从事音像制品的分销服务。 （4）除加入世界贸易组织水平承诺中内容和下列内容外，不作承诺： 合同服务提供者——为履行雇主从大陆获取的服务合同，进入大陆提供临时性服务的持有台湾方面身份证明文件的自然人。其雇主为在大陆无商业存在的台湾的公司/合伙人/企业。合同服务提供者在外期间报酬由雇主支付。合同服务提供者应具备与所提供服务相关的学历和技术（职业）资格。在大陆停留期间每次可申请不超过两年多次有效来往大陆签注；如有需要可申请延期。在大陆停留期间不得从事与合同无关的服务活动。	①允许台湾与大陆合拍影片的方言话版本，经大陆主管部门批准，在大陆发行放映。 ②允许台湾影片的方言话版本，经大陆主管部门审查批准通过后，由中影集团进出口公司统一进口，在大陆发行放映，但均须加注标准汉语字幕。
3. 建筑和相关的工程服务（CPC511，512，513①，514，515，516，517，518②）	（1）不作承诺。③ （2）没有限制。 （3）①台湾服务提供者在大陆设立的建筑业企业可以聘用台湾专业技术人员作为企业经理，但须具有相应的从事工程管理工作经历。可以聘用台湾营造业专业人员作为工程技术和经济管理人员，但须满足相应的技术职称要求。 ②台湾服务提供者在大陆投资设立的建筑业企业申报资质应按大陆有关规定办理，凡取得建筑业企业资质的，可依规定在大陆参加工程投标。 ③台湾服务提供者在大陆投资设立的独资建筑业企业按照加入世界贸易组织承诺承揽合营建设项目时，不受建设项目的合营方投资比例限制。 ④台湾服务提供者在大陆设立的建筑业企业中，出任工程技术人员和经济管理人员且持有台湾方面身份证明文件的自然人，不受每人每年在大陆累计居住时间应当不少于3个月的限制。 （4）除加入世界贸易组织水平承诺中内容和下列内容外，不作承诺： 合同服务提供者——为履行雇主从大陆获取的服务合同，进入大陆提供临时性服务的持有台湾方面身份证明文件的自然人。其雇主为在大陆无商业存在的台湾的公司/合伙人/企业。合同服务提供者在外期间报酬由雇主支付。合同服务提供者应具备与所提供服务相关的学历和技术（职业）资格。在大陆停留期间每次可申请不超过两年多次有效来往大陆签注；如有需要可申请延期。在大陆停留期间不得从事与合同无关的服务活动。	

① 包括与基础设施建设有关的疏浚服务。

② CPC518的涵盖范围仅限于为台资建筑企业在其提供服务过程中所拥有和所使用的配有操作人员的建筑和/或拆除机器的租赁服务。

③ 由于缺乏技术可行性，因此不作承诺。

续表

部门或次部门	市场开放承诺	其他承诺
4. 分销服务		
B. 批发服务[①]（CPC622，不包括盐和烟草） C. 零售服务（CPC631 +632 +6111 +6113 +6121，不包括烟草）	（1）批发服务不作承诺，零售服务除邮购外，不作承诺。 （2）没有限制。 （3）①对于同一台湾服务提供者在大陆累计开设店铺超过30家的，如经营商品包括农药、农膜、化肥、粮食、植物油、食糖、棉花等商品，且上述商品属于不同品牌，来自不同供应商的，台湾服务提供者的出资比例不得超过65%。 ②对台湾服务提供者在大陆设立的出版物分销企业的最低注册资本要求，比照大陆企业实行。 （4）除加入世界贸易组织水平承诺中内容和下列内容外，不作承诺： 合同服务提供者——为履行雇主从大陆获取的服务合同，进入大陆提供临时性服务的持有台湾方面身份证明文件的自然人。其雇主为在大陆无商业存在的台湾的公司/合伙人/企业。合同服务提供者在外期间报酬由雇主支付。合同服务提供者应具备与所提供服务相关的学历和技术（职业）资格。在大陆停留期间每次可申请不超过两年多次有效来往大陆签注；如有需要可申请延期。在大陆停留期间不得从事与合同无关的服务活动。	
6. 环境服务（不包括环境质量监测和污染源检查）		
A. 排污服务（CPC9401） B. 固体废物处理服务（CPC9402） C. 废气清理服务（CPC9404） D. 降低噪音服务（CPC9405） E. 自然和风景保护服务（CPC9406） F. 其他环境保护服务（CPC9409） G. 卫生服务（CPC9403）	（1）除环境咨询服务外，不作承诺。 （2）没有限制。 （3）①台湾服务提供者在台湾和大陆从事环境污染治理设施运营的实践时间，可共同作为评定其在大陆申请企业环境污染治理设施运营资质的依据。 ②允许台湾服务提供者在大陆设立合资、合作或独资企业，提供环保服务。 （4）除加入世界贸易组织水平承诺中内容和下列内容外，不作承诺： 合同服务提供者——为履行雇主从大陆获取的服务合同，进入大陆提供临时性服务的持有台湾方面身份证明文件的自然人。其雇主为在大陆无商业存在的台湾的公司/合伙人/企业。合同服务提供者在外期间报酬由雇主支付。合同服务提供者应具备与所提供服务相关的学历和技术（职业）资格。在大陆停留期间每次可申请不超过两年多次有效来往大陆签注；如有需要可申请延期。在大陆停留期间不得从事与合同无关的服务活动。	

① 对模式（1）下的限制不应损害世界贸易组织成员在大陆加入世界贸易组织议定书第5条中规定的贸易权。

续表

部门或次部门	市场开放承诺	其他承诺
8. 与健康相关的服务和社会服务（除专业服务中所列以外）		
A. 医院服务	（1）没有限制。 （2）没有限制。 （3）①台湾服务提供者在大陆可以与大陆的医疗机构、公司、企业和其他经济组织以合资、合作形式，或者以独资形式设置医疗机构。 ②台湾服务提供者在大陆设置独资医院、疗养院的，其设置地点限于省会城市和直辖市，由大陆卫生主管部门审批。 ③台湾服务提供者在大陆设置合资、合作医疗机构以及除独资医院、独资疗养院外其他独资医疗机构的，其设置的标准和要求按照大陆单位或个人设置医疗机构办理。 ④台湾服务提供者在大陆设置合资、合作医疗机构以及除独资医院、独资疗养院外其他独资医疗机构的，由省级卫生主管部门审批。 （4）除加入世界贸易组织水平承诺中内容和下列内容外，不作承诺： 合同服务提供者——为履行雇主从大陆获取的服务合同，进入大陆提供临时性服务的持有台湾方面身份证明文件的自然人。其雇主为在大陆无商业存在的台湾的公司/合伙人/企业。合同服务提供者在外期间报酬由雇主支付。合同服务提供者应具备与所提供服务相关的学历和技术（职业）资格。在大陆停留期间每次可申请不超过两年多次有效来往大陆签注；如有需要可申请延期。在大陆停留期间不得从事与合同无关的服务活动。	
C. 社会服务 —通过住宅机构向老年人和残疾人提供的社会福利（CPC93311） —非通过住宅机构提供的社会福利（CPC93323）	（1）不作承诺。[①] （2）没有限制。 （3）①允许台湾服务提供者在福建省、广东省以独资民办非企业单位形式举办养老机构。 ②允许台湾服务提供者在福建省、广东省以独资民办非企业单位形式举办残疾人福利机构。 （4）除加入世界贸易组织水平承诺中内容和下列内容外，不作承诺： 合同服务提供者——为履行雇主从大陆获取的服务合同，进入大陆提供临时性服务的持有台湾方面身份证明文件的自然人。其雇主为在大陆无商业存在的台湾的公司/合伙人/企业。合同服务提供者在外期间报酬由雇主支付。合同服务提供者应具备与所提供服务相关的学历和技术（职业）资格。在大陆停留期间每次可申请不超过两年多次有效来往大陆签注；如有需要可申请延期。在大陆停留期间不得从事与合同无关的服务活动。	

① 由于缺乏技术可行性，因此不作承诺。

续表

部门或次部门	市场开放承诺	其他承诺
9. 旅游和与旅游相关的服务		
B. 旅行社和旅游经营者（CPC7471）	（1）没有限制。 （2）没有限制。 （3）①台湾服务提供者在大陆投资设立旅行社，无年旅游经营总额的限制。 ②对台湾服务提供者在大陆设立旅行社的经营场所要求、营业设施要求和最低注册资本要求，比照大陆企业实行。 （4）除加入世界贸易组织水平承诺中内容和下列内容外，不作承诺： 合同服务提供者——为履行雇主从大陆获取的服务合同，进入大陆提供临时性服务的持有台湾方面身份证明文件的自然人。其雇主为在大陆无商业存在的台湾的公司/合伙人/企业。合同服务提供者在外期间报酬由雇主支付。合同服务提供者应具备大陆承认的与所提供服务相关的学历和技术（职业）资格。在大陆停留期间每次可申请不超过两年多次有效来往大陆签注；如有需要可申请延期。在大陆停留期间不得从事与合同无关的服务活动。	
10. 娱乐、文化和体育服务		
A. 文娱服务（除视听服务以外）（CPC9619 * * ）	（1）不作承诺。 （2）不作承诺。 （3）允许台湾服务提供者在大陆设立由台方控股或占主导地位的合资、合作音乐厅、剧场等演出场所经营单位。 （4）除加入世界贸易组织水平承诺中内容和下列内容外，不作承诺： 合同服务提供者——为履行雇主从大陆获取的服务合同，进入大陆提供临时性服务的持有台湾方面身份证明文件的自然人。其雇主为在大陆无商业存在的台湾的公司/合伙人/企业。合同服务提供者在外期间报酬由雇主支付。合同服务提供者应具备与所提供服务相关的学历和技术（职业）资格。在大陆停留期间每次可申请不超过两年多次有效来往大陆签注；如有需要可申请延期。在大陆停留期间不得从事与合同无关的服务活动。	在申请材料齐全的情况下，对进口台湾研发的网络游戏产品进行内容审查（包括专家审查）的工作时限为2个月。
D. 体育和其他娱乐服务（CPC96411，96412，96413）	（1）没有限制。 （2）没有限制。 （3）允许台湾服务提供者在大陆设立合资、合作或独资企业，提供体育活动的推广、组织和体育设施（高尔夫球场除外）的经营服务。 （4）除加入世界贸易组织水平承诺中内容和下列内容外，不作承诺： 合同服务提供者——为履行雇主从大陆获取的服务合同，进入大陆提供临时性服务的持有台湾方面身份证明文件的自然人。其雇主为在大陆无商业存在的台湾的公司/合伙人/企业。合同服务提供者在外期间报酬由雇主支付。合同服务提供者应具备与所提供服务相关的学历和技术（职业）资格。在大陆停留期间每次可申请不超过两年多次有效来往大陆签注；如有需要可申请延期。在大陆停留期间不得从事与合同无关的服务活动。	

续表

部门或次部门	市场开放承诺	其他承诺
11. 运输服务		
A. 海洋运输服务 —货物装卸服务（CPC741） —集装箱堆场服务	（1）不作承诺。[①] （2）没有限制。 （3）①允许台湾服务提供者在福建省设立独资企业，经营港口装卸、堆场业务。 ②台湾服务提供者投资建设港埠设施并经营港口装卸、堆场和仓储业务，其资本额和设立分公司的条件比照大陆企业实行。 （4）除加入世界贸易组织水平承诺中内容和下列内容外，不作承诺： 合同服务提供者——为履行雇主从大陆获取的服务合同，进入大陆提供临时性服务的持有台湾方面身份证明文件的自然人。其雇主为在大陆无商业存在的台湾的公司/合伙人/企业。合同服务提供者在外期间报酬由雇主支付。合同服务提供者应具备与所提供服务相关的学历和技术（职业）资格。在大陆停留期间每次可申请不超过两年多次有效来往大陆签注；如有需要可申请延期。在大陆停留期间不得从事与合同无关的服务活动。	
C. 航空运输服务 —空运服务的销售和营销服务[②]（仅限于航空运输销售代理）	（1）没有限制。 （2）没有限制。 （3）允许台湾服务提供者在大陆以合资、合作或独资形式设立航空运输销售代理企业，最低注册资本要求比照大陆企业实行。 （4）除加入世界贸易组织水平承诺中内容和下列内容外，不作承诺： 合同服务提供者——为履行雇主从大陆获取的服务合同，进入大陆提供临时性服务的持有台湾方面身份证明文件的自然人。其雇主为在大陆无商业存在的台湾的公司/合伙人/企业。合同服务提供者在外期间报酬由雇主支付。合同服务提供者应具备与所提供服务相关的学历和技术（职业）资格。在大陆停留期间每次可申请不超过两年多次有效来往大陆签注；如有需要可申请延期。在大陆停留期间不得从事与合同无关的服务活动。	

① 由于缺乏技术可行性，因此不作承诺。

② 适用世界贸易组织《服务贸易总协定〈关于空运服务的附件〉》的定义。

续表

部门或次部门	市场开放承诺	其他承诺
F. 公路运输服务 b. 公路卡车和汽车货运 (CPC7123)	(1) 没有限制。 (2) 没有限制。 (3) 允许台湾服务提供者在大陆设立合资、合作或独资企业，提供公路卡车和汽车货运服务。对在福建省、广东省投资的生产型企业从事货运方面的道路运输业务立项和变更的申请，分别委托福建省、广东省省级交通运输主管部门进行审核或审批。 (4) 除加入世界贸易组织水平承诺中内容和下列内容外，不作承诺： 合同服务提供者——为履行雇主从大陆获取的服务合同，进入大陆提供临时性服务的持有台湾方面身份证明文件的自然人。其雇主为在大陆无商业存在的台湾的公司/合伙人/企业。合同服务提供者在外期间报酬由雇主支付。合同服务提供者应具备与所提供服务相关的学历和技术（职业）资格。在大陆停留期间每次可申请不超过两年多次有效来往大陆签注；如有需要可申请延期。在大陆停留期间不得从事与合同无关的服务活动。	
F. 公路运输服务 —城市间定期旅客服务 (CPC71213) —道路客货运站（场）	(1) 不作承诺。[①] (2) 没有限制。 (3) ①允许台湾服务提供者在大陆设立合资企业，提供城市间定期旅客运输服务。 ②允许台湾服务提供者在大陆设立合资（台资股权比例不超过49%）或合作道路客货运站（场）和独资货运站（场）。对在福建省、广东省设立道路客货运站（场）项目和变更的申请，分别委托福建省、广东省省级交通运输主管部门进行审核或审批。 (4) 除加入世界贸易组织水平承诺中内容和下列内容外，不作承诺： 合同服务提供者——为履行雇主从大陆获取的服务合同，进入大陆提供临时性服务的持有台湾方面身份证明文件的自然人。其雇主为在大陆无商业存在的台湾的公司/合伙人/企业。合同服务提供者在外期间报酬由雇主支付。合同服务提供者应具备与所提供服务相关的学历和技术（职业）资格。在大陆停留期间每次可申请不超过两年多次有效来往大陆签注；如有需要可申请延期。在大陆停留期间不得从事与合同无关的服务活动。	

① 由于缺乏技术可行性，因此不作承诺。

续表

部门或次部门	市场开放承诺	其他承诺
H. 所有运输方式的辅助服务 c. 货物运输代理服务（CPC748，749，不包括货检服务）	（1）没有限制。 （2）没有限制。 （3）允许台湾服务提供者在大陆设立的合资、合作或独资货物运输代理企业在缴齐全部注册资本后设立分公司。 （4）除加入世界贸易组织水平承诺中内容和下列内容外，不作承诺： 合同服务提供者——为履行雇主从大陆获取的服务合同，进入大陆提供临时性服务的持有台湾方面身份证明文件的自然人。其雇主为在大陆无商业存在的台湾的公司/合伙人/企业。合同服务提供者在外期间报酬由雇主支付。合同服务提供者应具备与所提供服务相关的学历和技术（职业）资格。在大陆停留期间每次可申请不超过两年多次有效来往大陆签注；如有需要可申请延期。在大陆停留期间不得从事与合同无关的服务活动。	
12. 其他地方没有包括的服务		
—商标代理	（1）不作承诺。 （2）没有限制。 （3）允许台湾服务提供者在工商行政管理机关登记并取得法定经营主体资格后，在大陆从事商标代理业务。 （4）除加入世界贸易组织水平承诺中内容和下列内容外，不作承诺： 合同服务提供者——为履行雇主从大陆获取的服务合同，进入大陆提供临时性服务的持有台湾方面身份证明文件的自然人。其雇主为在大陆无商业存在的台湾的公司/合伙人/企业。合同服务提供者在外期间报酬由雇主支付。合同服务提供者应具备与所提供服务相关的学历和技术（职业）资格。在大陆停留期间每次可申请不超过两年多次有效来往大陆签注；如有需要可申请延期。在大陆停留期间不得从事与合同无关的服务活动。	
—殡葬设施	（1）不作承诺。① （2）没有限制。 （3）允许台湾殡葬业者在大陆以独资或合资等方式投资并经营除具有火化功能的殡仪馆以外的殡仪悼念和骨灰安葬设施。 （4）除加入世界贸易组织水平承诺中内容和下列内容外，不作承诺： 合同服务提供者——为履行雇主从大陆获取的服务合同，进入大陆提供临时性服务的持有台湾方面身份证明文件的自然人。其雇主为在大陆无商业存在的台湾的公司/合伙人/企业。合同服务提供者在外期间报酬由雇主支付。合同服务提供者应具备与所提供服务相关的学历和技术（职业）资格。在大陆停留期间每次可申请不超过两年多次有效来往大陆签注；如有需要可申请延期。在大陆停留期间不得从事与合同无关的服务活动。	

① 由于缺乏技术可行性，因此不作承诺。

大陆方面金融服务部门的开放承诺

部门名称	具体承诺
保险及其相关服务	积极支持符合资格的台湾保险业者经营交通事故责任强制保险业务，对台湾保险业者提出的申请，将根据有关规定积极考虑，并提供便利。
银行及其他金融服务（不包括证券期货和保险）	1. 大陆的商业银行从事代客境外理财业务时，可以投资符合条件的台湾金融产品。 2. 符合条件的台湾的银行可以按照现行规定申请在大陆发起设立村镇银行。 3. 台湾的银行在福建省设立的分行可以参照大陆关于申请设立支行的规定提出在福建省设立异地（不同于分行所在城市）支行的申请。 4. 若台湾的银行在大陆设立的法人银行已在福建省设立分行，则该分行可以参照大陆关于申请设立支行的规定提出在福建省设立异地（不同于分行所在城市）支行的申请。 5. 在符合相关规定的前提下，支持两岸银行业进行相关股权投资合作。 6. 台湾的银行在大陆的营业性机构，经批准经营台资企业人民币业务时，服务对象可包括依规定被认定为视同台湾投资者的第三地投资者在大陆设立的企业。
证券、期货及其相关服务	1. 允许台资金融机构以人民币合格境外机构投资者方式投资大陆资本市场。 2. 为台资证券公司申请大陆合格境外机构投资者（QFII）资格进一步提供便利，允许台资证券公司申请 QFII 资格时，按照集团管理的证券资产规模计算。 3. 允许符合条件的台资金融机构按照大陆有关规定在大陆设立合资基金管理公司，台资持股比例可达 50% 以上。 4. 允许符合设立外资参股证券公司条件的台资金融机构按照大陆有关规定在上海市、福建省、深圳市各设立 1 家两岸合资的全牌照证券公司，台资合并持股比例最高可达 51% ，大陆股东不限于证券公司。 5. 允许符合设立外资参股证券公司条件的台资金融机构按照大陆有关规定在大陆批准的“在金融改革方面先行先试”的若干改革试验区内，各新设 1 家两岸合资全牌照证券公司，大陆股东不限于证券公司，台资合并持股比例不超过 49% ，且取消大陆单一股东须持股 49% 的限制。 6. 允许符合外资参股证券公司境外股东资质条件的台资证券公司与大陆具备设立子公司条件的证券公司，在大陆设立合资证券投资咨询公司。合资证券投资咨询公司作为大陆证券公司的子公司，专门从事证券投资咨询业务，台资持股比例最高可达 49% 。 7. 在大陆批准的“在金融改革方面先行先试”的若干改革试验区内，允许台资证券公司在合资证券投资咨询公司中的持股比例达 50% 以上。 8. 允许符合条件的台资期货中介机构按照大陆有关规定，在大陆申请设立合资期货公司，台资合并持股比例最高可达 49% 。

台湾方面非金融服务部门的开放承诺①

服务提供模式：（1）跨境提供服务（2）境外消费（3）商业据点呈现（4）自然人呈现

部门或次部门	市场开放承诺	其他承诺
一、商业服务业		
B. 电脑及其相关服务业		
（a）与电脑硬体安装有关之咨询服务（CPC841） （b）软体执行服务（CPC842） （c）资料处理服务（CPC843） （d）资料库服务（CPC844） （e）其他（CPC845+849）	（1）没有限制。 （2）没有限制。 （3）允许大陆服务提供者在台湾以独资、合资、合伙及设立分公司等形式设立商业据点，提供电脑及其相关服务。 （4）除有关下列各类自然人之进入台湾及短期停留措施外，不予承诺： ⅰ. 商业访客进入台湾停留期间不得超过三个月。（商业访客系指为参加商务会议、商务谈判、筹建商业据点或其他类似活动，而在台湾停留的自然人，且停留期间未接受来自台湾方面支付的酬劳，亦未对大众从事直接销售的活动。） ⅱ. 跨国企业内部调动人员进入台湾初次停留期间为三年，惟可申请展延，每次不得逾三年，且展延次数无限制。（跨国企业内部调动人员系指被其他世界贸易组织会员的法人雇用满一年，透过在台湾设立的分公司、子公司或分支机构，以负责人、高级经理人员或专家身份，短期进入台湾以提供服务的自然人。“负责人”系指董事、总经理、分公司经理或经董事会授权得代表公司的部门负责人。“高级经理人员”系指有权任免或推荐公司人员，且对日常业务有决策权的部门负责人或管理人员。“专家”系指组织内拥有先进的专业技术，且对该组织的服务、研发设备、技术或管理拥有专门知识的人员。专家包括，但不限于，取得专门职业证照者。） ⅲ. 在台湾无商业据点的大陆企业所雇用的人员得依下列条件进入台湾及停留： (ⅰ) 该大陆企业已与在台湾从事商业活动的企业签订验货、售后服务、技术指导等，及其他与左列服务相关的服务契约。 (ⅱ) 此类人员应符合前述“专家”的定义。 (ⅲ) 此类人员在台湾期间不得从事其他与服务契约无关的服务活动。 (ⅳ) 本项承诺仅限于契约所定的服务行为。并未给予此类人员以取得专业证照的身份，在台湾广泛执业的资格。每次停留的期间不得超过三个月或契约期间，以较短者为准。此类进入许可的有效期间自核发的翌日起算为三个月至三年。符合条件者可在许可有效期间内多次进入台湾。	

① 服务部门的分类使用世界贸易组织“服务贸易总协定”服务部门分类（GNS/W/120），服务部门的内容参照联合国中央产品分类暂行版（CPC，United Nations Provisional Central Product Classification，ST/ESA/STAT/SER. M/77）。

续表

部门或次部门	市场开放承诺	其他承诺
E. 未附操作员之租赁服务业		
(b) 航空器租赁（涉及航空权者除外）(CPC83104 * *)	(1) 没有限制。 (2) 没有限制。 (3) 允许大陆服务提供者在台湾以独资、合资、合伙及设立分公司等形式设立商业据点，提供航空器租赁服务。 (4) 同“电脑及其相关服务业”的承诺。	
(c) 自用小客车租赁(CPC83101 * *)	(1) 没有限制。 (2) 没有限制。 (3) 允许大陆服务提供者在台湾以独资、合资、合伙及设立分公司等形式设立商业据点，提供自用小客车租赁服务。 (4) 同“电脑及其相关服务业”的承诺。	
(d) 其他机器与设备租赁（CPC83106 - 83109）(电信设备及电力设备租赁除外)	(1) 没有限制。 (2) 没有限制。 (3) 允许大陆服务提供者在台湾以独资、合资、合伙及设立分公司等形式设立商业据点，提供其他机器与设备租赁服务。 (4) 同“电脑及其相关服务业”的承诺。	
F. 其他商业服务业		
(a) 广告服务业(CPC871 * *)(广播电视广告业除外)	(1) 没有限制。 (2) 没有限制。 (3) 允许大陆服务提供者在台湾以独资、合资、合伙及设立分公司等形式设立商业据点，提供广告服务。 (4) 同“电脑及其相关服务业”的承诺。	
(b) 市场研究服务业(CPC86401 * * ，限于市场分析、消费者态度和偏好的分析)	(1) 没有限制。 (2) 没有限制。 (3) 允许大陆服务提供者在台湾设立合资、合伙企业，提供市场研究服务。 (4) 同“电脑及其相关服务业”的承诺。	
(c) 管理顾问服务业(CPC865)	(1) 没有限制。 (2) 没有限制。 (3) 允许大陆服务提供者在台湾以独资、合资、合伙及设立分公司等形式设立商业据点，提供管理顾问服务。 (4) 同“电脑及其相关服务业”的承诺。	

续表

部门或次部门	市场开放承诺	其他承诺
(d) 技术检测与分析服务业（CPC8676） —车辆、机械、电机、电子、化工、度量衡、酒类产品及环境检测的技术检测及分析服务	(1) 没有限制。 (2) 没有限制。 (3) ⅰ. 允许大陆服务提供者在台湾以独资、合资、合伙及设立分公司等形式设立商业据点，提供技术检测与分析服务。 ⅱ. 在互信互利的基础上，允许在大陆的检测验证机构与台湾检测验证机构展开检测数据（结果）的接受合作。具体合作安排另行商定。 (4) 同“电脑及其相关服务业”的承诺。	
(e) 技术检测与分析服务业（CPC8676） —医疗器材的非临床试验检验的技术检测及分析服务	(1) 没有限制。 (2) 没有限制。 (3) 允许大陆服务提供者在台湾以独资、合资、合伙及设立分公司等形式设立商业据点，提供非强制性检验的技术检测与分析服务。 (4) 同“电脑及其相关服务业”的承诺。	
(f) 附带于畜牧业之顾问服务业（非涉及家禽孵育及家畜禽配种者）（CPC88120**）	(1) 没有限制。 (2) 没有限制。 (3) 允许大陆服务提供者在台湾以独资、合资、合伙及设立分公司等形式设立商业据点，提供附带于畜牧业之顾问服务。 (4) 同“电脑及其相关服务业”的承诺。	
(h) 附带于矿业之服务业（CPC883、5115）	(1) 没有限制。 (2) 没有限制。 (3) 允许大陆服务提供者在台湾以独资、合资、合伙及设立分公司等形式设立商业据点，提供附带于矿业之服务。 (4) 同“电脑及其相关服务业”的承诺。	
(m) 与科学技术有关之顾问服务业 —限地质、矿物及其他科学勘察服务（CPC86751）	(1) 没有限制。 (2) 没有限制。 (3) 允许大陆服务提供者在台湾以合资形式设立商业据点，且允许大陆服务提供者拥有多数股权，提供与科学技术有关之顾问服务。 (4) 同“电脑及其相关服务业”的承诺。	
(n) 设备维修服务业（CPC633、8861－8866）（海运船只、航空器及其他运输设备除外）	(1) 没有限制。 (2) 没有限制。 (3) 允许大陆服务提供者在台湾以独资、合资、合伙及设立分公司等形式设立商业据点，提供设备维修服务。 (4) 同“电脑及其相关服务业”的承诺。	

续表

部门或次部门	市场开放承诺	其他承诺
(o) 建筑物清理服务业（CPC874）	(1) 技术上不可行。 (2) 没有限制。 (3) 允许大陆服务提供者在台湾以独资、合资、合伙及设立分公司等形式设立商业据点，提供建筑物清理服务。 (4) 同“电脑及其相关服务业”的承诺。	
(p) 摄影服务业（CPC875）	(1) 没有限制。 (2) 没有限制。 (3) 允许大陆服务提供者在台湾以独资、合资、合伙及设立分公司等形式设立商业据点，提供摄影服务。 (4) 同“电脑及其相关服务业”的承诺。	
(q) 包装服务业（CPC876）	(1) 没有限制。 (2) 没有限制。 (3) 允许大陆服务提供者在台湾以独资、合资、合伙及设立分公司等形式设立商业据点，提供包装服务。 (4) 同“电脑及其相关服务业”的承诺。	
(r) 印刷及其辅助服务业（CPC88442 * *）	(1) 不予承诺。 (2) 没有限制。 (3) 允许大陆服务提供者在台湾设立合资企业，提供印刷及其辅助服务。大陆服务提供者限投资台湾现有事业。大陆服务提供者总股权比例不超过50%。 (4) 同“电脑及其相关服务业”的承诺。	
(s) 展览服务业（CPC87909 * *）	(1) 不予承诺，但与《海峡两岸经济合作架构协议》附件四的开放承诺有关者除外。 (2) 没有限制。 (3) 允许大陆服务提供者在台湾以独资、合资、合伙及设立分公司等形式设立商业据点，与台湾会展产业的企业或公会、商会、协会等团体合办展览。 (4) 同“电脑及其相关服务业”的承诺。	
(t) 其他		
ii. 复制服务业（CPC87904）	(1) 没有限制。 (2) 没有限制。 (3) 允许大陆服务提供者在台湾以独资、合资、合伙及设立分公司等形式设立商业据点，提供复制服务。 (4) 同“电脑及其相关服务业”的承诺。	
iii. 翻译及传译服务业（CPC87905）	(1) 没有限制。 (2) 没有限制。 (3) 允许大陆服务提供者在台湾以独资、合资、合伙及设立分公司等形式设立商业据点，提供翻译及传译服务。 (4) 同“电脑及其相关服务业”的承诺。	

续表

部门或次部门	市场开放承诺	其他承诺
ⅳ. 邮寄名单编辑服务业（CPC87906 * * ）	（1）没有限制。 （2）没有限制。 （3）允许大陆服务提供者在台湾以独资、合资、合伙及设立分公司等形式设立商业据点，提供邮寄名单编辑服务。 （4）同“电脑及其相关服务业”的承诺。	
二、通讯服务业		
B. 快递服务陆地运送部分（现行由台湾邮政主管部门依规定保留之服务除外）	（1）没有限制。 （2）没有限制。 （3）允许大陆服务提供者在台湾以独资、合资、合伙及设立分公司等形式设立商业据点，提供包裹等物品的快递服务。 （4）同“电脑及其相关服务业”的承诺。	
C. 电信服务业第二类电信事业特殊业务 （1）存转网路服务 （2）存取网路服务 （3）数据交换通信服务	（1）见模式（3）。 （2）没有限制。 （3）允许大陆服务提供者在台湾投资左列业务。大陆服务提供者须为在海外或大陆上市之电信业者；大陆服务提供者总持股比例不超过 50%，不具控制力。 （4）同“电脑及其相关服务业”的承诺。	
D. 视听服务业 （a）电影或录影带之行销服务业 —进口大陆电影片（CPC96113）	（1）除与“其他承诺”有关者外，不予承诺。 （2）没有限制。 （3）除与“其他承诺”有关者外，不予承诺。 （4）除与“其他承诺”有关者外，不予承诺。	根据大陆有关规定设立的制片单位所拍摄、符合台湾相关规定所定义之大陆电影片，经台湾主管机关审查通过后，每年以 15 部为限，可在台湾商业发行映演，并应符合大陆电影片进入台湾发行映演之相关规定。

续表

部门或次部门	市场开放承诺	其他承诺
三、营造及相关工程服务业		
A. 建筑物的一般建筑工作（CPC512） B. 土木工程的一般建筑工作（CPC513） C. 安装和组装工作（CPC514＋516） D. 建筑物竣工和最后修整工作（CPC517） E. 其他（CPC511＋515＋518）	（1）技术上不可行。 （2）没有限制。 （3）允许大陆服务提供者在台湾以合资形式设立商业据点，提供营造及相关工程服务。大陆服务提供者总持股比例不超过12%，不具控制力。 （4）同“电脑及其相关服务业”的承诺。	
四、配销服务业		
B. 批发交易服务业（CPC622，武器警械及军事用品、农产品市场交易法所称之农产品批发市场除外）	（1）没有限制。 （2）没有限制。 （3）允许大陆服务提供者在台湾以独资、合资、合伙及设立分公司等形式设立商业据点，提供批发交易服务。 （4）同“电脑及其相关服务业”的承诺。	
C. 零售服务业（CPC631、632、6111、6113、6121，武器警械、军事用品、药局及药房除外）	（1）没有限制。 （2）没有限制。 （3）允许大陆服务提供者在台湾以独资、合资、合伙及设立分公司等形式设立商业据点，提供零售交易服务。 （4）同“电脑及其相关服务业”的承诺。	
D. 经销（CPC8929）	（1）没有限制。 （2）没有限制。 （3）允许大陆服务提供者在台湾以独资、合资、合伙及设立分公司等形式设立商业据点，提供经销服务。 （4）同“电脑及其相关服务业”的承诺。	
六、环境服务业		
A. 污水处理服务业（CPC9401） B. 废弃物处理服务业（CPC9402） D. 其他 —废气清理服务业（CPC9404） —噪音与振动防制服务业（CPC9405） —土壤及地下水污染整治服务业（CPC9409＊＊）	（1）技术上不可行。 （2）没有限制。 （3）允许大陆服务提供者在台湾以独资、合资、合伙及设立分公司等形式设立商业据点，提供环境服务。 （4）同“电脑及其相关服务业”的承诺。	

续表

部门或次部门	市场开放承诺	其他承诺
八、健康与社会服务业		
A. 医院服务业 （CPC9311）	（1）没有限制。 （2）没有限制。 （3）允许大陆服务提供者在台湾以合资形式捐助设立非营利的医疗财团法人医院，提供医院服务。此外：（ⅰ）未持有台湾方面身份证明文件的自然人担任董事会董事合计不得超过全体董事的三分之一；（ⅱ）全体董事的三分之一以上必须具有台湾医事人员资格。 （4）除模式（3）所列内容外，不予承诺。	
其他 —无操作员医疗设备之出租或租赁服务业	（1）没有限制。 （2）没有限制。 （3）允许大陆服务提供者在台湾以独资、合资、合伙及设立分公司等形式设立商业据点，提供无操作员医疗设备租赁服务。 （4）同“电脑及其相关服务业”的承诺。	
C. 社会服务业 —老人及身心障碍者福利机构	（1）技术上不可行。 （2）没有限制。 （3）允许大陆服务提供者在台湾以合伙形式设立小型老人及身心障碍福利机构。大陆服务提供者出资比例须低于50%，不具控制力。 （4）同“电脑及其相关服务业”的承诺。	
九、观光及旅游服务业		
A. 旅馆及餐厅		
(a) 旅馆（限于观光旅馆）（CPC64110 * * ）	（1）没有限制。 （2）没有限制。 （3）允许大陆服务提供者在台湾以独资、合资、合伙及设立分公司等形式设立商业据点，提供观光旅馆服务。 （4）同“电脑及其相关服务业”的承诺。	
(c) 提供食物服务（CPC642）（包括提供相关饮料服务）	（1）没有限制。 （2）没有限制。 （3）允许大陆服务提供者在台湾以独资、合资、合伙及设立分公司等形式设立商业据点，提供餐馆服务。 （4）同“电脑及其相关服务业”的承诺。	

续表

部门或次部门	市场开放承诺	其他承诺
B. 旅行社及旅游服务业（CPC7471）	（1）没有限制。 （2）没有限制。 （3）允许大陆服务提供者在台湾以独资、合资、合伙及设立分公司等形式设立商业据点，提供旅行社及旅游服务。大陆服务提供者在台湾设立的商业据点总计以 3 家为限。经营范围限居住于台湾的自然人在台湾的旅游活动。 （4）同“电脑及其相关服务业”的承诺。	
十、娱乐、文化及运动服务业（视听服务业除外）		
A. 娱乐服务业 —演出场所经营	（1）没有限制。 （2）没有限制。 （3）允许大陆服务提供者在台湾以合资、合伙形式设立剧场、音乐厅演出场所的经营单位。大陆服务提供者总持股比例须低于 50%，不具控制力。 （4）同“电脑及其相关服务业”的承诺。	
D. 运动及其他娱乐服务业 —运动场馆营运（CPC96413）	（1）没有限制。 （2）没有限制。 （3）允许大陆服务提供者在台湾以独资、合资、合伙及设立分公司等形式设立商业据点，提供运动场馆营运服务（高尔夫球场除外）。 （4）同“电脑及其相关服务业”的承诺。	
E. 其他 —游乐园及主题乐园（非属森林游乐区者）	（1）没有限制。 （2）没有限制。 （3）允许大陆服务提供者在台湾以独资、合资、合伙及设立分公司等形式设立商业据点，提供游乐园及主题乐园服务。 （4）同“电脑及其相关服务业”的承诺。	
十一、运输服务业		
A. 海运服务业 （f）海运辅助性服务业（CPC745） —港埠业 —其他水上运输辅助业（船舶货物装卸承揽业、拖驳船业） —货柜集散站经营业 —船舶理货业 —船舶小修业	（1）没有限制。 （2）没有限制。 （3）允许大陆服务提供者在台湾以合资形式设立商业据点，提供海运辅助性服务。①大陆服务提供者总持股比例须低于 50%。 （4）同“电脑及其相关服务业”的承诺。	

① 营运区域及业务范围限依据台湾有关投资公共建设的相关规定办理。

续表

部门或次部门	市场开放承诺	其他承诺
C. 空运服务业		
(b) 空运服务之销售及行销①	(1) 没有限制。 (2) 没有限制。 (3) 允许经双方民航主管机关核准营运之大陆民用航空运输业者，在台湾设立商业据点销售及行销其空运服务。 (4) 同“电脑及其相关服务业”的承诺。	
航空货物集散站经营业	(1) 没有限制。 (2) 没有限制。 (3) 允许大陆服务提供者在台湾以合资形式设立商业据点，提供航空货物集散站经营服务。大陆服务提供者总持股比例不超过10% 。 (4) 同“电脑及其相关服务业”的承诺。	
F. 公路运输服务业		
(a) 旅客运输（限于小客车租赁业）	(1) 技术上不可行。 (2) 没有限制。 (3) 允许大陆服务提供者在台湾以独资、合资、合伙及设立分公司等形式设立商业据点，提供旅客运输服务。 (4) 同“电脑及其相关服务业”的承诺。	
(b) 货物运输	(1) 技术上不可行。 (2) 没有限制。 (3) 允许大陆服务提供者在台湾以独资、合资、合伙及设立分公司等形式设立商业据点，提供货物运输服务。 (4) 同“电脑及其相关服务业”的承诺。	
E. 各类运输之辅助性服务业		
(b) 仓储服务业 (CPC742)	(1) 技术上不可行。 (2) 没有限制。 (3) 允许大陆服务提供者在台湾以合资形式设立商业据点，提供仓储服务②。大陆服务提供者总持股比例须低于50% ，不具控制力。其中属保税仓储者仅限位于港区内。 (4) 同“电脑及其相关服务业”的承诺。	

① 适用世界贸易组织《服务贸易总协定〈空运服务业附则〉》的定义。

② 港区内仓储的营运区域及业务范围限依据台湾有关投资公共建设的相关规定办理。

续表

部门或次部门	市场开放承诺	其他承诺
(c) 货运承揽服务业(CPC7480)	(1) 没有限制。 (2) 没有限制。 (3) 允许大陆服务提供者在台湾以合资形式设立商业据点，提供货运承揽服务，投资航空、海运货运承揽业总持股比例须低于50%，不具控制力。 (4) 同“电脑及其相关服务业”的承诺。	
十二、其他		
洗衣及染色服务业(CPC9701)	(1) 技术上不可行。 (2) 没有限制。 (3) 允许大陆服务提供者在台湾以独资、合资、合伙及设立分公司等形式设立商业据点，提供洗衣及染色服务。 (4) 同“电脑及其相关服务业”的承诺。	
美发和其他美容服务业(CPC9702)	(1) 技术上不可行。 (2) 没有限制。 (3) 允许大陆服务提供者在台湾以独资、合资、合伙及设立分公司等形式设立商业据点，提供美发和其他美容服务。 (4) 同“电脑及其相关服务业”的承诺。	
殡仪馆及火化场	(1) 技术上不可行。 (2) 没有限制。 (3) 允许大陆服务提供者在台湾以独资及合资形式设立殡仪馆及火化场。 (4) 同“电脑及其相关服务业”的承诺。	
线上游戏业 —限制作与研发服务	(1) 不予承诺。 (2) 没有限制。 (3) 允许大陆服务提供者在台湾以独资、合资、合伙及设立分公司等形式设立商业据点，提供线上游戏制作与研发服务。 (4) 同“电脑及其相关服务业”的承诺。	

台湾方面金融服务部门的开放承诺

部门名称	具体承诺
保险及其相关服务	积极审慎修正有关大陆保险业在台湾设立代表处及参股评等之规定。
银行及其他金融服务（不包括证券期货和保险）	1. 尽速取消大陆的银行来台湾设立分支机构及参股投资的 OECD 条件。 2. 已在台湾设有分行的大陆的银行符合条件者，可申请增设分行。 3. 单一大陆的银行得申请投资台湾上市（柜）银行、金控公司的持股比率提高至 10%（如加计大陆合格境内机构投资者为 15%）；投资未上市（柜）银行、金控公司的持股比率提高至 15%；参股投资金控公司子银行的持股比率可达 20%。参股投资金控公司或其子银行，维持现行二者择一规定。 4. 大陆的银联公司得申请来台湾设立分支机构。
证券、期货及其相关服务	1. 大陆证券期货机构按照台湾有关规定申请在台湾设立代表人办事处须具备的海外证券、期货业务经验为 2 年以上，且包括香港及澳门。 2. 循序放宽大陆合格境内机构投资者投资台湾证券之限额，初期可考虑由 5 亿美元提高至 10 亿美元。 3. 积极研议放宽大陆证券期货机构参股投资台湾证券期货机构的有关限制。 4. 积极研议大陆合格境内个人投资者投资台湾资本市场。

附件二

关于服务提供者的具体规定

双方同意，关于本协议附件一和《海峡两岸经济合作框架协议》附件四所列并超出各自在世界贸易组织承诺的服务部门及市场开放承诺中的服务提供者，[①] 具体规定如下：

一、本规定所指的服务提供者，指为另一方提供服务的一方自然人或一方法人。[②]

（一）“一方自然人”指持有两岸任一方身份证明文件的自然人；

（二）“一方法人”指根据两岸任一方相关规定在该方设立的实体，包括任何公司、信托、合伙企业、合资企业、独资企业或协会（商会）。

二、一方法人服务提供者应同时具备下列条件：

（一）在该方提供服务的性质和范围，应包含其拟在另一方提供服务的性质和范围；[③]

（二）在该方从事实质性商业经营，应符合下列规定：

1. 在该方从事与拟在另一方提供服务的性质和范围相同的商业经营持续三年以上，[④] 其中：

从事建筑和相关的工程服务的一方服务提供者，应已在该方注册或登记设立且从事商业经营持续五年以上；

从事银行及其他金融服务（不包括证券期货和保险）的一方银行机构，应在该方获得银行业监督管理机构营业许可并注册或登记设立且从事商业经营持续五年以上；

从事证券期货及其相关服务的一方证券期货公司，应在该方获得证券期货监督管理机构营业许可并注册或登记设立且从事商业经营持续五年以上；

---

① 仅适用于拟以商业存在模式提供服务的服务提供者。

② 不包括在一方登记的分公司、办事处、联络处和其他非法人机构。

③ 就台湾方面医疗服务提供者而言，包括：（1）法人医疗机构；（2）医疗机构的设置人；（3）医疗机构设置的特定目的公司。

④ 就台湾方面医疗服务提供者而言，注 21 规定的医疗机构应符合此项规定。

从事保险及其相关服务的一方保险公司，应在该方获得保险业监督管理机构营业许可并注册或登记设立且从事商业经营持续五年以上；

2. 在该方缴纳所得税；

3. 在该方拥有或租用经营场所。

三、一方服务提供者为享有本协议附件一和《海峡两岸经济合作框架协议》附件四所列并超出在世界贸易组织承诺的优惠待遇，应按下列规定向该方业务主管部门或其委托机构提供文件、资料，申请“服务提供者证明书”：

（一）一方自然人服务提供者应提供身份证明文件，及业务主管部门或其委托机构认为需要提供的其他文件、资料；

（二）一方法人服务提供者应提供：

1. 注册登记证明副本；

2. 最近三年或五年的完税证明副本；

3. 最近三年或五年经审计的财务报表；

4. 拥有或租用经营场所的证明文件或其副本；

5. 其他证明提供服务性质和范围的文件或其副本；

6. 业务主管部门或其委托机构认为需要提供的其他文件、资料。

四、一方服务提供者按本附件第三条规定提供相关文件、资料，业务主管部门或其委托机构认为符合本附件规定，向其核发服务提供者证明书。

五、一方服务提供者申请在另一方提供本协议附件一和《海峡两岸经济合作框架协议》附件四所列并超出在世界贸易组织承诺的服务时，应向另一方的相关业务主管部门提交有效的服务提供者证明书，及申请所涉服务部门规定的文件、资料。

六、已在另一方提供服务的一方服务提供者可按本附件相关规定申请取得服务提供者证明书，以享有本协议附件一和《海峡两岸经济合作框架协议》附件四所列并超出在世界贸易组织承诺的优惠待遇。

《海峡两岸投资保护和促进协议》

为保护海峡两岸投资者权益，促进相互投资，创造公平投资环境，增进两岸经济繁荣，依据《海峡两岸经济合作框架协议》第五条规定，海峡两岸关系协会与财团法人海峡交流基金会经平等协商，达成协议如下：

第一条 定义

本协议内：

一、“投资”指一方投资者依照另一方的规定，在该另一方所投入的具有投资特性的各种资产，包括但不限于：

（一）动产、不动产及其他财产权利；

（二）企业的股份或出资额及其他形式的参股；

（三）金钱请求权或其他具有经济价值的履行请求权；

（四）知识产权、企业名称及商号、商誉；

（五）交钥匙、工程建造、管理、生产、收益分配及其他类似合同权利；

（六）经营特许权，包括培育、耕作的特许权利，以及勘探、开采、提炼或开发自然资源的特许权利；

（七）各种担保债券、信用债券、贷款及其他形式的债。

投资特性指资本或其他资源的投入、对收益或利润的期待和对风险的承担。作为投资的资产发生任何符合投资所在地相关规定的形式上变化，不影响其作为投资的特性。

二、“投资者”指在另一方从事投资的一方自然人或一方企业：

（一）一方自然人指持有一方身份证明文件的自然人；

（二）一方企业指根据一方规定在该方设立的实体，包括公司、信托、商行、合伙或其他组织；

（三）根据第三方规定设立，但由本款第一项或第二项的投资者所有或控制的任何实体，亦属一方企业。

三、“收益”指投资所产生的收入，包括利润、股息、利息、资本利得、提成费和其他合法收入。

四、“措施”指包括任何影响投资者或投资的规定、政策或其他行政行为。

五、“两岸投资争端解决机构”指本协议生效后，经双方确认并书面通知的仲裁机构、调解中心及其他调解机构。

第二条 适用范围和例外

一、本协议应适用于一方对另一方投资者及其投资采取或维持的措施。

二、本协议应适用于一方投资者在另一方于本协议生效前或生效后的投资，但不适用于本协议生效前已解决的本协议第十三条第一款所指的“投资争端”。

三、本协议适用于任一方各级主管部门及该类部门授权行使行政职权的机构所采取或维持的措施。

四、一方可采取、维持或执行其认为必要的任何措施，以确保其重大的安全利益。

五、一方基于非任意与非不合理歧视的原则，且对贸易或投资不构成隐性限制，可于下列情形采取或维持对投资的限制措施：

（一）为遵守与本协议不相抵触的规定所采取的必要措施；

（二）为保护人类、动物或植物的生命或健康所采取的必要措施；

（三）为保护可耗尽的自然资源所采取的必要措施。

六、一方基于审慎理由可采取或维持与金融服务有关的措施。该等措施包括但不限于：

（一）为保护投资者、存款人、保单持有人或金融服务提供者对其负有忠实义务的人所采取的措施；

（二）为确保金融体系运作与稳定所采取的措施。

七、本协议不适用于：

（一）公共采购；

（二）由一方提供的补贴或补助。

八、除下列情形外，本协议不适用于任一方的税收措施：

（一）如一方投资者以书面形式向另一方税收主管部门主张该另一方的税收措

施涉及本协议第七条的规定，双方税收主管部门应于六个月内共同决定该措施是否构成征收。如该税收措施构成征收，则本协议应适用于该措施。

（二）如双方税收主管部门未能在六个月内一致认定该税收措施不构成征收，该一方投资者可依本协议第十三条及附件的规定寻求解决。

第三条　投资待遇

一、一方应确保给予另一方投资者及其投资公正与公平待遇，并提供充分保护与安全：

（一）“公正与公平待遇”指一方的措施应符合正当程序原则，且不得对另一方投资者拒绝公正与公平审理，或实行明显的歧视性或专断性措施。

（二）“充分保护与安全”指一方应采取合理、必要的措施，保护另一方投资者及其投资的安全。

一方违反本协议其他条款，不构成对本款的违反。

二、双方应加强投资者及相关人员在投资中的人身自由与安全保障，依各自规定的时限履行与人身自由相关的通知义务，完善既有通报机制。

三、一方对另一方投资者就其投资的运营、管理、维持、享有、使用、出售或其他处置所给予的待遇，不得低于在相似情形下给予该一方投资者及其投资的待遇。

四、一方对另一方投资者就其投资的设立、扩大、运营、管理、维持、享有、使用、出售或其他处置所给予的待遇，不得低于在相似情形下给予任何第三方投资者及其投资的待遇。

五、本条第三款及第四款不适用于一方现有的不符措施及其修改，但一方应逐步减少或消除该等不符措施，且对该等不符措施的任何修改或变更，不得增加对另一方投资者及其投资的限制。

六、另一方投资者不得援引本条第四款的规定，要求适用本协议以外的争端解决程序。

第四条　透明度

一、一方应依其规定及时公布或用其他方式使公众知悉普遍适用的或针对另一方与投资有关的规定、措施、程序等。

二、应另一方请求，一方应依其规定，就已公布并影响另一方投资者的规定、措施、程序的变化提供讯息。

第五条 逐步减少投资限制

一、双方同意，本着互利互惠的原则接受并保护相互投资。

二、双方同意，逐步减少或消除对相互投资的限制，创造公平的投资环境，努力促进相互投资。

第六条 投资便利化

一、双方同意逐步简化投资申请文件和审核程序。

二、双方同意相互提供投资便利，包括：

（一）一方对另一方投资者取得投资讯息、相关营运证照，以及人员进出和经营管理等提供便利；

（二）一方对另一方及其投资者举办说明会、研讨会及其他有利于投资的活动提供便利。

第七条 征收

一、除符合下列所有条件外，一方不得对另一方投资者在该一方的投资或收益采取征收（包括直接征收和间接征收）：

（一）基于公共利益；

（二）依照一方规定及正当程序；

（三）非歧视性且非任意的；

（四）依据本条第四款给予补偿。

二、间接征收指效果等同于直接征收的措施。确定一项或一系列措施是否构成间接征收应以事实为依据逐案评估，并应考虑以下因素：

（一）该措施对投资的经济影响，但仅对投资的经济价值有负面影响，不足以推断构成间接征收；

（二）该措施在范围或适用上对另一方投资者及其投资的歧视程度；

（三）该措施对另一方投资者明显、合理的投资期待的干预程度；

（四）该措施的采取是否出于善意并以公共利益为目的，且措施和目的之间是否符合比例原则。

三、双方为保护公众健康与安全、环境等正当公共福利所采取的非歧视性管制措施，不构成间接征收。

四、本条第一款所称的补偿应以征收时或征收为公众所知时（以较早者为准）被征收投资或收益的公平市场价值为基准，并应加计征收之日起至补偿支付之日止，按合理商业利率计算的利息。补偿的支付不应迟延，并应可有效实现、兑换及自由转移。

第八条 损失补偿

一方投资者在另一方的投资或收益，如因发生在该另一方的武装冲突、紧急状态或其他类似事件而遭受损失，另一方给予其恢复原状、补偿或其他解决方式的待遇，应不低于相似条件下给予该另一方投资者或任何第三方投资者的待遇中最优者。

第九条 代位

一、一方指定的机构根据其与投资有关的货币汇兑、征收等非商业风险的担保、保证或保险合同给付一方投资者后，可以在与投资者同等的范围内代位行使该投资者的权利和请求权，并承担该投资者与投资相应的义务。

二、一方应将其依本条第一款指定的机构及其变更通知另一方。

第十条 转移

一、一方应依其规定准许另一方投资者转移其投资及收益，包括但不限于：

（一）设立、维持和扩大投资的资本；

（二）利润、股息、利息、资本利得、提成费及其他与知识产权相关的费用；

（三）与投资合同相关的支付，包括贷款协议产生的相关款项；

（四）出售或清算全部或部分投资所得款项；

（五）自然人投资者与该项投资相关的收入和报酬；

（六）根据第七条和第八条所获得的款项；

（七）依本协议附件第三款所获得的补偿。

二、除本协议另有规定外，双方应保证本条第一款转移以可自由兑换的货币或双方同意且按当时规定可汇兑的货币，以转移当日的市场汇率不延迟地进行。

三、基于公平、公正、非歧视的原则，一方可于下列情况下，诚信适用相关规定阻止或延迟转移，不受本条第一款及第二款的限制：

（一）破产、无力偿还或保护债权人利益；

（二）有价证券、期货、期权和其他衍生品的发行、买卖、交易、处理；

（三）刑事犯罪侦查或行政处罚调查中的必要保全措施；

（四）现金或其他货币工具必要的转移申报；

（五）确保司法裁判或行政处罚决定的执行。

四、一方对外收支出现或可能出现严重失衡时，可依规定或惯例暂时限制转移，但实施该等限制应遵循公平、非歧视和善意的原则。

第十一条 拒绝授予利益

第三方的自然人或企业所有或控制的一方企业如在该一方未从事实质性商业经营，则另一方有权拒绝授予该企业在本协议项下的利益。

第十二条 本协议双方的争端解决

双方关于本协议解释、实施和适用的争端，应依《海峡两岸经济合作框架协议》第十条规定处理。

第十三条 投资者与投资所在地一方争端解决

一、一方投资者主张另一方相关部门或机构违反本协议规定的义务，致该投资者受到损失所产生的争端（以下称“投资争端”），可依下列方式解决：

（一）争端双方友好协商解决；

（二）由投资所在地或其上级的协调机制协调解决；

（三）由本协议第十五条所设投资争端协处机制协助解决；

（四）因本协议所产生的投资者与投资所在地一方的投资补偿争端，可由投资者提交两岸投资争端解决机构通过调解方式解决，两岸投资争端解决机构应每半年将投资补偿争端的处理情况通报本协议第十五条的投资工作小组；

（五）依据投资所在地一方行政复议或司法程序解决。

二、投资者根据本条第一款第四项解决投资补偿争端，适用本协议附件的规定。

三、协议生效后，双方应尽快交换并公布本条第一款第四项规定的两岸投资争端解决机构名单。双方经协商可调整该机构名单。

四、如投资者已选择依本条第一款第五项解决，除非符合投资所在地一方相关规定，投资者不得再就同一争端提交两岸投资争端解决机构调解。

五、本协议生效前已进入司法程序的本条第一款所指的“投资争端”，除非当事双方同意并符合投资所在地一方相关规定，不适用本条第一款第四项规定的调解程序。

第十四条 投资商事争议

一、双方确认，一方投资者与另一方自然人、法人、其他组织依相关规定及当事人意思自治原则签订商事合同时，可约定商事争议的解决方式和途径。

二、一方投资者与另一方自然人订立商事合同时，可就有关投资所产生的商事争议订立仲裁条款。如未订立仲裁条款，可于争议发生后协商提交仲裁解决。

三、一方投资者与另一方法人或其他组织订立商事合同时，可就有关投资所产生的商事争议订立仲裁条款。如未订立仲裁条款，可于争议发生后协商提交仲裁解决。

四、商事争议的当事双方可选择两岸的仲裁机构及当事双方同意的仲裁地点。如商事合同中未约定仲裁条款，可于争议发生后协商提交两岸的仲裁机构，在当事双方同意的仲裁地点解决争议。

五、双方确认，商事合同当事人可依据相关规定申请仲裁裁决的认可与执行。

第十五条 联系机制

一、双方同意由两岸经济合作委员会投资工作小组负责处理本协议相关事宜，由双方业务主管部门各自指定的联络人负责联络。

二、投资工作小组设立下列工作机制，处理与本协议相关的特定事项：

（一）投资争端协处机制：协助处理投资者与投资所在地一方的投资争端，并相互通报处理情况；

（二）投资咨询机制：交换投资讯息、开展投资促进、推动投资便利化、提供纠纷处理及与本协议相关事项的咨询；

（三）经双方同意的其他与本协议相关的工作机制。

第十六条 文书格式

基于本协议所进行的业务联系，应使用双方商定的文书格式。

第十七条 修正

本协议的修正，应经双方协商同意，并以书面形式确认。

第十八条 生效

本协议签署后，双方应各自完成相关程序并以书面通知另一方。本协议自双方均收到对方通知后次日起生效。

本协议于八月九日签署，一式四份，双方各执两份。本协议的附件构成本协议的一部分。四份文本中对应表述的不同用语所含意义相同，四份文本具有同等效力。

附件

投资补偿争端调解程序

一、调解原则及程序

（一）一方投资者依据本协议第十三条第一款第四项提出调解申请后，两岸投资争端解决机构应依其规则受理申请，启动调解程序。两岸投资争端解决机构应客观、公正、公平及合理地处理投资补偿争端。争端双方应积极、诚信参与调解，不得无故拖延。

（二）除争端双方另有约定外，调解过程不公开。

（三）除争端双方同意公开的事项外，两岸投资争端解决机构及其工作人员、调解员对投资争端案件应保守秘密。

二、调解成立

（一）调解员应保持中立，促使争端双方达成合意。

（二）争端双方经调解达成合意，调解员应根据合意内容制作调解协议，由争端双方及调解员在调解协议上签字或盖章，并加盖两岸投资争端解决机构印章。

（三）双方应确保建立、完善与调解协议执行相关的制度。投资者可依据执行地一方相关规定申请调解协议的执行。

三、补偿方式

投资补偿争端的补偿方式以下列类型为限：

（一）金钱补偿及适当利息；

（二）返还财产，或以补偿金和相应利息代替财产返还；

（三）争端双方同意的其他合法补偿方式。

四、调解请求权的消灭

自投资者知道或应当知道另一方违反本协议义务之日起，如超过三年未行使调解请求权，则该请求权消灭。但因不可抗力导致的延误，不计入前述三年期间内。

五、调解信息的使用限制

如投资补偿争端依本协议第十三条第一款第四项所规定的程序仍无法解决，除争端双方另有约定外，任何一方均不得在其后就同一争端进行的行政或司法程序中，援引对方当事人和调解员在前述程序中所做出的任何陈述、承认和让步，作为不利于对方当事人的资料或证据。

六、调解规则的通报

两岸投资争端解决机构的调解规则应向本协议第十五条的投资工作小组进行通报。

《海峡两岸海关合作协议》

为促进两岸经贸交流与发展，海峡两岸关系协会与财团法人海峡交流基金会依据《海峡两岸经济合作框架协议》（以下简称 ECFA）第六条有关规定，就两岸海关合作事宜，经平等协商，达成协议如下：

第一章　总　则

第一条　定义

在本协议中，海关程序指双方海关及行政相对人应遵守的相关程序及规定；海关合作指双方为执行海关规定而进行的各项合作；运输工具指用以载运人员、货物、物品进出境的各种船舶、车辆及航空器；请求方海关指请求协助的一方海关；被请求方海关指被请求协助的一方海关。

第二条　范围

本协议适用于执行海关程序及进行海关合作的相关事宜。

第三条　目标

本协议目标为：

一、促进双方海关程序的简化及协调，提高通关效率，便利 ECFA 的执行。

二、便利两岸人员及货物的往来，促进两岸贸易便利与安全。

第二章　海关程序

第四条　便利化

一、双方应确保海关程序及其执行具有可确定性、一致性及透明性，其海关估价、商品归类等规定应与世界贸易组织或世界海关组织有关规定相一致。

二、双方应采取适当措施，以便利货物、物品及运输工具的通关，并逐步应用信息技术，促进无纸化通关的发展。

第五条 风险管理

双方海关应注重识别高风险企业及货物，实施经认证的经营者（以下简称AEO）认证制度，便利货物通关。

第六条 透明度

双方海关应采取包括但不限于以下措施提高透明度：

一、公布与行政相对人权利义务有关的规定。

二、设置必要的咨询点，受理行政相对人相关业务咨询。

三、一方海关规定有重大修正，且可能对本协议的实施产生实质影响时，应及时通知另一方海关。

四、应一方海关请求，另一方海关应就已公布并影响行政相对人规定的变动情况提供信息。

第七条 行政救济

双方海关的规定应赋予行政相对人对海关作出的决定申请行政救济的权利。

第三章 海关合作

第八条 合作内容

双方海关在包括但不限于以下领域内进行合作：

一、相互通报有关海关规定；及时交换与 ECFA 货物贸易有关的海关估价、商品归类及原产地确定所需的证件、文书等相关资料。

二、为正确计征 ECFA 货物贸易进口货物关税，主动或应请求提供及核查海关估价、商品归类及原产地确定有关信息。

三、进行查处走私相关合作与技术交流，主动或应请求提供查处走私及其他违反海关规定行为的情报资料与协助。

四、对通关过程中产生的问题应及时进行沟通协调，采取必要措施予以解决。

五、对各自海关监管中应用的风险管理方法，选取可行项目进行合作。

六、逐步实施 AEO 相互承认并给予通关便利。

七、对各自海关监管中应用无线射频识别技术（RFID）的方法，进行交流与合作。

八、加强在海关特殊监管区域海关管理方面的交流与合作。

九、建立与ECFA货物贸易有关的海关电子信息交换系统。

十、对暂准货物通关事项进行合作。

十一、进行海关贸易统计合作，定期交换贸易统计数据，进行贸易统计制度、方法、统计数据差异分析等技术交流。

十二、进行人员互访、交流、观摩学习及专题研讨。

第四章　请求程序

第九条　请求的方式

请求方海关应以书面方式提出请求，并附所需文件。如情况紧急，请求方海关可提出口头请求，但应尽速以书面方式加以确认。

第十条　请求的内容

一、依据本协议所提出的请求应包括下列内容：

（一）提出请求的海关；

（二）请求的目的及理由；

（三）请求事项的相关情况；

（四）请求采取的措施；

（五）涉及有关规定的说明；

（六）答复时限及联络方式；

（七）其他经双方海关同意应说明的事项。

二、被请求方海关必要时可要求请求方海关对上述请求进行更正或补充。

第十一条　请求的执行

一、被请求方海关应在其权限及能力范围内采取合理的执行措施。

二、被请求方海关可依请求提供经过适当认证的文件资料及其他物件。除被特别要求书面文件外，被请求方海关可传送电子信息并提供必要的说明。

三、若请求事项涉及被请求方海关以外的其他相关部门，被请求方海关应将该项请求转送相关部门，并将处理情况通知请求方海关。

四、被请求方海关可按请求方海关的要求执行有关请求，除非该要求与被请求方海关的规定或做法相抵触。

第五章　其　他

第十二条　联系机制

一、双方同意，由两岸经济合作委员会海关合作工作小组负责处理本协议及海关合作相关事宜，由双方海关各自指定的联络人负责联络，并建立联络热线，以保障协议的顺利实施。必要时，经双方同意，可指定其他单位负责联络特定事项。

二、海关合作工作小组可视需要成立工作分组负责处理本协议有关事宜，并向海关合作工作小组报告。

三、双方海关视需要举行会议，以评估本协议执行情况及研究解决有关问题。

第十三条　保密义务

一、依据本协议所取得的任何信息，应受到在接受方取得同类信息所应受到相同程度的保护。

二、一方海关对所提供信息的保密性有特殊要求并说明理由，另一方海关应给予特殊保护。

三、如未事先获得被请求方海关的书面同意，请求方海关不得将取得的信息转交其他单位及人员，亦不得在司法及行政程序中作为证据使用。

第十四条　费用

一、双方海关就执行请求所产生的一切费用，原则上应放弃获得补偿的要求。如执行请求需要支付巨额或特别性质的费用，双方海关应商定执行该项请求的条件及有关费用负担的办法。

二、双方海关可就执行本协议第八条规定的合作事项所产生费用的补偿问题另行商定。

第十五条　文书格式

基于本协议所进行的业务联系，应使用双方商定的文书格式。

第十六条　修正

本协议修正，应经双方协商同意，并以书面形式确认。

第十七条　生效

本协议签署后，双方应各自完成有关程序并以书面通知另一方。本协议自双方均收到对方通知后次日起生效。

本协议于八月九日签署，一式四份，双方各执两份。四份文本中对应表述的不同用语所含意义相同，四份文本具有同等效力。

《海峡两岸核电安全合作协议》

“安全第一”是核电应用普遍遵守的基本原则，攸关人的健康、安全、财产及环境。为保障两岸人民福祉，提升两岸核电运转安全，加强核电安全资讯透明化，促进两岸核电安全资讯及经验交流，海峡两岸关系协会与财团法人海峡交流基金会就两岸核电安全合作事宜，经平等协商，达成协议如下：

一、合作范围

双方同意本着平等互惠原则，就两岸核电安全及事故紧急通报等事宜，在下列领域进行交流合作：

（一）核电安全法规与标准

核电安全相关之法规、标准、导则、参考文献等资讯交流。

（二）核电安全分析与审查评估经验

核电安全分析与审查评估之方法、流程、报告、参考文献及安全分析审查评估所需使用之相关工具发展等资讯交换及经验交流。

（三）核电安全监督方法与经验

核电安全监督架构作业方式、报告、参考文献等资讯交换及经验交流。

（四）核电厂基本资讯

核电厂机组运转、工作人员辐射剂量、环境辐射监测、安全指标、异常事件及机组兴建进度等相关基本资讯定期交换。

（五）核安事件安全评估与运转经验回馈

就国际核安事件分级（INES）各级之重要核电机组异常事件，定期交换调查报告、改进措施及后续安全监督报告，并进行经验交流。

（六）核电厂老化管理

核电厂老化管理、评估、监督、现场查证等资讯交换及经验交流。

（七）核电安全研究经验

核电安全研究发展，包含燃料安全、热传流力、数位仪控、防火安全、人因工程、风险评估、地震与海啸防护、事故分析与评估及非破坏检测品质验证等资讯交换及经验交流。

（八）核电厂事故紧急通报

任一方发生国际核安事件分级（INES）二级及二级以上或引发大众关注之事件，事故（件）方在通报相关方面的同时，应通报对方，并持续沟通及通报完整即时之相关资讯，如接获对方查询时，应尽速给予回应与协助。双方指定联系及事故通报的单位与人员，平时定期进行通报测试。

核电厂事故通报内容包括事故电厂名称、事故发生时间及可能原因、机组最新状况、放射性物质外释状况、未来可能影响及进行评估的相关资料、已采取的防护措施等。必要时，双方得商定增加通报内容。

事故方应积极协助确认对方人民在事故方受影响地区的安全情况，并提供必要协助。

（九）核电厂环境辐射监测资讯

进行环境辐射监测资讯交换及符合公认标准之环境样品放射性分析比对之交流。

（十）核电厂事故紧急应变及准备之经验

核电厂事故紧急应变经验交流，包含应变计划、平时准备、民众防护行动、复原规划等。

（十一）核电安全资讯公开之经验

核电安全资讯公开，包含资讯透明化、民众参与、科普实务等经验交流。

（十二）双方同意之其他核电安全合作事项。

二、合作方式

双方同意核电安全及紧急应变主管部门以下列方式进行核电安全事宜的交流与

合作：

（一）双方人员每年至少举行一次工作业务交流会议，由双方轮流主办。

（二）推动人员参访、举办研讨会等交流活动。

（三）发生核电厂重要事件或紧急事故时，进行通报、资讯交换、查询与公开。

（四）双方同意的其他增进核电安全之合作方式。

三、联系主体

本协议议定事项，由双方核电安全及紧急应变主管部门指定的联络人相互联系实施。

本协议其他事宜，由海峡两岸关系协会与财团法人海峡交流基金会联系。

四、工作规划

双方同意设置工作组，负责商定具体工作规划、方案。

工作组应于本协议生效后二个月内召开首次会议，商讨双方联系及事故通报窗口、资讯交换与通报的项目、内容、格式、方式、频率及工作业务交流会议、交流活动等相关事宜。

五、限制用途

双方同意仅依请求目的使用对方提供的资料。但双方另有约定者，不在此限。

六、文书格式

双方同意资讯交换、通报、查询及业务联系等，使用商定的文书格式。

七、协议履行及变更

双方应遵守协议。

协议变更，应经双方协商同意，并以书面方式确认。

八、争议解决

因适用本协议所生争议，双方应尽速协商解决。除另有约定外，协商应于请求提出后十个工作日内举行。

九、未尽事宜

本协议如有未尽事宜，双方得以适当方式另行商定。

十、签署生效

本协议签署后，双方应各自完成相关程序并以书面通知对方。本协议自双方均收到对方通知后次日起生效。

本协议于十月二十日签署，一式四份，双方各执两份。

《海协会与海基会关于加强两岸产业合作的共同意见》

海峡两岸关系协会会长陈云林与海峡交流基金会董事长江丙坤20日在天津举行会谈。会谈中，双方讨论了加强两岸产业合作事宜，就合作愿景、目标及先期合作项目达成如下共同意见：

双方同意，合作愿景包括继续完善两岸投资环境，发挥产业互补优势，研究双方产业合作布局，扩大产业合作范围，提高产业合作层次，强化合作创新能力，发展自主品牌，促进两岸产业转型升级，共同培育两岸企业参与国际竞争合作的新优势和竞争力，繁荣两岸经济。

双方表示，将积极推动重大项目合作，协调解决合作中出现的问题，促进中小企业发展，增加两岸人民就业机会。

双方选定，以LED照明、无线城市、冷链物流、TFT－LCD和电动汽车作为先期合作项目，并将继续优先在双方的重点发展产业中选择合作项目。

双方同意，将定期举办两岸产业合作论坛，协助推动产业合作，以达到凝聚共识、加强交流和深化合作的成效。

《海协会与海基会关于推进两岸投保协议协商的共同意见》

海峡两岸关系协会会长陈云林与海峡交流基金会董事长江丙坤10月20日在天津举行会谈。会谈中，双方就继续推进两岸投保协议协商达成如下共同意见：

两岸投保协议协商经一年来双方协商团队多次积极、深入的业务沟通，已取得重要和积极进展。双方就协议内容形成诸多共识并基本达成一致，两会对此表示充分肯定。鉴于协议涉及面广、专业性强，且双方管理体制存在差异，还需要各自内部及相互之间进行必要的沟通协调，两会同意继续并加快最后阶段的商谈，在下一次两会会谈时签署协议。

双方认为，两岸投保协议是《海峡两岸经济合作框架协议》（以下简称框架协议）后续商谈的重要内容，对促进两岸经贸关系制度化发展具有重要意义。双方同意依据框架协议相关规定尽速完成协商，以保护两岸投资者权益、促进相互投资、创造公平的投资环境、增进两岸经济繁荣。

双方同意，协议内容应参考一般投保协议的基本框架、考虑两岸特殊性、回应双方投资者关切，并强化协议的可操作性。文本内容包括定义、适用范围和例外、投资待遇、透明度、逐步减少投资限制、投资便利化、征收、损失补偿、代位、转移、拒绝授予利益、争端解决、联系机制等重要议题：

——妥善定义投资及投资者，明确协议的适用范围。

——投资待遇的规定兼顾投资及投资者待遇，将对投资者人身自由和安全保护作出适当安排，并依据框架协议的规定，就逐步减少双方相互投资的限制、提高投资相关规定的透明度、促进投资便利化等进行规范。

——双方同意征收（包括间接征收）应符合公共利益等基本原则，并按公平市场价值予以补偿；损失补偿、代位、转移及拒绝授予利益等条文，则参考通行惯例妥善处理。

——双方已就争端解决的机制架构进行充分沟通，并将就协议双方的争端解决、投资者与投资所在地一方的争端解决、双方投资者商事合同争议解决进行深入讨论，以期达成有效解决相关争端的机制安排。

——双方将建立联系平台及相关协处机制，以有效执行协议，强化对双方投资者的相关服务。

两会肯定双方团队在协商过程中积极谋求共识的善意及诚意，并表示将继续积极沟通，早日完成协商。

《海峡两岸医药卫生合作协议》

本于维护人的健康价值，保障海峡两岸人民健康权益，促进两岸医药卫生合作与发展，海峡两岸关系协会与财团法人海峡交流基金会就两岸医药卫生合作事宜，经平等协商，达成协议如下：

第一章　总　则

一、合作领域

双方同意本着平等互惠原则，在下列领域进行交流合作：

（一）传染病防治；

（二）医药品安全管理及研发；

（三）中医药研究与交流及中药材安全管理；

（四）紧急救治；

（五）双方同意的其他领域。

二、合作方式

双方同意以下列方式进行医药卫生业务交流与合作：

（一）推动业务主管部门人员定期工作会晤、考察参访、技术交流及举办研讨会等；

（二）交换、通报、查询及公布相关业务资讯、制度规范及实际运作措施；

（三）双方同意的其他合作方式。

三、联系主体

本协议议定事项，由双方相关业务主管部门指定的联络人相互联系实施。必要时，经双方同意得指定其他单位进行联系。

本协议其他相关事宜，由海峡两岸关系协会与财团法人海峡交流基金会联系。

四、工作规划

双方同意分别设置下列工作组，负责商定具体工作规划、方案：

（一）传染病防治工作组；

（二）医药品安全管理及研发工作组；

（三）中医药研究与交流及中药材安全管理工作组；

（四）紧急救治工作组；

（五）检验检疫工作组；

（六）双方商定设置的其他工作组。

各工作组应于本协议生效后三个月内召开会议，商讨资讯交换和通报项目、内容、格式、频率及联系窗口等相关事宜。

必要时，各工作组得商定变更相关事宜，并得另设工作分组。

第二章　传染病防治

五、合作范围

双方同意就可能影响两岸人民健康之传染病的检疫与防疫、资讯交换与通报、重大传染病疫情处置、疫苗研发及其他事项，进行交流与合作。

传染病范围、类别依双方各自规定及商定办理。

六、检疫与防疫措施

双方同意依循公认检疫防疫准则所规范的核心能力，加强合作，采取必要检疫及防疫措施，避免或减少传染病传播至对方。

双方同意对在己方发现对方的疑似或确诊传染病病人，进行适当处置或协助返回原居住地治疗。

七、传染病疫情资讯交换与通报

双方同意平时应以书面方式定期互相交换传染病疫情及卫生检疫等资讯。

双方同意尽速通报可能或已构成重大突发公共卫生事件的传染病疫情，并持续沟通及通报相关资讯。如接获对方查询时，应尽速给予回应与协助。

重大疫情通报的内容，包括病例定义、实验室检验数据、疫情来源、病例数、死亡数及采取的防治措施等。必要时，双方得商定变更通报内容。

如有对方人民在发生重大疫情方受感染的资讯，该方应通报对方。

八、重大疫情处置

发生重大疫情方，应即时采取有效监测及处置措施；必要时，得请求对方积极提供协助。

发生重大疫情方，于对方请求时，应提供疫情调查情况，并积极考量协助对方实地了解疫情。

九、共同关切的传染病防治交流与合作

双方同意就共同关切的传染病防治策略、检疫标准、处置措施及其实务演练、检验技术与实验室标本以及疫苗研发等，进行交流与合作。

第三章　医药品安全管理及研发

十、合作范围

本协议所称医药品，指药品、医疗器材、保健食品（健康食品）及化妆品，不包括中药材。

双方同意就两岸医药品的非临床检测、临床试验、上市前审查、生产管理、上市后管理等制度规范，及技术标准、检验技术与其他相关事项，进行交流与合作。

十一、品质与安全管理

双方同意就下列两岸医药品事项，建立合作机制：

（一）非临床试验管理规范（GLP）、临床试验管理规范（GCP）及生产管理规范（GMP）的检查；

（二）不良反应及不良事件通报、处置与追踪；

（三）伪、劣、禁及违规医药品的稽查，并交换资讯及追溯其来源。

十二、协处机制

双方同意建立两岸重大医药品安全事件协处机制，采取下列措施妥善处理：

（一）紧急磋商，交换相关资讯；

（二）采取控制措施，防止事态蔓延；

（三）提供实地了解便利；

（四）核实发布资讯，并相互通报；

（五）提供事件原因分析，及时通报调查及处理结果；

（六）督促应负责的厂商及其负责人妥善处理纠纷，并就受损害厂商及消费者权益的保障，给予积极协助。

十三、标准规范协调

双方同意在医药品安全管理公认标准（ICH、GHTF 等）的原则下，加强合作，积极推动双方技术标准及规范的协调性，以提升医药品的安全、有效性。

在上述基础上，进行医药品检验、审批（查验登记）及生产管理规范检查合作，探讨逐步采用对方执行的结果。

十四、临床试验合作

双方同意就彼此临床试验的相关制度规范、执行机构及执行团队的管理、受试者权益保障和临床试验计划及试验结果审核机制等，进行交流与合作。

在符合临床试验管理规范（GCP）标准下，以减少重复试验为目标，优先以试点及专案方式，积极推动两岸临床试验及医药品研发合作，并在此基础上，探讨逐步接受双方执行的结果。

第四章　中医药研究与交流及中药材安全管理

十五、合作范围

双方同意就中药材品质安全保障措施、中医药诊疗方法研究、中医药学术研究及其他相关事项，进行交流与合作。

十六、品质安全

双方同意进行下列合作：

（一）中药材品质安全标准及检验方法的交流合作；

（二）相互协助中药材检验证明文件查核及确认。

十七、输出检验措施

双方同意采取措施，保障输往对方的中药材符合品质安全要求：

（一）输入方应及时通知输出方最新制度规范、检验标准、检测方法及限量要求，并由输出方转知相关机构及企业，要求企业对输往对方的中药材，依输入方要求取得检验证明文件，保证品质和安全；

（二）输出方应对申报输出的中药材实施检验，并对输入方多次通报的品质安全不合格项目，根据需要实施密集输出检验。

十八、通报及协处机制

双方同意建立两岸中药材重大的安全事件、不良反应及品质安全问题通报及协处机制，并依第十二条所定措施妥善处理。

十九、中医药研究与交流

双方同意共同商定中医药研究与交流优先合作项目，建立交流平台，积极举办交流活动，促进中医药发展。

第五章　紧急救治

二十、合作范围

双方同意就两岸重大意外事件所致伤病者的紧急救治措施、资讯交换及伤病者转送等事项，进行交流与合作。

二十一、紧急救治措施

双方同意对在己方因重大意外事件所致伤病的对方人民，提供紧急救治，协助安排收治医院，并采取其他适当医疗措施。

二十二、紧急救治资讯交换

双方同意重大意外事件发生方，应尽速提供对方伤病者名册、伤病情形、收治医院和联系方式，以及其他相关资讯。

二十三、紧急伤病者转送协助

双方同意重大意外事件发生方，于对方请求时，应积极协助办理伤病者转送事宜。

第六章　附　则

二十四、保密义务

双方同意对于执行本协议相关活动所获个人资料、营业秘密及其他资讯予以保密。但依请求目的使用者，不在此限。

二十五、限制用途

双方同意仅依请求目的使用对方提供的资料。但双方另有规定者，不在此限。

二十六、文书格式

双方同意资讯交换、通报、查询及业务联系等，使用商定的文书格式。

二十七、协议履行与变更

双方应遵守协议。

本协议变更，应经双方协商同意，并以书面形式确认。

二十八、争议解决

因适用本协议所生争议，双方应尽速协商解决。除另有约定外，协商应于请求提出后十五个工作日内举行。

二十九、未尽事宜

本协议如有未尽事宜，双方得以适当方式另行商定。

三十、签署生效

本协议签署后，双方应各自完成相关程序并以书面通知对方。本协议自双方均收到对方通知后次日起生效。

本协议于十二月二十一日签署，一式四份，双方各执两份。

《海峡两岸知识产权保护合作协议》

为保障海峡两岸人民权益，促进两岸经济、科技与文化发展，海峡两岸关系协会与财团法人海峡交流基金会就两岸知识产权（智慧财产权）保护合作事宜，经平等协商，达成协议如下：

一、合作目标

双方同意本着平等互惠原则，加强专利、商标、著作权及植物新品种权（植物品种权）（以下简称品种权）等两岸知识产权（智慧财产权）保护方面的交流与合作，协商解决相关问题，提升两岸知识产权（智慧财产权）的创新、应用、管理及保护。

二、优先权利

双方同意依各自规定，确认对方专利、商标及品种权第一次申请日的效力，并积极推动作出相应安排，保障两岸人民的优先权权益。

三、保护品种

双方同意在各自公告的植物品种保护名录（植物种类）范围内受理对方品种权的申请，并就扩大植物品种保护名录（可申请品种权之植物种类）进行协商。

四、审查合作

双方同意推动相互利用专利检索与审查结果、品种权审查和测试等合作及协商。

五、业界合作

双方同意促进两岸专利、商标等业界合作，提供有效、便捷服务。

六、认证服务

双方同意为促进两岸著作权贸易，建立著作权认证合作机制，于一方音像（影音）制品于他方出版时，得由一方指定之相关协会或团体办理著作权认证，并就建立图书、软件（电脑程式）等其他作品、制品认证制度交换意见。

七、协处机制

双方同意建立执法协处机制，依各自规定妥善处理下列知识产权（智慧财产权）保护事宜：

（一）打击盗版及仿冒，特别是查处经由网络（网路）提供或帮助提供盗版图书、音像（影音）及软件（电脑程式）等侵权网站，以及在市场流通的盗版及仿冒品；

（二）保护驰名（著名）商标、地理标志或著名产地名称，共同防止恶意抢注行为，并保障权利人行使申请撤销被抢注驰名（著名）商标、地理标志或著名产地名称的权利；

（三）强化水果及其他农产品虚伪产地标识（示）之市场监管及查处措施；

（四）其他知识产权（智慧财产权）保护事宜。

在处理上述权益保护事宜时，双方可相互提供必要的资讯，并通报处理结果。

八、业务交流

双方同意开展知识产权（智慧财产权）业务交流与合作事项如下：

（一）推动业务主管部门人员进行工作会晤、考察参访、经验和技术交流、举办研讨会等，开展相关业务培训；

（二）交换制度规范、数据文献资料（资料库）及其他相关资讯；

（三）推动相关文件电子交换合作；

（四）促进著作权集体管理组织交流与合作；

（五）加强对相关企业、代理人及公众的宣导；

（六）双方同意之其他合作事项。

九、工作规划

双方同意分别设置专利、商标、著作权及品种权等工作组，负责商定具体工作规划及方案。

十、保密义务

双方同意对于在执行本协议相关活动中所获资讯予以保密。但依请求目的使用者，不在此限。

十一、限制用途

双方同意仅依请求目的使用对方提供之资料。但双方另有约定者，不在此限。

十二、文书格式

双方同意交换、通报、查询资讯及日常业务联系等，使用商定的文书格式。

十三、联系主体

本协议议定事项，由双方业务主管部门指定的联络人相互联系实施。必要时，经双方同意得指定其他单位进行联系。

本协议其他相关事宜，由海峡两岸关系协会与财团法人海峡交流基金会联系。

十四、协议履行与变更

双方应遵守协议。

本协议变更，应经双方协商同意，并以书面形式确认。

十五、争议解决

因适用本协议所生争议，双方应尽速协商解决。

十六、未尽事宜

本协议如有未尽事宜，双方得以适当方式另行商定。

十七、签署生效

本协议签署后，双方应各自完成相关程序并以书面通知对方。本协议自双方均收到对方通知后次日起生效。

本协议于六月二十九日签署，一式四份，双方各执两份。

《海峡两岸经济合作框架协议》

序　言

海峡两岸关系协会与财团法人海峡交流基金会遵循平等互惠、循序渐进的原则，达成加强海峡两岸经贸关系的意愿；

双方同意，本着世界贸易组织（WTO）基本原则，考虑双方的经济条件，逐步减少或消除彼此间的贸易和投资障碍，创造公平的贸易与投资环境；通过签署《海峡两岸经济合作框架协议》（以下简称本协议），进一步增进双方的贸易与投资关系，建立有利于两岸经济繁荣与发展的合作机制；

经协商，达成协议如下：

第一章　总　则

第一条　目标

本协议目标为：

一、加强和增进双方之间的经济、贸易和投资合作。

二、促进双方货物和服务贸易进一步自由化，逐步建立公平、透明、便利的投资及其保障机制。

三、扩大经济合作领域，建立合作机制。

第二条　合作措施

双方同意，考虑双方的经济条件，采取包括但不限于以下措施，加强海峡两岸的经济交流与合作：

一、逐步减少或消除双方之间实质多数货物贸易的关税和非关税壁垒。

二、逐步减少或消除双方之间涵盖众多部门的服务贸易限制性措施。

三、提供投资保护，促进双向投资。

四、促进贸易投资便利化和产业交流与合作。

第二章　贸易与投资

第三条　货物贸易

一、双方同意，在本协议第七条规定的“货物贸易早期收获”基础上，不迟于本协议生效后六个月内就货物贸易协议展开磋商，并尽速完成。

二、货物贸易协议磋商内容包括但不限于：

（一）关税减让或消除模式；

（二）原产地规则；

（三）海关程序；

（四）非关税措施，包括但不限于技术性贸易壁垒（TBT）、卫生与植物卫生措施（SPS）；

（五）贸易救济措施，包括世界贸易组织《关于实施1994年关税与贸易总协定第六条的协定》、《补贴与反补贴措施协定》、《保障措施协定》规定的措施及适用于双方之间货物贸易的双方保障措施。

三、依据本条纳入货物贸易协议的产品应分为立即实现零关税产品、分阶段降税产品、例外或其他产品三类。

四、任何一方均可在货物贸易协议规定的关税减让承诺的基础上自主加速实施降税。

第四条　服务贸易

一、双方同意，在第八条规定的“服务贸易早期收获”基础上，不迟于本协议生效后六个月内就服务贸易协议展开磋商，并尽速完成。

二、服务贸易协议的磋商应致力于：

（一）逐步减少或消除双方之间涵盖众多部门的服务贸易限制性措施；

（二）继续扩展服务贸易的广度与深度；

（三）增进双方在服务贸易领域的合作。

三、任何一方均可在服务贸易协议规定的开放承诺的基础上自主加速开放或消除限制性措施。

第五条 投资

一、双方同意，在本协议生效后六个月内，针对本条第二款所述事项展开磋商，并尽速达成协议。

二、该协议包括但不限于以下事项：

（一）建立投资保障机制；

（二）提高投资相关规定的透明度；

（三）逐步减少双方相互投资的限制；

（四）促进投资便利化。

第三章 经济合作

第六条 经济合作

一、为强化并扩大本协议的效益，双方同意，加强包括但不限于以下合作：

（一）知识产权保护与合作；

（二）金融合作；

（三）贸易促进及贸易便利化；

（四）海关合作；

（五）电子商务合作；

（六）研究双方产业合作布局和重点领域，推动双方重大项目合作，协调解决双方产业合作中出现的问题；

（七）推动双方中小企业合作，提升中小企业竞争力；

（八）推动双方经贸社团互设办事机构。

二、双方应尽速针对本条合作事项的具体计划与内容展开协商。

第四章 早期收获

第七条 货物贸易早期收获

一、为加速实现本协议目标，双方同意对附件一所列产品实施早期收获计划，早期收获计划将于本协议生效后六个月内开始实施。

二、货物贸易早期收获计划的实施应遵循以下规定：

（一）双方应按照附件一列明的早期收获产品及降税安排实施降税；但双方各自对其他所有世界贸易组织成员普遍适用的非临时性进口关税税率较低时，则适用该税率；

（二）本协议附件一所列产品适用附件二所列临时原产地规则。依据该规则被认定为原产于一方的上述产品，另一方在进口时应给予优惠关税待遇；

（三）本协议附件一所列产品适用的临时贸易救济措施，是指本协议第三条第二款第五项所规定的措施，其中双方保障措施列入本协议附件三。

三、自双方根据本协议第三条达成的货物贸易协议生效之日起，本协议附件二中列明的临时原产地规则和本条第二款第三项规定的临时贸易救济措施规则应终止适用。

第八条 服务贸易早期收获

一、为加速实现本协议目标，双方同意对附件四所列服务贸易部门实施早期收获计划，早期收获计划应于本协议生效后尽速实施。

二、服务贸易早期收获计划的实施应遵循下列规定：

（一）一方应按照附件四列明的服务贸易早期收获部门及开放措施，对另一方的服务及服务提供者减少或消除实行的限制性措施；

（二）本协议附件四所列服务贸易部门及开放措施适用附件五规定的服务提供者定义；

（三）自双方根据本协议第四条达成的服务贸易协议生效之日起，本协议附件五规定的服务提供者定义应终止适用；

（四）若因实施服务贸易早期收获计划对一方的服务部门造成实质性负面影响，受影响的一方可要求与另一方磋商，寻求解决方案。

第五章 其 他

第九条 例外

本协议的任何规定不得解释为妨碍一方采取或维持与世界贸易组织规则相一致的例外措施。

第十条 争端解决

一、双方应不迟于本协议生效后六个月内就建立适当的争端解决程序展开磋商，并尽速达成协议，以解决任何关于本协议解释、实施和适用的争端。

二、在本条第一款所指的争端解决协议生效前，任何关于本协议解释、实施和适用的争端，应由双方通过协商解决，或由根据本协议第十一条设立的“两岸经济合作委员会”以适当方式加以解决。

第十一条　机构安排

一、双方成立“两岸经济合作委员会”（以下简称委员会）。委员会由双方指定的代表组成，负责处理与本协议相关的事宜，包括但不限于：

（一）完成为落实本协议目标所必需的磋商；

（二）监督并评估本协议的执行；

（三）解释本协议的规定；

（四）通报重要经贸信息；

（五）根据本协议第十条规定，解决任何关于本协议解释、实施和适用的争端。

二、委员会可根据需要设立工作小组，处理特定领域中与本协议相关的事宜，并接受委员会监督。

三、委员会每半年召开一次例会，必要时经双方同意可召开临时会议。

四、与本协议相关的业务事宜由双方业务主管部门指定的联络人负责联络。

第十二条　文书格式

基于本协议所进行的业务联系，应使用双方商定的文书格式。

第十三条　附件及后续协议

本协议的附件及根据本协议签署的后续协议，构成本协议的一部分。

第十四条　修正

本协议修正，应经双方协商同意，并以书面形式确认。

第十五条　生效

本协议签署后，双方应各自完成相关程序并以书面通知另一方。本协议自双方均收到对方通知后次日起生效。

第十六条　终止

一、一方终止本协议应以书面通知另一方。双方应在终止通知发出之日起三十日内开始协商。如协商未能达成一致，则本协议自通知一方发出终止通知之日起第一百八十日终止。

二、本协议终止后三十日内，双方应就因本协议终止而产生的问题展开协商。

本协议于六月二十九日签署，一式四份，双方各执两份。四份文本中对应表述的不同用语所含意义相同，四份文本具有同等效力。

附件一

货物贸易早期收获产品清单及降税安排

大陆方面早期收获产品清单

序号	2009 年税则号列	产品名称（简称）	2009 年进口税率（%）
1	03019999	其他活鱼	10.5
2	03026990	其他鲜、冷鱼	12
3	03037990	其他未列名冻鱼	10
4	03042990	其他冻鱼片	10
5	04100090	其他编号未列名的食用动物产品	20
6	06031300	鲜兰花	10
7	07095930	鲜或冷的金针菇	13
8	08030000	鲜或干的香蕉，包括芭蕉	10
9	08051000	鲜或干橙	11
10	08055000	鲜或干的柠檬及酸橙	11
11	08071910	鲜哈密瓜	12
12	08109080	火龙果	20
13	09021090	每件净重≤3 千克的其他绿茶	15
14	09022090	每件净重 >3 千克的其他绿茶	15
15	09023010	每件净重≤3 千克的乌龙茶	15
16	09023090	每件净重≤3 千克的其他发酵、半发酵红茶	15
17	09024010	每件净重 >3 千克的乌龙茶	15
18	09024090	每件净重 >3 千克的其他红茶（已发酵）及半发酵茶	15
19	25231000	水泥熟料，不论是否着色	8
20	25232100	白水泥，不论是否人工着色	6
21	25232900	其他硅酸盐水泥，不论是否着色	8
22	27101911	航空煤油	9
23	27101919	其他煤油馏分产品	6
24	27101993	润滑油基础油	6
25	27101994	液体石蜡和重质液体石蜡	6

续表

序号	2009 年税则号列	产品名称（简称）	2009 年进口税率（%）
26	28030000	碳（碳黑及其他税号未列名的其他形状的碳）	5.5
27	29012200	丙烯	2
28	29012400	1，3－丁二烯及异戊二烯	2
29	29024100	邻二甲苯	2
30	29024200	间二甲苯	2
31	29024300	对二甲苯	2
32	29024400	混合二甲苯异构体	2
33	29029030	十二烷基苯	2
34	29031300	氯仿（三氯甲烷）	10
35	29032100	氯乙烯	5.5
36	29051220	异丙醇	5.5
37	29051300	正丁醇	5.5
38	29051410	异丁醇	5.5
39	29094100	2，2′－氧联二乙醇（二甘醇）	5.5
40	29094300	乙二醇或二甘醇的单丁醚	5.5
41	29103000	1－氯－2，3－环氧丙烷（表氯醇）	5.5
42	29152110	冰乙酸（冰醋酸）	5.5
43	29153200	乙酸乙烯酯	5.5
44	29161300	甲基丙烯酸及其盐	6.5
45	29161400	甲基丙烯酸酯	6.5
46	29173200	邻苯二甲酸二辛酯	6.5
47	29173300	邻苯二甲酸二壬酯，邻苯二甲酸二癸酯	6.5
48	29173490	其他邻苯二甲酸酯	6.5
49	29241910	二甲基甲酰胺	6.5
50	29291010	2，4 和 2，6 甲苯二异氰酸酯混合物（甲苯二异氰酸酯 TDI）	6.5
51	29321100	四氢呋喃	6
52	29333100	吡啶及其盐	6
53	32041200	酸性染料（不论是否预金属络合）及以其为基本成分的制品（不论是否已有化学定义）；媒染染料及以其为基本成分的制品（不论是否已有化学定义）	6.5
54	32041400	直接染料及以其为基本成分的制品（不论是否已有化学定义）	6.5

续表

序号	2009年税则号列	产品名称（简称）	2009年进口税率（%）
55	32041600	活性染料及以其为基本成分的制品（不论是否已有化学定义）	6.5
56	32041700	颜料及以其为基本成分的制品（不论是否已有化学定义）	6.5
57	32041990	由子目号3204.11至3204.19中两个或多个子目所列着色料组成的混合物，（不论是否已有化学定义）	6.5
58	32042000	用作荧光增白剂的有机合成产品（不论是否已有化学定义）	6.5
59	32061110	钛白粉	6.5
60	32061900	二氧化钛为基料的颜料及制品，干量计二氧化钛<80%	10
61	32064900	其他着色料及其制品；32章注释三所述的制品，但税目32.03，32.04及32.05的货品除外	6.5
62	32081000	分散或溶于非水介质的聚酯油漆及清漆等	10
63	32082010	分散或溶于非水介质的丙烯酸聚合物油漆及清漆	10
64	32089090	分散或溶于非水介质其他油漆、清漆溶液	10
65	32099010	以环氧树脂为基本成分的溶于水介质其他聚合物油漆及清漆	10
66	32099090	溶于水介质其他聚合物油漆及清漆	10
67	32100000	其他油漆及清漆（包括瓷漆、大漆及水浆涂料）；皮革用水性颜料	10
68	32151900	其他印刷油墨（不论是否固体或浓缩），黑色印刷油墨除外	6.5
69	34021300	非离子型有机表面活性剂	6.5
70	35061000	适于作胶或粘合剂的产品，零售包装每件净重≤1千克	10
71	35069110	以聚酰胺为基本成分的粘合剂	10
72	35069120	以环氧树脂为基本成分的粘合剂	10
73	35069190	以其他橡胶或塑料为基本成分的粘合剂	10
74	35069900	其他调制胶、粘合剂	10
75	38170000	混合烷基苯及混合烷基萘，但税目27.07及29.02的产品除外	6.5
76	39023010	初级形状的乙烯丙烯共聚物（乙丙橡胶丙烯单体单元的含量大于乙烯单体单元）	6.5
77	39029000	其他初级形状的烯烃聚合物	6.5
78	39032000	初级形状苯乙烯－丙烯腈共聚物	12
79	39039000	初级形状的其他苯乙烯聚合物	6.5
80	39052100	乙酸乙烯酯共聚物的水分散体	10
81	39053000	初级形状的聚乙烯醇（不论是否含有未水解的乙酸酯基）	14
82	39061000	初级形状的聚甲基丙烯酸甲酯	6.5

续表

序号	2009 年税则号列	产品名称（简称）	2009 年进口税率（%）
83	39069010	聚丙烯酰胺	6.5
84	39069090	其他初级形状的丙烯酸聚合物	6.5
85	39071010	初级形状的聚甲醛	6.5
86	39072010	聚四亚甲基醚二醇	6.5
87	39073000	初级形状的环氧树脂	6.5
88	39074000	初级形状的聚碳酸酯	6.5
89	39075000	初级形状的醇酸树脂	10
90	39079100	初级形状的不饱和聚酯	6.5
91	39079990	初级形状的其他聚酯	6.5
92	39091000	初级形状的尿素树脂及硫尿树脂	6.5
93	39092000	初级形状的蜜胺树脂	6.5
94	39093090	其他初级形状的其他氨基树脂	6.5
95	39094000	初级形状的酚醛树脂	6.5
96	39095000	初级形状的聚亚氨酯	6.5
97	39100000	初级形状的聚硅氧烷	6.5
98	39111000	初级形状的石油树脂、苯并呋喃－茚树脂、多萜树脂	6.5
99	39191099	其他材料制的，宽度≤20 厘米的其他成卷塑料胶粘板片等	6.5
100	39199090	其他自粘塑料板、片、膜等材料	6.5
101	39201090	其他乙烯聚合物制板、片、带	6.5
102	39202090	其他丙烯聚合物制板、片、带	6.5
103	39203000	非泡沫聚苯乙烯板、片、膜、箔及扁条	6.5
104	39204300	按重量计增塑剂含量不小于6% 的聚氯乙烯板、片、膜、箔及扁条	6.5
105	39204900	按重量计增塑剂含量小于6% 的聚氯乙烯板、片、膜、箔及扁条	6.5
106	39205100	聚甲基丙烯酸甲酯板片膜箔及扁条	6.5
107	39206100	聚碳酸酯制板、片、膜、箔及扁条	6.5
108	39206200	聚对苯二甲酸乙二酯板片膜箔扁条	6.5
109	39206900	其他聚酯板、片、膜、箔及扁条	10
110	39209990	其他塑料制的非泡沫塑料板片	6.5
111	39211210	泡沫聚氯乙烯人造革及合成革	9
112	39211310	泡沫聚氨酯制人造革及合成革	9
113	39211990	其他泡沫塑料板、片、膜、箔及扁条	6.5

续表

序号	2009年税则号列	产品名称（简称）	2009年进口税率（%）
114	39219090	未列名塑料板、片、膜、箔及扁条	6.5
115	39231000	塑料制盒、箱及类似品	10
116	39235000	塑料制塞子、盖子及类似品	10
117	39239000	供运输或包装货物用其他塑料制品	10
118	39269010	塑料制机器及仪器用零件	10
119	39269090	其他塑料制品	10
120	40029911	其他初级形状的合成橡胶	7.5
121	40111000	机动小客车用新的充气橡胶轮胎	10
122	40112000	客或货运车用新的充气橡胶轮胎	10
123	40114000	摩托车用新的充气橡胶轮胎	15
124	40115000	自行车用新的充气橡胶轮胎	20
125	40116100	农业或林业车辆及机器用人字形胎面或类似胎面的新充气橡胶轮胎	17.5
126	40116900	其他人字形胎面或类似胎面的新充气橡胶轮胎	17.5
127	40119200	农业或林业车辆及机器用非人字形胎面或类似胎面的新充气橡胶轮胎	25
128	42021210	以塑料或纺织材料作面的衣箱	20
129	42021290	塑料或纺织材料作面的其他箱包	20
130	42021900	其他材料制箱包	20
131	42022200	以塑料片或纺织材料作面的手提包	10
132	52051100	非零售粗梳粗支纯棉单纱	5
133	52051200	非零售粗梳中支纯棉单纱	5
134	52061200	非零售粗梳中支混纺棉单纱	5
135	52062200	非零售精梳中支混纺棉单纱	5
136	52062400	非零售精梳较细支混纺棉单纱	5
137	52083100	染色的轻质全棉平纹布	10
138	52083200	染色的较轻质全棉平纹布	10
139	52083900	染色的轻质其他全棉机织物	10
140	52084200	色织的较轻质全棉平纹布	10
141	52085990	印花的轻质其他全棉机织物	10
142	52093100	染色的重质全棉平纹布	10
143	52093200	染色的重质全棉三、四线斜纹布	10
144	52093900	染色的重质其他全棉机织物	10

续表

序号	2009年税则号列	产品名称（简称）	2009年进口税率（%）
145	52094100	色织的重质全棉平纹布	10
146	52094200	色织的重质全棉粗斜纹布（劳动布）	10
147	52103100	与化纤混纺染色的轻质平纹棉布	10
148	52103900	与化纤混纺染色的轻质其他棉布	10
149	52104100	与化纤混纺色织的轻质平纹棉布	10
150	52104990	与化纤混纺色织的轻质其他棉布	10
151	52113900	与化纤混纺染色的重质其他棉布	10
152	54011010	非供零售用合成纤维长丝缝纫线	5
153	54022000	非零售聚酯长丝高强力纱	5
154	54023310	非零售聚酯弹力丝	5
155	54026200	非零售聚酯多股纱线	5
156	54071010	尼龙或其他聚酰胺高强力纱制机织物	10
157	54071020	聚酯高强力纱制机织物	10
158	54074100	未漂白或漂白的纯尼龙布	10
159	54074200	染色的纯尼龙布	10
160	54074300	色织的纯尼龙布	10
161	54075100	未漂白或漂白纯聚酯变形长丝布	10
162	54075200	染色的纯聚酯变形长丝布	10
163	54075300	色织的纯聚酯变形长丝布	10
164	54075400	印花的纯聚酯变形长丝布	10
165	54076100	其他纯聚酯非变形长丝布	10
166	54076900	其他纯聚酯长丝布	10
167	54077100	未漂白或漂白其他纯合成纤维长丝布	10
168	54077200	染色的其他纯合成纤维长丝布	10
169	54078200	染色的与棉混纺合成纤维长丝布	10
170	54078300	色织的与棉混纺合成纤维长丝布	10
171	54079200	染色的其他混纺合成纤维长丝布	10
172	54079300	色织的其他混纺合成纤维长丝布	10
173	54082220	纯醋酸长丝制染色机织物	10
174	54082290	纯其他人造长丝制染色机织物	10
175	54082390	纯其他人造长丝制色织机织物	10

续表

序号	2009年税则号列	产品名称（简称）	2009年进口税率（%）
176	54083200	染色的人纤长丝混纺布	10
177	55039000	未梳的其他合成纤维短纤	5
178	55049000	未梳的其他人造纤维短纤	5
179	55093200	非零售纯聚丙烯腈短纤多股纱线	5
180	55095300	非零售与棉混纺聚酯短纤纱线	5
181	55099200	非零售与棉混纺其他合成纤维短纤纱线	5
182	55101100	非零售纯人造纤维短纤单纱	5
183	55101200	非零售纯人造纤维短纤多股纱线	5
184	55103000	非零售与棉混纺人造纤维短纤纱线	5
185	55121100	未漂或漂白的纯聚酯布	16.9
186	55121900	其他纯聚酯布	10
187	55129900	其他纯合成纤维布	10
188	55132100	与棉混纺染色的轻质聚酯平纹布	10
189	55151100	与粘胶纤维短纤混纺的聚酯布	10
190	55151200	与化纤长丝混纺的聚酯布	10
191	55161200	染色的纯人造纤维短纤布	10
192	55162200	与化纤长丝混纺的染色人造纤维布	10
193	56012290	化学纤维制的絮胎及其他絮胎制品	12
194	56031110	每平米≤25克经浸渍化纤长丝无纺织物	10
195	56031290	25克<每平米≤70克其他化纤长丝无纺织物	10
196	56031310	70克<每平米≤150克浸渍化纤长丝无纺织物	10
197	56031390	70克<每平米≤150克其他化纤长丝无纺织物	10
198	56031410	每平米>150克经浸渍化纤长丝无纺织物	10
199	56031490	每平米>150克的其他化纤长丝无纺织物	10
200	56039290	25克<每平米≤70克其他无纺织物	10
201	56039390	70克<每平米≤150克的其他无纺织物	10
202	56039410	每平米>150克经浸渍其他无纺织物	10
203	56039490	每平米>150克的其他无纺织物	10
204	56075000	其他合纤制线、绳、索、缆	5
205	56081900	化纤材料制成的其他网	12
206	58012200	割绒的棉制灯芯绒	10

续表

序号	2009 年税则号列	产品名称（简称）	2009 年进口税率（%）
207	58013300	其他化纤纬起绒织物	10
208	58041030	化纤制网眼薄纱及其他网眼织物	12
209	58041090	其他纺织材料网眼薄纱及其他网眼织物	10
210	58042100	化纤机制花边	10
211	58061090	其他材料狭幅起绒织物及绳绒织物	10
212	58062000	含弹性纱线≥5% 的狭幅织物	10
213	58063200	化纤制其他狭幅机织物	10
214	58071000	机织非绣制纺织材料标签、徽章等	10
215	58109200	化学纤维制见底布刺绣品	10
216	59031020	用聚氯乙烯浸、涂的人造革	10
217	59031090	用聚氯乙烯浸、涂的其他纺织物	10
218	59032020	用聚氨基甲酸酯浸、涂的人造革	10
219	59032090	用聚氨基甲酸酯浸、涂的其他纺织物	10
220	59039020	用其他塑料浸、涂的人造革	10
221	59039090	用其他塑料浸、涂的其他纺织物	10
222	59069100	用橡胶处理的针织或钩编的纺织物	10
223	59069990	用橡胶处理的其他纺织物	10
224	59100000	纺织材料制的传动带或输送带及带料	8
225	60019200	化纤制针织或钩编起绒织物	10
226	60041030	宽 > 30 厘米，弹性纱线≥5% 合成纤维制针织、钩编织物	10
227	60041090	宽 > 30 厘米，弹性纱线≥5% 其他纺织材料针织、钩编织物	10
228	60049030	宽 > 30 厘米含橡胶线的合成纤维制针织、钩编织物	10
229	60049090	宽 > 30 厘米含橡胶线的其他纺织材料针织、钩编织物	10
230	60053100	未漂白或漂白合成纤维制的其他经编织物	10
231	60053200	染色合成纤维制的其他经编织物	10
232	60062400	印花棉制的其他针织、钩编织物	10
233	60063100	未漂白或漂白合成纤维制的其他针织、钩编织物	10
234	60063200	染色合成纤维制的其他针织、钩编织物	10
235	60063300	色织合成纤维制的其他针织、钩编织物	10
236	60063400	印花合成纤维制的其他针织、钩编织物	10
237	60064200	染色人造纤维制的其他针织、钩编织物	10

续表

序号	2009年 税则号列	产品名称（简称）	2009年进口 税率（%）
238	61051000	棉制针织或钩编男衬衫	16
239	61069000	其他纺织材料制针织或钩编女衬衫	16
240	61101100	羊毛制针织或钩编套头衫等	14
241	61102000	棉制针织或钩编套头衫等	14
242	61103000	化纤制针织或钩编套头衫等	16
243	61124100	合纤制针织或钩编女式游泳服	17.5
244	61152200	单丝≥67分特合纤制连裤袜等	16
245	61152990	其他纺织材料制针织连裤袜及紧身裤袜	14
246	61159900	其他纺织材料制针织或钩编短袜及其他袜类	14
247	61178010	针织或钩编领带及领结	14
248	61178090	针织或钩编其他衣着附件	14
249	61179000	其他针织或钩编衣着零件	14
250	62089200	化纤制女式背心、内衣及类似品	16
251	62121010	化纤制胸罩	16
252	62121090	其他纺织材料制胸罩	14
253	62122010	化纤制束腰带及腹带	16
254	62122090	其他纺织材料制束腰带及腹带	14
255	62129010	化纤制吊裤带、吊袜带等	16
256	62129090	其他纺织材料制吊裤带、吊袜带等	14
257	62171010	非针织非钩编袜子及袜套	14
258	62171020	非针织非钩编和服腰带	14
259	62171090	非针织非钩编服装或衣着附件	14
260	62179000	非针织非钩编服装或衣着零件	14
261	63019000	其他纺织材料制毯子及旅行毯	16
262	63026010	棉制浴巾	14
263	63026090	棉制盥洗及厨房用毛巾织物	14
264	63071000	擦地布、擦碗布等	14
265	64061000	鞋面及其零件，硬衬除外	15
266	64062010	橡胶制的外底及鞋跟	15
267	64069900	其他材料制鞋靴、护腿等零件	15
268	70031900	铸、轧制的其他非夹丝玻璃板、片	17.5

续表

序号	2009 年税则号列	产品名称（简称）	2009 年进口税率（%）
269	70060000	经其他加工税号 70.03—70.05 的玻璃	15
270	70091000	车辆后视镜	10
271	70191100	长度≤50 毫米的短切玻璃纤维	12
272	70191900	玻璃纤维、梳条、纱线	10
273	70193900	玻璃纤维制的网及类似无纺产品	10.5
274	72082790	其他厚度<3 毫米的其他经酸洗的热轧卷材	5
275	72083890	其他 3 毫米≤厚度<4.75 毫米的其他卷材	5
276	72083990	其他厚度<3 毫米的其他热轧卷材	3
277	72091690	其他 1 毫米<厚度<3 毫米的冷轧卷材	6
278	72091790	其他 0.5 毫米≤厚度≤1 毫米的冷轧卷材	3
279	72091890	其他厚度<0.5 毫米的冷轧卷材	6
280	72103000	电镀锌的铁或非合金钢宽板材	8
281	72104900	镀锌的其他形铁或非合金钢宽板材	4
282	72171000	未镀或涂层的铁或非合金钢丝	8
283	72191200	4.75 毫米≤厚度≤10 毫米热轧不锈钢卷板	4
284	72191319	厚度在 3 毫米及以上，但小于 4.75 毫米的未经酸洗的其他不锈钢卷板	4
285	72191329	厚度在 3 毫米及以上，但小于 4.75 毫米的经酸洗的其他不锈钢卷板	4
286	72192300	3 毫米≤厚度<4.75 毫米热轧不锈钢平板	10
287	72192410	1 毫米<厚度<3 毫米热轧不锈钢平板	10
288	72193100	厚度≥4.75 毫米冷轧不锈钢板	10
289	72193200	3 毫米≤厚度<4.75 毫米冷轧不锈钢板材	10
290	72193300	1 毫米<厚度<3 毫米冷轧不锈钢板材	10
291	72193400	0.5 毫米≤厚度≤1 毫米冷轧不锈钢板材	10
292	72193500	厚度<0.5 毫米冷轧不锈钢板材	10
293	72199000	其他不锈钢冷轧板材	10
294	72209000	其他不锈钢带材	10
295	72251900	其他硅电钢宽板	6
296	74071000	精炼铜条、杆及型材及异型材	4
297	74072100	黄铜条、杆及型材及异型材	7
298	74072900	其他铜合金条杆、型材及异型材	7
299	74081100	最大截面尺寸>6 毫米的精炼铜丝	4

续表

序号	2009年税则号列	产品名称（简称）	2009年进口税率（%）
300	74081900	截面尺寸≤6毫米的精炼铜丝	4
301	74082100	黄铜丝	7
302	74091900	其他精炼铜板、片、带	4
303	74092100	成卷的黄铜板、片、带	7
304	74092900	其他黄铜板、片、带	7
305	74093100	成卷的青铜板、片、带	7
306	74093900	其他青铜板、片、带	7
307	74094000	白铜或德银制板、片、带	7
308	74099000	其他铜合金板、片、带	7
309	74101100	无衬背的精炼铜箔	4
310	74101210	无衬背的白铜或德银铜箔	7
311	74101290	无衬背的其他铜合金箔	7
312	74102110	印刷电路用覆铜板	4
313	74102190	有衬背的其他精炼铜箔	4
314	76061190	纯铝制矩形的其他板、片及带	6
315	76061220	厚度<0.28毫米的铝合金制矩形铝板片带	6
316	76061230	0.28毫米≤厚度≤0.35毫米的铝合金制矩形铝板片带	6
317	76069100	纯铝制非矩形的板、片及带	6
318	76069200	铝合金制非矩形的板、片及带	10
319	76071190	轧制后未进一步加工的无衬背铝箔	6
320	76071900	其他无衬背铝箔	6
321	76072000	有衬背铝箔	6
322	81130000	金属陶瓷及其制品，包括废碎料	8.4
323	82032000	钳子、镊子及类似工具	10.5
324	82041200	可调式的手动扳手及扳钳	10
325	82052000	手工锤子	10
326	82054000	手工螺丝刀	10.5
327	82055900	其他手工工具	10
328	82072010	带超硬部件的金属拉拔或挤压用模	8
329	82072090	其他金属拉拔或挤压用模	8
330	82073000	锻压或冲压工具	8

续表

序号	2009 年税则号列	产品名称（简称）	2009 年进口税率（%）
331	82074000	攻丝工具	8
332	82075010	带超硬材料部件的钻孔工具	8
333	82075090	带其他材料工作部件的钻孔工具	8
334	82076010	带超硬材料部件的镗孔或铰孔工具	8
335	82077000	铣削工具	8
336	82078000	车削工具	8
337	82079010	带超硬材料部件的其他可互换工具	8
338	82079090	其他可互换工具	8
339	82082000	木工机械用刀及刀片	8
340	82084000	农、林业机器用刀及刀片	8
341	82089000	其他机器或机械器具用刀及刀片	8
342	84122100	直线作用的液压动力装置（液压缸）	12
343	84123100	直线作用的气压动力装置（气压缸）	14
344	84138100	其他液体泵	8
345	84139100	液体泵用零件	5
346	84141000	真空泵	8
347	84143013	功率 0.4－5 千瓦的空气调节器用压缩机	10
348	84143014	功率 >5 千瓦的空气调节器用压缩机	10
349	84145120	功率≤125 瓦的换气扇	20
350	84145199	功率≤125 瓦其他风扇、风机	10
351	84145990	其他扇，风机	8
352	84148090	其他气体压缩机及通风罩或循环气罩	7
353	84149019	其他用于制冷设备的压缩机零件	8
354	84149020	风机、风扇、通风罩及循环气罩零件	12
355	84149090	税号 84.14 其他所列机器零件	7
356	84159090	制冷量 >4 千大卡/时等空调的零件	10
357	84178090	其他非电热的工业用炉及烘箱	10
358	84191900	其他非电热的快速或贮备式热水器	35
359	84193200	木材、纸浆、纸或纸板用干燥器	9
360	84193990	其他用途的干燥器	9
361	84195000	热交换装置	10

续表

序号	2009 年税则号列	产品名称（简称）	2009 年进口税率（%）
362	84199090	税号 84.19 的其他机器设备用零件	4
363	84201000	研光机或其他滚压机器	8.4
364	84212190	其他过滤或净化水的装置	5
365	84212990	其他液体的过滤、净化机器及装置	5
366	84213910	家用型气体过滤、净化机器及装置	15
367	84213921	工业用静电除尘器	5
368	84213923	工业用旋风式除尘器	5
369	84213929	工业用其他除尘器	5
370	84213990	其他气体的过滤、净化机器及装置	5
371	84219990	其他过滤、净化装置用零件	5
372	84243000	喷汽机、喷砂机及类似喷射机	8.4
373	84281090	其他升降机及倒卸式起重机	6
374	84283300	其他带式连续运货升降、输送机	5
375	84283910	链式连续运送货物的升降机及输送机	5
376	84283920	辊式连续运送货物的升降机及输送机	5
377	84283990	其他未列名连续运货升降、输送机	5
378	84289090	其他升降、搬运、装卸机械	5
379	84388000	84 章其他未列名食品等加工机器	8.5
380	84392000	纸或纸板的抄造机器	8.4
381	84393000	纸或纸板的整理机器	8.4
382	84411000	切纸机	12
383	84418090	其他制造纸浆制品、纸制品的机器	12
384	84431922	平网印刷机	10
385	84431929	其他网式印刷机	10
386	84431980	其他印刷机	8
387	84440010	合成纤维长丝纺丝机	10
388	84463040	所织织物宽度 >30 厘米的喷水织机	8
389	84471100	圆筒直径≤165 毫米的圆形针织机	8
390	84471200	圆筒直径 >165 毫米的圆形针织机	8
391	84472020	平型纬编机	8
392	84485900	税号 84.47 机器用的其他零附件	6

续表

序号	2009 年税则号列	产品名称（简称）	2009 年进口税率（%）
393	84514000	洗涤、漂白或染色机器	8.4
394	84515000	纺织物卷绕、退绕、折叠、剪切或剪齿边机器	8
395	84518000	税号 84.51 所列其他未列名的机器	12
396	84522190	其他自动缝纫机	12
397	84529099	其他缝纫机用其他零件	14
398	84581100	切削金属的数控卧式车床	9.7
399	84589100	切削金属的其他数控车床	5
400	84592100	切削金属的数控钻床	9.7
401	84601100	数控平面磨床	9.7
402	84604020	研磨机床	13
403	84609010	砂轮机	15
404	84609020	抛光机床	15
405	84612020	插床	15
406	84613000	拉床	12
407	84615000	锯床或切断机	12
408	84619011	龙门刨床	15
409	84619019	其他刨床	15
410	84621010	数控锻造或冲压机床及锻锤	9.7
411	84621090	非数控锻造或冲压机床及锻锤	12
412	84624900	非数控冲孔、开槽机、冲剪两用机	10
413	84629910	其他机械压力机	10
414	84631019	其他冷拔管机	10
415	84662000	工件夹具	7
416	84669400	税号 84.62—84.63 机器用其他零附件	6
417	84772010	塑料造粒机	5
418	84772090	其他加工橡胶或塑料的挤出机	5
419	84774010	塑料中空成型机	5
420	84774020	塑料压延成型机	5
421	84774090	其他真空模塑及热成型机器	5
422	84775900	其他橡胶或塑料的模塑机、成型机	5
423	84778000	其他橡胶或塑料加工机器	5

续表

序号	2009年 税则号列	产品名称（简称）	2009年进口 税率（%）
424	84798110	绕线机	9.5
425	84798190	其他处理金属的机械	9.5
426	84798200	其他混合、研磨、筛选、均化等机器	7
427	84804100	金属、硬质合金用注模或压模	8
428	84807900	塑料或橡胶用其他型模	5
429	84812010	油压传动阀	5
430	84813000	止回阀	5
431	84814000	安全阀或溢流阀	5
432	84818010	其他阀门	7
433	84819010	阀门用零件	8
434	84819090	龙头、旋塞及类似装置的零件	8
435	84824000	滚针轴承	8
436	84829900	滚动轴承的其他零件	6
437	84834010	滚子螺杆传动装置	8
438	84834090	其他齿轮及齿轮传动装置	8
439	84839000	单独报验的带齿的轮及其他传动元件；零件	8
440	84841000	金属片密封垫或类似接合衬垫	8
441	84879000	本章其他税号未列名机器零件	8
442	85011010	输出功率≤37.5瓦玩具电动机	24.5
443	85011099	其他输出功率≤37.5瓦微电机	9
444	85013100	输出功率≤750瓦直流电动机、发电机	12
445	85030010	玩具用电动机微电机零件	12
446	85030090	其他电动机、发电机（组）零件	8
447	85043110	额定容量≤1千伏安的互感器	5
448	85043190	额定容量≤1千伏安的其他变压器	5
449	85049019	其他变压器零件	8
450	85049020	稳压电源及不间断供电电源零件	8
451	85049090	其他静止式变流器及电感器零件	8
452	85051110	稀土永磁体	7
453	85051190	其他金属的永磁体	7
454	85078020	锂离子电池	12

续表

序号	2009 年税则号列	产品名称（简称）	2009 年进口税率（%）
455	85081100	功率不超过 1500 瓦，且带有容积不超过 20L 的电动真空吸尘器	10
456	85094090	食品研磨机及搅拌器或果、菜榨汁器	10
457	85122010	机动车辆用照明装置	10
458	85129000	税号 85.12 所列装置的零件	8
459	85158000	其他焊接机器及装置	8
460	85162100	电气储存式散热器	35
461	85164000	电熨斗	35
462	85166030	电饭锅	15
463	85166050	电烤箱	15
464	85167210	家用自动面包机	32
465	85181000	传声器（麦克风）及其座架	10
466	85184000	音频扩大器	12
467	85189000	税号 85.18 所列货品的零件	10.5
468	85258013	非特种用途的其他电视摄像机	35
469	85299042	非特种用途的取像模块	12
470	85299049	其他电视摄像机、静像视频摄像机及其他视频摄录一体机、数字相机零件	12
471	85361000	熔断器（电压≤1000 伏）	10
472	85371011	可编程序控制器	5
473	85371019	其他数控装置	5
474	85389000	税号 85.35、85.36 或 85.37 装置的零件	7
475	85393990	其他用途的其他放电灯管	8
476	85399000	税号 85.39 所列货品的零件	8
477	85408900	其他电子管	8
478	85432010	输出信号频率 < 1500 兆赫的通用信号发生器	15
479	85432090	输出信号频率≥1500 兆赫的通用信号发生器	8
480	85441100	铜制绕组电线	10
481	85442000	同轴电缆及其他同轴电导体	10
482	85444929	80 伏 < 耐压≤1000 伏无接头电导体	12
483	87081000	缓冲器（保险杠）及其零件	10
484	87082930	车窗玻璃升降器	10

续表

序号	2009 年税则号列	产品名称（简称）	2009 年进口税率（%）
485	87082941	汽车电动天窗	10
486	87082942	汽车手动天窗	10
487	87082951	侧围	10
488	87082952	车门	10
489	87082953	发动机罩盖	10
490	87082954	前围	10
491	87082955	行李箱盖（或背门）	10
492	87082956	后围	10
493	87082957	翼子板（或叶子板）	10
494	87082959	车身的其他覆盖件	10
495	87082990	车身的未列名零部件	10
496	87084010	牵引车、拖拉机用变速箱及零件	6
497	87084020	大型客车用变速箱及零件	10
498	87084030	非公路自卸车用变速箱及零件	6
499	87084040	柴、汽油轻型货车用变速箱及零件	10
500	87084050	其他柴油型重型货车用变速箱及零件	10
501	87084060	特种车用变速箱及零件	10
502	87084099	未列名机动车辆用变速箱及零件	10
503	87087010	牵引车及拖拉机用车轮及其零附件	6
504	87087020	大型客车用车轮及其零附件	10
505	87087030	非公路货运自卸车用车轮及其零件	6
506	87087040	中小型货车用车轮及其零件	10
507	87087050	大型货车用车轮及其零件	10
508	87087060	特种车用车轮及其零件	10
509	87087090	其他车辆用车轮及其零附件	10
510	87089991	其他税号所列车辆用车架	10
511	87089992	汽车传动轴	10
512	87089999	机动车辆用未列名零附件	10

续表

序号	2009 年税则号列	产品名称（简称）	2009 年进口税率（%）
513	87120020	竞赛型自行车	13
514	87120030	山地自行车	13
515	87120041	16、18、20 英寸自行车	13
516	87120049	其他越野自行车	13
517	87120081	≤16 英寸的未列名自行车	13
518	87120089	其他未列名自行车	13
519	87120090	其他非机动脚踏车	23
520	87149100	非机动脚踏车车架、轮叉及其零件	12
521	87149200	非机动脚踏车轮圈及辐条	12
522	87149310	非机动脚踏车的轮毂	12
523	87149320	飞轮	12
524	87149390	其他非机动脚踏车的飞轮	12
525	87149400	非机动脚踏车的制动器及其零件	12
526	87149500	非机动脚踏车的鞍座	12
527	87149610	非机动脚踏车脚蹬及其零件	12
528	87149620	非机动脚踏车曲柄、链轮及其零件	12
529	87149900	非机动脚踏车的其他零附件	12
530	90021190	其他照相机、投影仪等用物镜	15
531	90021990	税号 90.02 未列名的其他物镜	15
532	90029010	照相机用未列名光学元件	15
533	90029090	其他光学仪器用未列名光学元件	15
534	90213100	人造关节	4
535	90318090	未列名测量、检验仪器器具及机器	5
536	95063900	其他高尔夫球用具	14
537	95069110	健身及康复器械	12
538	96062100	塑料制纽扣，未用纺织材料包裹	21
539	96062200	金属制纽扣，未用纺织材料包裹	15

注：表中产品名称为简称，具体产品范围按大陆 2009 年税则相应税则号列的规定执行。

大陆方面早期收获产品降税安排

	2009年进口税率（X%）	协议税率		
		早期收获计划实施第1年	早期收获计划实施第2年	早期收获计划实施第3年
1	0<X≤5	0		
2	5<X≤15	5	0	
3	X>15	10	5	0

注：1. 2009年进口税率指大陆2009年对其他所有世界贸易组织成员普遍适用的非临时性进口关税税率。

2.《海峡两岸经济合作框架协议》如在上半年生效，早期收获计划的实施时间为当年的7月1日；如在下半年生效，早期收获计划的实施时间为次年的1月1日。

3. 早期收获计划产品的协议税率在该计划实施后不超过2年的时间内最多分3次降为零，第1年开始降税时间为早期收获计划实施时，第2年、第3年的降税时间为当年的1月1日。

台湾方面早期收获产品清单

序号	2009年税则号列	产品名称	2009年进口税率（%）
1	27079100	杂酚油	1.0
2	27101941	燃料油，温度15℃，比重超过0.93	5.0
3	27111990	其他液化碳化氢（烃）	5.0
4	27131200	石油焦，已煅烧	1.0
5	28030010	碳烟	2.5
6	28121010	三氯化磷	5.0
7	28151200	氢氧化钠水溶液（鹹水或液碱）	2.5
8	28161010	氢氧化镁	5.0
9	28230090	其他氧化钛	2.0
10	28258000	氧化锑	2.5
11	28273990	其他金属氯化物（氯化钠归列第2501节）	3.4
12	28332400	镍之硫酸盐	2.7
13	28352500	磷酸氢钙（磷酸二钙）	5.0
14	28362010	晶碱	5.5
15	28362090	碳酸钠（纯碱）	3.5
16	28419090	其他氧金属或过氧金属酸盐	5.0
17	29033990	其他非环烃之氟化、溴化或碘化衍生物	5.0
18	29034900	其他含二种或以上不同卤素原子之非环烃卤化衍生物	5.5
19	29055990	其他非环醇之卤化、磺化、硝化或亚硝化衍生物	2.5

续表

序号	2009 年税则号列	产品名称	2009 年进口税率（%）
20	29094999	其他醚醇及其卤化、磺化、硝化或亚硝化衍生物	5.0
21	29103000	1-氯-2，3-环氧丙烷	1.0
22	29124990	未列名醛醚、醛酚及具有其他氧官能基之醛	2.5
23	29145000	酮酚及具有其他氧官能基之酮	2.5
24	29151100	蚁酸（甲酸）	2.5
25	29152100	醋酸（乙酸）	1.0
26	29153100	醋酸乙酯	2.5
27	29153900	其他醋酸之酯类	2.5
28	29159090	其他饱和非环一元羧酸及酸酐、卤化物、过氧化物及过氧酸；其卤化、磺化、硝化或亚硝化衍生物	4.0
29	29161200	丙烯酸之酯类	2.5
30	29161410	甲基丙烯酸甲酯	2.5
31	29163990	其他芳香族一元羧酸、其酐、卤化物、过氧化物、过氧酸及其衍生物	5.0
32	29181400	柠檬酸	3.5
33	29182900	其他具有酚官能基但无其他氧官能基之羧酸，其酐、卤化物、过氧化物、过氧酸及其衍生物	5.0
34	29209049	其他亚磷酸酯及其盐类，及其卤化、磺化、硝化或亚硝化衍生物	5.0
35	29211900	其他非环一元胺及其衍生物；其盐类	1.0
36	29214200	苯胺衍生物及其盐类	2.5
37	29215990	其他芳香族多元胺及其衍生物；其盐类	5.0
38	29222100	氨基羟基萘磺酸及其盐类	5.0
39	29224990	其他氨基酸（含氧官能基超过一种以上者除外）及其酯类；其盐类	5.0
40	29239000	其他第四铵盐类及氢氧化物	5.0
41	29241910	二甲基甲酰胺	2.5
42	29242990	其他环酰胺（包括环状胺甲酸酯）及其衍生物及其盐类	5.0
43	29270010	偶氮二甲酰胺	5.0
44	29270090	其他重氮、偶氮或氧化偶氮化合物	5.0
45	29291020	二异氰酸二苯甲烷	1.2
46	29299000	其他氮官能基化合物	4.0
47	29309090	其他有机硫化物	2.5
48	29310029	有机锡化合物	4.0

续表

序号	2009 年税则号列	产品名称	2009 年进口税率（%）
49	29321310	呋喃甲醇	2.5
50	29321320	四氢呋喃甲醇	5.0
51	29321990	其他之结构中含有一未稠合之呋喃环（不论是否氢化）之化合物	5.0
52	29322900	其他内酯	5.0
53	29329900	其他仅具有氧杂原子之杂环化合物	5.0
54	29333990	其他结构中含有一未稠合之吡啶环（不论是否氢化）之化合物	5.0
55	29336990	其他含有一未经稠合之三氮嗪环（不论是否氢化）之化合物	5.0
56	29339990	其他仅具有氮杂原子之杂环化合物	5.0
57	32041120	以分散性染料为基料之调制品	5.0
58	32041210	酸性染料，不论是否已金属预处理	5.0
59	32041220	以酸性染料为基料之调制品	5.0
60	32041230	媒染染料	5.0
61	32041240	以媒染染料为基料之调制品	5.0
62	32041711	有机荧光颜料	5.0
63	32041719	其他合成有机颜料	5.0
64	32041720	以合成有机颜料为基料之调制品	5.0
65	32042000	用作荧光增亮剂之合成有机产品	5.0
66	32061100	以干物质计，含二氧化钛在 80% 或以上之颜料及调制品	2.0
67	32061900	其他以二氧化钛为基料之颜料及调制品	2.0
68	32141090	其他玻璃匠用之油灰、接合用之油灰、树脂黏合剂，填隙料及其他灰泥；漆匠用之填充物	5.0
69	33073000	沐浴香盐及其他沐浴用剂	5.0
70	33074100	亚珈倍地及其他熏香物品	5.0
71	33074900	其他室内熏香或除臭剂，包括用于宗教仪式之芳香制品	5.0
72	33079090	脱毛剂及其他未列名之香料制剂、化妆品或盥洗用制剂，不论是否芳香或有消毒性质者	5.0
73	34021300	非离子性有机界面活性剂	4.0
74	34022000	零售包装接口活性制剂、洗涤制剂及清洁制剂	4.0
75	35061000	适于作胶用或粘着剂用之产品，以零售包装当作胶或粘着剂出售，每件净重不逾一公斤者	6.5
76	35069110	热熔胶	6.5

续表

序号	2009 年税则号列	产品名称	2009 年进口税率（%）
77	35069190	其他以第 3901 至第 3913 节之聚合物或以橡胶为基料之粘着剂	6.5
78	35069900	其他调制胶及调制粘着剂	6.5
79	37079030	供照相用调色剂	3.5
80	38021000	活性炭	6.5
81	38061000	松香及树脂酸	1.2
82	38069090	其他松香及树脂酸之衍生物	1.2
83	38121000	调制之橡胶促进剂	5.0
84	38123020	橡胶或塑料用其他复合安定剂	5.0
85	38151900	其他载体上触媒	1.0
86	38159019	其他触媒	1.0
87	38160000	耐火水泥、灰泥、混凝土及类似配制品，不包括第 3801 节所列者	2.5
88	38243000	未经凝聚之金属碳化物混合物或其与金属黏结剂混合者	5.0
89	38249099	其他化学或相关工业之未列名化学品及化学制品（包括天然产品混合物）	5.0
90	39029090	其他烯烃之聚合物，初级状态	2.5
91	39039090	其他苯乙烯之聚合物，初级状态	2.5
92	39061010	聚甲基丙烯酸甲酯粒，初级状态	2.5
93	39069010	其他丙烯酸聚合物粒，初级状态	1.0
94	39069090	其他丙烯酸聚合物乳液，初级状态	4.0
95	39074000	聚碳酸树脂，初级状态	2.5
96	39075000	醇酸树脂，初级状态	5.0
97	39079100	其他聚酯，不饱和者，初级状态	2.5
98	39091000	尿素树脂或硫脲树脂，初级状态	5.0
99	39092000	三聚氰胺树脂，初级状态	5.0
100	39093090	其他氨基树脂，初级状态	5.0
101	39094000	酚树脂，初级状态	5.0
102	39095000	聚氨基甲酸乙酯，初级状态	2.5
103	39100030	硅树脂	4.0
104	39100040	硅橡胶	4.0
105	39111010	石油树脂	5.0
106	40111000	新橡胶气胎，小客车（包括旅行车及赛车）用	10.0

续表

序号	2009 年税则号列	产品名称	2009 年进口税率（%）
107	40112000	新橡胶气胎，大客车及货车用	10.0
108	40115000	新橡胶气胎，脚踏车用	5.0
109	52054800	多股（合股）或粗股精梳棉纱，单股纱支数在 83.33 分德士以下（公制支数超过 120 支）者	4.0
110	52081300	未漂白棉三枚或四枚斜纹梭织物，含棉重量在 85% 及以上，每平方公尺重量不超过 200 公克者	7.5
111	52083200	染色棉平纹梭织物，含棉重量在 85% 及以上，每平方公尺重量超过 100 公克，不超过 200 公克者	10.0
112	52083900	其他染色棉梭织物，含棉重量在 85% 及以上，每平方公尺重量不超过 200 公克者	10.0
113	54021900	其他高强力尼龙或聚酰胺丝纱，非供零售用者	1.5
114	54022000	高强力聚酯丝纱，非供零售用者	1.5
115	54024900	其他未加捻或捻度每公尺不超过 50 捻之其他合成纤维单股丝纱，非供零售用者	1.5
116	55039090	其他合成纤维棉，未初梳、未精梳或未另行处理以供纺制用者	1.5
117	55081000	合成纤维棉制缝纫线，不论是否供零售用者	4.0
118	55092200	多股（合股）或粗股纱，含聚酯纤维棉重量在 85% 及以上，非供零售用者	4.0
119	56031290	其他不织布，不论是否经浸渍、涂布、被覆或黏合者	5.0
120	56031390	其他不织布，不论是否经浸渍、涂布、被覆或黏合者	5.0
121	56039290	其他不织布，不论是否经浸渍、涂布、被覆或黏合者	5.0
122	56039490	其他不织布，不论是否经浸渍、涂布、被覆或黏合者	5.0
123	58012300	棉制其他纬线圈绒梭织物	10.0
124	59021000	尼龙或其他聚酰胺高强力纱制之轮胎帘布	5.0
125	59031010	PVC 合成皮	5.0
126	59031020	其他用聚氯乙烯浸渍、涂布、被覆或黏合之棉纺织物，但第 5902 节所列者除外	8.0
127	59032010	PU 合成皮	5.0
128	59069990	用橡胶处理之其他纺织物，其他纺织材料制	10.0
129	60041010	丝制其他针织品或钩针织品，宽度超过 30 公分且含弹性纱重量在 5% 及以上，但不含橡胶线者，第 6001 节除外	10.0

续表

序号	2009 年税则号列	产品名称	2009 年进口税率（%）
130	70139100	其他铅水晶玻璃器	6.5
131	70140011	道路标线及标志用反光玻璃	10.0
132	70140019	其他信号用玻璃器，未经光学加工	10.0
133	70171090	其他实验室、卫生或医疗用之玻璃器，已否刻度或校正者均在内，属熔凝石英或其他熔化硅砂制者	5.0
134	74111000	精炼铜管	3.0
135	78041900	铅板及其他铅片、扁条及箔	1.2
136	82072020	挤压金属用模	4.0
137	82073010	冷压及冲压金属片机器用冲头及模；落锤锻模	10.0
138	82073090	其他压、冲、撞打工具之可互换工具	5.0
139	82075010	可互换之钻孔工具，手工具用	4.0
140	82075020	可互换之钻孔工具，工具机用	5.0
141	82079010	其他可互换工具，手工具用	4.0
142	82089090	其他机器或机械工具用刀及刀片	5.0
143	84122110	液压缸	5.0
144	84123110	气压缸	5.0
145	84138190	其他液体泵	3.0
146	84139100	液体泵之零件	3.0
147	84141000	真空泵	3.0
148	84143010	输出功率 600 瓦特及以上但未达 2000 瓦特之冷藏设备用压缩机	5.0
149	84143020	其他冷藏设备用之压缩机	5.0
150	84145900	其他风扇	4.7
151	84148011	离心式空气压缩机	2.5
152	84148019	其他压缩机	4.0
153	84148020	鼓风机	4.0
154	84148090	其他第 8414 节所属之货品	4.0
155	84149010	空气泵及真空泵之零件	3.0
156	84149020	压缩机之零件	3.4
157	84149030	风扇及鼓风机之零件	3.4
158	84149090	其他第 8414 节所属货品之零件	4.0
159	84159000	空气调节器零件	1.5

续表

序号	2009 年税则号列	产品名称	2009 年进口税率（%）
160	84178090	其他非电热式工业或实验室用炉及烘烤箱	4.0
161	84193200	木材、纸浆、纸或纸板用干燥机	4.0
162	84193900	其他干燥机	4.0
163	84195000	热交换器	3.0
164	84212190	其他水过滤或净化机具	4.0
165	84212900	其他液体过滤或净化机具	3.0
166	84213990	其他气体过滤或净化机具	4.0
167	84219990	其他液体或气体过滤及净化机具之零件	3.0
168	84243000	喷水蒸汽机或喷砂机及类似喷射机器	4.0
169	84388000	其他第 8438 节所属之机械	4.0
170	84392000	纸或纸板制造机械	4.0
171	84411000	切纸机	3.0
172	84418090	其他第 8441 节所属之机械	4.0
173	84431990	其他印刷机	3.0
174	84440000	人造纤维材料射丝、延伸、捻丝或切割机器	3.0
175	84471100	环型针织机（圆编机），针筒直径不超过 165 公厘者	3.0
176	84471200	环型针织机（圆编机），针筒直径超过 165 公厘者	3.0
177	84472000	编织针织机；合缝机	3.0
178	84485900	其他第 8447 节机器或其辅助机械之零件及附件	2.5
179	84514000	洗涤、漂白或染色机器	3.0
180	84515090	其他织物之卷取、松卷、折叠、切断或剪边机器	4.0
181	84518090	其他第 8451 节所属之机械	4.0
182	84522110	锁边缝纫机（拷克车）	2.0
183	84529000	缝纫机之其他零件	2.5
184	84729090	其他第 8472 节所属办公室用机器	3.5
185	84772090	其他押出机	3.0
186	84774000	真空成型机及其他热定型机	3.0
187	84775900	其他模制或造型用机械	3.0
188	84778000	其他第 8477 节所属之机械	3.0
189	84779000	第 8477 节所属机械之零件	2.5
190	84798100	处理金属用机械，包括电线卷绕机	3.0

续表

序号	2009 年税则号列	产品名称	2009 年进口税率（%）
191	84798200	混合、揉合、轧碎、磨粉、筛分、精选、均质、乳化或搅拌机器	2.5
192	84798990	其他第 8479 节所属之机械	4.0
193	84799090	其他第 8479 节所属机械之零件	2.5
194	84804100	金属或金属碳化物用射出模或压缩模	4.0
195	84807900	其他橡胶或塑料用模	2.5
196	84812000	油压或气压传动阀	3.0
197	84813000	止回（不回流）阀	3.0
198	84814000	安全阀或放泄阀	3.0
199	84818020	消防栓及消防撒水头	2.5
200	84819020	消防栓之零件	2.5
201	84819090	其他第 8481 节所属货品之零件	5.0
202	84824090	其他滚针轴承	10.0
203	84829910	轴承用钢圈（未经研磨）	2.5
204	84829920	轴承用保持器	2.5
205	84829990	其他滚珠或滚子轴承之零件	2.5
206	84834090	其他第 848340 目所属之货品	5.0
207	84839090	其他齿轮、链轮及其他传动组件，单独呈现者；及第 8483 节所属货品之零件	5.0
208	84841000	密合垫及金属片与其他材料或两层或多层金属片合成之类似接合垫	5.0
209	85011010	防爆型电动机，输出未超过 37.5 瓦者	5.0
210	85011090	其他电动机，输出未超过 37.5 瓦者	5.0
211	85030090	其他专用或主要用于第 8501 或 8502 节所列机器之零件	1.0
212	85044091	其他交换式电源供应器	5.0
213	85049000	第 8504 节所属货品之零件	1.7
214	85051100	金属制永久磁铁及经磁化可成永久磁铁之货品	2.5
215	85051900	其他材料制永久磁铁及经磁化可成永久磁铁之货品	1.7
216	85061021	二氧化锰干电池（中性），外体积未超过 300 毫升者	7.5
217	85061090	其他二氧化锰原电池及原电池组	2.5
218	85078000	其他蓄电池	2.5
219	85129010	脚踏车用照明或视觉信号设备之零件	5.0
220	85181090	其他有线微音器及其座	7.5

续表

序号	2009 年税则号列	产品名称	2009 年进口税率（%）
221	85184090	其他声频扩大器	10.0
222	85189090	其他第 8518 节所属货品之零件	1.0
223	85258010	电视摄影机	5.0
224	85285910	其他彩色非阴极射线管监视器	10.0
225	85361000	熔丝装置，电压未超过 1000 伏特者	6.0
226	85371010	专供配合机器使用之电子控制设备（包括数值、程序、计算机及其他类似控制设备），电压未超过 1000 伏特者	1.0
227	85392100	卤素钨丝灯泡	5.0
228	85393920	冷阴极灯管	1.0
229	85393990	其他放电式灯泡	5.0
230	85399000	第 8539 节所属货品之零件	1.7
231	87120010	二轮脚踏车	6.0
232	87120090	其他脚踏车	5.0
233	87149120	其他车架及叉及其零件	5.0
234	87149200	轮圈及轮辐	5.0
235	87149310	轮毂，但倒煞车轮毂及轮毂煞车除外	5.0
236	87149320	飞轮之链轮	5.0
237	87149410	钢线煞车器及其零件	5.0
238	87149420	倒煞车轮毂及其零件	5.0
239	87149490	其他煞车器及其零件	5.0
240	87149500	脚踏车车座	5.0
241	87149610	踏板及其零件	5.0
242	87149620	曲柄齿轮及其零件	5.0
243	87149910	边车零件	5.0
244	87149920	车辆用反光片、带	5.0
245	87149990	其他第 8711 至 8713 节所属车辆之零件及附件	5.0
246	87150000	婴儿用车及其零件	5.0
247	90015000	其他材料制眼镜用透镜	3.0
248	90019090	其他未装配光学组件	5.0
249	90021100	物镜，供照相机、投影机或照相放大器或缩影器用者	5.0
250	90021900	其他物镜	3.4
251	90029032	电视或电影摄影机或放映机用附加镜头	3.4
252	90029090	其他已装配光学组件	5.0

续表

序号	2009 年税则号列	产品名称	2009 年进口税率（%）
253	90292090	其他第 902920 目所属之货品	7.5
254	90330090	其他本章未列名之机器、用具、仪器或器具之零件及附件	1.7
255	91021100	手表，电动者，仅有机械显时装置者，已列入第 9101 节者除外	5.0
256	94051000	枝形吊灯及其他天花板或墙壁之电照明配件，不包括公共露天场所或街道照明用者	3.4
257	94059900	第 9405 节所属货品之其他材料制零件	3.4
258	95063900	其他高尔夫球设备	5.0
259	95066990	其他球	3.3
260	95069100	一般体能运动、体操或竞技比赛用物品及设备	3.0
261	95089000	其他游乐场回转台、秋千台、射击场及其他游乐场之娱乐设备；巡回剧团	5.0
262	96032100	牙刷，包括假牙床用刷	5.0
263	96039090	其他帚、刷，手操作之机械式地板刷，无动力拖把及羽毛掸帚；T 型擦干器（滚筒擦干器除外）	3.3
264	96072000	拉链之零件	2.5
265	96081000	原子笔	3.4
266	96091000	铅笔及蜡笔，其笔芯装于硬质护层内者	3.4
267	96170000	具有外壳之保温瓶及其他真空保温器皿；上述物品之零件，不包括玻璃制瓶胆	5.0

注：表中产品名称为简称，具体产品范围按台湾 2009 年税则相应税则号列的规定执行。

台湾方面早期收获产品降税安排

	2009 年进口税率（X%）	协议税率		
		早期收获计划实施第 1 年	早期收获计划实施第 2 年	早期收获计划实施第 3 年
1	0 < X≤2.5	0		
2	2.5 < X≤7.5	2.5	0	
3	X > 7.5	5	2.5	0

注：1. 2009 年进口税率指台湾 2009 年对其他所有世界贸易组织会员普遍适用的非临时性进口关税税率。

2. 《海峡两岸经济合作框架协议》如在上半年生效，早期收获计划的实施时间为当年的 7 月 1 日，如在下半年生效，早期收获计划的实施时间为次年的 1 月 1 日。

3. 早期收获计划产品的协议税率在该计划实施后不超过 2 年的时间内最多分 3 次降为零，第 1 年开始降税时间为早期收获计划实施时，第 2 年、第 3 年的降税时间为当年的 1 月 1 日。

附件二

适用于货物贸易早期收获产品的临时原产地规则

第一条 定义

就本规则而言：

海关估价协定是指作为《马拉喀什建立世界贸易组织协定》组成部分的《关于实施1994年关税与贸易总协定第七条的协定》。

可互换材料是指在商业上可互换的材料，其性质实质相同，仅凭目视无法加以区分。

公认的会计原则是指一方有关记录收入、支出、成本、资产及负债、信息披露以及编制财务报表方面公认的实质上具有权威性的会计准则。上述准则包括普遍适用的概括性指引、详细的标准、惯例及程序。

材料是指构成另一货物的一部分或用于生产另一货物的货物，包括组成成分、零件、部件、组件及半组装件。

中性成分是指在另一货物的生产、测试或检验过程中使用，但本身不构成该货物组成成分的货物。

非原产材料是指除依据本规则规定具备原产资格的材料以外的其他材料。

原产材料或原产货物是指依据本规则规定具备原产资格的材料或货物。

生产是指获得货物的方法，包括但不限于种植、饲养、开采、收获、捕捞、耕种、诱捕、狩猎、捕获、采集、收集、养殖、提取、制造、加工或装配。

协调制度是指世界海关组织编制的《商品名称及编码协调制度》。

品目是指协调制度使用的四位数编码。

子目是指协调制度使用的六位数编码。

第二条 原产货物

除本规则另有规定外，符合下列情况之一的货物应认定为原产于一方：

（一）该货物是依据本规则第三条的规定，在一方完全获得；

（二）该货物完全是在一方或双方，仅由原产材料生产；

（三）该货物是在一方或双方使用非原产材料生产，符合第四条产品特定规则。

第三条 完全获得货物

依据本规则第二条（一）的规定，下列货物应认定为在一方完全获得：

（一）在一方出生并饲养的活动物；

（二）在一方从上述（一）所述活动物中获得的产品；

（三）在一方收获、采摘或采集的植物或植物产品；

（四）在一方狩猎、诱捕、捕捞、耕种、采集或捕获获得的货物；

（五）在一方采掘的矿物；

（六）一方在相关的水域、海床或底土获得的产品；

（七）在一方注册的加工船上，完全用上述（六）所述货物加工、制造的货物；

（八）在一方加工过程中产生且仅用于原材料回收的废碎料，或在一方消费后所收集且仅用于原材料回收的废品；

（九）在一方完全从上述（一）至（八）所述货物获得的货物。

第四条 产品特定原产地规则

除本规则另有规定外，在一方或双方使用非原产材料生产的货物，应依据本规则附件规定的税则归类改变、区域价值成分、加工工序标准或其他标准确定其原产资格。

上述附件由双方原产地规则磋商小组另行商定后实施。

第五条 税则归类改变

在适用本规则第四条所称的税则归类改变标准时，货物生产过程中所使用的非原产材料，在一方或双方经过生产后，均须发生本规则附件所规定的税则归类改变。

第六条 区域价值成分

一、在适用本规则第四条所规定的区域价值成分（RVC）标准时，其区域价值成分应依据下列公式计算：

$$RVC = \frac{FOB - VNM}{FOB} \times 100\%$$

上述 VNM 是指非原产材料的价格。该价格应以到岸价格（CIF）为基础进行确定。

二、本规则所述的离岸价格（FOB）和到岸价格（CIF）应依据《海关估价协定》及公认会计原则进行核定。

第七条 加工工序

在适用本规则第四条所规定的加工工序标准时，货物只有在一方或双方经过本规则附件所规定的加工工序后，方能赋予原产资格。

第八条 累积规则

一方的原产材料在另一方构成另一货物的组成部分时，该材料应视为原产于该另一方。

第九条 微小加工

一、本条所称“简单”是指既不需要专业技能，也不需要专用的机器、仪器或设备即可进行加工或处理。

二、对货物的本质特性影响轻微的简单加工或处理，无论是单独或合并，均应认定为微小加工，不得赋予原产资格。其中包括但不限于：

（一）为确保货物在运输或储藏期间处于良好状态而进行的处理，例如通风、干燥、冷藏、冷冻、上油、涂抹防锈漆、包覆保护层、加盐或水溶液；

（二）为便利托运而对货物进行的拆解、组装；

（三）以销售或展示为目的的包装、拆包或重新包装等处理；

（四）动物屠宰、冷冻、分割、切片；

（五）过滤、筛选、挑选、分类、分级、匹配（包括成套物品的组合）、纵切、弯曲、卷绕、展开等作业；

（六）洗涤、清洁、除尘、去除氧化物、除油、去漆以及去除其他涂层；

（七）简单的上漆、磨光、削尖、研磨、切割、装配或拆卸等作业；

（八）装瓶、装罐、装袋、装箱、装盒、固定于纸板或木板及其他类似的包装工序；

（九）在产品或其包装上粘贴或印刷标志、标签、标识及其他类似的区别标记；

（十）稀释、溶解或简单混合，未实质改变货物本质的；

（十一）除稻米以外的谷物的去壳、部分或完全的漂白、抛光及上光；

（十二）食糖上色或形成糖块的操作；

（十三）纺织品的熨烫或压平；

（十四）水果、坚果及蔬菜的去皮、去核或去壳。

第十条 微小含量

货物不符合本规则附件规定的税则归类改变标准，但同时符合下列条件的，仍应视为原产货物：

一、对于不符合税则归类改变的非原产材料，其依据第六条规定核定的价值不超过该货物离岸价格的百分之十；

二、该货物符合其所适用的本规则所有其他规定。

第十一条 可互换材料

一、在确定货物是否为原产货物时，任何可互换材料应据实加以区分；或依据出口方公认会计原则承认的库存管理方法择一办理。

二、上述经择定的库存管理方法，应在其整个会计年度内，连续使用该方法对上述货物或材料进行管理。

第十二条 中性成分

在确定货物是否为原产货物时，下列中性成分的原产地应不予考虑：

（一）燃料、能源、催化剂及溶剂；

（二）用于测试或检验货物的设备、装置及相关用品；

（三）手套、眼镜、鞋靴、衣服、安全设备及用品；

（四）工具及模具；

（五）用于维护设备和建筑的备用零件及材料；

（六）在货物生产过程中使用，虽未构成该货物组成成分，但能合理表明为该货物生产过程一部分的其他货物。

第十三条 成套货品

协调制度归类总规则三规定的成套货品，如果各组成货品均原产于一方，则该成套货品应认定为原产于该方；若部分组成货品非原产于一方，依第六条规定所确定的非原产材料价格不超过该成套货品离岸价格的百分之十，该成套货品仍应认定为原产于该方。

第十四条 包装材料及容器

一、对于应适用本规则附件所列税则归类改变标准的货物，如果零售用包装材料及容器与该货物归在同一税号，则在确定该货物的原产地时，零售用包装材料及容器应不予考虑。但对于必须符合区域价值成分标准的货物，在确定该货物原产地时，零售用包装材料及容器的价值应视实际情况认定为原产材料或非原产材料后予以核计。

二、在确定货物原产地时，用于货物运输的包装材料及容器应不予考虑。

第十五条 配件、备用零件及工具

一、对于本规则附件规定的原产地所需税则归类改变标准，在货物进口时，货物的配件、备用零件、工具、说明书及信息资料等，与该货物一并报关，并与该货物归入同一税号，且不单独开具发票，则在确定该货物原产地时，上述配件、备用零件、工具、说明书及信息资料等应不予考虑。

二、对于必须符合区域价值成分标准的货物，如果配件、备用零件、工具、说明书及信息资料等，与该货物一并报关，且不单独开具发票，则在计算该货物的区域价值成分时，上述配件、备用零件、工具、说明书及信息资料的价值应视实际情况认定为原产材料或非原产材料后予以核计。

三、上述配件、备用零件、工具、说明书及信息资料的数量和价值，应符合该货物的惯例。

第十六条 直接运输

一、申请适用优惠关税待遇的一方原产货物，应在双方之间直接运输。

二、货物运经双方以外的一个或多个第三方，不论是否在第三方转换运输工具或临时储存，若同时符合下列条件，仍应视为在双方之间直接运输：

（一）基于地理原因或运输需要；

（二）货物在该第三方未发生贸易、商业或消费的情况；

（三）除装卸、重新包装或使货物保持良好状态所需的处理外，货物在该第三方未经任何其他处理。

三、在本条第二款规定情形下，货物在第三方临时储存的停留时间，自运抵该方之日起不得超过六十天，并且货物在停留期间必须处于该第三方海关监管之下。

四、对于本条第二款所述货物，在货物申报进口时，应提交中转方海关出具的证明文件以及进口方海关认可的其他证明文件。

第十七条 原产地相关操作程序

执行本规则所需的操作程序由双方原产地规则磋商小组另行商定后实施。

附件三

适用于货物贸易早期收获产品的双方保障措施

一、进口方因履行早期收获计划，导致从另一方进口特定产品的数量绝对增加或与其产量相比相对增加，且此种情况已对其生产同类或直接竞争产品的产业造成严重损害或严重损害威胁，进口方可要求与另一方进行磋商，以寻求双方满意的解决方案。

根据上述规定，经调查，如一方决定采取双方保障措施，可将所涉产品适用的关税税率提高至采取双方保障措施时实施的普遍适用于世界贸易组织成员的非临时性进口关税税率。

二、双方保障措施的实施期限应尽可能缩短，并以消除或防止进口方产业受到损害的范围为限，最长不超过一年。

三、当一方终止针对某一产品实施的双方保障措施时，该产品的关税税率应根据《海峡两岸经济合作框架协议》附件一所规定的降税模式，按照该措施终止时的关税税率执行。

四、实施双方保障措施时，对于本附件中未规定的规则，双方应对相关条款作必要修改后适用世界贸易组织《保障措施协定》，但世界贸易组织《保障措施协定》第五条所列的数量限制措施及第九条、第十三条、第十四条不适用。

五、本附件适用世界贸易组织《保障措施协定》条款时所称的“货物贸易理事会”或“保障措施委员会”均指《海峡两岸经济合作框架协议》所称的“两岸经济合作委员会”。

六、一方不得对另一方同一产品同时实施以下措施：

（一）双方保障措施；

（二）《1994 年关税与贸易总协定》第十九条及世界贸易组织《保障措施协定》规定的措施。

附件四

服务贸易早期收获部门及开放措施

大陆方面非金融服务部门的开放承诺①

服务提供模式：（1）跨境交付 （2）境外消费 （3）商业存在

部门或分部门	市场开放承诺	其他承诺
1. 商业服务		
A. 专业服务 b. 会计、审计和簿记服务（CPC862）	（1）没有限制 （2）没有限制 （3）除在加入世界贸易组织时承诺的内容外，不作承诺。	允许台湾会计师事务所在大陆临时开展审计业务时申请的《临时执行审计业务许可证》的有效期为1年。
B. 计算机及其相关服务 b. 软件实施服务（CPC842）	（1）没有限制 （2）没有限制 （3）在加入世界贸易组织时承诺的基础上，允许台湾服务提供者在大陆设立独资企业，提供软件实施服务。	
c. 数据处理服务（CPC843，不包括CPC8439）	（1）没有限制 （2）没有限制 （3）在加入世界贸易组织时承诺的基础上，允许台湾服务提供者在大陆设立独资企业，提供数据处理服务。	
C. 研究和开发服务 —自然科学和工程学的研究和实验开发服务（CPC8510）	（1）没有限制 （2）没有限制 （3）允许台湾服务提供者在大陆设立合资、合作或独资企业，提供自然科学和工程学的研究和实验开发服务。	
F. 其他商业服务 s. 会议服务（CPC87909）	（1）没有限制 （2）没有限制 （3）在加入世界贸易组织时承诺的基础上，允许台湾服务提供者在大陆设立独资企业，提供会议服务。	

① 部门分类使用世界贸易组织《服务贸易总协定》服务部门分类（GNS/W/120），部门的内容参考相应的联合国临时中央产品分类（CPC，United Nations Provisional Central Product Classification，ST/ESA/STAT/SER. M/77）。

续表

部门或分部门	市场开放承诺	其他承诺
F. 其他商业服务 —专业设计服务 （CPC87907）	（1）没有限制 （2）没有限制 （3）允许台湾服务提供者在大陆设立合资、合作或独资企业，提供专业设计服务。	
2. 通讯服务		
D. 视听服务 —录像的分销服务，包括娱乐软件及（CPC83202） —录音制品分销服务	（1）没有限制 （2）没有限制 （3）除在加入世界贸易组织时承诺的内容外，不作承诺。	根据台湾有关规定设立或建立的制片单位所拍摄的、拥有50%以上的电影片著作权的华语电影片经大陆主管部门审查通过后，不受进口配额限制在大陆发行放映。该电影片主要工作人员组别①中台湾居民应占该组别整体员工数目的50%以上。
8. 与健康相关的服务和社会服务（除专业服务中所列以外）		
A. 医院服务（CPC9311）	（1）不作承诺 （2）不作承诺 （3）允许台湾服务提供者在大陆设立合资、合作医院；允许台湾服务提供者在上海市、江苏省、福建省、广东省、海南省设立独资医院。②	
11. 运输服务		
C. 航空运输服务 d. 飞机的维修和保养服务③（CPC8868）	（1）不作承诺④ （2）没有限制 （3）在加入世界贸易组织时承诺的基础上，允许台湾服务提供者以独资或合资形式投资大陆航空器维修领域，台湾服务提供者必须为法人或多个台湾服务提供者共同投资时其主要投资者必须为法人。	

① 主要工作人员组别包括导演、编剧、男主角、女主角、男配角、女配角、监制、摄影师、剪接师、美术指导、服装设计、动作/武术指导，以及原创音乐。

② 应符合大陆关于外商投资设立合资、合作或独资医院的有关规定。

③ 适用世界贸易组织《服务贸易总协定〈关于空运服务的附件〉》的定义。

④ 由于缺乏技术可行性，因此不作承诺。

大陆方面金融服务部门的开放承诺

部门名称	具体承诺
保险及其相关服务	允许台湾保险公司经过整合或战略合并组成的集团，参照外资保险公司市场准入条件（集团总资产50亿美元以上，其中任何一家台湾保险公司的经营历史在30年以上，且其中任何一家台湾保险公司在大陆设立代表处2年以上）申请进入大陆市场。
银行及其他金融服务（不包括证券期货和保险）	1. 台湾的银行比照大陆《外资银行管理条例》的有关规定，在大陆申请设立独资银行或分行（非独资银行下属分行），提出申请前应在大陆已经设立代表处1年以上。 2. 台湾的银行在大陆的营业性机构申请经营人民币业务，应具备下列条件：提出申请前在大陆开业2年以上且提出申请前1年盈利。 3. 台湾的银行在大陆的营业性机构具备下列条件可申请经营在大陆的台资企业人民币业务：提出申请前在大陆开业1年以上且提出申请前1年盈利。 4. 台湾的银行在大陆设立的营业性机构可建立小企业金融服务专营机构。具体要求参照大陆相关规定执行。 5. 为台湾的银行申请在大陆中西部、东北部地区开设分行（非独资银行下属分行）设立绿色通道。 6. 主管部门审查台湾的银行在大陆分行的有关盈利性资格时，采取多家分行整体考核的方式。
证券、期货及其相关服务	1. 对符合条件的台资金融机构在大陆申请合格境外机构投资者资格给予适当便利。 2. 尽快将台湾证券交易所、期货交易所列入大陆允许合格境内机构投资者投资金融衍生产品的交易所名单。 3. 简化台湾证券从业人员在大陆申请从业人员资格和取得执业资格的相关程序。

台湾方面非金融服务业的开放承诺①

服务提供模式：（1）跨境提供服务　（2）境外消费　（3）商业据点呈现

行业或次行业别	市场开放承诺	其他承诺
一、商业服务业		
C. 研究与发展服务业（CPC851、852、853）	（1）没有限制。 （2）没有限制。 （3）允许大陆服务提供者在台湾以独资、合资、合伙及设立分公司等形式设立商业据点，提供研究与发展服务。	
F. 其他商业服务业 （s）会议服务业（CPC87909*） —*指为会议或类似事件提供计划、组织、管理及行销等营业性活动（包括外烩及饮料服务）	（1）没有限制。 （2）没有限制。 （3）允许大陆服务提供者在台湾以独资、合资、合伙及设立分公司等形式设立商业据点，提供会议服务。	

① 行业分类使用世界贸易组织《服务贸易总协定》服务行业分类（GNS/W/120），行业的内容参照联合国中央产品分类暂行版（CPC，United Nations Provisional Central Product Classification，ST/ESA/STAT/SER. M/77）。

续表

行业或次行业别	市场开放承诺	其他承诺
F. 其他商业服务业 （s）展览服务业（CPC87909） —限合办之专业展览		允许大陆企业、事业单位、与会展相关之社团或基金会等来台从事与台湾会展产业之企业或公会、商会、协会等团体合办之专业展览，唯须符合相关规定。
F. 其他商业服务业 （t）其他 v. 特制品设计服务业（CPC87907） —凡从事室内设计以外专门设计服务之行业均属之，如服装、珠宝、家具等商品及其他个人或家庭物品之设计、视觉传达（平面）设计及包装设计等服务	（1）没有限制。 （2）没有限制。 （3）允许大陆服务提供者在台湾以独资、合资、合伙及设立分公司等形式设立商业据点，提供特制品设计服务。	
二、通讯服务业		
D. 视听服务业 （b）电影放映服务业 —华语电影片和合拍电影片		根据大陆有关规定设立的制片单位所拍摄、符合台湾相关规定所定义之大陆电影片，经台湾主管机关审查通过后，每年以10部为限，可在台湾商业发行映演，并应符合大陆电影片进入台湾发行映演相关规定。
四、配销服务业		
A. 经纪商服务业（活动物除外）（CPC 621） —凡以按次计费或依合约计酬方式，从事有形商品买卖居间说合而收取佣金之行业均属之。经由网际网路从事商品经纪亦归入本类	（1）没有限制。 （2）没有限制。 （3）允许大陆服务提供者在台湾以独资、合资、合伙及设立分公司等形式设立商业据点，提供经纪商服务。	
十、娱乐、文化及运动服务业（视听服务业除外）		
D. 运动及其他娱乐服务业（CPC96411、96412、96419）	（1）没有限制。 （2）没有限制。 （3）允许大陆服务提供者在台湾以独资、合资、合伙及设立分公司等形式设立商业据点，提供运动休闲服务。	

续表

行业或次行业别	市场开放承诺	其他承诺
十一、空运服务业		
（c）电脑订位系统①	（1）没有限制。 （2）没有限制。 （3）允许大陆服务提供者在台湾以独资、合资、合伙及设立分公司等形式设立商业据点，提供电脑订位系统服务。	

台湾方面金融服务业的开放承诺

行业别名称	具体承诺
银行及其他金融服务（不包括证券期货和保险）	大陆的银行经许可在台湾设立代表人办事处且满1年，可申请在台湾设立分行。

① 适用世界贸易组织《服务贸易总协定＜空运服务业附则＞》的定义。

附件五

适用于服务贸易早期收获部门及开放措施的服务提供者定义

双方同意，就《海峡两岸经济合作框架协议》附件四（以下简称附件四）所列并超出各自在世界贸易组织承诺的服务部门及开放措施制定适用的服务提供者定义①如下：

一、适用于服务贸易早期收获部门及开放措施的服务提供者，指为另一方提供服务的一方自然人或一方法人。②

（一）“一方自然人”指持有两岸任一方身份证明文件的自然人；

（二）“一方法人”指根据两岸任一方相关规定在该方设立的实体，包括任何公司、信托、合伙企业、合资企业、独资企业或协会（商会）。

二、一方法人服务提供者应同时具备下列条件：

（一）在该方提供服务的性质和范围，应包含其拟在另一方提供服务的性质和范围；③

（二）在该方从事实质性商业经营，应符合下列规定：

1. 在该方从事与拟在另一方提供服务的性质和范围相同的商业经营持续三年以上④。其中：

从事银行及其他金融服务（不包括证券期货和保险）的一方银行机构，应在该方获得银行业监督管理机构营业许可并注册或登记设立且从事商业经营持续五年以上；

从事证券期货及其相关服务的一方证券期货公司，应在该方获得证券期货监督管理机构营业许可并注册或登记设立且从事商业经营持续五年以上；

从事保险及其相关服务的一方保险公司，应在该方获得保险业监督管理机构营业许可并注册或登记设立且从事商业经营持续五年以上；

---

① 仅适用于以商业存在模式提供服务的服务提供者。

② 不包括在一方登记的分公司、办事处、联络处和其他非法人机构。

③ 就台湾方面医疗服务提供者而言，包括：（1）法人医疗机构；（2）医疗机构的设置人；（3）医疗机构设置的特定目的公司。

④ 就台湾方面医疗服务提供者而言，注1规定的医疗机构应符合此项规定。

2. 在该方缴纳所得税；

3. 在该方拥有或租用经营场所。

三、一方服务提供者为享有附件四所列并超出在世界贸易组织承诺的优惠待遇，应按下列规定向该方业务主管部门或其委托机构提供文件、资料，申请“服务提供者证明书”：

（一）一方自然人服务提供者应提供身份证明文件，及业务主管部门或其委托机构认为需要提供的其他文件、资料；

（二）一方法人服务提供者应提供：

1. 注册登记证明副本；

2. 最近三年或五年的完税证明副本；

3. 最近三年或五年经审计的财务报表；

4. 拥有或租用经营场所的证明文件或其副本；

5. 其他证明提供服务性质和范围的文件或其副本；

6. 业务主管部门或其委托机构认为需要提供的其他文件、资料。

四、一方服务提供者按本附件第三条规定提供相关文件、资料，业务主管部门或其委托机构认为符合本附件规定，向其核发服务提供者证明书。

五、一方服务提供者申请在另一方提供附件四所列并超出在世界贸易组织承诺的服务时，应向另一方的相关业务主管部门提交有效的服务提供者证明书，及申请所涉服务部门规定的文件、资料。

六、已在另一方提供服务的一方服务提供者可按照本附件的相关规定申请取得服务提供者证明书，以享有附件四所列并超出在世界贸易组织承诺的优惠待遇。

《海峡两岸标准计量检验认证合作协议》

为便利海峡两岸经贸往来，促进两岸产业合作，创造良好投资环境，提升两岸贸易产品质量（品质）及安全，保护消费者权益，海峡两岸关系协会与财团法人海峡交流基金会就两岸标准、计量、检验、认证认可（验证认证）及消费品安全合作事宜，经平等协商，达成协议如下：

一、合作范围

双方同意共同采取措施，开展下列领域的交流合作：

（一）标准领域：积极探索和推动重点领域共通标准的制定；开展标准信息（资讯）交换，并推动两岸标准信息（资讯）平台建设；加强标准培训资源共享。

（二）计量领域：促进两岸法制（法定）计量合作、计量技术和计量管理信息（资讯）交流；合作研究最高量值准确可靠的装置，并开展相关装置的比对；推动测量仪器溯源校准（校正）的技术合作。

（三）检验领域：沟通两岸检验标准和程序；建立两岸贸易中商品检验合作与磋商机制；开展商品安全检验检测技术合作。

（四）认证认可（验证认证）领域：沟通两岸认证认可（验证认证）标准和程序；共同推动两岸新领域认证认可（验证认证）制度的建立和实施；推动两岸认证认可（验证认证）结果的互信，就双方同意的项目作出具体安排。

（五）消费品安全领域：建立两岸消费品安全信息（讯息）通报联系机制；建立两岸贸易消费品安全协处机制；加强对不合格消费品处理的沟通与协调。

（六）加强上述合作领域内相关制度规范的信息（资讯）交换。

（七）双方同意的其他合作事项。

二、合作形式

双方同意就前述合作领域采取如下措施：

（一）分别成立两岸标准、计量、检验、认证认可（验证认证）及消费品安全合作工作组，共同商定具体实施计划，明确活动范围等，并可根据需要形成相关领域的合作文件。

（二）以技术合作、专家会议、信息（资讯）交流、人员互访及业务培训等方式开展标准、计量、检验、认证认可（验证认证）及消费品安全领域的交流与合作。

（三）双方业务主管部门负责指导、协调各工作组开展工作，并指定联络人负责各领域业务的日常联络及工作方案的实施。

三、相互协助

双方同意对执行本协议的相关活动提供必要的协助。

四、保密义务

双方同意对于在执行本协议相关活动中所获信息（资讯），遵守约定的保密要求。

五、文书格式

双方同意信息（资讯）交换、通报、查询及业务联系，使用商定的文书格式。

六、联系主体

（一）本协议议定事项，由双方业务主管部门指定的联络人相互联系实施。

（二）本协议其他事宜，由海峡两岸关系协会与财团法人海峡交流基金会联系。

七、协议履行及变更

双方应遵守协议。

协议变更，应经双方协商同意，并以书面方式确认。

八、争议解决

因适用本协议所生争议，双方应尽速协商解决。

九、未尽事宜

本协议如有未尽事宜，双方可以适当方式另行商定。

十、签署生效

本协议自签署之日起各自完成相关准备后生效，最迟不超过九十日。

本协议于十二月二十二日签署，一式四份，双方各执两份。

《海峡两岸农产品检疫检验合作协议》

为保障海峡两岸农业生产安全与人民健康，促进两岸农产品贸易发展，海峡两岸关系协会与财团法人海峡交流基金会就两岸农产品检疫检验合作事宜，经平等协商，达成协议如下：

一、合作原则与目标

双方同意本着互信互惠原则，在科学务实的基础上，加强检疫检验合作与交流，协商解决农产品（含饲料）贸易中的检疫检验问题，防范动植物有害生物传播扩散，确保农产品质量安全。

二、业务交流

双方同意建立业务会商、研讨、互访、考察及技术合作机制。必要时，可成立工作小组开展检疫检验专项领域技术合作研究。

三、讯息查询

（一）双方同意提供检疫检验规定、标准、程序等讯息查询，并给予必要协助。

（二）双方同意加强农药及动物用药残留等安全卫生标准交流，协调处理标准差异问题。

四、证明文件核查

双方同意建立检疫检验证明文件核查及确认机制，防范伪造、假冒证书行为。

五、通报事项

（一）双方同意及时通报进出口农产品重大疫情及安全卫生事件讯息。

（二）双方同意定期通报进出口农产品中截获的有害生物、检出的有毒有害物质及其他不合格情况。

六、紧急事件处理

双方同意建立重大检疫检验突发事件协处机制，及时通报，快速核查，紧急磋商，并相互提供协助。

七、考察确认

双方同意建立农产品安全管理追溯体系，协助进口方到出口农产品生产加工场所考察访问，对确认符合检疫检验要求的农产品，实施便捷的进口检疫检验措施。

八、文书格式

双方同意讯息通报、查询及业务联系，使用商定的文书格式。

九、联系主体

（一）本协议议定事项，由双方业务主管部门指定的联络人相互联系实施。必要时，经双方同意可指定其他单位联系实施。

（二）本协议其他相关事宜，由海峡两岸关系协会与财团法人海峡交流基金会联系。

十、协议履行及变更

（一）双方应遵守协议。

（二）协议变更，应经双方协商同意，并以书面方式确认。

十一、争议解决

因适用本协议所生争议，双方应尽速协商解决。

十二、未尽事宜

本协议如有未尽事宜，双方得以适当方式另行商定。

十三、签署生效

本协议自签署之日起各自完成相关准备后生效，最迟不超过九十日。

本协议于十二月二十二日签署，一式四份，双方各执两份。

《海峡两岸渔船船员劳务合作协议》

为维护海峡两岸渔船船主、渔船船员正当权益，促进两岸渔船船员劳务合作，财团法人海峡交流基金会与海峡两岸关系协会就两岸渔船船员劳务合作事宜，经平等协商，达成协议如下：

一、合作范围

双方同意在符合双方各自雇用渔船船员规定下，进行近海、远洋渔船船员（以下简称船员）劳务合作，并对近海与远洋劳务合作分别采取不同的管理方式。

二、合作方式

双方同意两岸船员劳务合作应通过双方各自确定的经营主体办理，并各自建立风险保证制度约束其经营主体。

三、契约（合同）要件

双方同意商定船员劳务合作契约（合同）要件。

四、权益保障

（一）双方同意保障船员以下基本权益：

1. 船员受签订契约（合同）议定的工资保护；
2. 同船同职务船员在船上享有相同福利及劳动保护；
3. 在指定场所休息、整补或回港避险；
4. 人身意外及医疗保险；
5. 往返交通费；

6. 船主应履行契约（合同）的义务；

7. 双方商定的其他权益。

（二）双方同意保障渔船船主（以下简称船主）以下基本权益：

1. 船员体检及技能培训应符合双方各自规定；

2. 船员应遵守相关管理规定；

3. 船员应接受船主、船长合理的指挥监督；

4. 船员应履行契约（合同）的义务；

5. 双方商定的其他权益。

五、核发证件

双方同意各自核发船员身份或查验证件。

六、协调机制

双方同意各自建立船员、船主申诉制度和两岸船员劳务合作突发事件处理机制，并指导经营主体解决劳务纠纷和突发事件。

如遇重大安全事件等情形，双方应及时通报，共同采取措施，妥善处理。并严格处理违反协议的经营主体。

七、交流互访

双方同意定期进行工作会晤、交流互访，评估协议执行情况。

八、文书格式

双方同意信息通报、查询及业务联系，使用商定的文书格式。

九、联系主体

（一）本协议议定事项，由双方业务主管部门指定的联络人相互联系实施，经双方同意可指定其他单位负责实施。

（二）本协议其他事宜，由财团法人海峡交流基金会与海峡两岸关系协会联系。

十、协议履行及变更

（一）双方应遵守协议。协议附件与本协议具有同等效力。

（二）协议变更，应经双方协商同意，并以书面方式确认。

十一、争议解决

因适用本协议所生争议，双方应尽速协商解决。

十二、未尽事宜

本协议如有未尽事宜，双方可以适当方式另行商定。

十三、签署生效

本协议自签署之日起各自完成相关准备后生效，最迟不超过九十日。

本协议于十二月二十二日签署，一式四份，双方各执两份。

附件

海峡两岸渔船船员劳务合作具体安排

根据本协议第二条、第三条、第四条、第五条、第六条，双方议定具体安排如下：

一、经营主体

台湾方面经营主体为业务主管部门核准的中介机构，大陆方面经营主体为业务主管部门核准的渔船船员劳务合作经营公司。

双方将在协议签署后尽快交换并公布经营主体名单。

二、契约（合同）种类

两岸船员劳务合作须签订以下契约（合同）：

（一）经营公司与中介机构签订劳务合作契约（合同）；

（二）经营公司与船员签订外派劳务契约（合同）；

（三）船主与船员签订劳务契约（合同）；

（四）中介机构与船主签订委托劳务契约（合同）。

三、契约（合同）要件

（一）经营公司与中介机构签订劳务合作契约（合同）要件如下：

1. 船主名称、服务船舶名称、作业渔场区域、拟雇佣船员的职务及契约（合同）期限；

2. 船员资格条件及应遵守事项；

3. 应给付船员工资额度及支付方式；船员人身意外及医疗保险；船员往返双方口岸及返乡交通费分担标准；

4. 船员及船主基本权益保障事项；

5. 船主及船员违约处理；

6. 可归责船员或船主的故意或重大过失行为造成对方损失，由经营公司与船员或中介机构与船主负连带赔偿责任；

7. 纠纷调处及违反契约（合同）处理；

8. 其他经双方议定事项。

（二）船主与船员签订劳务契约（合同）要件如下：

1. 船主名称、船员姓名及其住址、服务船舶名称、作业渔场区域、船员的职务及契约（合同）期限；

2. 船员工资、人身意外及医疗保险、交通费和支付方式；

3. 船员劳动保护、在暂置场所休息和避险的权利、食宿、福利；

4. 船员遵守事项；

5. 船主提供福利；

6. 纠纷调处及违反契约（合同）处理；

7. 其他经双方议定事项。

四、证件查验

近海船员须持登轮作业证件领取当地查验证件；远洋船员须持海员证件。在双方商定的过渡期内，近海船员可持登轮作业证件或身份证件领取当地查验证件。

五、船员人身意外及医疗保险

双方共同议定船员人身意外及医疗保险等事项。

六、转船程序

双方同意严格界定船员合理转船和违规转船事项，具体程序由双方商定。

七、接驳船舶

双方同意船员接驳船舶须符合对客船等有关技术安全标准要求，并持有相关主管部门颁发的可搭载非本船船员人数的证明文件。

八、近海船员登船港口

大陆方面近海船员登船港口为：福建省福州平潭东澳、厦门东渡同益、漳州漳浦旧镇、泉州惠安崇武、莆田湄洲宫下、宁德霞浦三沙、宁德福鼎沙埕；浙江省舟山沈家门、温州霞关。

近海登船港口可视需要调整，并知会对方。

九、暂置场所

（一）台湾方面岸置处所为：宜兰县南方澳渔港、基隆市八斗子渔港、新竹市新竹渔港、台中县梧栖渔港、高雄市前镇渔港及屏东县东港渔港。

（二）台湾方面划设暂置区域之渔港为：基隆市长潭里渔港、外木山渔港；台北县淡水第二渔港、富基渔港、磺港渔港、野柳渔港、东澳渔港、龟吼渔港、万里渔港、深澳渔港、鼻头渔港、龙洞渔港、澳底渔港；桃园县永安渔港；云林县箔子寮渔港；台南县将军渔港；台南市安平渔港；高雄县兴达渔港；台东县伽蓝渔港、新港渔港、大武渔港、小港渔港；花莲县花莲渔港；宜兰县大溪渔港、大里渔港、石城渔港、乌石渔港、梗枋渔港；澎湖县马公渔港、锁港渔港、桶盘渔港、山水渔港、龙门渔港、鸟屿渔港、竹湾渔港、风柜东渔港、潭门渔港、七美渔港、虎井渔港、南北寮渔港、沙港东渔港、赤崁渔港、吉贝渔港、横礁渔港、合界渔港、小门渔港、大池渔港、赤马渔港、内垵北渔港、内垵南渔港、外垵渔港、将军南渔港、东屿坪渔港、花屿渔港；连江县东引中柱港、莒光青帆渔港、福澳渔港、北竿后澳渔港。

（三）船员第一次进港台湾方面查验渔港为：宜兰县南方澳渔港、大溪第二渔港；基隆市八斗子渔港；台北县淡水第二渔港、澳底渔港、野柳渔港、磺港渔港、深澳渔港；桃园县永安渔港；新竹市新竹渔港；台中县梧栖渔港；云林县箔子寮渔港；台南县将军渔港；台南市安平渔港；高雄县兴达渔港；高雄市高雄港第二港口；屏东县东港渔港；台东县伽蓝渔港、新港渔港；花莲县花莲渔港；澎湖县马公渔港、桶盘渔港、龙门渔港、鸟屿渔港、潭门渔港、七美渔港、虎井渔港、赤崁渔港、吉贝渔港、小门渔港、内垵南渔港、外垵渔港、将军南渔港、东屿坪渔港、花屿渔港；连江县东引中柱港、福澳渔港。

暂置场所可视需要调整，并知会对方。

十、过渡安排

本协议签署生效后，双方应尽快交换经营主体风险保证制度等相关规定。台湾方面负责将已在台湾近海渔船工作的大陆船员进行登记并与大陆方面交流有关信息。同时，台湾船主应根据规定为已在台湾近海渔船作业尚未办理保险的大陆船员办理保险，并要求上述船员契约（合同）期满后返回大陆。如需雇用，需依本协议办理。

《海峡两岸共同打击犯罪及司法互助协议》

为保障海峡两岸人民权益，维护两岸交流秩序，海峡两岸关系协会与财团法人海峡交流基金会就两岸共同打击犯罪及司法互助与联系事宜，经平等协商，达成协议如下：

第一章 总 则

一、合作事项

双方同意在民事、刑事领域相互提供以下协助：

（一）共同打击犯罪；

（二）送达文书；

（三）调查取证；

（四）认可及执行民事裁判与仲裁裁决（仲裁判断）；

（五）移管（接返）被判刑人（受刑事裁判确定人）；

（六）双方同意之其他合作事项。

二、业务交流

双方同意业务主管部门人员进行定期工作会晤、人员互访与业务培训合作，交流双方制度规范、裁判文书及其他相关资讯。

三、联系主体

本协议议定事项，由各方主管部门指定之联络人联系实施。必要时，经双方同意得指定其他单位进行联系。

本协议其他相关事宜，由海峡两岸关系协会与财团法人海峡交流基金会联系。

第二章 共同打击犯罪

四、合作范围

双方同意采取措施共同打击双方均认为涉嫌犯罪的行为。

双方同意着重打击下列犯罪：

（一）涉及杀人、抢劫、绑架、走私、枪械、毒品、人口贩运、组织偷渡及跨境有组织犯罪等重大犯罪；

（二）侵占、背信、诈骗、洗钱、伪造或变造货币及有价证券等经济犯罪；

（三）贪污、贿赂、渎职等犯罪；

（四）劫持航空器、船舶及涉恐怖活动等犯罪；

（五）其他刑事犯罪。

一方认为涉嫌犯罪，另一方认为未涉嫌犯罪但有重大社会危害，得经双方同意个案协助。

五、协助侦查

双方同意交换涉及犯罪有关情资，协助缉捕、遣返刑事犯与刑事嫌疑犯，并于必要时合作协查、侦办。

六、人员遣返

双方同意依循人道、安全、迅速、便利原则，在原有基础上，增加海运或空运直航方式，遣返刑事犯、刑事嫌疑犯，并于交接时移交有关证据（卷证）、签署交接书。

受请求方已对遣返对象进行司法程序者，得于程序终结后遣返。

受请求方认为有重大关切利益等特殊情形者，得视情决定遣返。

非经受请求方同意，请求方不得对遣返对象追诉遣返请求以外的行为。

第三章 司法互助

七、送达文书

双方同意依己方规定，尽最大努力，相互协助送达司法文书。

受请求方应于收到请求书之日起三个月内及时协助送达。

受请求方应将执行请求之结果通知请求方，并及时寄回证明送达与否的证明资料；无法完成请求事项者，应说明理由并送还相关资料。

八、调查取证

双方同意依己方规定相互协助调查取证，包括取得证言及陈述；提供书证、物证及视听资料；确定关系人所在或确认其身份；勘验、鉴定、检查、访视、调查；搜索及扣押等。

受请求方在不违反己方规定前提下，应尽量依请求方要求之形式提供协助。

受请求方协助取得相关证据资料，应及时移交请求方。但受请求方已进行侦查、起诉或审判程序者，不在此限。

九、罪赃移交

双方同意在不违反己方规定范围内，就犯罪所得移交或变价移交事宜给予协助。

十、裁判认可

双方同意基于互惠原则，于不违反公共秩序或善良风俗之情况下，相互认可及执行民事确定裁判与仲裁裁决（仲裁判断）。

十一、罪犯移管（接返）

双方同意基于人道、互惠原则，在请求方、受请求方及被判刑人（受刑事裁判确定人）均同意移交之情形下，移管（接返）被判刑人（受刑事裁判确定人）。

十二、人道探视

双方同意及时通报对方人员被限制人身自由、非病死或可疑为非病死等重要讯息，并依己方规定为家属探视提供便利。

第四章　请求程序

十三、提出请求

双方同意以书面形式提出协助请求。但紧急情况下，经受请求方同意，得以其他形式提出，并于十日内以书面确认。

请求书应包含以下内容：请求部门、请求目的、事项说明、案情摘要及执行请求所需其他资料等。

如因请求书内容欠缺致无法执行请求，可要求请求方补充资料。

十四、执行请求

双方同意依本协议及己方规定，协助执行对方请求，并及时通报执行情况。

若执行请求将妨碍正在进行之侦查、起诉或审判程序，可暂缓提供协助，并及时向对方说明理由。

如无法完成请求事项，应向对方说明并送还相关资料。

十五、不予协助

双方同意因请求内容不符合己方规定或执行请求将损害己方公共秩序或善良风俗等情形，得不予协助，并向对方说明。

十六、保密义务

双方同意对请求协助与执行请求的相关资料予以保密。但依请求目的使用者，不在此限。

十七、限制用途

双方同意仅依请求书所载目的事项，使用对方协助提供之资料。但双方另有约定者，不在此限。

十八、互免证明

双方同意依本协议请求及协助提供之证据资料、司法文书及其他资料，不要求任何形式之证明。

十九、文书格式

双方同意就提出请求、答复请求、结果通报等文书，使用双方商定之文书格式。

二十、协助费用

双方同意相互免除执行请求所生费用。但请求方应负担下列费用：

（一）鉴定费用；

（二）笔译、口译及誊写费用；

（三）为请求方提供协助之证人、鉴定人，因前往、停留、离开请求方所生之费用；

（四）其他双方约定之费用。

第五章　附　则

二十一、协议履行与变更

双方应遵守协议。

协议变更，应经双方协商同意，并以书面形式确认。

二十二、争议解决

因适用本协议所生争议，双方应尽速协商解决。

二十三、未尽事宜

本协议如有未尽事宜，双方得以适当方式另行商定。

二十四、签署生效

本协议自签署之日起各自完成相关准备后生效，最迟不超过六十日。

本协议于四月二十六日签署，一式四份，双方各执两份。

《海峡两岸金融合作协议》

为促进海峡两岸金融交流与合作，推动两岸金融市场稳定发展，便利两岸经贸往来，海峡两岸关系协会与财团法人海峡交流基金会就两岸金融监督管理与货币管理合作事宜，经平等协商，达成协议如下：

一、金融合作

双方同意相互协助履行金融监督管理与货币管理职责，加强金融领域广泛合作，共同维护金融稳定。

（一）金融监督管理

双方同意由两岸金融监督管理机构就两岸银行业、证券及期货业、保险业分别建立监督管理合作机制，确保对互设机构实施有效监管。

双方银行业、证券及期货业、保险业等金融监督管理机构得依行业惯例，就合作事宜作出具体安排。

（二）货币管理

双方同意先由商业银行等适当机构，通过适当方式办理现钞兑换、供应及回流业务，并在现钞防伪技术等方面开展合作。逐步建立两岸货币清算机制，加强两岸货币管理合作。

（三）其他合作事项

双方同意就两岸金融机构准入及开展业务等事宜进行磋商。

双方同意鼓励两岸金融机构增进合作，创造条件，共同加强对双方企业金融服务。

二、交换资讯

双方同意为维护金融稳定，相互提供金融监督管理与货币管理资讯。对于可能影响金融机构健全经营或金融市场安定的重大事项，双方尽速提供。

提供资讯的方式与范围由双方商定。

三、保密义务

双方同意对于所获资讯，仅为金融监督管理与货币管理目的使用，并遵守保密要求。

有关第三方请求提供资讯之处理方式，由双方监督管理机构另行商定。

四、互设机构

双方同意在本协议生效后，由两岸金融监督管理机构考量互惠原则、市场特性及竞争秩序，尽快推动双方商业性金融机构互设机构。

有关金融机构赴对方设立机构或参股的资格条件以及在对方经营业务的范围，由双方监督管理机构另行商定。

双方同意对于金融机构赴对方设立机构或参股的申请，相互征求意见。

五、检查方式

双方同意依行业惯例与特性，采取多种方式对互设金融机构实施检查。检查方式由双方监督管理机构另行商定。

六、业务交流

双方同意通过人员互访、培训、技术合作及会议等方式，加强金融监督管理与货币管理合作。

七、文书格式

双方资讯交换、征询意见等业务联系，使用双方商定的文书格式。

八、联系主体

（一）本协议议定事项，由双方金融监督管理机构、货币管理机构指定的联络人相互联系实施。必要时，经双方同意得指定其他单位进行联系。

（二）本协议其他相关事宜，由海峡两岸关系协会与财团法人海峡交流基金会联系。

九、协议履行及变更

双方应遵守协议。

协议变更，应经双方协商同意，并以书面形式确认。

十、争议解决

因执行本协议所生争议，双方应尽速协商解决。

十一、未尽事宜

本协议如有未尽事宜，双方得以适当方式另行商定。

十二、签署生效

本协议自签署之日起各自完成相关准备后生效，最迟不超过六十日。

本协议于四月二十六日签署，一式四份，双方各执两份。

《海峡两岸邮政协议》

为扩大两岸邮政业务合作，便利两岸人民联系与交流，海峡两岸关系协会与财团法人海峡交流基金会就两岸直接邮政合作事宜，经平等协商，达成协议如下：

一、业务范围

双方同意开办两岸直接平常和挂号函件（包括信函、明信片、邮简、印刷品、新闻纸、杂志、盲人文件）、小包、包裹、特快专递（快捷邮件）、邮政汇兑等业务，并加强其他邮政业务合作。

二、封发局

大陆方面邮件封发局为：北京、上海、广州、福州、厦门、西安、南京、成都；台湾方面邮件封发局为：台北、高雄、基隆、金门、马祖。双方可视需要，增加或调整邮件封发局，并由增加或调整一方通知对方。

三、邮件运输

双方同意通过空运或海运直航方式将邮件总包运送至对方邮件处理中心。

四、规格及限定

双方同意商定邮件尺寸、重量等规格，并尊重对方禁限寄规定。

五、账务结算

双方同意建立邮政业务账务处理直接结算关系。

六、文件格式

处理邮件使用的袋（吊）牌、清单、邮袋、查询表格等，依双方认可之格式。

七、邮件查询

挂号函件、小包、包裹及特快专递（快捷邮件）等邮件业务的查询，由双方邮件处理中心相互联系，并应提供便捷的业务联系渠道。

八、查询期限

挂号函件、包裹之查询，应自原寄件人交寄之次日起六个月内提出；特快专递（快捷邮件）自交寄之次日起三个月内提出。

九、补偿责任

双方对于互相寄递的挂号函件、包裹发生遗失及其内容全部或一部分遗失、被窃或毁损等情形，应由责任方负责补偿，并相互结算。

特快专递（快捷邮件）之遗失、内件被窃或毁损等情形，概由原寄一方自行负责补偿，不相互结算。

十、联系主体

（一）本协议议定事项，由海峡两岸邮政交流协会与财团法人台湾邮政协会相互联系。具体邮政业务由双方邮件处理中心联系实施。

（二）本协议其他相关事宜，由海峡两岸关系协会与财团法人海峡交流基金会联系。

十一、协议履行及变更

双方应遵守协议。

协议变更，应经双方协商同意，并以书面方式确认。

十二、争议解决

因适用本协议所生争议，双方应尽速协商解决。

十三、未尽事宜

本协议如有未尽事宜，双方得以适当方式另行商定。

十四、签署生效

本协议自双方签署之日起四十日内生效。

本协议于十一月四日签署，一式四份，双方各执两份。

《海峡两岸空运协议》

为促进海峡两岸经贸关系发展，便利两岸人民往来，海峡两岸关系协会与财团法人海峡交流基金会就两岸空运直航事宜，经平等协商，达成协议如下：

一、空中航路

双方同意开通台湾海峡北线空中双向直达航路，建立两岸空（航）管部门的直接交接程序。

双方同意继续磋商开通台湾海峡南线空中双向直达航路及其他更便捷的航路。

二、承运人

双方同意两岸资本在两岸登记注册的航空公司，经许可得从事两岸间航空客货运输业务。

三、直航航点

双方同意根据市场需求开放适宜客货直航的航点。

四、定期航班

双方同意尽可能在本协议实施半年内就定期客货运航班作出安排。

五、货运包机

双方同意开通两岸货运直航包机，运载两岸货物。

六、客运包机

双方同意在两岸周末包机的基础上，增加包机航点、班次，调整为客运包机常态化安排。

七、公务（商务）包机

双方同意视情开办非营利性公务（商务）包机。

八、准用条款

双方同意客货运包机等相关事宜，准用《海峡两岸包机会谈纪要》的规定。

九、联系主体

（一）本协议议定事项，由海峡两岸航空运输交流委员会与台北市航空运输商业同业公会相互联系。必要时，经双方同意得指定其他单位进行联系。

（二）本协议其他相关事宜，由海峡两岸关系协会与财团法人海峡交流基金会联系。

十、协议履行及变更

（一）双方应遵守协议。协议附件与本协议具有同等效力。

（二）协议变更，应经双方协商同意，并以书面方式确认。

十一、争议解决

因适用本协议所生争议，双方应尽速协商解决。

十二、未尽事宜

本协议如有未尽事宜，双方得以适当方式另行商定。

十三、签署生效

本协议自双方签署之日起四十日内生效。

本协议于十一月四日签署，一式四份，双方各执两份。

附件：

海峡两岸空中航路、客货运包机安排

依据本协议第一条、第三条、第五条及第六条，议定具体安排如下：

一、直达航路

双方同意由两岸空（航）管部门以适当方式，就建立北线上海与台北飞行（航）情报区直达航路、空（航）管交接程序进行联系并作出具体安排。

北线飞航路线为：

自 B576 BERBA 点（N27°04′41″ E123°00′00″）经双方议定之航管交接点 A 点（N27°26′20″ E122°25′19″）至东山双向使用。

二、货运包机

（一）承运人：双方同意各自指定二或三家航空公司经营货运包机业务。

（二）航点：大陆方面同意开放上海（浦东）、广州，台湾方面同意开放桃园、高雄小港作为货运包机航点。

（三）班次：双方每月共飞六十个往返班次，每方三十个往返班次。其中，双方上海（浦东）、广州两个航点每月每航点各飞十五个往返班次。在每年十月至十一月间的货运旺季，双方可各自增加十五个往返班次。

（四）商务安排：双方航空公司采商业合作方式经营，并向双方航空主管部门备案后实施。

三、客运包机

（一）航点：大陆方面同意在现有北京、上海（浦东）、广州、厦门、南京五个周末包机航点的基础上，开放成都、重庆、杭州、大连、桂林、深圳、武汉、福州、青岛、长沙、海口、昆明、西安、沈阳、天津、郑州等十六个航点作为客运包机航点。台湾方面同意将已开放的桃园、高雄小港、台中清泉岗、台北松山、澎湖马公、花莲、金门、台东等八个航点作为客运包机航点。

（二）班次：双方每周七天共飞不超过一百零八个往返班次，每方各飞不超过五十四个往返班次。其中台湾方面至上海（浦东）的班次不超过二十个往返班次。今后视市场需求适时增减班次。

（三）其他事宜：客运包机常态化安排实现后，此前的节日包机安排不再执行。春节期间可视情适量增加临时包机。

（四）邮件运输：双方同意利用客运包机运送双方邮件。

《海峡两岸空运补充协议》

海峡两岸关系协会与财团法人海峡交流基金会，根据《海峡两岸空运协议》第一条、第三条、第四条规定，就开通两岸定期客货运航班等事宜，经平等协商，达成补充协议如下：

一、飞行航路

双方同意在台湾海峡北线航路的基础上开通南线和第二条北线双向直达航路，并继续磋商开通其他更便捷的新航路。

二、运输管理

双方同意两岸定期航班使用的运输凭证及责任条款，参照两岸现行作业方式管理。

三、承运人

双方同意可各自指定两岸资本在两岸登记注册的航空公司，在本补充协议附件规定的航点上经营分别或混合载运旅客、行李、货物及邮件的定期和不定期航空运输业务，并事先知会对方。撤销或更改上述指定时亦同。

四、通航航点

双方同意两岸通航航点沿用《海峡两岸空运协议》的规定，并可根据市场需求经双方协商确定增开新的航点。

五、航空运价

双方同意两岸航空公司应向两岸航空主管部门提交定期航班的运价。

六、代表机构

双方同意两岸航空公司可在对方区域通航地点设立代表机构，并自行或指定经批准的代理人销售航空运输凭证、从事广告促销及运行保障（运务）等与两岸航空运输有关的业务。上述代表机构的工作人员应遵守所在地规定。

七、互免税费

双方同意在互惠的基础上，磋商对两岸航空公司与经营活动有关的设备和物品，相互免征关税、检验费和其他类似税费，具体免税费项目及商品范围由双方共同商定，并对两岸航空公司参与两岸航空运输在对方取得之运输收入，相互免征营业税及所得税。

八、收入汇兑

双方同意两岸航空公司可随时将其在对方区域内取得的收入按照所在地规定的程序兑换并汇至公司总部所在地或其他指定地点。

九、航空安全

双方同意建立航空安全联系机制，相互提供一切及时和必要的协助，共同保障两岸航空运输的飞行安全及旅客的人身财产安全。发生危及航空安全事件或威胁时，双方应相互协助，采取适当的措施，以便迅速、安全地结束上述事件或威胁。

十、辅助事项

双方同意有关证照查验、适航认证、机场安检、检验检疫、地面代理、资料提供、服务费率等事宜，参照航空运输惯例和有关规定办理，并加强合作，相互提供便利。

十一、适用规定

双方同意两岸航空公司在对方区域内从事两岸航空运输，应适用所在地有关规定。

十二、联系机制

双方同意两岸航空主管部门建立联系机制，视必要随时就两岸航空运输的相关事宜进行沟通并交换意见。

十三、实施方式

本补充协议议定事项的实施，由双方航空主管部门指定的联络人，使用双方商定的文书格式相互联系，并相互通报信息、答复查询等。

双方对协议的实施或者解释发生争议时，由两岸航空主管部门协商解决。

十四、签署生效

本补充协议自签署之日起各自完成相关准备后生效，最迟不超过六十日。

本补充协议于四月二十六日签署，一式四份，双方各执两份。

附件

海峡两岸航路及航班具体安排

依据本协议第一条、第三条、第四条，议定具体安排如下：

一、新辟航路

双方同意由两岸空（航）管部门以适当方式，就建立南线广州与台北飞行（航）情报区直达航路、第二条北线上海与台北飞行（航）情报区直达航路及空（航）管直接交接程序进行联系并作出具体安排。

南线飞航路线为：

自 N22°57′00″　E116°21′36″经双方议定管制交接点 N23°00′00″　E117°30′00″至 N22°36′15″　E117°57′16″双向使用。

第二条北线飞航路线为：

自 N30°45′46″　E123°41′39″经双方议定管制交接点 N28°41′57″　E123°41′39″至 N27°56′18″　E123°41′39″双向使用。

二、客运

（一）承运人

除上海（浦东）与桃园和台北松山机场航线双方各指定四家航空公司外，其余航点每条航线双方各指定二家航空公司承运。

（二）航点

1. 大陆方面同意在现有北京、上海（浦东）、广州、厦门、南京、成都、重庆、杭州、大连、桂林、深圳、武汉、福州、青岛、长沙、海口、昆明、西安、沈阳、天津、郑州等二十一个航点基础上，新增合肥、哈尔滨、南昌、贵阳、宁波、济南等六个航点。上述二十七个航点可经营定期航班。

2. 台湾方面同意桃园与高雄航点可经营定期航班，其余台北松山、台中、澎湖（马公）、花莲、金门、台东等六个航点为客运包机航点。

（三）班次

双方同意客运定期航班和包机班次总量为每周共二百七十个往返班次，每方每周一百三十五个往返班次。其中以下航点每方每周往返班次不超过：

1. 大陆方面：上海（浦东）二十八班；北京十班；深圳十班；广州十四班；昆明十四班；成都十四班。

2. 台湾方面：台北松山二十一班。

其他航点可根据市场需求在航班总量范围内安排定期航班或包机。

三、货运

（一）承运人

每条航线双方各指定二家航空公司承运。

（二）航点

1. 大陆方面同意上海（浦东）、广州航点可经营定期航班。

2. 台湾方面同意桃园、高雄航点可经营定期航班。

（三）班次

双方同意货运定期航班和包机班次总量为每周共二十八个往返班次，每方每周十四个往返班次。其中广州每方每周七个往返班次，上海（浦东）每方每周七个往返班次。

（四）腹舱载货

双方同意相互开放客运定期航班腹舱载货。

四、其他事宜

双方同意在有定期航班飞行的航线上原则上不再许可包机飞行。

《海峡两岸食品安全协议》

为增进海峡两岸食品安全沟通与互信，保障两岸人民安全与健康，海峡两岸关系协会与财团法人海峡交流基金会就两岸食品安全事宜，经平等协商，达成协议如下：

一、信息（讯息）通报

双方同意相互通报涉及两岸贸易的食品安全信息（讯息），并就涉及影响两岸民众健康的重大食品安全信息（讯息）及突发事件，进行即时通报，提供完整信息（讯息）。

针对前项查询请求，应迅速回应并提供必要协助。

二、协处机制

双方同意建立两岸重大食品安全事件协处机制，采取下列措施妥善处理：

（一）紧急磋商、交换相关信息（讯息）；

（二）暂停生产、输出相关产品；

（三）即时下架、召回相关产品；

（四）提供实地了解便利；

（五）核实发布信息（讯息），并相互通报；

（六）提供事件原因分析及改善计划；

（七）督促责任人妥善处理纠纷，并就确保受害人权益给予积极协助；

（八）双方即时相互通报有关责任查处情况。

三、业务交流

双方同意建立两岸业务主管部门专家定期会商及互访制度，就双方食品安全制度规范、检验技术及监管措施进行业务交流及信息（讯息）交换。

四、文书格式

双方信息（讯息）通报、查询及业务联系，使用双方商定的文书格式。

五、联系主体

（一）本协议议定事项，由双方食品安全等业务主管部门指定的联络人相互联系实施。必要时，经双方同意得指定其他单位联系实施。

（二）本协议其他相关事宜，由海峡两岸关系协会与财团法人海峡交流基金会联系。

六、协议履行及变更

双方应遵守协议。

协议变更，应经双方协商同意，并以书面方式确认。

七、争议解决

因适用本协议所生争议，双方应尽速协商解决。

八、未尽事宜

本协议如有未尽事宜，双方得以适当方式另行商定。

九、签署生效

本协议自双方签署之日起七日后生效。

本协议于十一月四日签署，一式四份，双方各执两份。

《海峡两岸海运协议》

为实现海峡两岸海上客货直接运输，促进经贸交流，便利人民往来，海峡两岸关系协会与财团法人海峡交流基金会就两岸海运直航事宜，经平等协商，达成协议如下：

一、经营资格

双方同意两岸资本并在两岸登记的船舶，经许可得从事两岸间客货直接运输。

二、直航港口

双方同意依市场需求等因素，相互开放主要对外开放港口。

三、船舶识别

双方同意两岸登记船舶自进入对方港口至出港期间，船舶悬挂公司旗，船艉及主桅暂不挂旗。

四、港口服务

双方同意在两岸货物、旅客通关入境等口岸管理方面提供便利。

五、运力安排

双方按照平等参与、有序竞争原则，根据市场需求，合理安排运力。

六、税收互免

双方同意对航运公司参与两岸船舶运输在对方取得的运输收入，相互免征营业税及所得税。

七、海难救助

双方积极推动海上搜救、打捞机构的合作，建立搜救联系合作机制，共同保障海上航行和人身、财产、环境安全。发生海难事故，双方应及时通报，并按照就近、就便原则及时实施救助。

八、辅助事项

双方在船舶通信导航、证照查验、船舶检验、船员服务、航海保障、污染防治及海事纠纷调处等方面，依航运惯例、有关规范处理，并加强合作。

九、互设机构

双方航运公司可在对方设立办事机构及营业性机构，开展相关业务。

十、联系主体

（一）本协议议定事项，由海峡两岸航运交流协会与台湾海峡两岸航运协会联系实施。必要时，经双方同意得指定其他单位进行联系。

（二）本协议其他相关事宜，由海峡两岸关系协会与财团法人海峡交流基金会联系。

十一、协议履行及变更

（一）双方应遵守协议。协议附件与本协议具有同等效力。

（二）协议变更，应经双方协商同意，并以书面方式确认。

十二、争议解决

因适用本协议所生争议，双方应尽速协商解决。

十三、未尽事宜

本协议如有未尽事宜，双方得以适当方式另行商定。

十四、签署生效

本协议自双方签署之日起四十日内生效。

本协议于十一月四日签署，一式四份，双方各执两份。

附件：

海峡两岸直航船舶、港口安排

依据本协议第一条、第二条，议定具体安排如下：

一、两岸资本并在香港登记的船舶比照直航船舶从事两岸间海上直接运输，在进出两岸港口期间，其船舶识别方式比照《港台海运商谈纪要》有关香港船舶的规定。

二、目前已经从事两岸试点直航（境外航运中心）运输、两岸三地集装箱（货柜）班轮运输、砂石运输的两岸资本权宜船，经特别许可，可按照本协议有关船舶识别等规定，从事两岸间海上直接运输。

三、双方现阶段相互开放下列港口：

大陆方面为六十三个港口，包括：丹东、大连、营口、唐山、锦州、秦皇岛、天津、黄骅、威海、烟台、龙口、岚山、日照、青岛、连云港、大丰、上海、宁波、舟山、台州、嘉兴、温州、福州、松下、宁德、泉州、肖厝、秀屿、漳州、厦门、汕头、潮州、惠州、蛇口、盐田、赤湾、妈湾、虎门、广州、珠海、茂名、湛江、北海、防城、钦州、海口、三亚、洋浦等四十八个海港，以及太仓、南通、张家港、江阴、扬州、常熟、常州、泰州、镇江、南京、芜湖、马鞍山、九江、武汉、城陵矶等十五个河港。

台湾方面为十一个港口，包括：基隆（含台北）、高雄（含安平）、台中、花莲、麦寮、布袋（先采专案方式办理）等六个港口，以及金门料罗、水头、马祖福澳、白沙、澎湖马公等五个“小三通”港口。

双方同意视情增加开放港口。

《海峡两岸关于大陆居民赴台湾旅游协议》

为增进海峡两岸人民交往，促进海峡两岸之间的旅游，海峡两岸关系协会与财团法人海峡交流基金会，就大陆居民赴台湾旅游等有关两岸旅游事宜，经平等协商，达成协议如下：

一、联系主体

（一）本协议议定事宜，双方分别由海峡两岸旅游交流协会（以下简称海旅会）与台湾海峡两岸观光旅游协会（以下简称台旅会）联系实施。

（二）本协议的变更等其他相关事宜，由海峡两岸关系协会与财团法人海峡交流基金会联系。

二、旅游安排

（一）双方同意赴台旅游以组团方式实施，采取团进团出形式，团体活动，整团往返。

（二）双方同意按照稳妥安全、循序渐进原则，视情对组团人数、日均配额、停留期限、往返方式等事宜进行协商调整。具体安排详见附件一。

三、诚信旅游

双方应共同监督旅行社诚信经营、诚信服务，禁止“零负团费”等经营行为，倡导品质旅游，共同加强对旅游者的宣导。

四、权益保障

（一）双方应积极采取措施，简化出入境手续，提供旅行便利，保护旅游者正当权益及安全。

（二）双方同意各自建立应急协调处理机制，相互配合，化解风险，及时妥善处理旅游纠纷、紧急事故及突发事件等事宜，并履行告知义务。

五、组团社与接待社

（一）双方各自规范组团社、接待社及领队、导游的资质，并以书面方式相互提供组团社、接待社及领队、导游的名单。

（二）组团社和接待社应签订商业合作合同（契约），并各自报备，依照有关规定办理业务。

（三）组团社和接待社应按市场运作方式，负责旅游者在旅游过程中必要的医疗、人身、航空等保险。

（四）组团社和接待社在旅游者正当权益及安全受到威胁和损害时，应主动、及时、有效地妥善处理。

（五）双方对损害旅游者正当权益的旅行社，应分别予以处理。

（六）双方应分别指导和监督组团社和接待社保护旅游者正当权益，依合同（契约）承担旅行安全保障责任。

六、申办程序

组团社、接待社应分别代办并相互确认旅游者的通行手续。旅游者持有效证件整团出入。

七、逾期停留

双方同意就旅游者逾期停留问题建立工作机制，及时通报信息，经核实身份后，视不同情况协助旅游者返回。任何一方不得拒绝送回或接受。

八、互设机构

双方同意互设旅游办事机构，负责处理旅游相关事宜，为旅游者提供快捷、便利、有效的服务。

九、协议履行及变更

（一）双方应遵守协议。协议附件与本协议具有同等效力。

（二）协议变更，应经双方协商同意，并以书面形式确认。

十、争议解决

因适用本协议所生争议，双方应尽速协商解决。

十一、未尽事宜

本协议如有未尽事宜，双方得以适当方式另行商定。

十二、签署生效

本协议自双方签署之日起七日后生效。

本协议于六月十三日签署，一式四份，双方各执两份。

附件一

海峡两岸旅游具体安排

依据本协议第二条，议定具体安排如下：

一、接待一方旅游配额以平均每天三千人次为限。组团一方视市场需求安排。第二年双方可视情协商作出调整。

二、旅游团每团人数限十人以上，四十人以下。

三、旅游团自入境次日起在台停留期间不超过十天。

四、自七月十八日起正式实施赴台旅游，于七月四日启动赴台旅游首发团。

附件二

海峡两岸旅游合作规范

依据本协议第四条、第五条、第七条，两岸旅游业者应遵守如下规范：

一、海旅会和台旅会提供的组团社和接待社名单内容包括：旅行社名称、负责人、地址、电话、传真、电子邮件、联系人及其移动电话等信息。若组团社或接待社的相关信息发生变动，应即时以书面方式通知对方。

二、台旅会应设置旅游咨询服务及投诉热线，以便旅游者咨询及投诉。

三、海旅会和台旅会作为处理旅游纠纷、逾期停留、紧急事故及突发事件的联系主体，各自建立应急协调处理机制，及时交换信息，密切配合，妥善解决赴台旅游过程中出现的问题。

四、组团社应向接待社提供旅游团旅客名单及相关信息，组团社应为旅游团配置领队，接待社应为旅游团配置导游。旅游过程中出现的问题，由领队和导游共同协商，妥善处理，并分别向组团社和接待社报告。

五、接待一方应向组团社提供接待旅游团团费参考价。

六、接待社不得引导和组织旅游者参与涉及赌博、色情、毒品及有损两岸关系的活动。

七、组团社、接待社均不得转让配额及旅游团。接待社不得接待非组团社的旅游者，不得接待持其他证件的旅游者。如有违反，应分别予以处理。

八、旅游者未按规定时间返回，均视为在台逾期停留。因自然灾害、重大疾病、紧急事故、突发事件、社会治安等不可抗力因素在台逾期停留之旅游者，接待社和组团社应安排随其他旅游团返回。无正当理由、情节轻微者，接待社和组团社应负责安排随其他旅游团返回。不以旅游为目的、蓄意逾期停留情节严重者，由台旅会和海旅会与双方有关方面联系，安排从其他渠道送回；须经必要程序者，于程序完成后即时送回。

九、旅游者逾期停留期间及送回所需交通等费用，由逾期停留者本人承担。若其无能力支付，由接待社先行垫付，并于逾期停留者送回之日起三十天内，凭相关费用票据向组团社索还。组团社可向逾期停留者追偿。

《两岸公证书使用查证协议》

海峡两岸关系协会、中国公证员协会与财团法人海峡交流基金会，就两岸公证书使用查证事宜，经协商达成以下协议：

一、联系主体

（一）关于寄送公证书副本及查证事宜，双方分别以中国公证员协会或有关省、自治区、直辖市公证员协会与财团法人海峡交流基金会相互联系。

（二）本协议其他相关事宜，由海峡两岸关系协会与财团法人海峡交流基金会联系。

二、寄送公证书副本

（一）双方同意相互寄送涉及继承、收养、婚姻、出生、死亡、委托、学历、定居、扶养亲属及财产权利证明公证书副本。

（二）双方得根据公证书使用需要，另行商定增、减寄送公证书副本种类。

三、公证书查证

（一）查证事由

公证书有下列情形之一，双方应相互协助查证：

1. 违反公证机关有关受理范围规定；

2. 同一事项在不同公证机关公证；

3. 公证书内容与户籍资料或其他档案资料记载不符；

4. 公证书内容自相矛盾；

5. 公证书文字、印鉴模糊不清，或有涂改、擦拭等可疑痕迹；

6. 有其他不同证据资料；

7. 其他需要查明事项。

（二）拒绝事由

未叙明查证事由，或公证书上另加盖有其他证明印章者，接受查证一方得附加理由拒绝该项查证。

（三）答复期限

接受查证一方，应于收受查证函之日起三十日内答复。

（四）查证费用

提出查证一方应向接受查证一方支付适当费用。

查证费用标准及支付方式由双方另行商定。

四、文书格式

寄送公证书副本、查证与答复，应经双方协商使用适当文书格式。

五、其他文书

双方同意就公证书以外的文书查证事宜进行个案协商并予协助。

六、协议履行、变更与终止

双方应遵守协议。

协议变更或终止，应经双方协商同意。

七、争议解决

因适用本协议所生争议，双方应尽速协商解决。

八、未尽事宜

本协议如有未尽事宜，双方得以适当方式另行商定。

九、签署生效

本协议自双方签署之日起三十日后生效实施。